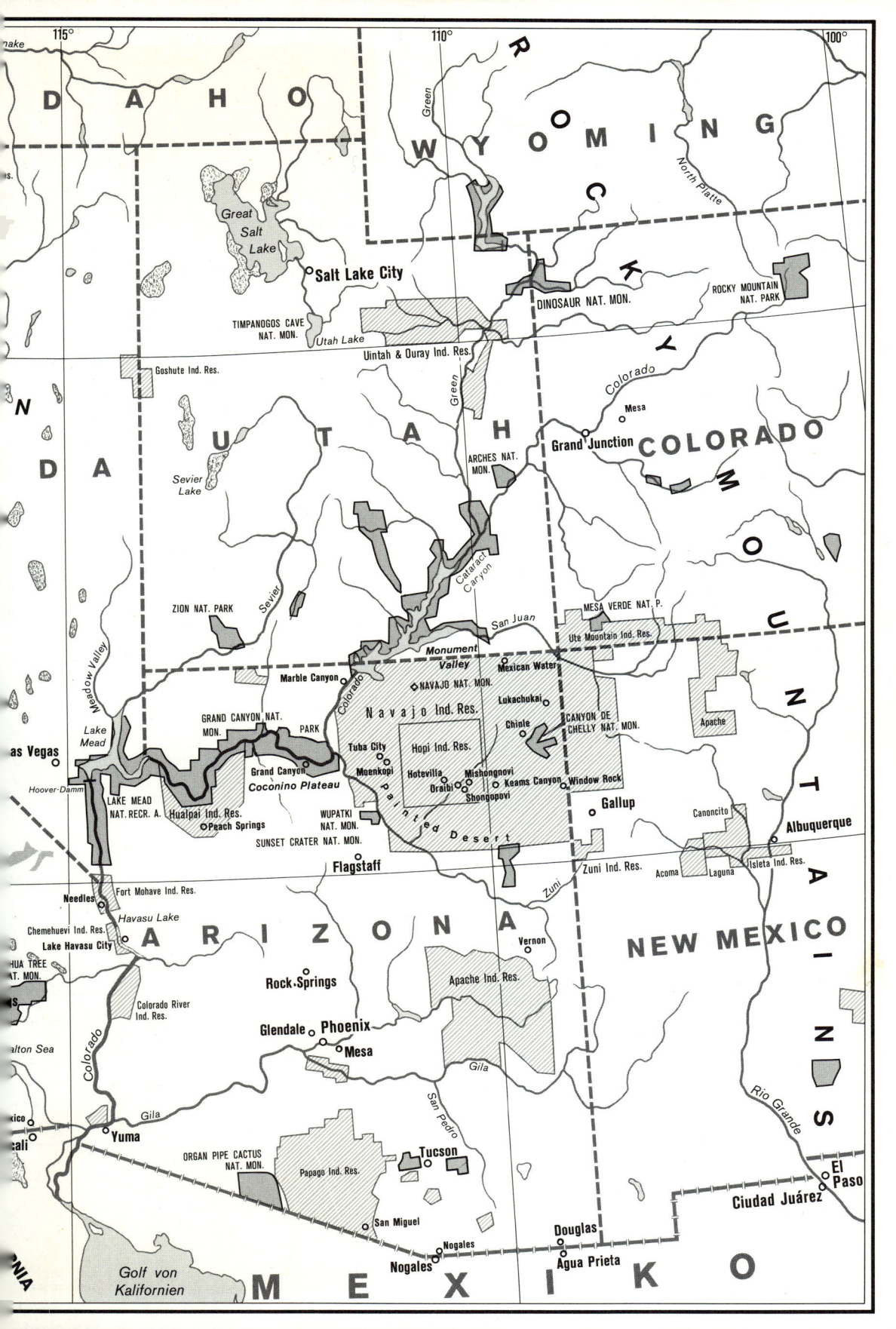

Hans-Otto Meissner

Der Stern von Kalifornien

Reisen und Abenteuer im Südwesten der USA

C. Bertelsmann Verlag

Vorsatzkarte Adolf Böhm

Die Abbildungen für dieses Buch stellten freundlicherweise zur Verfügung:
Carl Junghans, München: S. 42/43, 44 oben, 78/79, 80, 165, 167, 254/255, 256
Hans-Otto Meissner, München: S. 41, 44 unten, 77, 123, 124, 166, 168, 193, 194, 211, 253
Smithsonian Institution National Anthropological Archives, Washington: S. 105, 106
United States Forest Tree Department, Washington: S. 212.

Inhalt

Los Angeles...furchtbar...wunderbar... unbegreiflich

Wenn jemand behaupten sollte, Los Angeles wäre eine Stadt, so irrt er! In Wahrheit handelt es sich um 77 Städte, die einander berühren, umfassen oder fressen. Alle zusammen ergeben eine Megalopolis, eine planlose, uferlose Ausbreitung von Straßen, Hochhäusern, Holzbuden und Villenvierteln. Das Durcheinander von Industriegelände, Wohnvierteln, Gärten, Tankstellen, Parkplätzen, Hochhäusern, Baustellen und Autobahnen ist auch für Kenner der Verhältnisse eine dauernd wechselnde Verwirrung. Breite Boulevards, winklige Alleys, sonnige Plätze und Drehscheiben des Verkehrs, wer soll sich da zurechtfinden? Hohe Brücken und Hafenbecken, die Filmstudios, herrliche Kokospalmen, verstaubte Autofriedhöfe, gepflegte Luxusvillen und stinkende Raffinerien des kalifornischen Erdöls. Chromblitzende Straßenkreuzer überholen klappernde Oldtimer. Verwahrloste Wohnwagen hinter rostigem Wellblech, sonnenbraune Blondhaarmädchen in blütenrein gepflegtem Zustand gehen vorüber, total heruntergekommene Hippies und säuerlich grinsende Huren. Sagenhaft reiche Museen hat Los Angeles, ebenso hügelhoch angesammelte Abfälle, traumhaft schöne Badestrände, Hotels der höchsten Luxusklasse, Motels jeder Kategorie und Obdachlosenquartiere der Heilsarmee. Grelle, funkelnde Lichtreklame bei Nacht, doch nahebei ganz ruhige und halbdunkle Straßen.

Die vermeintliche Stadt hat keinen Mittelpunkt und auch keine Hauptstraße, die man als ihre Achse bezeichnen könnte. Auch sonst gibt es nichts, was dem Fremden als Orientierungshilfe dienlich wäre. Wenn man als ordnungsliebender Mensch die Zahl der Einwohner, das Flächenmaß, die Menge der Autos, die Höhe des Steueraufkommens wie die kommunalen Ausgaben und ähnliches wissen wollte, wie es gewöhnlich in jedem Reiseführer zu lesen steht, so erhält man in diesem Fall entweder gar keine Antwort oder jedesmal eine andere. Es kommt nämlich darauf an, was der eine noch zu Los Angeles rechnet, der andere aber nicht mehr. Manche der 77 Städte (plus der neuerdings hinzugewachsenen Ortschaften) liegen zwar mitten im bebauten Gebiet, verfügen jedoch über eigene Verwaltungen. Dagegen sind andere Stadtviertel, viel weiter draußen, ins große Ganze eingemeindet. Leute, die von sich sagen, daß sie in Los Angeles wohnen, leben möglicherweise eine Fahrstunde weit von der City Hall, dem Rathaus, entfernt. Andere wieder, die als ihren Wohnort die Gemeinde Culver City angeben, können das Rathaus von Los Angeles binnen zehn Minuten erreichen, sind aber im Telefonbuch von Los Angeles nicht zu finden. Ein Anruf bei ihnen gilt als Ferngespräch. Andere Leute wiederum, die nach Meinung des Fremden draußen auf dem Lande wohnen, gehören telefonisch zu Los Angeles. Dieser Hinweis mag genügen, um die Schwierigkeiten des Telefonierens in L. A. anzudeuten. Wie soll unsereiner wissen, in welchem Telefonbuch er nachschlagen muß?

Sehr wahrscheinlich hat die Mehrzahl meiner Leser von kalifornischen Ortschaften gehört, die so hübsche Namen tragen wie Pasadena, Santa Monica, San Fernando, Santa Ana, Alhambra, Beverly Hills, Glendale, Vernon, Long Beach, Laguna Beach, Marineland, Disneyland, Hollywood, Glendora, Gowina usw. Nichts davon ist eine Ortschaft für sich, alle hängen zusammen, allesamt sind Satelliten von Los Angeles.

Manch einem wird schon schwindelig, wenn er nur die Hausnummern hört. Mein Freund Professor Ewald Schnitzer bewohnt das Eigenheim Wonderland Avenue 9004. Mein erstes Hotel, das Continental Hyatt House, befindet sich am Sunset Boulevard unter der Hausnummer 8284. Eine von mir lange gesuchte Buchhandlung war schließlich am Santa Monica Boulevard 7500 zu finden. Das Deutsche Generalkonsulat amtiert im zehnten Stock des Wilshire Boulevard 3450 und liegt damit im Herzen des schier grenzenlosen Stadtgebietes. Den Rekord in meinem Adreßbüchlein hält das Ehepaar McRoberts mit der Hausnummer 14366. Es werden allerdings auch Nummern übersprungen, mitunter sogar zehn oder zwölf, wenn die Breite des Hauses und eventuell seines Gartens über die Norm des früher geplanten Durchschnitts hinausreicht. Wie das gelegentlich die Suche nach einer bestimmten Adresse erschwert, brauche ich nicht zu sagen.

Manche der großen, aber nicht gerade verlaufenden Boulevards, Avenues, Drives, Roads und Streets sind 40 Kilometer lang und länger. Mit fast einer Länge von 100 Kilometern führt der Washington Boulevard von den Außenbezirken im Süden zu denen im Norden. Wer den Ehrgeiz haben sollte, das weiteste Stadtgebiet der Welt im flotten Fußmarsch zu durchqueren, muß seine Asphaltwanderung schon früh am Freitag beginnen, falls er das andere Ende von Los Angeles noch am Sonntag vor 24 Uhr erreichen will.

Man schätzt die Bewohner des immensen Wohngebietes auf derzeit 7,5 Millionen*. Sie verfügen zu ihrer Fortbewegung, die fast nur im eigenen Wagen geschieht, über 4,5 Millionen Fahrzeuge. Nirgendwo sonst gibt es so viele Autos pro Kopf der Bevölkerung. Es geht nicht anders, denn praktisch braucht jeder Erwachsene einen Wagen für sich, weil öffentliche Verkehrsmittel nur sehr wenige Strecken bedienen.

Selbst wanderlustige Hausfrauen können ihre Besorgungen unmöglich zu Fuß erledigen. Der Supermarkt liegt meilenweit entfernt. Tante-Emma-Läden an der Ecke gibt es nicht. Man fährt zum Einkaufszentrum mit weiten Parkplätzen, um sich dort für mindestens eine Woche den Proviant und alles übrige zu besorgen. Deshalb gehört selbstverständlich zu jedem Haushalt die sehr großzügig bemessene Tiefkühltruhe. Im übrigen sind Fußgänger in den Wohnvierteln so selten, daß Autofahrer hilfreich halten und fragen, was ihnen fehlt. Mein Freund Peter Berneis, der von daheim gewohnt war, abends noch einen Spaziergang zu machen, wurde von der mißtrauischen Polizei so häufig mit Fragen nach dem Grund seines Herumstrolchens belästigt, bis er den eigenen Garten nur noch auf vier Rädern verließ.

Los Angeles besitzt weder U- noch S-Bahn. Die nur in großen, unregelmäßigen Abständen verkehrenden Autobusse sind nicht zu empfehlen. Es kennt sich kaum jemand mit ihrem Fahrplan und der Streckenführung aus. Meines Erachtens fahren damit nur solche Leute, die täglich die gleiche Strecke gewohnt sind. Genau 105 Minuten waren es, die mein Bus der Linie 91 benötigte, um von der Olivera Street bis ans obere Ende des Sunset Boulevard zu gelangen. Vorher hatte ich 25 Minuten an einer Haltestelle gewartet und war dorthin fast eine halbe Stunde gelaufen. Diese ganze Mühe nur deshalb, weil an Sonntagen nirgendwo ein Taxi zu finden ist.

Jeder berufstätige Angeleno verbringt mehr oder minder täglich zwei Stunden am Steuer seines Wagens. Um so erstaunlicher scheint es uns, daß er trotz millionenfach motorisierten Verkehrs einen Parkplatz findet, fast zu jeder Zeit und meist in bequemer Nähe seines Zieles. Das eben ist der Vorteil gegenüber so vielen Nachteilen des unendlich weiten Stadtgebietes. Gegenüber meinem zwanzigstöckigen Hotel befinden sich drei Buden zu ebener Erde, ein Tätowiersalon,

---

* Das sind mindestens 1000mal mehr als im Jahre 1875, wenn man alle damaligen Menschen im gleichen Gebiet einbezieht.

ein Damenfriseur und ein leerer Blumenladen. Daneben verwilderte Gärten und nicht bebaute Flächen. Also keineswegs die lückenlose Bauweise, wie man sie in einer so rapide wachsenden Metropole erwartet. Fast alle Geschäftshäuser, Behörden, Motels und Hotels haben ihre Tief- oder Hochgaragen. Weil der unglaublich schnelle Bevölkerungszuwachs in Los Angeles erst relativ spät begann, sehr viel später als in San Francisco zum Beispiel, konnte man bei den Neubauten gleich die Garagen einplanen und auch für genügend breite Straßen sorgen. Dagegen waren bei uns die Straßenzüge der Großstädte schon längst entstanden, als man von der Motorisierung noch gar nichts ahnte.

Dennoch ist die relativ rasche Fortbewegung in Los Angeles nur deshalb möglich, weil man beizeiten mehr als 150 Meilen Autobahnen, dort Freeways genannt, nicht etwa durch die auseinanderfließende Stadt gelegt hat, sondern ohne weiteres über sie hinweg. Diese Schlangen dehnen und wenden sich, steigen auf und sinken herab, zielen auch zeitweise geradeaus, wenn es die Umstände gestatten. Vier bis fünf Fahrbahnen auf jeder Seite, nach fast jeder Meile eine Ausfahrt in städtische Straßen und ebenso viele Einfahrten. Auf sogenannten Kleeblättern erreicht man nach Süd, Ost oder Nord führende Freeways. Nach Westen dagegen nur wenige, weil sich dort die unendliche Weite des Pazifischen Ozeans ausdehnt. Die innerstädtischen Autobahnen überschneiden sich, und ihr eindrucksvolles System verläuft stellenweise auf vier, sogar auf fünf verschiedenen Ebenen.

Alles wunderbar praktisch für den Fahrer, der sich auskennt. Denn er weiß natürlich, welche der in Riesenbuchstaben genannten Straßenausfahrten für seine Zwecke die richtige ist. Schon meilenweit davor veranlassen ihn solche Schilder, seinen Wagen auf die rechte oder linke Seite der vierspurigen oder gar fünfspurigen Autobahn zu lenken. Hat er sein Manöver geschafft, rollt er wunschgemäß auf die 112. Straße hinaus und dem Wilshire Boulevard entgegen. Aber der bedauernswerte Fremde, zu denen auch alle Amerikaner gehören, die nicht in Los Angeles zu Hause sind, vermag die richtige Ausfahrt nicht rasch genug zu erkennen. Für ihn sind die Freeways ein rauschendes, brausendes Labyrinth, wo allenthalben lebensgefährliche Karusselle kreisen. Hat er die entscheidende Stelle verpaßt, teilt der Unglückliche bis auf weiteres das Schicksal des Fliegenden Holländers. Er findet keinen Hafen, er weiß nicht, wohin der Verkehrsstrom sein Fahrzeug treiben wird. Er kann, er darf nicht halten, um seinen Atlas zu studieren. Rasselnd, krachend und quietschend sausen zwanzig Meter lange Riesenlaster an dem verirrten Pkw vorüber – von rechts und von links, alles ist erlaubt. Nur auf das maximale Tempo ist zu achten, auf 65 Meilen, nur wenig mehr als 100 Kilometer in der Stunde. Weil sich fast jeder daran hält, brummen und brausen nahezu alle Fahrzeuge mit etwa der gleichen Geschwindigkeit über die Bahnen des Freeway. Wer sich das anschaulich vorstellen kann, wird durchaus begreifen, welche Nerven es erfordert, um nur einmal die Fahrbahn zu wechseln, und man muß in L. A. sehr häufig von einer auf die andere Autobahn gelangen oder von ihr herunter. Das Rudel, in dem man sich befindet, hat für solche Ausbrecher nur wenig Verständnis.

Ich bin weit und breit durch alle Kontinente der Erde, in allen möglichen motorisierten Fahrzeugen, auch im Kanonenpanzer durchs feindliche Feuer gerollt. Mir ist der Verkehr von Tokyo, Teheran und Toledo ebenso geläufig wie das nur ruckweise Vorwärtskommen in Paris, London, Rom und Mailand. Mit 17 Jahren besaß ich meinen ersten Führerschein und fahre noch heute mit meinem Rangerover furchtlos durch die Wildbäche im Wilden Kaiser. Auf den Freeways von Los Angeles jedoch bricht mir der kalte Angstschweiß aus den Poren, und oft habe ich befürchtet, einem Herzschlag nahe zu sein.

Ganz anders empfindet ein echter Angeleno seine Fahrt über die Hochstraßen von L. A. Er plaudert munter mit seiner Begleitung, läßt sich vom Radio berieseln, gelangt vollkommen ruhig zur richtigen Ausfahrt und versichert jedem fremden Besucher, wie es doch mit dem Verkehr in Los Angeles von Jahr zu Jahr immer besser wird.

Das stimmt insofern, als der Kundige sogar während des jeweils zwei Stunden dauernden Stoßzeitverkehrs relativ rasch vorankommt, auch am Wochenende keine besondere Mühe hat, aus der Stadt zu gelangen und wieder hinein. Wobei man allerdings bedenken muß, daß angesichts der uferlosen Ausbreitung von L. A. selbst 100 Stundenkilometer eine mehr als stundenlange Fahrt ins Freie bedeuten.

Der Fremde braucht einen Freund mit Zeit und – selbstverständlich – mit Auto. Nur mit einem verkehrskundigen Freund ist es Besuchern von außerhalb möglich, sich nach eigenem Wunsch in Los Angeles umzuschauen. Ohne solche Hilfe wird es dem Fremden, vor allem wenn er sparsam wirtschaften muß, niemals gelingen, die Sehenswürdigkeiten seines persönlichen Interesses zu besuchen. Er kommt nicht hin, erhält keine Auskunft, findet auch nicht wieder zurück. Ohne Autofreund bleibt auch der Individualist auf die Rundfahrten der Gray Line angewiesen. Was man dabei besichtigen kann, sind natürlich genormte Programme ohne große Auswahl, wie sie dem Geschmack der Durchschnittstouristen entsprechen. Die Preise sind mäßig, die Organisation nahezu perfekt. Aber der Fremde muß auch für solche Stadtrundfahrten zu einem der großen Hotels gelangen, wo die Busse ihre Fahrgäste abholen und später wieder absetzen.

Die Taxis sind in Los Angeles keineswegs besonders teuer. Aber bei den weiten Entfernungen kommen rasch 20, auch 30 Kilometer zusammen, was den Fahrpreis rasch auf zehn Dollar und mehr hinauftreibt. Außerdem sind Taxis, dort Cabs genannt, nicht leicht, oft gar nicht zu bekommen. Dem Fahrer müssen Sie nicht nur die Straße mit Hausnummer angeben, sondern auch genau das Stadtviertel. Aber auch im gleichen Stadtgebiet mag derselbe Straßenname mehrfach vertreten sein. Kurze Straßen sind dem Fahrer sehr oft nicht bekannt. Er muß in seinem dickleibigen Stadtatlas erst danach suchen. Besonders bei Nacht kann es lange dauern, bis der Fahrer das Ziel gefunden hat. Der Ärmste verfranzt sich in den menschenleeren Vororten und kassiert am Ende von Ihnen den Lohn für seine Irrfahrt.

Da es von Los Angeles einen für Taxifahrer brauchbaren Gesamtstadtplan nicht gibt, behilft er sich mit einem Kartenbuch von etwa 100 Seiten Umfang. Erst wenn Sie selbst versucht haben, damit vors Haus Ihrer Freunde zu gelangen, vielleicht sogar am späten Abend, können Sie das ganze Ausmaß einer solchen Leistung richtig bemessen.

Jemanden nach dem Weg zu fragen, wie es bei uns der allgemeine Brauch ist, muß schon deshalb mißlingen, weil es abseits der wenigen Geschäftsstraßen keine Fußgänger gibt. Los Angeles ist für freundlose Fremde wie ein Gefängnis. Denn vergeblich bleibt jedes eigene Bemühen, aus der nächsten Umgebung seiner Unterkunft auszubrechen. Die guten Kenntnisse der englischen, genauer gesagt der amerikanischen Sprache sind unbedingt notwendig, aber noch keineswegs die Lösung aller Probleme. Tatsächlich haben bereits mehrfach verzweifelte Besucher aus der Bundesrepublik das Deutsche Generalkonsulat durchs Telefon flehentlich gebeten, sie aus ihrer Isolierung zu befreien. Sie waren auf Empfehlung von Freunden bei irgendeiner Familie gelandet, die sich nicht um sie kümmern wollte oder es auch beim besten Willen nicht konnte. Immerhin waren diese Unglücklichen noch so gut bei Verstand, daß sie die Nummer des Konsulats im kiloschweren Telefonbuch entdeckt hatten. Was aus anderen Landsleuten geworden ist, denen kein solcher Hilferuf gelang, ist nicht überliefert.

In Los Angeles sei es wunderschön, werden dennoch viele Besucher nach ihrer Heimkehr verkünden. Auch ich selbst bin durchaus dieser Meinung. L.A. ist herrlich gelegen, klimatisch sehr gesund, überaus reich an Abwechslung, in jeder Beziehung hochinteressant und für amerikanische Begriffe auch eine Stadt gepflegter Kultur. Die von längst verstorbenen, möglicherweise schuldbewußten Multimillionären gestifteten Museen enthalten erlesene Kunstwerke, darunter den berühmten »Blue Boy« von Gainsborough. Historische, ethnographische, zoologische und folkloristische Sammlungen bieten sich dem Betrachter an, der auch in New York, Chicago und Washington kaum Besseres findet. Die 77 Teilstädte mit ihren elf Hochschulen und Colleges stellen den Besuchern eine bewundernswert reichhaltige, dazu kostenlos benutzbare Auswahl von Büchern zur Verfügung. Philharmonische Konzerte werden sowohl unter freiem Himmel wie in großen Hallen dargeboten. Eines der Stadien kann bis zu 110000 Besucher aufnehmen. Freie Tennisplätze und Golfplätze gibt es ohne Zahl, fast über dreißig Meilen erstreckt sich der Badestrand längs dem Pazifik. Wer gegen kühles Wasser nicht allzu empfindlich ist, kann sich während des ganzen Jahres in würzigem Meerwasser tummeln. Außerdem stehen geheizte Schwimmhallen in jedem Stadtviertel zur Verfügung. Es gibt viele und weite, gutgepflegte Parks, die sich zur gegebenen Zeit an Blütenpracht überbieten. Dazu noch die Reize von Hollywood, die liebenswerten Delphine und durch Reifen springende Walfische im »Marineland«, die fabelhaften Attraktionen von Disneyland und die nun ständig im Hafen von Los Angeles liegende »Queen Mary«, einst das größte und schönste Schiff auf den Weltmeeren. Viele Seiten müßte man bedrucken, um all das aufzuzählen, was man in Los Angeles erleben und besichtigen kann.

Es ist eine wahrhaft kosmopolitische Weltstadt, betrachtet man nur die Gesichter, die Haltung und Hautfarbe der Vorübergehenden. Alle sind heutzutage echte Angelenos, aber von ganz verschiedener Herkunft. Selbst die sogenannten Weißen sind Nachkommen und Mischlinge aus vielen Völkern, aus vielen Ländern, nicht nur in Europa. Aber irgendwie hat sie das Sonnenland am Pazifischen Ozean als besondere »Rasse« geprägt. Dafür typisch sind die auffallend gut gewachsenen, sorgsam gepflegten, langbeinigen und hellhäutigen, immer heiter gestimmten Mädchen, als »California Girls« bekannt. Viele Spanier und Mexikaner leben schon seit Generationen oder auch erst seit kurzem in L. A. Neben Griechen, Jugoslawen, Italienern und Skandinaviern begegnen einem natürlich auch Menschen deutschen Stammes auf Schritt und Tritt. Neger aller Schattierungen sind selbstverständlich. Man hat nicht oder nicht mehr den Eindruck, als würden sie diskriminiert oder nur mißliebig angesehen. Damit scheint es vorbei zu sein, wenn nicht Agitatoren die Rassenhetze von neuem anheizen. Viele Japaner sind in Kalifornien zu Hause, Enkel und Urenkel von Einwanderern aus dem vorigen Jahrhundert. Es gibt ein Stadtviertel in L. A., Klein-Tokyo genannt. Zahlreiche Chinesen, Nachfahren der zur Zeit des Goldrausches und auch für den Bahnbau hergeholten Kulis, aber auch Filipinos, Koreaner, Malayen, Libanesen, Vietnamesen gehören zur Bevölkerung der Megalopolis. Doch wird man nur noch äußerst selten einem absolut echten Kalifornier in Kalifornien begegnen, mit anderen Worten, einem Indianer.

Wie kam es, daß sich aus dem früher so bescheidenen Landstädtchen binnen weniger Jahrzehnte die am weitesten ausgedehnte Stadt der Welt entwickelte? Nur die schöne Lage von Los Angeles hätte dafür nicht gereicht. Immerhin war sie einladend und bot passendes Gelände für landwirtschaftliche Ausbreitung. Von der teilweise felsigen, teilweise sandigen Küste des Pazifiks dehnt sich landeinwärts langsam ansteigend eine etwa 50 Kilometer breite Ebene bis zur schön geschwungenen Kette der San-Gabriel-Berge. Deren Höhen sind von Oktober bis spät in den April mit schimmerndem Schnee bedeckt. Wer sich eben noch in den Brandungswellen des Ozeans getummelt hat, kann eine Stunde später mit elegantem Schwung eine Skipiste hinabgleiten. Rosarote Sandsteinhügel erheben sich hier und dort, auch im bewohnten Gebiet. Manche sind mit weißen Villen besetzt, andere hat man als Oasen der Natur unberührt gelassen. Sogar mitten in der Stadt blieben Enklaven ursprünglicher Wildnis als Parkanlagen erhalten. Stellenweise gibt es kaum zu durchdringenden Dschungel, an dessen Rand rauschender Verkehr vorüberflutet.

Wie allenthalben in Südkalifornien herrscht in Los Angeles mildes, warmes Klima mit nur geringen Schwankungen der Temperatur. Man leidet weder unter glühender Sommerhitze noch unter bitterer Kälte im Winter. Regenfälle sind selten, doch wenn die ersten Tropfen fallen, machen sich die Angelenos auf Wolkenbrüche gefaßt. Meist dauert es nicht lange, bis sie mit verheerender Gewalt auf Los Angeles niederprasseln. Bevor man die gewaltigen Kosten und riesige Mühe aufbrachte, alle Bäche, Flüsse und Abflüsse im Stadtgebiet zu kanalisieren, wurde L. A. in fast jedem Jahr von Überschwemmungen, Erdrutschen und entsprechenden Schäden heimgesucht. Beim Anblick der ganz und gar ausgetrockneten Wasserläufe, über die sich breite Brücken spannen, ist das kaum zu glauben. Deshalb sagen die Angelenos zum Spaß, sie würden sich nach dem Sturz in einen ihrer Flüsse nur die Kleider abstauben, bevor sie wieder ans Ufer klettern.

An mindestens 340 Tagen des Jahres scheint die Sonne aus wolkenlosem Himmel, es kann aber bis zum späten Vormittag dunstig sein. Nachtfröste sind nur im Januar zu befürchten. Kaum ein Mensch in Los Angeles kann sich an einen starken Sturm erinnern, der Bäume entwurzelt und Häuser abdeckt. Alles

14

in allem hat L. A. ein ideales Klima für Gartenfreunde. So gut wie sämtliche Südfrüchte des Erdballs gedeihen in Kalifornien. Auch die Angelenos bekommen Datteln, Bananen, Avocados, Orangen, Zitronen, Weintrauben, Oliven, Feigen, Papayas und Kokosnüsse sozusagen aus »landeseigener Ernte« stets frisch auf den Tisch.

Soweit scheint alles schön und gut. Doch auch in L. A. hat man seine Sorgen. Hin und wieder bebt die Erde. Dann brechen Häuser zusammen, zahlreiche Menschen finden den Tod, und gewaltig ist der Sachschaden*. Neue Baumethoden, vor allem bei den Hochhäusern, haben sich bewährt. Für die weitere Zukunft darf mit weniger Verlusten an Menschen und Material gerechnet werden. Ein anderes Übel, dessen Beseitigung kaum möglich sein wird, ist der berüchtigte Smog von L. A. Schuld daran sind die fast fünf Millionen Motorfahrzeuge der viel zu großen Stadt, die Abgase der Industrie und der Ölraffinerien, dazu noch der rege Schiffsverkehr im Hafen. Wenn der Wind aus Westen weht, treibt er den Smog, dieses üble, gesundheitsschädliche Luftgemenge, gegen die San-Gabriel-Berge, wo bald ein Wolkenstau entsteht, der an besonders schlimmen Tagen ganz Los Angeles verdunkelt. Aber so häufig, wie das behauptet wird, kann es nicht sein. Ich selbst habe während sieben Besuchen in L. A. keinen starken Smog erlebt.

Jedenfalls vermag es nichts an der guten Gesundheit und dem bemerkenswert langen Leben der Stadtbewohner zu ändern. Man sagt, die Angelenos würden nicht nur im Durchschnitt älter, sondern sie machen auch einen relativ jüngeren Eindruck als die Bewohner anderer Städte der USA. So weit haben sich die Vorzüge Kaliforniens herumgesprochen, daß vom Statistischen Amt des Staates behauptet wird, er würde alle 50 Sekunden einen neuen Zuwanderer aufnehmen. Dabei ist der hohe Geburtenüberschuß gar nicht mitgezählt. An beiden Faktoren ist im besonderen Maße Los Angeles beteiligt.

Bis zur Jahrhundertwende hatte die Stadt nur geringe Bedeutung. Sie war nichts weiter als das Versorgungszentrum, gewiß auch der Umschlagplatz für die Landwirtschaft, die Viehzucht, für den Anbau von Wein, von Citrusfrüchten und anderem Obst in der Umgebung. Die massenhafte Zuwanderung, auch die Industrialisierung und der Run zum lebensverlängernden Ruhesitz für ältere Ehepaare begann richtig erst in der Zeit um 1920. Danach stieg binnen zehn Jahren die Einwohnerzahl von knapp 600 000 auf 1,3 Millionen, und bis 1970 im etwa gleichen Tempo auf 6 Millionen.

---

* Ein bekannter, kolossaler, furchtbar aufregender Farbfilm zeigt auf Breitwand den Ablauf eines solchen, gottlob nur frei erfundenen Erdbebens in Los Angeles.

Geht man gar bis aufs Jahr 1875 zurück, als Los Angeles nur etwas mehr als 5000 Einwohner zählte, die überwiegend spanischer und mexikanischer Herkunft waren, hat sich die Bevölkerung binnen 50 Jahren verhundertfacht und bis heute sogar mehr als vertausendfacht! Dieser Rekord, so glaube ich, wird von keiner anderen Stadt in der Welt übertroffen. Wohlgemerkt gelten diese Zahlen fürs gesamte Wohngebiet, also für Los Angeles County. Das entspricht in etwa dem Begriff des Landkreises bei uns. Man erwartet, daß sich in fünf Jahren die heute auf 7,5 Millionen geschätzte Einwohnerzahl von Los Angeles County auf 9 Millionen Einwohner erhöhen wird.

Wenn sich das gegenwärtige Wachstum in ungefähr der gleichen Weise fortsetzt, woran kaum zu zweifeln ist, werden von Santa Barbara im Norden bis hinunter nach San Diego alle kleineren und größeren Städte an der kalifornischen Küste zusammenwachsen. Bis zum Ende des Jahrtausends dürften in diesem Raum 25 Millionen Menschen leben!

Ballungsgebiete von derartigen Ausmaßen bringen natürlich Probleme mit sich, die selbst ein allermodernster Stand der Technik kaum bewältigen kann. Dazu gehört in erster Linie die Wasserversorgung für so viele Menschen, Haushalte, Gärten und Schwimmbassins und noch mehr für die Industrie, die Kühlanlagen und die Landwirtschaft. Schon 1913 wurde für die damals immensen Kosten von 25 Millionen Dollar ein langer Aquädukt gebaut, um von der Sierra Nevada durch 142 Tunnels frisches Wasser nach L. A. zu bringen. Die großen Erwartungen der Erbauer wurden enttäuscht, denn schon nach 20 Jahren reichte die tägliche Kapazität des künstlichen Flusses von 300 Millionen Gallonen (1 137 000 000 l) nicht mehr aus. Der Colorado River wurde angezapft, und ein gewaltiges Röhrensystem führt zur Zeit täglich 700 Millionen Gallonen vom Hoover-Staudamm in die Riesenstadt. Fast eine Milliarde Mark hat das technische Wunderwerk gekostet. Aber schon sind neue, noch viel größere Projekte ausgearbeitet. Bald muß man mit der Ausführung beginnen, sonst sitzen die Angelenos in nicht zu ferner Zeit buchstäblich auf dem Trockenen. Man will die doppelte Wassermenge über dreifache Entfernung leiten, was die Gesamtkosten auf vierfache Höhe anhebt und die Konstrukteure vor Probleme stellt, die völlig neue Methoden notwendig machen.

Mit anderen Bauten wollten die Stadtväter von Los Angeles lange Zeit nicht so hoch hinaus. Die Mehrheit der Bevölkerung wünschte in L. A. kein Manhattan, keine schmalen Straßenschluchten mit himmelstürmenden Hochhäusern auf beiden Seiten. So galt noch bis 1957 ein Gesetz, das die Höhe der Häuser auf 55 Meter beschränkte. Verfügte man doch über weite Flächen vergleichs-

16

weise billigen Baulandes. Daher die Ausbreitung von Los Angeles, deshalb so riesenweite Entfernungen im Stadtgebiet. Das erklärt auch, warum L.A. kein von pulsierendem Leben erfülltes Zentrum besitzt. Gewiß ist seit Aufhebung des Verbots eine Vielfalt von Hochhäusern emporgewachsen, aber nicht nebeneinander und nicht bestimmend fürs Stadtbild. Vielmehr gibt es Gruppenbilder, wie man es nennen könnte. Hier eine herausragende Gruppe von Hochhäusern, dort sieht man zwei, drei Wolkenkratzer und weiter weg den neuesten Riesenbau in einsamer Größe. Aber gleich davor grüne Gärten, daneben ein paar Läden und Parkplätze, dahinter die langen Straßenzüge von schlichten Reihenhäusern.

Was unsereins im Bedarfsfalle vergeblich sucht und die findige Hausfrau erst durch Hinweise anderer Damen entdeckt, sind einerseits Warenhäuser und andererseits Ladengeschäfte für den individuellen Bedarf. Man versorgt sich im allgemeinen in Supermärkten, die weit außerhalb der Wohnviertel liegen, umgeben von quadratkilometergroßen Parkplätzen für die Autos der Hausfrauen. Die Auswahl in den weiten Hallen, die nur zu ebener Erde liegen, erscheint grenzenlos und deckt alle normalen Bedürfnisse einer Familie, sofern man sich auf den allgemein üblichen American Way of Life beschränkt. Vom Babyschnuller ist über Kinderkleider, alle Nahrungsmittel und Kosmetika bis hin zu Pfeifentabak, Rasenmäher, Spirituosen und Langspielplatten alles zu haben. Meist besitzen die flachen, langen, schmucklosen und nur zweckmäßigen Bauten keine Fenster, erst recht keine Schaufenster. Drinnen helles Neonlicht und das immer gleiche Klima. An den klimpernden Kassen verblüffend rasche Bedienung.

Je weiter sich Los Angeles ausdehnt, und je näher die Bevölkerung an 10 Millionen herankommt, desto kürzer wird der Name von L.A. Moderne Menschen haben anderes zu tun, als für die Bezeichnung ihres Stadtgebietes alle 12 Worte des alten amtlichen Namens zu verwenden. Sie begnügen sich mit zwei Buchstaben. Zumal jeder Amerikaner weiß, und auch viele Ausländer wissen, was mit L.A. gemeint ist.

Als die Ortschaft vor mehr als zwei Jahrhunderten gegründet wurde, mit 46 Einwohnern insgesamt, erhielt sie den klangvollen Namen El Pueblo de Nuestra Señora la Reina de Los Angeles de Porciuncula, frei übersetzt: Die Gemeinde unserer lieben Frau der Engelskönigin von Porciuncula. Dabei galt das letzte Wort für einen kühlen und klares Wasser führenden Bach, der damals die fruchtbare Ebene der heutigen Riesenstadt durchströmte.

Jene Menschen, die unter größten Mühsalen hundert Tage weit gewandert waren, durch brennend heiße Wüste und abgrundtiefe Schluchten, über steile Gebirge hinweg und ständig von wilden Indianern bedroht, kamen aus den nördlichen Provinzen von Mexiko, zu jener Zeit noch ein koloniales Vizekönigreich unter Spaniens goldener Krone. Sie hatten die Absicht, für immer an den Ufern der Porciuncula zu bleiben. Es waren zwölf Familien, wenn man die Maultiertreiber, die militärische Eskorte sowie Don Felipe de Neve, den spanischen Gouverneur von Kalifornien, nicht mitrechnet. Die Soldaten machten sich nämlich schon bald nach der Gründungsfeier wieder auf den Weg, um noch viel weiter nach Norden zu marschieren.

Schon gleich zu Anfang besaß El Pueblo de Nuestra Señora la Reina de Los Angeles de Porciuncula eine sehr gemischte Bevölkerung. Nur wenige der spanischen Siedler waren noch selbst im Mutterland geboren, andere waren schon seit Generationen in Mexiko ansässig gewesen, und wieder andere hatten indianische Mütter oder kamen mit indianischen Frauen. Es befanden sich bei der Gesellschaft auch einige Negersklaven, die gleich oder bald darauf ihre Freiheit erhielten. Die meisten der Neusiedler waren des Lesens und Schreibens nicht kundig, dennoch gelten ihre Nachkommen, soweit sich die noch feststellen lassen, als die superfeinsten Familien von L. A. Es genügen in einem so jungen Land schon 200 Jahre, um historisch bedeutsamen Uradel zu kreieren.

Die ersten Entdecker Kaliforniens waren jene Leute allerdings nicht. Viel früher schon hatten spanische Expeditionen die Küste Kaliforniens betreten. Bereits Hernando Cortez, der tollkühne Eroberer und spätere Generalgouverneur von Mexiko, hatte sich schon in den Jahren nach 1535 bemüht, den Golf von Kalifornien zu erforschen. Die Kapitäne Alarcon und Cabrillo segelten bald darauf entlang der Küste des heutigen amerikanischen Kalifornien, betraten hier und dort auch das feste Land. Im Jahre 1540 begann die große, glänzend ausgerüstete Expedition des edlen Francesco Coronado, der auf dem Landweg von Mexiko aus mehr als 1600 Kilometer Entfernung hin und her marschierend ins Unbekannte vorstieß. Dabei wurde von einem der Unterführer, die er in verschiedene Richtungen ausgeschickt hatte, so nebenbei der Grand Canyon entdeckt, auch die Felsenburgen der Hopi-Indianer, die versteinerten Wälder und »bemalten Wüsten« Kaliforniens*. Ein spanisches Schiff nach dem anderen wurde von Acapulco, dem wichtigsten Hafen (heute weltberühmter Tummelplatz der Playboys und solcher, die es sein möchten) an der Westküste Mexikos, nach Norden hinauf geschickt, um sichere Häfen für die Seeverbindung zu den gleichfalls spa-

* In meinem Buch »Ich fand kein Gold in Arizona«, Cotta Verlag, habe ich diese gewagte Expedition ausführlich geschildert.

nischen Philippinen-Inseln zu finden. Schon im September 1542 entdeckte Cabrillo jene Bucht, um die sich heute San Diego ausbreitet.

Hätte nicht gerade an den entscheidenden Tagen wallender Nebel die Sicht verhüllt, wäre Cabrillo auch der Entdecker von Monterey und San Francisco geworden. Aber so segelte der sturmgewohnte Seebär ahnungslos an beiden gut geschützten Buchten vorbei, bis hinauf zur Bodega Bay. Dort in der Nähe haben sehr viel später die Russen, von Alaska nach Süden vorstoßend, das für Spaniens Herrschaft so bedrohlich erscheinende Fort Ross erbaut.

So gingen die Erkundungen weiter durch zwei Jahrhunderte, ohne daß man bleibende Siedlungen anlegte oder nur militärische Stützpunkte. Dennoch betrachtete Spanien wie selbstverständlich die gesamte Westküste Nordamerikas als Verlängerung von Mexiko und damit als Besitz der spanischen Krone. Vorläufig wurde er ihnen von keiner anderen Nation bestritten.

Erst gegen Ende des 17. Jahrhunderts begann langsam, doch systematisch die Erschließung Kaliforniens durch spanische Mönche. Zuerst waren es Jesuiten, die im Süden der Halbinsel Baja California (noch heute zu Mexiko gehörend) eine Mission nach der anderen ins Leben riefen. In schöner Regelmäßigkeit pflegten die Jesuiten jeweils einen tüchtigen Tagesmarsch entfernt von der zuletzt gegründeten Mission eine weitere einzurichten. Allerdings verstrichen zehn bis zwanzig Jahre, bis die Kette wieder um ein Glied verlängert wurde. Dank eigener Landwirtschaft, Viehzucht und Werkstätten konnte sich jede Mission selbst versorgen. Die noch auf tiefster Entwicklungsstufe stehenden Eingeborenen, weit verstreut lebend und gering an Zahl, wurden von den Padres eingesammelt, christianisiert, schrittweise zivilisiert und den Missionen angeschlossen. Sie hüteten die Schafe und Rinder, bestellten Äcker, Felder und Gärten und lernten verschiedene Handwerke. Bis zu 4000 solcher »Gemeindeglieder« hatten manche der Missionen unter ihrer Obhut. Da sie nicht in Massen entliefen, müssen die Mönche wohl recht vernünftig mit ihnen umgegangen sein. Kirchenberichte aus jener Zeit behaupten sogar, die Wilden hätten sich freiwillig bei den Missionen gemeldet, um dort Schutz, Nahrung, Wohnung, vor allem aber die Rettung ihres Seelenheiles zu finden. Zweifellos waren diese Menschen bei den Missionen weitgehend sicher vor den damals üblichen Menschenjagden unter indianischen Stämmen.

Um die Mitte des 18. Jahrhunderts hatte die Kette spanischer Missionen an der pazifischen Küste die heutige Grenze zwischen Mexiko und den Vereinigten Staaten erreicht. Bis auf weiteres schienen die Kräfte der christlichen Expansion erschöpft. Ein Alarmzeichen für die schlummernden Spanier war jedoch die Tatsache, daß russische und britische Segler an der pazifischen Küste, ja sogar in den Gewässern von Kalifornien erschienen. Rasch und energisch mußten jetzt die Spanier nach Norden vordringen, wollten sie nicht ihre Ansprüche auf das Land verlieren. Zu etwa der gleichen Zeit wurde der Jesuitenorden aus allen spanischen Kolonien vertrieben. Die Franziskaner waren es, die in Kalifornien ihre Nachfolge antraten. Sie unternahmen mit wesentlicher Hilfe des in Mexiko amtierenden Vizekönigs allergrößte Anstrengungen, um die Reihe der Missionen so schnell wie möglich zu verlängern. Binnen relativ kurzer Zeit gelang es ihnen, 22 Missionen zu gründen und auszubauen. Von diesen sind einige bis auf den heutigen Tag erhalten, denn sie entwickelten sich nach und nach zu kleinen, mittleren oder großen Städten.

Auf Betreiben des unermüdlichen, ewig reisenden Padre Junipero Serra entstand im Herbst 1771 die noch heute vorhandene Mission San Gabriel Arcangel, nur zwei Gehstunden von jener Keimzelle entfernt, aus der nur wenig später Los Angeles de Porciuncula seinen Anfang nahm. Heute liegt San Gabriel inmitten der Vielmillionenstadt, zu finden auf Seite 52 des L. A.-Straßenatlasses, im Planquadrat J 2. (Zum Aufsuchen des Standorts im Atlas empfehle ich den Gebrauch eines starken Vergrößerungsglases.)

Was die Entdeckung, die Gründung und die sporadische Versorgung so weit entlegener Stützpunkte damals bedeutete, können sich Menschen unserer Zeit nicht mehr vorstellen. Hierfür nur das Beispiel der ersten Besuche im späteren Stadtgebiet von Los Angeles. Drei Schiffe verließen am 9. Januar 1769 Acapulco zu einer Fahrt nach Monterey, die »San Carlos«, die »San Antonio« und »San José«. Zudem wurden wenig später auf dem Landweg zwei Expeditionen in Marsch gesetzt. Sie sollten sich an der Bucht von San Diego mit der Flotte vereinen, bevor man sich wieder trennte, um weiter nach Norden hinauf das Küstengebiet zu erforschen. Der Hauptmann Francesco Rivera führte zusammen mit dem Franziskaner Juan Crespi eine Begleitmannschaft von 42 christlichen Indios aus Mexiko und 25 kampferprobten spanischen Soldaten, dazu eine Menge Maultiertreiber und Träger. Don Gaspar de Portola, Kommandant der zweiten Landexpedition, marschierte in Gesellschaft des Padre Junipero Serra mit ungefähr dem gleichen Troß wie Hauptmann Rivera. An Bord der drei Schiffe befanden sich neben der seemännischen Besatzung noch 30 ausgesuchte Soldaten unter dem Kommando des Leutnants Pedro Farges. Außerdem machten 22 spanisch-mexikanische Siedler die Reise mit; auf welchem der Schiffe, ist nicht bekannt. Als die beiden Landexpeditionen nach entsetzlichen Mühen endlich die Bucht von San Diego erreichten, war kaum noch die Hälfte ihrer Mannschaften übrig. Von diesen konnten nach überlieferten Angaben des Arztes Don Pedro Prat nur acht Soldaten und ebensoviele Maultiertreiber irgendwelche Arbeit leisten. Infolge des Skorbuts, gegen den zu jener Zeit noch kein Heilmittel bekannt war, lebten an Bord der »San Antonio« noch sieben Seeleute, an Bord der »San Carlos« waren es nur noch fünf. Die »San José« mit all ihren Leuten blieb verschwunden. Über das Schicksal der 22 Siedler schweigen die Berichte. Es scheint jedoch, daß von den Soldaten an Bord der »San Antonio« und der »San Carlos« einige die Seefahrt überlebt haben.

Trotz dieser schweren Verluste und schlimmen Erfahrungen marschierte Gaspar de Portola mit dem geringen Rest von San Diego aus weiter. Als erster Weißer betrat er, im August 1769, den Boden des heutigen Los Angeles. Da gab es nur ein Schilfhüttendorf primitiver Indianer, dessen Name vermutlich Yang-na gewesen ist. Portola lobt zwar in seinem Bericht die schöne, fruchtbare, grüne, angenehm warme Gegend, hielt sich aber nicht lange dort auf. Ihn trieb es weiter entlang der Küste nach Norden, mehr als 1000 Kilometer weit, bis er schließlich die Bucht von San Francisco erreichte.

Er empfahl die Gegend beim Indianerdorf Yang-na zur Gründung des »Pueblo de Nuestra Señora la Reina de Los Angeles de Porciuncula« und gab damit den Anstoß zur Entstehung der heutigen Metropole Los Angeles, diesem unendlichen Meer der Häuser, Straßen und Freeways, der Supermarkets, Wohnviertel, Wolkenkratzer und Industrial Centers. Das Pueblo ist heutzutage nur mehr eine Winzigkeit im Planquadrat 52-4 auf der Karte der Riesenstadt, bestehend aus nicht mehr als der engen, kaum 80 Meter langen Olivera Street und der Plaza, wo sich seinerzeit, wenn die Tagesarbeit getan war, die Angelenos einfanden, um die abendliche Kühle zu genießen. Als das Pueblo in späteren Jahren eine Garnison bekam, konzertierte im Pavillon der Plaza die Blechmusik der Soldaten.

Viele Baulichkeiten der Stadt, die heute der Betrachter für kolonialspanische Relikte hält, sind nicht original, sondern gut gelungene Rekonstruktionen zerfallener Teile. Sie stehen auf den alten Grundmauern, soweit möglich hat man zum Wiederaufbau die Ziegelsteine aus der Entstehungszeit verwendet. Der einen von beiden Kirchen kann niemand absprechen, daß sie auch in der heutigen Gestalt sechs Generationen der katholischen Angelenos gedient hat. Darin hängen Ölbilder und werden Altargeräte aufbewahrt, die schon ein ehrwürdiges Alter besaßen, als man sie von Spanien in jahrelangen Transporten ins ferne, damals am äußersten Rand der Welt liegende Pueblo de Los Angeles abschickte.

Es ist Sonntag, etwa elf Uhr morgens, und ich glaube mich in ein völlig anderes Land, auch in eine völlig andere Zeit versetzt. Die Olivera Street, die Plaza, das ganze Pueblo wimmelt von Menschen. Keine oder nur sehr wenige Touristen sind zu bemerken, auch kaum Gringos, wie die Amerikaner, mitunter auch die Briten, von den spanischsprechenden Völkern genannt werden. Ich höre kein englisches Wort, sehe nirgendwo englische Beschriftung. Ein Drei-Mann-Orchester auf offener Straße macht lärmende Musik, mit Trompete, Trommel und Tamburin. Dazu hüpfen drei rotberockte Mädchen im Kreis herum. Keine besondere, eher eine klägliche Darbietung. Aber sie ist volkstümlich, paßt ins Bild und gehört ganz einfach dazu. Man wirft Münzen in einen herumgereichten Korb.

Im Gewühl der Plaza promenieren eingehängt Mexikanermädchen, sich im Uhrzeigersinn um den Pavillon bewegend. Die jungen Burschen schlendern in der anderen Richtung, ebenfalls im Kreis, mit frischgeöltem Haar und farbenfrohen Krawatten. Forsche Bemerkungen von der einen, Gekicher von der anderen Seite. So ähnlich war es, wenn man Berichten alter Damen glauben will, auch bei uns bis zum Ersten Weltkrieg.

In Kleinstädten der spanischen Provinz, ebenso in Mexiko, wo gebietsweise noch alte Sitten herrschen, ist diese Sonntagnachmittagspromenade noch heute allgemein üblich. Aber hier, in der modernsten aller amerikanischen Metropolen hätte der Fremde ein solches Bild nicht erwartet.

Es ist kaum mehr möglich, in die alte Kirche zu gelangen. Während der Messe stehen die Menschen Kopf an Kopf; Frauen und Mädchen mit zum Teil sehr schönen und gewiß kostbaren Spitzentüchern; Kerzenlicht im Halbdunkel, Weihrauchduft und frommes Gemurmel, der Gottesdienst in spanischer Sprache.

Alle hier sprechen nur Spanisch, von einem bis zum anderen Ende der Olivera Street. Jedes der altertümlichen Backsteinhäuser enthält Ladengeschäfte mit spanischen, mexikanischen oder indianischen Handarbeiten. Viel Kitsch und typische Mitbringsel dabei, gelegentlich auch kunstvolle Webereien, gefärbtes Leder in mancherlei Verarbeitung, poliertes Olivenholz, Bilder aus bunten Federn und noch anderes mehr. Die Verkaufsbuden inmitten der gepflasterten, allein für Fußgänger erlaubten Straßen lassen nicht genügend Bewegungsfreiheit. Man drängt und schiebt sich hindurch. Ein mit Gitarre und Kastagnetten musizierendes Paar läßt abwechselnd zwei Kinder in blauen Röckchen und zwei Affen in roten Jäckchen herumtanzen. Kneipen, Trinkstuben und Weinlokale rechts und links. Mexikanische, chilenische und argentinische Restaurants der verschiedensten Preisklassen mit ihren Nationalgerichten. Auch feine spanische Speiselokale sind vorhanden. Ich esse sehr gut, billig und mit bester Bedienung bei »Tio Pepe«. Auch hier die Speisekarte nur Spanisch.

Eingelassen in altes Gemäuer, erinnern Gedenktafeln an diese oder jene Begebenheit vor mehr als 150 Jahren. Madonnenbilder in Nischen, mit frischen Blumen davor. Girlanden aus buntem Stoff und Papier überspannen die belebte Gasse. Familien mit zahlreichen Kindern, flinke Buben mit klingelndem Spielzeug, nette Mädels mit wippenden Röcken, vollbusige Mütter mit schlafenden Babies auf schaukelndem Arm. Gelächter, muntere Zurufe, laute Ermahnung der Mütter an tobende Kinder. Verschiedenes wird flüsternd angeboten, mexikanisches Geld unter offiziellem Kurs, Marihuana nebst sonstigen Sachen, natürlich auch garantierte Jungfrauen und Zeitvertreib ähnlicher Art. Gleich um die Ecke der Olivera Street findet man das »Pico-Haus«, bis vor etwa 120 Jahren das einzige Hotel von Los Angeles, in dem es der Sage nach eine Badewanne gab, die einzige im ganzen südlichen Kalifornien. Nur ungefähr fünf Minuten Fußweg vom einstigen Pico Hotel entfernt erhebt sich der mit 40 Etagen etwa 100 Meter hohe Mammutbau der modernen City Hall in den Himmel. Wer die Grünflächen ringsum betrachtet, vermag noch zu erkennen, daß sich hier ehemals ein Hügel befand. Auf ihm hat man, vor hundert Jahren noch, ertappte Pferdediebe und Meuchelmörder an den Ästen der Bäume erhängt, gelegentlich sieben Schurken am gleichen Tag. Pio Pico, der Besitzer und Erbauer des seinerzeit berühmten Hotels, hat noch aus anderen Gründen historische Bedeutung. Er war der letzte mexikanische Gouverneur von Los Angeles, bevor im Jahre 1848 die Amerikaner den schwachen Mexikanern ganz Kalifornien und noch einiges mehr wegnahmen.

Hier im Pueblo ist das nicht ganz vergessen. Hier hat sich bewußt oder unbewußt ein Treffpunkt der weitverstreut in L. A. lebenden Mexikaner, ja der spanischsprechenden Volksgruppe überhaupt entwickelt. Nicht die feinen, die vornehmen und in manchen Fällen noch überaus reichen Nachkommen der ersten Angelenos kommen hierher, sondern die kleinen Leute, unter ihnen die eben erst aus Mexiko zugewanderten Arbeiter. Hier herrscht unterschwellig eine den Amerikanern keineswegs gewogene Stimmung. Augenfällig wird das durch die hier und dort auf Wände, Türen und Torbogen geschmierten Parolen gegen die Gringos. In einem der Sprüche werden sie aufgefordert, allesamt und schleunigst Kalifornien zu verlassen. Man weiß zwar nie, was die Amerikaner demnächst tun, aber dies bestimmt nicht.

Leider ist das Historische Museum in der Olivera Street geschlossen. Beim

letzten Erdbeben wurde das aus leichten, luftgetrockneten Ziegeln, den sogenannten Adobes, erbaute »Presidio« mit seiner breiten Veranda stark beschä-
digt. Für die Instandsetzung wird man, wie die Behörden behaupten, mehrere
Jahre benötigen. Sehr überzeugend klingt das nicht, vielleicht sind zu viele Erinnerungen an die spanisch-mexikanische Epoche mit dem Haus verbunden, die
man gerade hier nicht allzu gerne aufwärmen möchte. Schade drum, denn es
ist das älteste Gebäude im Pueblo, damit auch in ganz Los Angeles. In ihm hat
erst der spanische, danach der mexikanische Bürgermeister seines Amtes gewal-
tet. Bis zu jenem Tag, als er von dem amerikanischen Bandenführer Kit Carson
verjagt wurde, der sich dann selber dort einquartierte. Als Nationalheld erster
Klasse spielt der später zum Oberst ehrenhalber beförderte Kit Carson in der
Geschichte des Wilden Westens, des kalifornischen Goldrauschs und der India-
nerkriege eine bedeutende, wenn auch keineswegs rühmliche Rolle. Eine große,
in Bronze gegossene Gedenktafel an dem Adobe-Haus in der Olivera Street ver-
kündet, daß »Kit Carson mitgeholfen hat, Kalifornien in die USA zu bringen«.
Welch feine Ausdrucksweise für männermordenden Landraub mitten im Frieden!

Für einen Tag zuviel des Guten

Es war Emin Pascha, der mir in Los Angeles viele Türen geöffnet hat. Wer seinen Namen, vielleicht gar seinen richtigen Namen kennt und dazu noch weiß, daß Emin 1892 im Quellgebiet des Kongo von arabischen Sklavenhändlern ermordet wurde, kann nicht glauben, daß er mir vor kurzem noch zur Seite stand.

Aber dennoch ist es so, Emin hat mich in San Francisco und Los Angeles eingeführt, obwohl er niemals seinen Fuß auf amerikanischen Boden gesetzt hat. Es war sein fortwirkender Geist, so möchte ich es nennen, der sich in den Nachkommen der Neffen und Nichten des Paschas personifizierte. Weil ich ein Buch über Dr. Eduard Schnitzer geschrieben hatte, besser als Emin Pascha bekannt, wurde ich von den in Kalifornien weitverbreiteten Angehörigen der Familie als Wiederentdecker ihres einst so berühmten Verwandten empfangen*.

Welch ein großartiger Mann war Emin gewesen und wie völlig verschiedenartig seine verblüffenden Leistungen! Einerseits der heldenhafte Verteidiger der Äquatorialprovinz im gnadenlosen Mahdikrieg, andererseits der unermüdliche Forscher im Herzen Afrikas und wirkliche Entdecker der so lange vergeblich gesuchten Nilquellen. Außerdem Naturforscher hohen Grades, glänzender Organisator und hochbegabter, hilfreicher Arzt. Emin war der in Ägypten angenommene Name und Pascha der ihm vom türkischen Sultan verliehene höchste Titel im damaligen Riesenreich der Osmanen.

Weil die Schnitzers aller Generationen wie Pech und Schwefel zusammenhalten, den Pascha aus ihren Reihen noch heute hoch verehren und eifrig alles sammeln, was ihn betrifft, war ihnen natürlich auch mein Emin-Buch in die Hände gefallen. Man schrieb an mich, und ich schrieb zurück. So ging es hin und her,

* Näheres über die faszinierende Persönlichkeit und den dramatischen Lebenslauf Emin Paschas in meinem Buch »An den Quellen des Nils«, Cotta Verlag.

bis mich das Projekt einer ausgedehnten Rundreise durch den Südwesten der USA zwangsläufig nach Los Angeles führte. Liebenswürdig wurde ich aufgenommen, mit wertvollen Ratschlägen versehen und im Freundeskreis der Familie herumgereicht. Viele interessante, gebildete, weitgereiste Menschen habe ich dabei kennengelernt.

Ein Sprachforscher, der eisern darauf besteht, nicht anders als Spotty genannt zu werden, war bereit, mich während der ersten vier Wochen meiner Rundreise zu begleiten. Er besaß, so hatte ich den Eindruck, alle Eigenschaften, die mir für einen Wegbegleiter wünschenswert erschienen. Seine Lebensklugheit war schon durch die Tatsache erwiesen, daß er sich zehn Jahre vor der üblichen Zeit hatte pensionieren lassen, zumal seine persönlichen Interessen die seines Lehramtes bei weitem überwogen. Botaniker war er privat und Bergsteiger, passionierter Naturschützer, unermüdlicher Wanderer und Erforscher selten besuchter Canyons. Außerdem ist Spotty eine der maßgeblichen Persönlichkeiten im Sierra Club, der sich mit Leidenschaft und beachtenswerten Erfolgen die Bewahrung der Natur gegen die umweltverschmutzenden Gewohnheiten amerikanischer wie auch fremder Touristen zum Ziel gesetzt hat.

Weil sich Spotty nicht so rasch von anderen, selbstgewählten Aufgaben losreißen konnte und erst die Ausrüstung für den Camper zu beschaffen war, blieb ich noch für einige Tage den Besonderheiten von Los Angeles überlassen.

Schon die Lage meines Hotels, des Hyatt House, ist schön, denn es erhebt sich mit seinen 20 Etagen am »Strip«. Für jeden Angeleno ist der »Strip« ein fester Begriff, auch für viele Amerikaner. Er erinnert von ferne an die Typen und das Treiben auf dem »Boulevard Leopold« in Schwabing.

Angenehm enttäuscht bin ich diesmal von den Preisen, zumal mir noch der Kurs aus den fünfziger Jahren in den Gliedern steckt. Inzwischen sind bei uns die Preise so hoch gestiegen, andererseits ist der Dollar so tief abgerutscht, daß ich neuerdings für den gleichen Lebensstandard weniger Geld, viel weniger sogar als daheim verbrauchte. Für mein Zimmer mit Bad, Balkon, Farb-TV, Kühlschrank, Kaffeemaschine und begehbarem Schrank müßte ich bei uns fast das Doppelte entrichten. Dabei sind hier der gewärmte Swimmingpool auf dem Dach, die Tageszeitung vor der Tür, sogar örtliche Telefonate im Preis inbegriffen.

So gut wie alle Dinge, die ich für meine Rundreise besorgen muß, darunter Lebensmittel und kalifornische Weine, sind bestimmt nicht teurer als in München, zum Teil wesentlich billiger. Anders sieht es für die Amerikaner aus, denn sie klagen über fortschreitende Teuerung, hohe Fleischpreise und steigende

Steuern. Tatsächlich steigt ihr Einkommen erheblich langsamer als die Teuerung, und außerdem sind zwischen 6 und 7 Prozent der arbeitsfähigen Bevölkerung erwerbslos.

Kartographisch gesehen ist der »Strip« nur ein ziemlich kurzer Abschnitt des Sunset Boulevard, der sich auf einer Länge von ungefähr zwölf Kilometern in vielen Kurven den Berghängen anschmiegt. Auch bei uns hört man gelegentlich von dieser Straße, weil sie auch durch Hollywood führt und des öfteren in Filmen eine Rolle spielt. Das äußere Bild des »Strip« bietet für Los Angeles nichts Außergewöhnliches, ganz im Gegensatz zum Publikum in den Läden, in den Snackbars, den Cafeterias, den Barbecues und dem Hyatt House Hotel.

Schon in der Hotelhalle sehe ich seltsame Gestalten. Ihre scharlachrote Kleidung mit goldenen Knöpfen macht sie als Bellboys erkenntlich, als dienstteifrige und trinkgeldfreudige Pagen für Gepäck sowie andere Dienste im Auftrag der Direktion. Nach der Form ihrer Gesichter, der flachen Brust und tiefen Stimme zu urteilen sind es junge, vermutlich ganz normale Männer. Aber sie tragen lange handgeflochtene Zöpfe mit rosa Schleifchen am Ende. Der Bell Captain gar, Chef aller Pagen, ist einmalig in seiner Art. Zu den rotblonden, schleifengeschmückten Zöpfen, die fast bis zur Hälfte herunterhängen, hat er sich einen rotblonden Vollbart wachsen lassen. Wahrhaft ein wirkungsvoller Kontrast!

Am Speisesaal besagt eine Tafel, daß man ihn nicht barfuß betreten darf, wohingegen bloße Füße in der Snackbar gestattet sind. Da begegne ich Gestalten, wie sie weder Schwabing noch der Boulevard Mich' in Paris, noch Soho Square in London jemals gesehen haben. Da sind Männer, es können auch Mädchen sein, von Kopf bis Fuß in perlmuttbesetztes Silberlamé gekleidet. Sie haben sich auch Gesicht und Hände mit Silberlack gefärbt. Man sieht gewaltig aufgeplusterte Afrolookfrisuren in Grün, Blau, flammendem Rot oder strahlendem Weiß. Manchen hängt von den Ohren ein pausenlos bimmelndes Glockenspiel en miniature herab, andere wieder lächeln mit schwarz poliertem Gebiß aus einem Rahmen smaragdgrüner Lippen. Nasenringe gibt es, klingelnde Fußreifen und lebende Eidechsen am goldenen Kettchen auf der nackten Schulter.

Was mir bei den tollen Typen meist unbestimmten Geschlechtes am meisten auffällt, was auch am wenigsten mit ihrem extrovertierten Äußeren im Einklang steht, das ist – man vermag es kaum zu glauben – ihr gesittetes Betragen. Sie unterhalten sich in normaler Lautstärke, benehmen sich überhaupt wie normale Gäste. Höflich fragen so ein paar Typen, ob noch Platz an meinem Tisch sei, danken für bejahende Auskunft, setzen sich nieder und studieren die Speisekarte. Dann essen sie ganz manierlich mit Messer und Gabel. Warum, so frage ich, soll man den harmlosen Leuten ihre fantasievolle Aufmachung verübeln? Wenn es ihnen doch offensichtlich großen Spaß macht!

Wer die Amerikaner einigermaßen kennt, wird die Erfahrung gemacht haben, daß sie im eigenen Land recht nette Leute sind. Ganz allgemein erfährt der Fremde eine gute Behandlung. Schon drei Tage im gleichen Hotel genügen, um persönlich bekannt zu sein. Ein Lächeln dem vorübergehenden Mitmenschen, ein paar Worte übers Wetter, und schon hat man auch in großen Hotels das Gefühl aus der Masse herausgehoben zu sein. Für Besucher aus Europa, vor allem aus der Bundesrepublik, sind die relativ rasche Bedienung, die Höflichkeit des Personals und überhaupt das Arbeitstempo ebenso erstaunlich wie ungewohnt. Es mag oder es mag nicht die beträchtliche Zahl der Arbeitslosen damit zusammenhängen. Wer eine hinreichend gute Stelle hat, möchte sie behalten. Gerade im Gastgewerbe gibt es heute mehr als genug weibliche wie männliche Personen, die sich um jede freie Stelle bemühen, ausgenommen in den Monaten der Hochsaison.

»Früher hatten wir nur Bedienung aus Bayern«, sagt mir der Inhaber eines fast immer besetzten bajuwarischen Bierkellers. Das paßte zur krachledernen Aufmachung des Lokals, und auch die Gäste haben es erwartet. Nun sei es damit leider vorbei, klagt der Wirt. »Mit den Germanen von heute ist nichts mehr los. Ich brauch flinke Mädels und flotte Kellner, die noch lachen, wenn sie schwitzen. Aber so was bekomme ich von drüben nicht mehr rüber. Also haben wir Amis als bayrische Buam und Madeln kostümiert . . . und ein paar deftige Redensarten haben wir den lerneifrigen jungen Leuten beigebracht.«

Indessen bin ich oft, allein schon wegen der Reisevorbereitungen, mit Professor Spotty zusammen. Er hat keine Familie, denn Frau oder gar Kinder würden ihn bei der Freizeitgestaltung stören. Selbst ist der Mann, hat sich Spotty gesagt, und braucht deshalb in seinem Haushalt weiblichen Widerspruch nicht zu fürchten. Frohgemut steht er am Küchenherd, sein Geschirr schiebt er in die Spülmaschine, stopft alle vier Wochen, wenn es unbedingt nötig ist, die Schmutzwäsche in den Automaten und fährt einmal im Frühjahr und einmal im Spätherbst mit dem Staubsauger über die Teppiche des Hauses. Die Fenster bleiben von Reinigung verschont, falls der Regen sie nicht wäscht.

»Verstehe nicht, was die Frauen immer so über ihre Hausarbeit klagen«, sagt er kopfschüttelnd, »ist doch gar nichts dran und in 'ner halben Stunde erledigt. Aber ein Mann kommt nur dahinter, wenn er die ganze kinderleichte und rasch erledigte Arbeit selber macht!«

Ich kann Spotty nur beipflichten. Genauso geht es mir auf meiner Jagdhütte, wo ich selber koche, putze und das Bett mache. Das Waschen von Geschirr und Kochtöpfen besorgt der rauschende Bergbach.

Professor Spottys Haus ist sehenswert, von draußen ebenso wie drinnen. Es liegt im Südwesten der Stadt, an einem steilen, von Blumen, Bäumen und Büschen bedeckten Hang. Man muß von der Garage alles Gepäck und sonstige Sachen über einen gewundenen Pfad hinaufschleppen. Nur der Kater Nebukadnezar, kurz Nebu genannt, teilt mit Spotty das Höhenhaus. Eigens für diesen unabhängig lebenden Mitbewohner sind Katzenklappen in Tür und Tor eingeschnitten. Eidechsen, die Nebu nicht zu fassen bekommt, huschen herum. Vögel zwitschern, wilde Bienen summen, harmlos erscheinende Schlangen kriechen durchs Gestrüpp . . . und das alles noch im Stadtgebiet von Los Angeles!

Das Haus steht auf Stelzen wegen des steilabfallenden Geländes. Im vorspringenden Überstock befindet sich nur ein, allerdings sehr großer Raum mit der Küche hinter einem Vorhang. Man gelangt von droben auf einer Wendeltreppe in die untere Etage mit zwei Schlafzimmern und dem Bad. Es ist die besondere Eigenart des Hausherrn, nur dann zu essen, wenn er Hunger hat. Das kann zu jeder Tageszeit der Fall sein, bisweilen auch um Mitternacht. Dann speist Spotty stehend in der Küche, denn er besitzt keinen Eßtisch und will auch keinen haben. Noch sonderbarer berührt es den Besucher, sofern er wirklicher Kunstkenner ist, daß Spotty seine Wände mit Zeichnungen, Radierungen, Pastellen und Malereien sehr namhafter Künstler bedeckt hat, die seinerzeit bahnbrechend für moderne Kunst gewesen sind. Kein Dieb von Kunstschätzen würde in dem äußerlich bescheidenen Haus eine derart kostbare Sammlung vermuten. Pablo Picasso, Marc Chagall und Georges Braque blicken auf mich herab, ebenso Max Beckmann, Franz Marc, Paul Klee, Max Pechstein, Käthe Kollwitz, Oskar Kokoschka und andere. Heute können sich nur wenige Multimillionäre die Anschaffung einer solchen Sammlung leisten. Doch inmitten solcher Schätze beklagt Spotty die geringe Höhe seiner Pension. Später auf unseren gemeinsamen Reisen ist er so sparsam mit Ausgaben, daß ihn wohl mancher für bedauernswert hält. Wer kann schon wissen, daß Spotty nur zwei bis drei Bildchen der zwanzig oder dreißig zu veräußern braucht, um in einem Rolls-Royce mit goldenen Türklinken herumzufahren. Aber es genügt ihm sein alter VW.

Zu dieser oder einer ähnlichen Klasse gehört jenes Fahrzeug ganz und gar nicht, das Professor Spotty für unsere gemeinsame Reise gewählt hat. Das ist vielmehr ein drei Jahre zuvor gebauter Camper des Hauses Chevrolet. Falls man der Werbung glauben darf, kann darin ein Ehepaar mit zwei halberwachsenen Kindern wohnen, essen und auch fahren. Man muß jedoch fürs Schlafen einen komplizierten Umbau vornehmen. Zum Essen hat man erst auf umständliche Weise den Tisch mit den Sitzbänken in die rechte Position zu bringen. Im übrigen muß jeder Bewohner des Campers die Wendigkeit eines Wiesels besitzen, möglichst die eines Zwergwiesels. Schon auf den ersten Blick ist zu sehen, daß wir einander in der unteren, etwas bequemeren Schlafstelle ablösen müssen, weil man gerechterweise keinem zweimal hintereinander die obere Liege zumuten kann.

Mit zungenglatter Beredsamkeit und fingerfertigen Handgriffen erklärt uns der Vizechef des renommierten Leihwagenunternehmens, wie die Einrichtung des Wunderwagens funktioniert. Zur Einrichtung gehören ein Gasherd mit Bratofen, eine automatische Wasserpumpe, ein Kühlschrank, eine wohlig wärmende Heizung, ein Wassertank, eine klimatische Kühlung und das chemische Klo in einer engen Kammer. Schneller als gedacht, so beweist der Mann, sind Tisch und Bänke in zwei breite, bequeme Betten übereinander verwandelt. Hier die Lüftung, dort eine Dichtung, Ablaßventile, Einfüllstutzen und Lichtanschlüsse, alles vorhanden, kinderleicht zu bedienen.

Töpfe, Bratpfannen und Geschirr, Bestecke, Schlafsäcke, Bettwäsche und Tischtücher, Reinigungsgeräte und was sonst zum »rollenden Haushalt« gehört, hat die Kundschaft mitzubringen. Als wir das alles aus den Beständen Spottys herbeischleppen, stellt sich überraschend heraus, daß es in dem Wagen nicht einen Aufhänger gibt. Nach der bewährten Methode »stampf und stopf« müssen wir die Sachen in Schubladen, Fächern und Spinden verstauen.

Der Verbrauch des Wagens wird uns, auf deutsche Verhältnisse umgerechnet, mit 25 Liter auf 100 Kilometer angegeben, was auch stimmt. Der Mietpreis hält sich in Grenzen, am Ende ist die Leihgebühr nur deshalb auf fast 500 Dollar geklettert, weil wir bei abwechselndem Fahren schier unglaubliche Entfernungen hinter uns brachten.

Endlich geht es los. Nach über 100 Meilen (162 km) mehrfach wechselnden Freeways hat uns Los Angeles losgelassen. Kaum zu glauben ist der rasche Szenenwechsel. Eben noch auf fünfspuriger Fahrbahn im rauschenden Großstadtverkehr, nun wie durch Zauber auf friedlicher Landstraße in freundlicher Gegend. Nach fünf Autoschlangen im 100-Kilometer-Tempo nebeneinander jetzt nur noch wenige Wagen hintereinander, und zwar in weitem Abstand. Vorhin war durchs Gewirr der Antennen, durch Drähte und Gittermaste kaum noch ein Schimmer des Pazifischen Ozeans zu erkennen, nun rollen wir durch weite Plantagen mit goldgelben Orangen. Sie hängen tief herunter, liegen auf dem Boden und sogar auf der Straße. Vorhin am Strand sahen wir passionierte

Schnorchler mit Atemgeräten in die Brandung steigen und Schwimmer in die Meereswellen. Nun glänzt links von uns, in der Luftlinie kaum 50 Kilometer entfernt, Schnee auf den Höhen der Santa-Ana-Berge. So ist es Anfang März im südlichen Kalifornien!

Olivenhaine, Kastanienwälder und Tulpenfelder, Obstplantagen, Orangenhaine, Weinberge und Viehweiden. Eine südspanische, auch oberitalienische Landschaft könnte es sein, wenn nicht alles so weiträumig wäre. Wohl jeder Fremde aus Europa muß den Eindruck gewinnen, als begnüge sich im ländlichen Kalifornien niemand mit weniger als einer Quadratmeile. Anstelle von Bauerngehöften oder dörflichen Gemeinschaften gibt es hier alleinliegende Farmhäuser mit Silos, Lagerschuppen und Windrädern. Die einzelnen landwirtschaftlichen Betriebe liegen weit voneinander entfernt. Hier und da, mitten im Gelände, steht ein »Ölbock«. Dieses auf und nieder wippende Ding ist anzusehen wie eine riesengroße häßliche Spinne. Mit jeder hebenden Bewegung holt der Bock ein halbes Barrel (60 l) Erdöl aus dem Boden. In der weiteren wie näheren Umgebung von Los Angeles, sogar im Hafengebiet selbst, gibt es viele hundert solcher quietschenden, rasselnden, auf und ab nickenden Böcke. Sie passen nicht ins Bild der Orangen- und Mandelbäume, Edelkastanien und Oleanderbüschen. Was würde aber unsereins nicht dafür geben, einen solchen Bock im Garten zu haben!

Nach kaum 200 Kilometern ist der Tank leer. Aber was macht das schon, in Kalifornien kostet der Sprit nicht halb soviel wie bei uns in Deutschland. Da kann der Camper soviel saufen, wie er will. Aus dem Kühler tropft grüne Soße. Aber es muß wohl richtig sein, denn bis zum Ende der Reise erleben wir mit dem Motor, dem Kühlsystem und überhaupt mit dem Wagen keine Panne. Bei der Absicht, uns die Hände zu waschen, müssen wir mit Bedauern feststellen, daß die Wasserpumpe am Spülbecken nicht funktioniert. Ein Kanister aus Plastik, 10 Liter fassend, aus dem wir von nun an die Küche wie auch uns selbst versorgen, behebt auf einfachste Art den Schaden.

Nun geht es hinauf in die Berge, über den San-Jacinto-Paß. Schon bei 1200 Metern über dem Meeresspiegel beginnt der körnige Schnee. Aber die Straße ist frei davon, von der Sonne wurde sie in ganzer Breite aufgetaut und getrocknet. Dafür sind beiderseits die Schneewehen über einen Meter hoch. Weite und wunderschöne Fichtenwälder, die würzig duften. Es sind vor allem die für Kalifornien typischen Ponderosa-Fichten mit ihren langen, biegsamen Nadeln. Gerade in einem schneereichen Winter sind die Ponderosa von bezaubernder Wirkung.

31

Bald sind wir in dem neuen Ferienort, Wintersportplatz und Sommersitz wohlhabender Leute, dem auf fast 2000 Metern inmitten von Wäldern idyllisch gelegenen Idylwild. Die planmäßig angelegte Ortschaft ist eindeutig im alpinen Stil gehalten, wobei man für die Außenfassaden nur Holz, meist mächtige Rundholzstämme, verwenden durfte. So ähneln hier viele der blockhausartigen Villen einem Tiroler Bergbauernhof. Keine geradlinige Straße gibt es in Idylwild, und kein Draht über dem Boden, auch keine Antenne auf dem Dach. Nur im Kern des Ortes stehen einige »offizielle« Bauten eng beisammen, sonst ist für die Grundstücke eine Größe von wenigstens 3000 Quadratmetern vorgeschrieben. Nur dort, wo ein Bau entstehen soll, war und ist das Fällen von Bäumen gestattet. Zäune kennt man nicht, auch keine Blechgaragen, keine Reklametafeln. Der ganze Ort kann als Beispiel dafür dienen, daß man es auch, ja sogar besonders in den USA versteht, inmitten der Natur geschmackvoll zu planen. Fast in jedem der natürlich belassenen Gärten liegen und stehen bemooste Granitblöcke, durch viele Grundstücke fließt ein murmelnder Wildbach. Im Halbkreis ist die reizvolle Ortschaft von einem Naturschutzgebiet umgeben.

Wir sind über den Paß, haben die schneebedeckten Höhen der Santa Anas hinter uns, da verändert sich aufs neue das landschaftliche Bild. Denn auf der anderen Seite rollen wir hinunter ins Chapparal. So nennt man eine Dornbuschsteppe in steiniger oder sandiger Gegend, meist auf Hochflächen über 1000 Meter. Es gibt ähnliche Gebiete auch im südlichen Europa, auf Korsika, im Bergland von Sardinien, Kastilien und den Ausläufern der französischen Alpes Maritimes. Dort kennt man solche Landschaften unter dem Namen Macchia oder Maquis. Schön ist das Chapparal nur im Frühjahr, so wie hier und jetzt in Kalifornien. Da blühen Millionen bunter Blumen. Die Dornbüsche sind grün, und das hüfthohe Gras schimmert ins Blaue.

Wir steigen aus, um das selten schöne Bild zu fotografieren, denn länger als vierzehn Tage ist es nicht zu sehen. Gleich zerren Dornen an Hosen, Strümpfen und Schuhen. Der Name »Chapparal« hat damit zu tun, denn Chappa, ein spanisches Wort, bedeutet die bis zu den Stiefeln hinabreichende Lederschürze des Reiters, der in solchen Dornsteppen Rinder hütet oder zur Jagd auf Bighornschafe noch höher in die Berge steigt. Die Chappa schützt ihn vor den Dornen. Vor Jahren habe ich das selbst erlebt, als Marianne und ich mit Wildhütern durchs Schutzgebiet der Marismas geritten sind, am Westufer des Guadalquivir. Nur so kommt man ohne zerrissene Kleider und bis aufs Blut zerkratzte Haut durchs weglose Chapparal. Der Fußgänger aber würde in der Schutzhülle aus schwerem Leder gewaltig schwitzen.

Vollkommen menschenleer ist die Gegend, auch ohne Rinder und Schafe. Früher soll das anders gewesen sein, die spanischen und später die mexikanischen Rancheros haben diese herrenlose Weide für ihr sehr anspruchsloses Vieh genutzt. Aber heute lohnt sich das nicht mehr.

Lange haben wir keine Ortschaft gesehen, dann tauchen sechs oder sieben hintereinander auf. Wasser hat es möglich gemacht und den Menschen mit ihren Gemüsegärten ein gutes Auskommen beschert. Spargel ist zur Zeit ein Produkt, das sie massenhaft liefern können. Mit den Dieben, überhaupt mit der Kriminalität, so denke ich, kann es nicht gar so schlimm sein, jedenfalls nicht im kalifornischen Bergland. Zwanzig bis dreißig offene Briefkästen stehen nämlich unmittelbar neben der Straße, mit Post und Päckchen darin. Jeder Passant, etwa Rocker auf Motorrädern, könnte auf gut Glück hineingreifen. Von den weit zurückliegenden Häusern aus würde man es weder sehen noch jemals den Dieb erwischen. Bestimmt wären die Briefkästen verschlossen, hätte man mit der Sorglosigkeit schlechte Erfahrungen gemacht.

Tiefer hinab wird die Landschaft weiter, und der Blick verliert jede Grenze. Da ist sie nun, die bekannte und oft genannte Wüste Mojave*. Man nennt den vor uns liegenden Teil Lower Mojave. Aber eine wirkliche Wüste ist sie für meine Begriffe nicht. Wer die Sahara, die Luth und Dasht-Kavir erlebt hat, dem muß die Mojave – jetzt im Frühjahr – als Gottes Gartenland erscheinen. Graubraune Büsche, bis zwei Meter hoch fahles Gestrüpp und Teppiche aus hellgelbem, grauem und grünem Moos. Es gibt sogar eine goldglänzende Art von Butterblumen und strahlend weiße Margeriten. Der sandige Boden ist rosarot, und überall erheben sich Steinblöcke aus gleichen Farben. Mir gefällt die Mojave, ich wäre gerne hier über Nacht geblieben, an einem knisternden, lodernden Lagerfeuer.

»In Gesellschaft von Klapperschlangen, Taranteln und roten Ameisen!« gibt Spotty zu bedenken. »Die Wüste lebt, und wird bei Nacht so richtig munter.«

Kaum eine Stunde später sind wir in Palm Springs, dem vielgerühmten, tropisch warmen, mit heißen Quellen gesegneten, poppig aufgeputzten Tummelplatz der Playboys mit ihren Playgirls. Wer sich davon zuviel verspricht, vielleicht internationalen Jet Set, berauschende Eleganz und sagenhaften Luxus, wird von dieser Oase bitter enttäuscht.

Palm Springs, das ehemalige Wochenendparadies der Filmstars, ist schon lange nicht mehr, was es, dem Vernehmen nach, einmal war. Als Ende der vier-

---

* Bei allen aus dem Indianischen stammenden Wörtern und Namen wird das sonst stumme »e« am Ende voll ausgesprochen, und zwar als »ih«. Man sagt also Mojavih . . . Shoshonih . . . Comanchih usw.

ziger Jahre allmählich der Glanz von Hollywood erlosch, mußte auch Palm Springs verblassen. Scharen von Touristen beleben die Lokale, die Hotelterrassen und Parkpromenaden. Keine Spur von luxusliebender Prominenz. Wer heute noch viel Geld verdient, will es im Verborgenen genießen, in exklusiven Klubs, auf privater Insel oder hinter hoher Hecke. Aber für jene, die Palm Springs ohne falsche Vorstellungen besuchen, ist es noch immer sehenswert. Es blieben die hohen Palmenhaine, die heißen Quellen, der Duft aus großen Gärten und das wohltuend milde Klima.

Weiter rollt unser Wagen durch die Halbwüste der Mojave zu einem anderen, weniger bekannten Ort, der sich bescheiden »Neunundzwanzig Palmen« nennt, obwohl es gut und gerne ein paar Tausend sind. Aber mit diesen 29 Dattelpalmen, aus einer Oase der Sahara importiert, hat alles angefangen. Daraus entstand im Laufe der Zeit das »Zentrum der amerikanischen Dattelindustrie«. Unglaublich, was man alles aus Datteln und mit Datteln machen kann: von köstlichen Milkshakes über Pralinen, Pickles, Konfitüren, Datteleis, Likören und süßem Wein aus Datteln bis zum hochprozentigen Dattelschnaps. Es gibt Lokale in 29 Palms, die ein komplettes Dinner mit sechs Gängen servieren, wobei vom ersten bis zum letzten Löffel alles aus Palmdatteln besteht, jeweils in fantasievollster Art der Zubereitung.

Wieder unterwegs mit allzu gut gefülltem Bauch, sind wir schon bald vor einem Markstein, der haargenau o Meter über dem Meeresspiegel zeigt. Nachdem ich das bescheidene Monument fotografiert habe, lenkt Spotty unseren Camper vom Asphalt in die Wüste. Dort, hinter einem rosaroten mit Yucca bewachsenen Hügel, wollen wir die erste Nacht auf dieser Fahrt verbringen. Um dem schweren Wagen einen möglichst günstigen, ebenen Standplatz zu verschaffen, fährt Spotty, auf mein Drängen hin, noch dreißig Meter weiter. Genau dort plumpsen plötzlich alle Räder durch die Sandkruste in puderweichen Staub. Fluchen oder Versuche herauszukommen haben keinen Erfolg. Soeben versinkt die Sonne hinter dem Horizont. Alles weitere kann erst morgen früh geschehen. Wir bauen die Betten, ich das meine oben, Professor Spotty das seine unten.

Ein neuer Fluß für die alte Brücke

Gerade bin ich bei der letzten, der anstrengendsten Übung meiner Morgengymnastik, als sich das Gerumpel eines großen Fahrzeugs hören läßt. Was gleich darauf zu sehen ist, vermag ich kaum zu glauben. Ein sechsrädriger, geländegängiger Abschleppwagen mit schwenkbarem Kran schaukelt über die Sandwellen der Lower Mojave dem Liegeplatz unseres eingesunkenen Dormobils entgegen.

»Hey . . . you there«, ruft ein Mann mit sonnenverbranntem Gesicht, »I guess you need help!«

Natürlich brauchen wir Hilfe, aber wieso hat er das gewußt? Unser Fahrzeug ist von der Straße aus hinter dem Hügel nicht zu sehen. Der Mann hat seine Kabine verlassen, geht mit fachmännisch prüfendem Blick um den Camper und gibt mir, über die Schulter sprechend, die Aufklärung für sein hochwillkommenes Erscheinen.

»Frühmorgens schauen wir immer, ob 'ne frische Fahrspur in die Wüste läuft, ich mein', von der Straße weg in die Mojave rein. Mein Junge fährt etwa 'ne Stunde weit nach Norden und ich nach Süden. Es lohnt sich schon, denn drei- bis viermal in der Woche findet sich was. Dann holen wir den Karren raus. Für zwanzig Dollar . . . wenn's Ihnen recht ist?«

Es ist mir recht und sogar preiswert für unsere Begriffe. Ich frage, wie oft denn die frische Fahrspur zu einem steckengebliebenen Wagen führe? Der Helfer meint nach ernsthafter Überlegung, daß er sich keines Falles entsinne, wo der mutwillige Wüstenfahrer nicht im Sande versackt sei. Die Leute lassen sich oft von der harten Kruste täuschen. Sie trägt zwar einen Menschen, aber wo der Wagen langsam fährt, brechen die Räder durch. Eins genügt schon, damit alle vier festsitzen.

Freund Spotty wird beim Abschleppen aus dem Schlummer geschüttelt.

»Wie haben Sie schon so früh Hilfe gefunden?« will er wissen, worauf ich schamlos behaupte, schon einen Fußmarsch von zwei Stunden hinter mir zu haben.

»Dann mach ich das Frühstück«, sagt er großzügig, »und ich fahr auch den ganzen Tag.«

Mir ist das willkommen, denn als Beifahrer sieht man bedeutend mehr von der Landschaft ringsum als der Fahrer, dessen Blicke, auf die Straße gebannt, nur sekundenlang davon abweichen dürfen. Was uns als nächstes bevorsteht, ist der Joshua Tree National Park, ein unübersehbar weites, wildes und wüstenhaftes Gebiet vollkommen geschützter Natur. Mit seiner Ausdehnung von 870 Quadratmeilen (2300 qkm) ist der Joshua Tree National Park nicht viel kleiner als das Großherzogtum Luxemburg. Er hat aber keine ständigen Bewohner. Besuch ist nur bei Tage gestattet, die Parkwächter dürfen sich bis zum jeweiligen Wachwechsel innerhalb der gezogenen Grenzen aufhalten. Mit dem Wort »Park«, das in den USA und allen englisch sprechenden Ländern so häufig gebraucht wird, ist wohlgemerkt nicht eine der in Europa üblichen, mehr oder weniger künstlichen Parkanlagen zu verstehen, sondern im Gegenteil, eine von Menschen möglichst unberührte Landschaft.

Die Nationalparks gehören zu den lobenswerten, auch zu den schönsten Einrichtungen in den USA und Kanada. Vor allem bewundernswert scheint mir der kostenlose Dienst am breiten Publikum. Nur selten wird sonst der geduldige Steuerzahler mit seiner Familie so verwöhnt wie von den Beamten und Angestellten der amerikanischen und kanadischen Nationalparks. Foreign Visitors, also die ausländischen Besucher, sind den einheimischen Besitzern des »Golden Age Pass« gleichgestellt und haben in den Nationalparks freien Eintritt*.

Jeder Besucher eines N. P. erhält beim Passieren des Kontrollpunktes kostenlos eine Spezialübersichtskarte sowie eine Broschüre mit allen möglichen Hinweisen auf die Flora, die Fauna, die Geologie, Ökologie und die Geschichte des Parks, sofern er eine Geschichte hat. Im sogenannten Visitor Center, zu dem früher oder später alle Fahrwege hinleiten, befindet sich stets ein mehr oder weniger bescheidenes, doch immer sehenswertes Museum. Die Visitors können dort hinter Glas fast alle die »in natura« nicht so leicht sichtbaren Besonderheiten des Nationalparks betrachten. Sie finden dort auch die Waffen, Kleider,

---

* Mit »Golden Age« ist das goldene Alter aller Bürger jenseits der 60 Jahre gemeint, die in den USA verschiedene Vorzüge genießen, z. B. freien Eintritt in die Nationalparks. Auch wenn nur ein Ehepartner die Grenze erreicht hat, erhält auch der andere einen Golden Age Pass. Zur Nachahmung in unserem Land empfohlen!

Geräte, die Masken und Handarbeiten der Indianer ausgestellt, die früher in der Gegend gelebt haben, vielleicht noch immer leben. Auch wird den Besuchern ein kurzer Film oder eine Auswahl von Farbdias mit begleitendem Text auf Tonband vorgeführt. Es sind wissenswerte, leicht verständlich gefaßte Informationen, die man sich keinesfalls entgehen lassen sollte, zumal sie nichts kosten.

Wer noch mehr zu wissen wünscht, kann im Visitor Center bunte Broschüren, ganze Bücher, Fotos, Dias und dergleichen erwerben. In den Museen nahe bei den Indianer-Reservaten sind auch relativ preiswert und in großer Auswahl Handarbeiten der Indianer zu haben. Vor allem ist deren Echtheit verbürgt, die man überall sonst bezweifeln muß. Meist sind die Handarbeiten mit Schildchen versehen, die den Namen des indianischen Herstellers nennen, mit einer knappen Erklärung darüber, was der kunstvolle Gegenstand in der Symbolik des Stammes zu bedeuten hat.

Die Landschaft des Joshua Tree N. P. liegt auf Höhen von 300 bis fast 2000 Metern. Schon aus der Ferne werden die Blicke der Besucher von großen Blöcken graurotem Granits angezogen. Sie liegen auf der weiten Fläche herum, als hätten in früheren Zeiten Riesenkinder damit gespielt. Wenn die sinkende Sonne die glattgeschliffenen Brocken bescheint, glühen sie in goldroter Farbe.

Genannt ist der Nationalpark nach den Joshua-Bäumen, mit wissenschaftlichem Namen Yucca brevifolia. Für riesige Kakteen könnte man sie halten, schon wegen des sandigen, steinigen, wasserarmen Bodens, aus dem sie hervorwachsen. Besonders bemerkenswert ist die Höhe des Joshuas, denn viele erreichen 13 Meter und einige sogar 15 Meter. Gerade jetzt erleben wir sie in der leider nur kurz anhaltenden Pracht ihrer schneeweißen Blüten von fabelhafter Größe. Man würde für einen Strauß Yucca brevifolia ein mittleres Bierfaß benötigen.

An unseren sehr langen, gewundenen, oft staubigen Straßen sind die Joshua-Bäume nur stellenweise vertreten, in größeren oder kleineren Gruppen. Auch unter vollkommen natürlichen Bedingungen ist, relativ gesehen, der Joshua-Baum ein seltenes Gewächs. Dafür gibt es viele andere Arten stacheliger Kakteen, Dornbüsche und Steppenkräuter sowie eine Vielfalt von Wüstenpflanzen. Ihre Namen gingen meinem Gedächtnis verloren, obwohl mir der naturkundige Spotty jede Art mit deutschen, englischen und lateinischen Namen erklärt hat. Der Gesamteindruck des Joshua-Parks läßt sich mit keiner anderen Landschaft vergleichen, die ich jemals irgendwo auf der Welt gesehen habe. Kniehohe und hüfthohe Kakteen, mit scheußlichen, fingerlangen Stacheln und herrlichen, rotglänzenden Blüten. Weitgeschwungene dornige Zweige, besetzt mit hellgelben Blümchen, auch winzige Saxifragas im Gestein, die ganz bescheiden en miniature die schönsten Farben hervorbringen.

Ein Verbot, den gebahnten Weg zu verlassen, ist nicht nötig. Wäre jemand so unklug, sich tollkühn in die freie Wildnis zu wagen, die Stacheln, Dornen und scharfkantigen Steine würden ihn schon bald auf den rechten Weg zurückbringen. Gerade jetzt, in der besten Zeit des Jahres, gibt es die wenigsten Besucher. Amerikanische Familien reisen aus begreiflichen Gründen fast nur während der langen Schulferien von Mitte Juni bis Anfang September. Wie mir scheint, reisen in dieser Zeit auch gern ältere Leute, obwohl sie von den Schulferien längst unabhängig sind.

So begegnen wir auf den Nebenstraßen keinem anderen Wagen. Sogar bei der wunderschönen, wilden Palmoase sind wir allein. Dieser dichtgedrängte Tropenwald an der tiefsten Stelle eines breiten Felsentales verdankt seine Existenz der nur kleinen, aber lebhaft sprudelnden Quelle in der Oasenmitte. Hier ist der einzige Punkt im gesamten Nationalpark, wo auf natürliche Weise während des ganzen Jahres frisches Wasser aus dem Boden quillt.

Den Joshua Tree N. P. haben wir verlassen, doch wird die Gegend nicht belebter durch Verkehr oder menschliche Siedlungen. Wir fahren und fahren auf vergleichsweise schmaler Straße durch menschenleere, vegetationsarme und vom Regen gewiß nur selten berührte Regionen. Allmählich ansteigende Hügel, weite und sandige Mulden, ein Gebirgsrücken am Horizont, Telefonmasten in der Ferne. Die Welt ist in Wahrheit gar nicht so übervölkert, wie ständig behauptet wird. Es genügt schon ein Blick auf die Karte des Südwestens der USA, um zu erkennen, wie zahlreich und weiträumig dort die Naturschutzgebiete sind. Was man auf den ersten Blick nicht erfaßt, jedenfalls nicht in seiner naturschützenden Bedeutung, und wenn es zunächst auch absolut widersinnig klingt: auf Truppenübungsplätzen der amerikanischen Armee, der Luftwaffe und sogar der Marine, also ausgerechnet auf militärischem Gelände, bleiben Flora und Fauna vor schwerem Schaden bewahrt. Dennoch ist es so, sogar auf unseren viel zu engen und stark in Anspruch genommenen Übungsplätzen. Einfach deshalb, weil niemand versucht, aus der Natur materiellen Gewinn zu erwirtschaften. Tiere gewöhnen sich an alles, sogar an rasselnde Panzer und donnernde Geschütze, wenn man sie nur in Frieden und am Leben läßt. Nun sind im Südwesten der USA die fürs Militär reservierten Gebiete so riesengroß, daß sich auch ganze Armeekorps darin verlaufen. Im übrigen handelt es sich meist um Versuchsgelände, die nur für relativ kurze Zeit und für Experimente benötigt werden, auch nur wenig Personal erfordern. Dennoch darf niemand die weiten

Landschaften betreten, geschweige denn darin wohnen oder irgend etwas verändern. So sind diese Gebiete, deren Ausdehnung insgesamt jene der vom Publikum so gern besuchten Nationalparks noch weit übertrifft, unbeabsichtigt ebenfalls zu Naturschutzgebieten geworden.

Stundenlang sind wir am Rand eines solchen Gebietes entlanggerollt, ohne darin ein Fahrzeug, einen Menschen oder irgendein Ding von Menschenhand zu sehen. Erst am späten Nachmittag erreichen wir nahe der Ortschaft Needles den Colorado River und damit die Grenze zwischen den Staaten Kalifornien und Arizona. Wie überall in diesen Tagen ist es einsam. Also beschließen wir, das Abendessen im Camper zu bereiten. Der gutversorgte Supermarkt der kleinen Ortschaft bietet beste Gelegenheit für den Einkauf. Obwohl mich Professor Spotty vor den hohen Fleischpreisen warnt, gegen die zur Zeit amerikanische Hausfrauen einen Käuferstreik versuchen, will ich uns nach dem harten Tag ein paar ordentliche Steaks in die Pfanne hauen. Also verlange ich zwei T-Bone Steaks, »von der Größe eines Klodeckels«!

Sie werden mir gereicht, jedes ein Pfund schwer, aber im Preis zu niedrig berechnet. Der Mann mit der weißen Mütze muß eines der Steaks vergessen haben. Als ehrlicher Mensch weise ich ihn darauf hin.

»No, Mister . . . zwei Steaks mit zusammen zwei Pfund . . . es stimmt genau!«

Wäre Marianne dabeigewesen, ich hätte sie auffangen müssen. Jawohl, so weit ist es mit den Amerikanern gekommen, daß sie ihre besten Steaks zu Preisen anbieten, die bei uns Spottpreise wären. Gewiß, man kann das nicht von allen Preisen für Lebensmittel sagen, aber doch für einen großen Teil des täglichen Bedarfs.

Nur mit Vorsicht rollen wir diesmal von der Straße in bodenfestes Gelände aus grauschwarzem Lavagestein. Hinter einem lang erloschenen Krater drehen wir den Camper bei und erwarten die Dunkelheit. Ich bereite die Mahlzeit, weil mir Kochen und Braten viel Spaß macht. Spotty geht indessen spazieren, denn für zwei ist kein Platz im Fahrzeug, wenn einer die Küche bedient. Inzwischen hat sich herausgestellt, daß auch der Bratofen nicht funktioniert. Des weiteren sind beide Schiebefenster droben verklemmt und eine Gardinenstange ist gebrochen. Was unsere chemische Toilette betrifft, so fehlt uns das rechte Vertrauen zu ihrer Benutzung. Was könnte dabei nicht alles schiefgehen!? Und wieviel Natur mit voller Deckung steht ringsum zu unserer Verfügung.

Am Morgen des neuen Tages sind wir schon eine gute Stunde gefahren, ohne etwas zu erleben oder nur zu bemerken, das einer Erwähnung würdig wäre.

Staubige Steppe, einsame Ebene, gradlinige Straße ohne Verkehr. Desto mehr überrascht es, daß plötzlich Bretterbuden auftauchen, erst nur vereinzelt, dann mehr und immer noch mehr. Einige sind nur noch Holzgeripppe, viele schon halb verfallen und fast jede durch den fast ständigen Wind geplagt worden, so daß sie nur noch ganz schief im Gelände stehen. Mehr Fensterscheiben sind zerbrochen als heil geblieben, von den Dächern hängt losgerissene Teerpappe, und oft sind Türen eingedrückt. Keine der Buden ist bewohnt, nirgendwo die Spur eines Menschen.

Das Ganze ist keine »Ghosttown«, ins Deutsche als Geisterstadt zu übersetzen. Jedes der Holzhäuser liegt etwa 200 Meter weit vom nächsten entfernt, und zwar nach allen Richtungen. Mit anderen Worten gehören immer sechs bis acht Hektar des offenbar wertlosen Bodens dazu. Wie heißt die Erklärung dafür?

»Homesteading«, und zwar ein mißglücktes Homesteading hat diese weitverstreute Ansammlung der längst verlassenen Holzhäuser zustande gebracht. Homesteading war seinerzeit im Wilden Westen die gewöhnliche Methode der Landnahme. Von irgendwelchen Leuten am grünen Tisch in Washington, die selbst von der Gegend nie etwas gesehen hatten, wurde die Freigabe bestimmter Landstriche verfügt. Manchmal waren es fünfzig, ein andermal zwanzig oder auch nur zehn Hektar, die ein Siedler für sich beanspruchen konnte. Wer zuerst kam, seine Pflöcke in den Boden schlug und sodann den »Landclaim« bei der Behörde eintragen ließ, war der Eigentümer. Nur eine Bedingung hatte er zu erfüllen, auf die streng geachtet wurde: Binnen längstens zwölf Monaten mußte der Landnehmer auf seinem Landclaim eine Homestead vorweisen können. Vorerst genügte zu diesem Zweck eine Blockhütte, auch die einfachste Bretterbude, sogar ein Stall mit Schlafstätte. Irgendeine Behausung für Menschen mußte vorhanden sein, sonst gar nichts.

Bis vor wenigen Jahren hat dies alte System noch in Alaska gegolten, und ich selbst war dabei, als sich mein Freund Bernd droben in der Brooks Range beim Alatna River 40 Hektar herrlicher, aber menschenferner Wildnis als rechtmäßiger Eigentümer sicherte. Hier nun, in dieser verlassenen, trostlos trockenen Gegend, hatte der Staat vor etwa 30 Jahren noch einmal, wohl zum letztenmal, das System der Homesteading angewandt. Man wollte die unbewohnte Gegend bevölkern und hatte den Neusiedlern die Heranführung ausreichenden Wassers versprochen. Ein paar tausend Menschen machten sich auf, steckten ihre Claims ab, wurden als Grundbesitzer eingetragen und stellten »Homesteads« auf ihr Land. Die Bewässerung aber kam nicht zustande, aus welchen Gründen auch immer. Damit aber ist der Boden und sind die Buden so gut wie wertlos. Aber

Ohne Übertreibung darf man sagen, daß es auf der ganzen Welt keine landschaftlich schönere Fahrbahn gibt, als die amerikanische Bundesstraße Nr. 1. Bei San Luis Obispo, eine gute Autostunde nördlich von Los Angeles, beginnt die fast immer der Küste folgende Strecke, und führt – etwa 700 Kilometer weit – über San Francisco und die Golden-Gate-Brücke durchs nördliche Kalifornien hinauf bis nahe zur Grenze des Staates Oregon. Die Nummer 1 ist keine schnelle Fernstraße, denn sie hat unendlich viele Kurven, oft auch starke Steigung und tiefes Gefälle. Breit ist sie auch nicht, wird aber nur an Feiertagen und in Ferienzeiten stark befahren. Nur selten sind längere Ortsdurchfahrten, unerhört vielseitig ist dafür die wildromantische Küste.

Los Angeles, unendlich weites Stadtgebiet ohne eigentliches Zentrum. Die mehr als sechs Millionen Einwohner verteilen sich auf etwa zwanzig verschiedene, aber zusammengewachsene Gemeinden. In einer Ebene zwischen dem Pazifischen Ozean und dem ansteigenden Gebirge der Sierra Nevada gelegen, hat das so weiträumig bebaute Los Angeles eine Nordsüd-Ausdehnung von 150 Kilometern.

Römische Tempel und barocke Paläste, mittelalterliche Burgen und antike Marktplätze. Alles wurde solide gebaut, für jahrhundertelanges Bestehen, und doch sind es nur Filmkulissen in Hollywood. Immer wieder, wenn auch neu bemalt und verschieden angestrahlt. werden sie für historische Filme gebraucht.

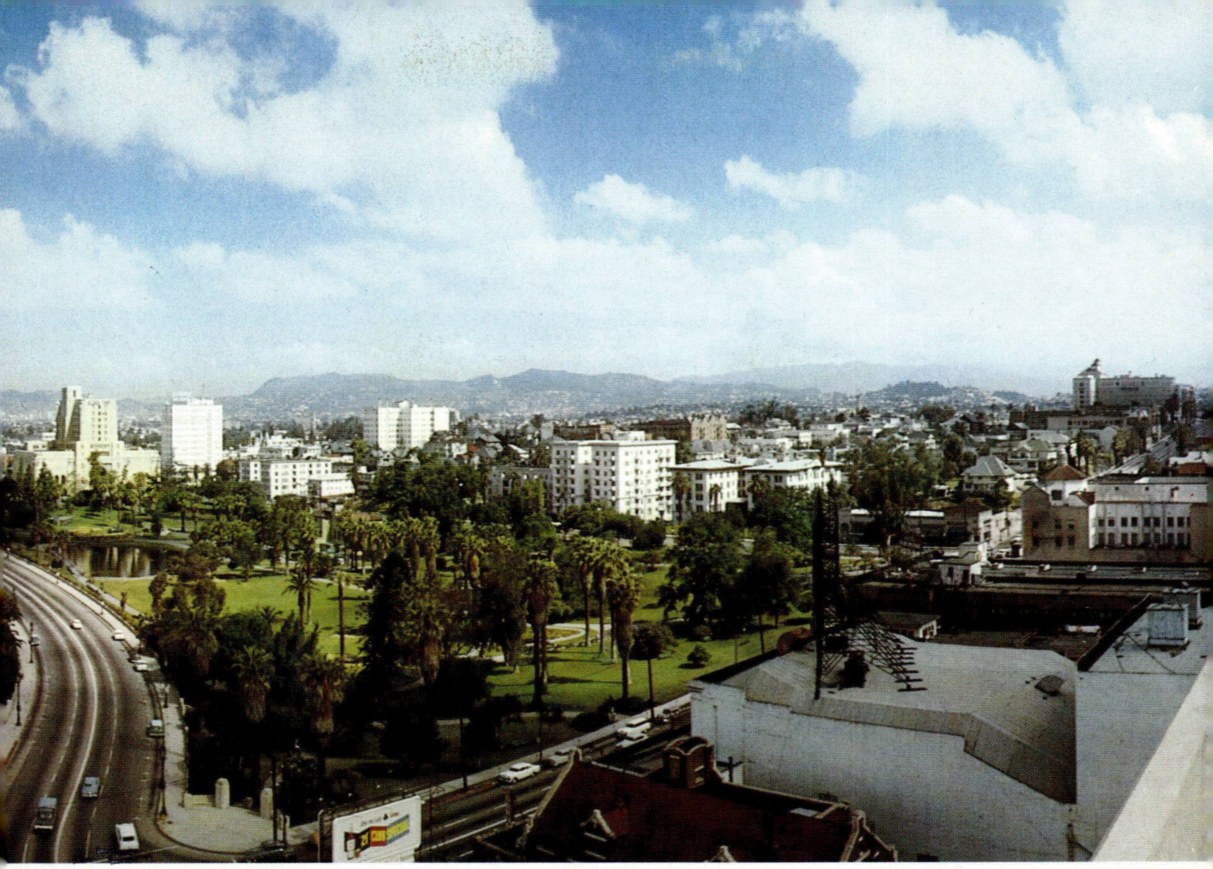

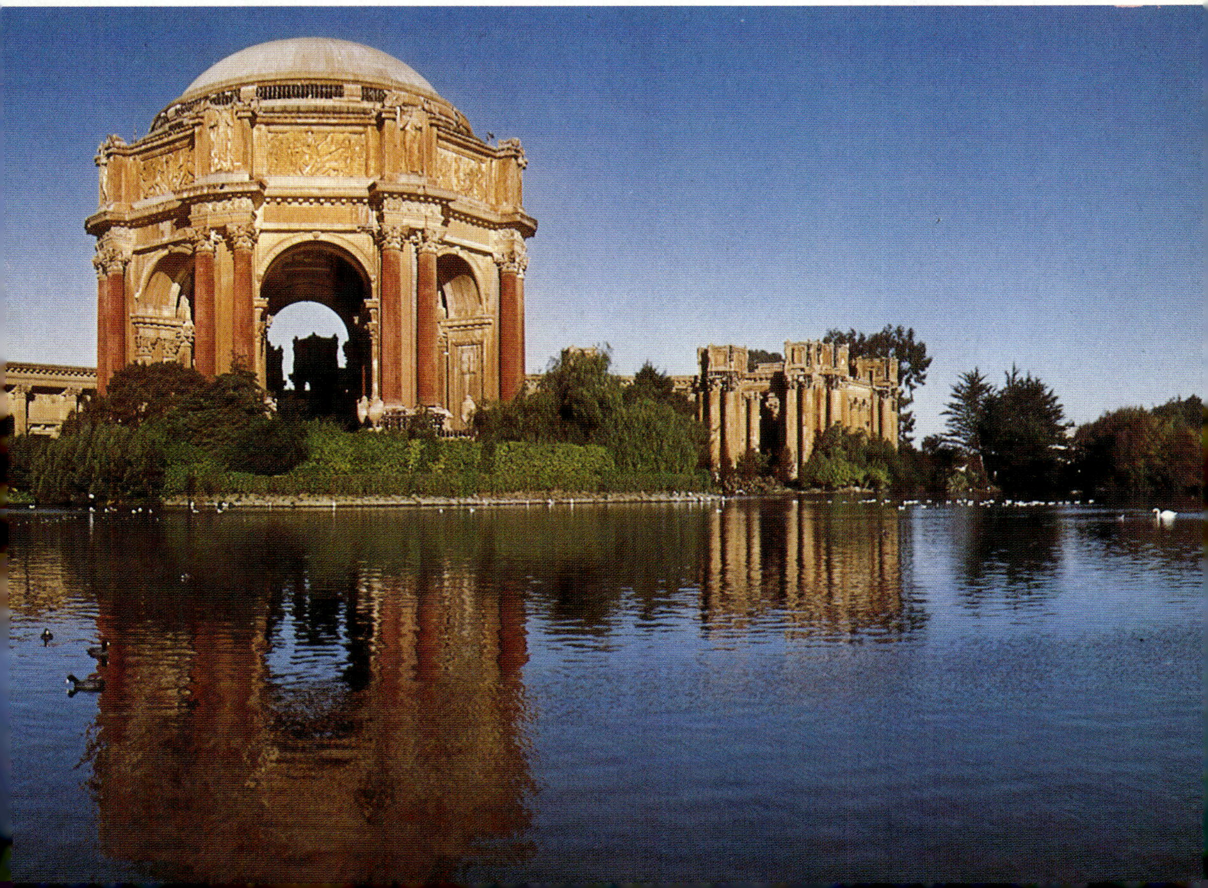

Die Mojave Desert, sonst eine trostlos trockene Sandwüste, erwacht für knapp zwei Wochen im März oder April zu kurzem frischem Leben. Zartgrüne Gräser steigen aus dem Sand, Dornbüsche und Steppengewächs tragen Blütenschmuck, der aber schon bald verschwindet.

Nur selten besuchen Fremde das besonders sehenswerte Canyon de Chelly im Stammesgebiet der Navajo. Tageweit reichen die verschiedenen, senkrecht eingeschnittenen Schluchten ins Bergland hinein. Noch heute leben darin Navajo-Familien mit ihren Schafherden. Höhlenfestungen die sogenannten Cliffdwellings, zeugen vom indianischen Leben der Vergangenheit.

das Eigentum ist den Leuten geblieben, und die Hoffnung, es könne irgendwann vielleicht doch eine Wasserleitung gebaut werden. Jedenfalls ist das weite, immer noch wertlose Land privates Eigentum von ein paar tausend Abwesenden. Man kann also nicht, was im Sinne des Naturschutzes dringend geboten wäre, die windschiefen Buden niederwalzen oder verbrennen. So bleiben sie stehen, krumm und schief und scheußlich. Nur Landstreichern dienen sie gelegentlich als Unterschlupf.

Bis zum Fuß der Berge, auf beiden Seiten der Straße, ungefähr 20 Kilometer weit, sehen wir die fensterlosen Klapperbuden im Gelände verstreut. Danach senkt sich unser Weg zu einem flachen, breiten grünen Tal, durch dessen sumpfige Niederung sich ein Fluß nach Südwesten schlängelt, der Colorado.

Dem friedlich dahinfließenden, von Wildenten belebten und von Schilfdikkicht begleiteten Gewässer ist nicht anzusehen, daß es den gewaltigen Grand Canyon durch die Felsenberge gefressen hat, die tiefste und schönste Schlucht auf Erden. Auch sonst hat der Colorado in großartigster Weise die Landschaft in den Staaten Colorado, Utah, Nevada und Arizona gestaltet. Hier, wo er am Ostrand von Kalifornien dahinfließt, hat der Colorado seine großen Anstrengungen hinter sich. Er ist müde geworden, will seine Ruhe haben und strömt nach getaner Arbeit ganz gemächlich seinem Ende im Salzmeer entgegen.

Nur einmal noch, knapp 20 Meilen (32 km) von hier, bei Havasu City im Staate Arizona, hat der Colorado eine bemerkenswerte Rolle zu spielen. Sie wurde ihm nicht von der Natur zugewiesen, sondern von geschäftüchtigen Menschen, die unbedingt einen Arm des Colorado River brauchten, weil dafür schon eine Brücke vorhanden war.

Die Einweihung der Brücke in ihrer heutigen Form hatten am 1. Mai 1831 (kein Druckfehler) König William IV. von England und seine Gemahlin Adelaide vorgenommen. Vier frühere Konstruktionen der Brücke, die ersten beiden nur aus Holz gebaut, gehen weit, sehr weit in die Vergangenheit zurück. So wurde dem römischen Kaiser Claudius bereits Anno Domini 43 die Vollendung des ersten Brückenschlages gemeldet. Das Gewässer darunter, jener Arm des Colorado, in dem sich die historische Brücke nun spiegelt, besteht erst seit 1971. Jawohl, es gab diese Brücke, und zwar ihre derzeitige Konstruktion, schon seit 145 Jahren. Der Fluß aber, den sie überqueren sollte, war an dieser Stelle noch nicht vorhanden. Doch eine Brücke ohne Wasserlauf, das kann nicht sein, denn gar zu seltsam würde es wirken. Nur gut, daß nicht weit entfernt der Colorado seines Weges zog. Von ihm aus konnte man ein Flußbett maßgerecht in den Wüstensand baggern. Als es fertig war, nach relativ kurzer Zeit, aber mit gewaltigen Kosten, wurde die benötigte Wassermenge vom natürlichen Fluß ins künstlich geschaffene Bett geleitet. Eine auf unserer Erde wohl einmalige Unternehmung!

Ganz einfach ist des Rätsels Lösung. Die Brücke befand sich vorher in London, überspannte die Themse und war Nachfolgerin des allerersten schon zur Römerzeit gebauten Themse-Übergangs in London. Jeder Brite, auch jeder Besucher Großbritaniens kennt sie unter dem schlichten, doch ehrwürdigen Namen Old London Bridge.

Als Old London Bridge, die aus zwei Millionen handgehauenen Granitblöcken errichtete Bogenbrücke, nach 135 Dienstjahren dem modernen Verkehr nicht mehr genügte, wurde sie von den Londoner Stadtvätern zum Verkauf angeboten. Dabei hatte der Käufer sowohl den Abbruch wie den Abtransport des Baumaterials im Gewicht von rund 150000 Tonnen zu übernehmen. Die Offerte klingt wie ein Witz, ein ausgekochter Spleen der schrulligen Briten scheint sie zu sein. Wer will schon eine hundert Meter lange Granitbrücke kaufen?

Die McCulloch Corporation in den Vereinigten Staaten wollte. Durch Öl, durch Grundbesitz und durch die Anlage neuer Siedlungen waren erfreulich hohe Summen in die Kassen geflossen. Neben vielen anderen Liegenschaften besaß und besitzt die Corporation weite, wüstenähnliche Gebiete am unteren Colorado in gesundem, sonnigem Klima. Man mußte nur den Boden bewässern, so entstanden binnen relativ kurzer Frist die schönsten Gärten, Parks und Blumenbeete. Geschäftlich gesehen, um die erschlossenen Grundstücke mit bestem Gewinn zu verkaufen, lohnte sich der Aufwand nur für eine ganze Stadt, die ihrerseits wieder alles brauchte, was eben zu einer gut funktionierenden Stadt gehört. Also ein Projekt im Werte von 100 Millionen Dollar und noch viel mehr. Vor allem gehört zu einer Stadt die sie belebende und letzten Endes alles bezahlende Bevölkerung. Also muß man Menschen, viele Menschen in eine vorerst noch wasserlose Wüste locken. Aber wie konnte das geschehen? Nur durch einmalig wirkungsvolle Werbung, durch eine Attraktion! Ganz Amerika mußte davon reden, die Presse darüber schreiben, das Fernsehen die Sensation ausstrahlen. Ein kluger Kopf fand die wahrhaft ideale Lösung – her mit der Old London Bridge von der Themse zum Colorado in Arizona!

Robert F. McCulloch, Chairman der Corporation, bezahlte für das Bauwerk 2,6 Millionen Dollar und weitere 5 Millionen für den vorsichtigen Abbau der Brücke sowie den Transport der 150000 Tonnen Granitblöcke. So reiste die Old London Bridge, in Millionen Teile zerlegt, per Schiff, das heißt auf einem Dutzend verschiedener Schiffe durch den Panama-Kanal in den Pazifischen Ozean, sodann auf schweren Lkws von San Diego zum Bauplatz von Havasu City in Arizona. Jeden Block, auch jedes Stück Stahl der Geländer und Kandelaber hatte man vorher numeriert. Haargenau getreu dem Original wurde sodann die Brücke aus der Regierungszeit Williams IV. wieder zusammengesetzt und schließlich der Coloradofluß unter ihre altehrwürdigen Bögen geleitet. Binnen 40 Monaten war das Werk vollendet.

Es hat sich gelohnt, zumindest sieht es in Havasu City so aus. Meilenweit sind Straßen, Eigenheime, Appartementhäuser, Schulen, Kirchen, Kindergärten, Motels, Hotels, Tennisplätze, Golfplätze, öffentliche Parks entstanden, kurz all das, was für eine lebendige Stadt wünschenswert erscheint. Was sonst keine andere der planmäßig und vorwiegend für Senioren angelegten Neustädte in den USA besitzt, nämlich eine weltweite Attraktion für Besucher, bekam Havasu City durch Verlegung der alten Themse-Brücke an den Colorado River. Sogar jetzt an einem Werktag im März sind ein paar hundert Besucher in Bussen und Pkws herbeigekommen, um Old London Bridge am neuen Standpunkt zu bestaunen.

Ich kenne sie von früher, als Schüler auf Sprachurlaub, als Student in Cambridge, als Attaché an unserer Botschaft in London habe ich sie oft benutzt, zu Fuß und noch öfter mit dem Wagen. Nun wölben sich ihre harmonisch geschwungenen Bögen über das durchsichtige, hellblaue Wasser des sogenannten Havasu Creek. Damit verglichen, war damals die Themse eine graubraune, von Öl verschmutzte Brühe. Statt Londoner Nebel nun die klare Luft der Wüste, anstelle des dichten, stockenden Verkehrs in der großbritannischen Metropole jetzt nur wenige Wagen auf der Brücke. Drüben auf der gegenüberliegenden Seite des Flusses ist noch nicht viel los. Dort soll irgendwann später eine Schwesterstadt von Havasu City entstehen. Vorerst sind da nur Büsche, Blumen und Hekken in den Sand gepflanzt, ein jedes Gewächs mit eigener Wasserspritzdüse. In acht bis zehn Jahren wird daraus ein schöner Park geworden sein.

Auf der schon jetzt bewohnten und belebten Seite, wo London Bridge beginnt, hat man die gelungene Kopie eines alten Londoner Stadtviertels entstehen lassen. Alles typisch . . . wie eben ausländische Touristen in London typische Eindrücke erwarten. Ladengeschäfte, wie man sie in der Bond Street vorzufinden hofft. Ein typisches Pub aus viktorianischer Zeit, Ye Olde Inn, Tea House, Coffee Corner, Tobacco Shop und anderes mehr. Ein echter Londoner Bus, der zwar nicht mehr fährt, aber zu besichtigen ist, steht an einem typisch Londoner Bus Stop. Londoner Telefonzelle, Londoner Briefkasten, original englische Abfallkübel und Bänke aus dem Hyde Park. Schon möglich, daß auch die herumflatternden Tauben vom gefiederten Volk am Trafalgar Square abstammen. Hätte man das altenglische Ensemble nicht so umfassend, so perfekt angelegt, wäre die Wirkung nur kurios und alles nicht mehr als komischer Kitsch. So wie es sich aber dem Auge des kundigen Betrachters darbietet, kann sich dieser tatsächlich nach London versetzt fühlen.

Wie es heißt, wollen sich die Gestalter von Havasu City damit nicht zufriedengeben. Nachdem Old London Bridge als Werbung alle Erwartungen mehr als erfüllt hat, denkt man daran, den Colorado durch die Versetzung einer Pyramide vom Nil zu verschönern. Es braucht nicht gleich die von Cheops zu sein. Es gibt ja noch andere, weniger wichtige. Der Schiefe Turm von Pisa, über den Grenzfluß zwischen Kalifornien und Arizona geneigt, bietet gewiß einen fotogenen Anblick. Eine Meile der Chinesischen Mauer wäre auch nicht schlecht. Selbst ein so gewaltiger Felsen wie die Loreley läßt sich in zerlegtem Zustand an den Colorado verfrachten und dort wieder aufbauen. Ein blondes Mädchen mit goldenem Kamm, das droben der Romantik wegen ihr traurigschönes Lied singt, wird sich unter den arbeitslosen Starlets von Hollywood schon finden lassen.

Nachdem wir hierüber unsere Meinungen ausgetauscht haben, besteigen Spotty und ich wieder den Camper.

Peach Spring, die Pfirsich-Quelle, wird unser nächstes Ziel. Von dort planen wir eine Geländefahrt durch selten besuchte Ponderosa-Wälder und den Abstieg zu Pferd hinunter in den tiefen Canyon der Havasupai-Indianer. Wir hoffen, und ich glaube fest: es wird das abenteuerlichste Erlebnis der ganzen Reise.

Im Canyon de Chelly

Schon sind wir zehn Tage unterwegs, aber leider viel zu früh im Jahr. Ich habe mich von der südlichen Lage jener Landschaften täuschen lassen, die wir nach vorfabriziertem Programm besuchen. Es ist mein Programm, ich muß es gestehen. Vergebens auch die Warnungen Professor Spottys, der mich wiederholt auf die Höhenlage der Mesas, der Cliffdwellings und Bergpässe hingewiesen hat. Weil ich schon mehrfach mit Bussen durch den Südwesten gereist war, stets bei mildem und sogar heißem Wetter, hatte sich bei mir die etwas naive Meinung festgesetzt, dort herrsche immer ein mehr oder minder sommerliches Klima.

So aber ist es ganz und gar nicht. Auf den Hochflächen, die bis zu 2500 Meter steigen, und auf den Mesas, die sich über 3000 Meter erheben, liegt Schnee von Oktober bis Ende April, in schattigen Lagen bis über die Mitte des Mai hinaus. Aber Sie werden zugeben, verehrter Leser, daß nach allgemeiner Auffassung Kalifornien, Arizona und New Mexico südliche Sonnenländer sind.

Es ist auch richtig, so lange man in tiefen Lagen bleibt. Aber bei Wegen durchs Hochland hinauf wird der Reisende bald eines anderen belehrt. Wer von der kalifornischen Küste kommt, aus der Mojave und Painted Desert, wer eben noch unter Dattelpalmen ausgeruht hat und in der heißen Mittagssonne über die Old London Bridge gegangen ist, kann es beim unmerklich langsamen Anstieg der großen, geraden Straße nach Flagstaff im Herzen Arizonas nicht so recht begreifen, daß die gesamte Landschaft zunehmend von Schnee bedeckt ist. Ein kalter Wind weht uns ins Gesicht, sobald wir den Wagen verlassen, und die Männer an den Tankstellen haben sich ihre Wollmützen tief über die Ohren gezogen. Sie tragen Rollkragenpullover und hohe, mit Schafspelz gefütterte Stiefel.

In Peach Spring erleben wir unsere erste, besonders bittere Enttäuschung. Die dortige Indian Agency, unter anderem Vertretung der Havasupai, erklärt rundheraus, daß man die Bewohner des tiefen Tales zur Zeit überhaupt nicht erreichen könne. Nur mit großer Mühe war eben der sechsrädrige, geländegängige Postbus vom Rand des Canyon wieder in Peach Spring angelangt, mit zwei vollen Stunden Verspätung. Pferde und Maultiere seien schon von einem Aufstieg so erschöpft, daß sie anschließend zwei bis drei Tage Erholung brauchten. Der Abstieg wäre auch nicht einfach, erstens wegen des tiefen Schnees, dann wegen des rauschenden Schmelzwassers in der Schlucht. Man müsse wohl einen Hubschrauber einsetzen, wenn im Tal die Lebensmittel nicht mehr reichen.

Schöne Bescherung, aber nichts zu machen! Auf der Rückfahrt in drei Wochen, so riet uns der Indian Agent, könnten wir es wieder versuchen. Aber viel Hoffnung machte er uns nicht.

Die Besichtigung der Canyon Caverns, eines 300 Meter tiefen, sehr weitläufigen Höhlensystems, das man ganz zufällig erst 1917 entdeckt hat, ist nicht der genügende Ersatz fürs »Volk des blaugrünen Wassers«. Weil aber gleich daneben ein gutes Motel seine gastlichen Pforten öffnet, belegen wir dort zwei Zimmer. Wirklich eine Wohltat nach der Enge im Camper. Abgesehen vom Gasherd, funktioniert in unserer Wohnung auf Rädern schon gar nichts mehr. Im Motel dagegen wird jedem ein bequemes, breites, molliges Bett geboten, ein warmes Bad und ein gewärmter Waschraum, dazu eine Sitzecke mit Sessel und sogar ein Schreibtisch. An unseren Autobahnen verlangen die Rasthäuser doppelt höhere Preise für weniger Komfort. Gleich nach dem Frühstück am nächsten Tag weiter durch den Winter. Tief verschneite Wälder unter blauem Himmel. Weiße Wirbel wehen über die Straße, böser und bitterkalter Wind rüttelt am Wagen. Ausgestorben scheint die gesamte Gegend und eingeschlafen der Straßenverkehr. In meiner Erinnerung von der Fahrt drei Jahre zuvor ist Flagstaff ein von Touristen wimmelndes, sonnenflimmerndes, staubtrockenes Städtchen. Nun aber scheint es im Schnee zu ersticken. Kaum ein Mensch auf der Straße und viele Geschäfte geschlossen. Draußen, etwa drei Kilometer vor der Stadt, am Rande eines zerklüfteten Tales mit glashart gefrorenem Bach liegt das flachgebaute Nordarizona-Museum. Man sollte es sich ansehen, so genau wie möglich. Besonders jeder Neuling in dieser Gegend, der danach die Canyons, die Mesas, Cliffdwellings und Indian Reservations besichtigen will (wenn es gestattet ist), sollte spätestens hier die absolut notwendigen Kenntnisse erwerben. Man hat an typischen Beispielen alles so gut und anschaulich dargestellt, daß es sogar für Leute mit etwas schlichterem Geist begreiflich wird. Nirgendwo finde ich echte Handarbeiten der Indianer sorgfältiger hergestellt und preiswerter angeboten als

50

gerade im Museum von Nordarizona. Dazu haben wir, die einzigen Besucher des Tages, noch kostenlose Führung und Vorführung eines Films.

Bei der anschließenden Weiterfahrt wechselt das Bild der Landschaft so kraß und häufig wie die Witterung. Niemals hatte ich so zahlreiche Kontraste in so wenigen Tagen in ungefähr der gleichen Gegend erwartet. Eben noch zwischen drei Meter hohen Schneewällen auf vereister Straße, dann in vielen Kurven hinab zu steinigen, sandigen Halbwüsten im vieltausendfachen Schmuck alles bedeckender Frühjahrsblumen. Kaum haben wir diese Region durchrollt, geht es durch enge Schluchten wieder zu einer winterlich weißen Hochfläche hinauf. Alsdann überrascht uns vulkanisches Gelände. Schwarzes Lavagestein ragt aus sonnenbeglänztem Schnee. Ein heller, eisführender Bach sprudelt über kohledunkle Lavakörner. Ponderosa-Fichten, Coulder Pinyons und zerzaustes Ginstergestrüpp bedecken die verschneiten Hänge des schwarzen Sunset Crater. Vor ungefähr tausend Jahren hat in dieser Gegend, wie die Eingeborenen berichten, eine vulkanische Katastrophe alle indianischen Siedlungen vernichtet. Zahllose Menschen sind bei lebendigem Leibe verbrannt, 800 Quadratmeilen (2100 qkm) wurden mit Asche bedeckt.

Wegen des tiefen Schnees können wir den Crater nicht besteigen, können überhaupt nicht vom Wege abweichen. Das kleine Museum ist geschlossen und nirgendwo ein Mensch zu sehen. Dennoch sind März und April eine günstige Zeit für solche Fahrten. Man ist so gut wie allein auf Straßen zweiter und dritter Ordnung. Wie ein König wird der Gast in Motels und Hotels empfangen. Alles Sehenswerte bietet sich vollkommen natürlich dar. Worauf sich sonst das Touristeninteresse mit klickenden und summenden Kameras richtet, sieht ohne Menschen und deren Getue viel bedeutender aus.

Niemand sonst besucht in diesen Tagen das »Wupatki National Monument«, eine fast tausendjährige Ruinenstadt des verschwundenen Volkes der Sinagua. Natürlich steht hier alles unter Denkmalschutz, die sehr weite, schon lange nicht mehr bewohnte Fläche gilt als »National Monument«, mit allen sich daraus ergebenden Vorzügen. Die Pflege, Bewachung und Erhaltung ist Sache des Staates, ebenso die sachkundige Belehrung der Besucher. Hier geschieht sie auf stumme Weise, durch sogenannte Lehrpfade. Auf Tafeln wird die Bedeutung bestimmter Stellen, Eigenarten der Konstruktion, auch die ehemals menschliche Nutzung wildwachsender Pflanzen erklärt.

Bewundernswert, was mit einfachsten Mitteln die Ureinwohner des wenig fruchtbaren Landes geschaffen haben. Gemauerte Wohnbauten bis vier Stockwerke hoch. Kamine und Feuerstellen mit wohldurchdachter Ventilation. Ein ovaler Ballspielplatz, wie man ähnliches nur in Mexiko und Mittelamerika findet. Auch ein sogenanntes Amphitheater blieb erhalten aus immer noch festgefügten Steinmauern. Aber wozu es dem verschwundenen Volk gedient hat, weiß man nicht.

Das mittlere Stück der Ruinenstadt enthält die Reste von 100 Räumen. Man schätzt, daß etwa 300 Menschen dort gewohnt haben. Eine Gesamtzahl von ungefähr 8000 Einwohnern im Gebiet von Wupatki ist anzunehmen, wenn man alle noch erkennbaren Ruinen in die Schätzung einbezieht.

Der Bau und die Besiedlung der Gegend begann ums Jahr 1100, wie die Untersuchung nach der Radiokarbon-Methode ergeben hat. Jene große, lange anhaltende Dürre, die zwischen 1235 und 1255 den ganzen Südwesten der heutigen USA heimsuchte, hat auch die damaligen Bewohner Wupatkis zum Verlassen ihrer Heimat gezwungen. Woher sie kamen und wohin sie gingen, ist nicht bekannt. Bei den Ausgrabungen hat man vieles gefunden, was auf eine relativ hohe Kulturstufe schließen läßt. Die Sinagua besaßen Stoffe, Muschelketten, Kupferglöckchen und Papageien, die sie vermutlich aus dem Reich der Maya und Azteken bekamen. Damit ist ein Tauschhandel über Entfernungen von 1000 bis 2000 Kilometer bewiesen.

Am nächsten Morgen sind wir im riesigen Reservat der Navajo. Ein Jahr, so glaube ich, könnte man dort verbringen, ohne alle Wunder der Natur, die prähistorischen Bauten der Menschen und die heutigen Siedlungen der eingeborenen Indianer zu sehen. Zu den fabelhaftesten, ja ich möchte sagen zu den unglaublichsten Schöpfungen von Natur und Menschen zugleich gehören die gewaltigen Höhlenbauten im Gebiet des »Navajo National Monument«. Eine Felsenlandschaft, die noch wilder, schroffer und zerrissener ist, habe ich auf all meinen Weltreisen nirgendwo gesehen. Immer wieder überrascht der plötzliche schroffe Abfall eines bis 1000 Meter tiefen Canyon. Sie klaffen ohne Übergang in der mit Ponderosa-Fichten bewaldeten Mesa, einer sonst tischflachen Hochebene. Während unseres Besuches gegen Ende März bietet noch der Höhenunterschied einen verblüffenden Kontrast. Hier oben auf der Mesa, 2250 Meter über dem Meeresspiegel, liegt hoher, hartgefrorener Schnee, drunten dagegen, in den wilden, von Wasser durchströmten Canyons, hat das Frühjahr längst begonnen. Weder Eis noch Schnee sind drunten zu sehen, dafür rasch strömendes Schmelzwasser in dichter, dunkelgrüner Vegetation.

Wir können mit der Parkverwaltung zufrieden sein, die droben auf der Mesa unsere Straße von Schnee geräumt hat, obwohl sich am heutigen Vormittag kein anderes Fahrzeug auf ihr bewegt. Der Abstieg zu Fuß hinunter in den Canyon und jenseits des Wassers wieder bis zur halben Höhe hinauf, nämlich zur Höhlenstadt Betatakin, ist zur Zeit ganz unmöglich. Kein Weg wurde freigemacht, es ist auch keine Spur davon zu erkennen. Selbst im Sommer darf man ohne Begleitung eines Rangers das Wagnis des Weges nicht unternehmen. Es würden bei dem anstrengenden Klettermarsch auch gut drei Stunden vergehen. Aber gerade der Blick auf Betatakin im Winter, von den Schneewällen droben zu den Cliffdwellings schräg hinunter wird zum Erlebnis. Aber wir müssen erst eine gute Meile durch die weißen Wälder stapfen, bevor sich der großartige Blick vor uns auftut.

Die noch relativ gut erhaltene Höhlenburg besteht, wie man bei den Forschungsarbeiten festgestellt hat, aus 135 Räumen. Die Firstbalken der mit Lehm verputzten Dächer sind teilweise noch vorhanden. Der überhängende Fels hat die Bauten vor Unbilden der Witterung bewahrt. Eine droben entspringende Quelle versorgte seinerzeit die Bewohner mit Wasser. Da man nur über schmale, steile Stufen oder lose hängende Steigbäume hinaufgelangte, waren die Bewohner von Betatakin auf geradezu ideale Weise vor feindlichen Überfällen gesichert.

Ihrer Form nach gleicht die Höhle einer aufgeschnittenen Halbkugel. Sie ist 140 Meter hoch, 120 Meter breit und 40 Meter tief. Der Hintergrund des riesigen Raumes wird von dem Bauwerk ganz und gar ausgefüllt. Sein Anblick ist durchaus mit dem Kulissenbild eines mittelalterlichen Schlosses auf einer Opernbühne zu vergleichen. Man bedenke und staune, daß sowohl die Höhlenburg Betatakin wie überhaupt das Seitental des wilden Tsegi Canyon erst im Jahre 1909 entdeckt wurden. Der bedeutsame Fund einer kompletten Höhlenstadt, eines der besterhaltenen Cliffdwellings überhaupt, gelang John Wetherhill und seinem jüngeren Bruder. Sie waren weiße Händler im Land der Navajo, und ihre Nachkommen sind es, im größeren Stil, noch heute. Die Indianer selbst haben natürlich schon immer von diesen und anderen Höhlenbauten gewußt. Alles Land ringsherum, der Canyon und die Cliffdwellings gehören noch immer den Navajo allein, nicht den weißen Amerikanern. Der Tsegi Canyon mit allen Seitentälern liegt im Navajo-Reservat, wo in neuerer Zeit die Rechte der Indianer durchaus gesichert sind.

Gebaut wurde Betatakin von den Anasizi. Ein Wort, das in der Navajo-Sprache nicht mehr als »die Alten« bedeutet. Für uns sind das einfach die »vorgeschichtlichen Indianer«. Sie konnten sich jedoch des Erfolges ihrer Leistung nicht lange erfreuen, vermutlich nur während der Lebenszeit von einer, höchstens von zwei Generationen. Dann wurden auch im Tsegi-Tal die Menschen durch jene unheilvolle Dürre vertrieben, die gegen Mitte des dreizehnten Jahrhunderts alle Quellen und Bäche zum Versiegen brachte. Die Anasizi zogen fort, und viele Indianerforscher glauben nicht nur, sondern wissen bestimmt, daß sie die Vorfahren der Hopi waren.

Der Tsegi Canyon ist nur einer von vielen, von sehr vielen Canyons, unter ihnen eine große Zahl, die bis heute nur wenige Menschen gesehen haben oder namentlich kennen. Vom Grand Canyon weiß jeder und hat irgendwo davon Bilder gesehen. Er ist ein fester Begriff und steht gewissermaßen für alle Canyons im Südwesten der USA. Dort aber gibt es keine Cliffdwellings, auch sonst keine wesentlichen Reste von Kultur und Vorgeschichte. Einzigartig sind dafür die enormen Tiefen und gewundenen Längen der zahlreichen Windungen dieses größten aller Canyons auf der Welt.

Viele Dutzend, über hundert und vielleicht noch mehr andere Canyons sind im Südwesten vorhanden, deren wilde Einsamkeit, deren Zerklüftung, bizarre Formen und fantastische Farben für uns Europäer kaum vorstellbar sind. Es gibt eine Unzahl von Cliffdwellings, von Höhlenbehausungen, von Felsmalereien und Fundstellen mehrtausendjähriger Artefakte. Sehr viele Canyons, so darf man mit Gewißheit annehmen, warten noch heute auf ihre wissenschaftliche Erfassung. Nur unter großen Mühen sind manche der Canyons zu erreichen, oft nur mit einer regelrechten Expedition. Es gibt solche, die noch kein Kenner der Frühgeschichte gesehen hat, und andere, wo man Ruinen der Vorzeit gefunden, aber nicht näher untersucht hat. Geheimnisse blieben bis heute verborgen, und wenn es nach mir ginge, sollten sie es bleiben. Warum muß denn immer alles enthüllt werden?

Beim Studium genauer Karten vom Geographical Survey und beim Befragen der Freunde von Spotty, die großenteils dem landeskundigen Sierra Club angehören, ergab sich eine derart große Auswahl besonders interessanter Canyons, daß mir zwölf Jahre nicht genügt hätten, um eine jede dieser wildromantischen Schluchten zu betreten. Von all den vielen suche ich mir eine aus, die besonders zahlreiche Vorzüge aufzuweisen hat. Kein befahrbarer Weg führt hinein, es gibt alte Höhlenburgen, und Indianer leben noch in dem Canyon. Himmelhoch sind die senkrechten Wände, und sehr lang ist die Schlucht mit vielen Steintälern. All das und noch viel mehr bietet der selten besuchte Canyon de Chelly*.

Er befindet sich, wenn man die Karte des Staates Arizona betrachtet, droben in dessen nordöstlicher Ecke, also innerhalb des riesengroßen Navajo-Reserva-

---

* Das spanisch-indianische Mischwort wird döhschejih gesprochen.

tes. Einen nahegelegenen größeren Ort, nach dem man sich richten könnte, gibt es nicht, auch keine Fernverkehrsstraße weniger als 100 Kilometer entfernt. Statt dessen fährt man einen halben Tag durch absolute Einsamkeit. So rollen wir durch den menschenärmsten, den unfruchtbarsten und staubig-trockensten Teil von Arizona. Einen Kenner der amerikanischen Geschichte wird es keineswegs erstaunen, daß man sich hier in einem Reservat der Indianer befindet. Denn es durften auch die Navajo von ihren Jagdgründen und Weidegebieten seinerzeit nur behalten, was für die Bleichgesichter nutzlos war oder als wertlos erschien. Um so bewundernswerter, was die sogenannten Rothäute nicht alles getan haben, um auf diesem kargen Boden ihr Leben zu fristen, teilweise sogar recht gut zu leben.

Wir durchfahren die Siedlungen Beclabbeto, Teec Nos Pos, Mexican Water, Tes Nez Iah, Rock Point und Lukachukai. Sie machen alle einen modernen Eindruck. Tankstellen, Drahtzäune, Gittermaste, Antennen und der leider übliche Abfall fortgeschrittener Zivilisation. Neue Schulen, kleine Hospitäler, bunte Kaufläden und sogar kleine Kinos. Autowracks hinter jedem Haus. Dazu in allen Orten ein chromblitzender Wasserturm auf 20 Meter hohen Stelzen. Der ist wichtig, lebenswichtiger als jedes andere Bauwerk. Im Gelände verstreut noch immer und sogar neu errichtet die typischen Hogans der Navajo. Es sind sechseckige und achteckige Blockhäuser mit niederem Dach aus Lehmgeflecht, das man neuerdings durch farbiges Plastik ersetzt. Hogans waren früher ganz allgemein die Wohnhäuser der Familie, sind aber jetzt nur noch Unterkünfte von Hirten oder Sommerhäuser ihrer Besitzer. Bis zu einem gewissen Grad sind die Navajo noch immer Nomaden. Die kalte Jahreszeit verbringen sie in einer der modernen Ortschaften bei unregelmäßiger Arbeit. Während des Frühjahrs, des Sommers und Herbstes leben sie mit ihren Herden in der großen Steppe, bestellen vielleicht auch ihre Felder in einem der Canyons. Je nach Witterung und Weideverhältnissen zieht die Familie im Herbst mit ihren Schafen, Rindern und Pferden von einer in die andere Gegend. Um die Besitzverhältnisse, das Weiderecht und die Feldbewässerung der einzelnen Gruppen wissen wohl nur die Navajo allein. Für die Begriffe der Weißen ist das System völlig verwirrend, aber reibungslos funktioniert es bei den Indianern.

Die letzte Ortschaft vor dem Canyon de Chelly nennt sich Chinlé. Dem äußeren Anschein nach hat diese allzu moderne, knapp 500 Menschen zählende Siedlung für Fremde nichts zu bieten. Nur Liebhaber von Navajo-Teppichen wissen, daß man hier in Chinlé die feinsten Rugs aus der feinsten Schafwolle webt, und zwar mit ganz bestimmten Farbmustern, die sich angeblich seit 300 Jahren nicht verändert haben. Die Navajo wissen natürlich, daß gerade die Chinlé Rugs von Kennern hochgeschätzt werden, und entsprechend hoch sind die Preise.

Der Eingang des Canyon, der sich zur Ebene hin öffnet, ist nur schwer zu finden. Es fehlen die Wegweiser. Auch die Thunderbird Lodge, ein Motel der allerersten Klasse, scheint sich vor Fremden zu verstecken.

Nach einer Fehlfahrt auf lehmfeuchten Straßen hinauf in neblige Höhe entdecken wir die Lodge ganz unten in einem Wald verwilderter Pfirsichbäume. Die flachen Gebäude liegen neben einem graugrünen Fluß, dessen Ufer ganz und gar mit vielfarbigen, glattpolierten Kieseln bedeckt sind. Die Lodge macht einen gemütlichen, gut gepflegten Eindruck. Sie zählt aber, berechnet nach den davorstehenden Wagen, zur Zeit nicht mehr als zwölf Besucher. Von einer freundlichen Frau, die sich später als geborene Berlinerin zu erkennen gibt, erhalten wir die Schlüssel unserer beiden Zimmer. Als die Dame pro Person 20 Dollar fordert, legt Spotty nur 16 auf den Tisch.

»So steht's im AAA Touring Book«, sagt er, nicht ohne Strenge in der Stimme, »und damit stimmt's!«

Der genannte Reiseführer wird alle Jahre von der American Automobile Association neu herausgegeben, und die darin genannten Preise für Unterkünfte, Verpflegung und so weiter gelten als verbindlich.

Dennoch ist mir peinlich, daß Spotty so unerbittlich darauf besteht, eine hitzige Diskussion muß sich wohl daraus ergeben. Nichts dergleichen, ganz im Gegenteil. Die Empfangsfrau blättert im Arizona Touring Book der American Automobile Association und bittet sehr, den geforderten Überpreis zu entschuldigen. Wir bekommen noch jeder ein Stück versteinertes Holz geschenkt, als Belohnung für die Aufklärung des Irrtums. Dabei scheint mir das Versehen nicht bei der Lodge zu liegen, denn die Räume sind für mitteleuropäische Begriffe ausgesprochen luxuriös. Mit nur 16 Dollar ist meines Erachtens so viel Komfort nicht ausreichend bezahlt.

Angesichts der grimmigen Kälte muß man befürchten, daß diese Tage für einen Besuch des Canyon nicht günstig sind. Doch in der Lodge meint man gerade das Gegenteil. Zwar strömt der Fluß in raschem Lauf dahin, aber der sonst im Frühjahr feuchte Boden ist hart gefroren. Also können wir ein motorisiertes Fahrzeug benützen. Sonst ist das nicht möglich, weder bei tiefem Schnee noch in der warmen Jahreszeit. Da bewegt man sich besser zu Fuß oder auf Pferderükken und hochrädrigem Pferdewagen. Das ist mühsam genug, denn entweder geht es über endloses Steingeröll oder durch dunklen, lockeren, staubfeinen Sand. Dabei versteht sich von selbst, daß man nicht sehr weit in den ungefähr

45 Kilometer langen Canyon vorstoßen kann. Er teilt sich vor der Mitte in drei Schluchten auf, die allesamt dem interessierten Besucher viel zu bieten haben.

Es melden sich für die am nächsten Tag schon um 7 Uhr früh beginnende Fahrt insgesamt sechs Personen. Alles nur Männer reiferen Alters, denn heutzutage sind nur wenige Jugendliche für Abenteuer zu haben, die möglicherweise in Anstrengung ausarten. Und Anstrengung wird es geben! Man sitzt frei in frischer Luft auf der Plattform des geländegängigen, sechsrädrigen Lkws. In einer geschlossenen Kabine könnten die Mitfahrer ertrinken, falls das Fahrzeug beim Durchqueren des rauschenden Flusses auf die Seite stürzt. Vor wenigen Tagen noch ist das geschehen, aber alle Passagiere sind mit dem Schrecken und einem eisigen Bad davongekommen.

Wegen der Kälte und des sausenden Windes soll sich jeder von uns in möglichst warme Kleidung hüllen. Fausthandschuhe, Zipfelmützen und gestrickte Pullover sind im Laden zu bekommen. Proviant für die Mittagsrast, auch Notproviant für etwaiges Liegenbleiben auf der Strecke wird mitgenommen. Die Mitnahme von knallgelben Schwimmwesten, Leuchtspurpistolen und einem umfangreichen Sanitätskasten deutet auf ein nicht ganz risikoloses Unternehmen. Inzwischen warten wir auf unseren Führer und stärken uns wiederholt aus einer kreisenden Flasche Whisky, leider keinen schottischen.

Unser Wagen hat hohe Räder mit breiten, weichen Ballonreifen und, für seine Wasserfahrten, einen am Ende etwa dreiviertel Meter hochgezogenen Auspuff. Ebenso hat man für den Vergaser ein aus dem Kühler ragendes Ansaugrohr vorgesehen. Alle empfindlichen Teile unter der Motorhaube, zum Beispiel Batterien und Sicherungen, sind gleichfalls gegen schädliche Wirkungen des Wassers geschützt. Der Fahrer, Manuelito, ein echter Navajo von circa vierzig Jahren, zeigt uns all diese Vorkehrungen, damit sich keiner vor der Fahrt in den Canyon fürchtet. Wir sollen uns immer gut festhalten, droben auf den schmalen Bänken, warnt Manuelito. Das Filmen und Fotografieren sei nur aus stehendem Wagen gestattet. Während das Fahrzeug rolle, teils über Stock und Stein, teils durch Strom und Strudel, sei wegen der heftigen Stöße ein Hinausfallen immer zu befürchten.

Auch sonst gibt es Gründe genug, allen Fremden das eigenmächtige Betreten des Canyon zu verbieten. Die Begleitung eines amtlich zugelassenen Führers ist vorgeschrieben, denn dreifach ist die Gefahr, von der ahnungslose Besucher in der Chelly-Schlucht bedroht werden. Da ist einmal der Quicksand, der wie ein grausam gieriger Wasserstrudel jedes Lebewesen verschlingt, das unversehens eine solche Sandstelle betritt. Die zweite Gefahr sind plötzlich heranrollende

Wassermassen. Sie kommen auch bei blauem Himmel und strahlender Sonne heran, wenn es weiter im Westen anhaltend geregnet hat. Das niederströmende Naß findet seinen Weg in die Chelly-Schlucht, sammelt sich dort und flutet als stürmender Wasserschwall durch den vor wenigen Minuten noch staubtrockenen Engpaß im Canyon. Als dritte Gefahr gelten die totale Erschöpfung, der Gehirnschlag oder Herzinfarkt infolge des vielen Stunden langen Stapfens durch meist knietiefen Sand.

Die Kenner des Canyon wissen sichere Pfade. Sie sehen an der Bodenfarbe, wo man dem Quicksand ausweichen muß und hören rechtzeitig, wenn eine Flutwelle heranbraust. Für alleingehende Fremde gibt es nur einen erlaubten, weil ungefährlichen Pfad, beim Sliding Rock, von der Oberkante des Canyon hinunter zum White House, einer der Höhlenburgen. Doch man sieht auf diesem Pfad nur eine Stelle der ungemein vielseitigen Schlucht.

Den Wagen schüttelt es schon, bevor Manuelito den ersten Gang einlegt. Beim zweiten Gang scheppert der Karren so langsam los, beim dritten erst rattert er richtig davon. Hinter uns wirbelt eine Wolke aus Staub, Laub und Schneekörnern. Alles stehende Wasser ist gefroren. Knisternd brechen die Räder durch eisbedeckte Pfützen, greifen aber gut, wobei sich das Tempo nicht vermindert. Der Fahrtwind verdoppelt die ohnehin beißende Kälte. Aber die Wangen, die Nase und Lippen mit den Wollhandschuhen zu reiben, ist nicht möglich, denn beide Hände werden fürs Festhalten gebraucht.

»Für mich als wärmegewohnten Südkalifornier«, höre ich Spottys gepreßte Stimme, ». . . als Südkalifornier sind . . . sind Temperaturen eines Polarsturms nicht . . . nicht das Richtige!«

Mir gegenüber ein sehr korpulenter Mann, dessen Bauch unter vielen Decken auf und nieder hüpft. Neben ihm ein ängstlich dreinschauender Mensch mit fächerförmig ausgebreitetem, schwarzem Vollbart. Beide sind ausgerüstet mit großen, gewiß mit reichem Zubehör gefüllten Fototaschen. Ebenso wie ich bemühen sich auch diese beiden, ihr Fotogepäck mit den Füßen zu sichern. Zu diesem Zweck habe ich mir den Lederriemen um den Knöchel gewickelt, so kann mir die Tasche nicht entkommen. Vorn neben dem Fahrer sitzen die letzten beiden der sechs Abenteurer, ein großer Mann mit scharf profilierter Adlernase und eine kleine, stämmige Gestalt, die sich durch eisgraue Stirnlocken und Bartkoteletten auszeichnet.

Wir haben den Wald aus Birken, Pappeln und knorrigen Weidenstämmen so rasch durchfahren, als wären lassoschwingende Skalpjäger hinter uns her. Der Canyon liegt vor uns, aber nicht wie ein enges, zum Himmel ragendes Tor, sondern mit weitausgebreiteten Armen. Chelly wirkt einladend und vielversprechend, hat aber schon manche Besucher spurlos verschwinden lassen. Die rosa-grauen Hügelketten zu beiden Seiten heben sich allmählich höher und kommen sich dabei näher. Dem Wald zur Rechten und zur Linken fehlt es an Platz. Er kann sich nur in Streifen halten, er muß sich in felsumrahmte Nischen drücken. Die vielen flachen, verzweigten Arme und Finger des Flusses vereinen sich. Dabei wird das strömende Wasser tiefer und eiliger. Sein lebhaftes Gegurgel übertönt bisweilen unseren prustenden, polternden Motor.

Jetzt sind wir richtig drin im Canyon. Felswände steigen bis zu 1300 Meter vom Flußtal empor. Gewaltige Steinblöcke zwingen zu Umwegen. Wildwucherndes Gestrüpp sprießt aus den Spalten, Wasserfäden perlen über die Wände herab. Kies knirscht unter den Rädern. Hier ist der Canyon nur knapp 50 Meter breit, aber gleich danach öffnet er sich zu einem kilometerbreiten Kessel.

Jetzt geht es nicht mehr weiter. Der Fluß führt in einer Schleife vom rechten Rand des Canyon zum linken. Sein schäumendes Wasser bespült die Wände auf beiden Seiten. Kein Fußgänger und auch kein Schwimmer könnte hier durchkommen, denn die Schneeschmelze im östlichen Gebirge hat den Chelly River mit Hochwasser gefüllt.

Mit heftigem Ruck hält unser Wagen dicht vor dem Strom. Manuelito sagt nichts, sondern schaut nur aufs bewegte Wasser. Nachdem er dies, auf keine Frage antwortend, gut fünf Minuten lang getan hat, muß ihn eine Art Wahnsinn gepackt haben. Denn nur eine schwere geistige Störung kann als Erklärung für sein nun folgendes, geradezu selbstmörderisches Verhalten gelten. Bevor ihn daran jemand hindern kann, hat unser Fahrer den ersten, gleich danach den zweiten Gang hineingehauen, tritt heftig aufs Gas und läßt den vorderen Teil unseres Lkws ins Wasser plumpsen. Der Motor heult auf wie ein gepeinigtes Tier, während die Motorhaube bis etwa zur Hälfte im graugrünen Gestrudel verschwindet. Gleich senkt sich der ganze Kasten, die Hinterräder rutschen nach, und wir sind, wie es scheint, zu den Passagieren eines sinkenden Schiffes geworden. Der gewaltige Stoß wirft mich gegen Dickbauch, während Spotty an der Brust des Schwarzbartes hängt. Wiederholt wirbelt es nun die gesamte Wagenbesatzung im Dreivierteltakt durcheinander, vorne prallen der Eisgraue und die Adlernase gegen das Armaturenbrett, hilflos fallen sie zurück und wieder nach vorn. Nur Manuelito, von allen guten Geistern verlassen, hält mit dem festen Griff eines Klammeraffen das stoßweise zuckende Lenkrad in seinen Händen.

Ringsum schäumt und strömt das Wasser. Es dreht sich in Strudeln, Gischt gurgelt und Kiesel knirschen. Wie ein Nilpferd in den Katarakten des Oberen Nil schnaubt unser Vehikel durchs flüssige Element. Mit Gepolter und Gezische, ächzend, puffend und protestierend gegen eine so artfremde Überforderung erreicht der Wagen ungefähr die Mitte des Stromes. Da fließt schon Wasser auf die Plattform, bespült unsere Stiefel und will die Waden hinauf. Wie kann der Motor jetzt noch arbeiten . . .? Er muß doch absaufen!!

Nein, er tut es nicht . . . im Gegenteil, er kann noch mehr! Ehe wir es richtig begreifen, weil wieder das Geschaukel losgeht, steht unser triefender Wagen auf trockenem Boden.

»War nicht so schlimm, wie ich dachte!« meint Manuelito und entblößt grinsend zwei Reihen gelber Zähne, »wir haben zwar noch tiefere Stellen vor uns . . . aber ich glaub doch, wir kommen durch!«

Dem einen von uns mag bei diesen Worten das Herz in die Hose gerutscht, dem anderen wallendes Blut ins Gehirn gestiegen sein. Aber die Tapferkeit ist erstaunlich, keiner von uns will flüchten, das Gefährt verlassen. Alle sind bereit, sich ins Bevorstehende zu stürzen. Nachdem wir noch mehrfach ähnlich gewagte Situationen durchstanden haben, kommen wir tatsächlich weiter und tiefer in den Canyon hinein, auch wenn es mehrmals kaum noch zu hoffen war. Manuelitos Fahrkunst zu Lande und im Wasser scheint mir noch vollkommener zu sein, als ich es seinerzeit beim Wildwasserdurchqueren in der Thormarks-Schlucht auf Island erlebt habe. Dort stieg der Fahrer erst einmal selbst mit hüfthohen Stiefeln und einer Stange ins Strudelwasser, um dessen Tiefe zu messen. Alsdann, wenn ihm die Durchfahrt möglich schien, steuerte er seinen sechsrädrigen Bus in den Strom. Manuelito dagegen verläßt sich allein auf seine Beobachtung.

Wir sind in einer unwirklichen Welt. Nur schwer oder gar nicht ist sie zu beschreiben, denn es fehlen dazu Vergleiche mit Begriffen aus der bekannten Welt. Die Farbe der Felsen wechselt mit dem Winkel des Sonneneinfalls, mit dem Zug und dem Schatten der Wolken, auch mit der Tageszeit und dem Widerschein flimmernden Wassers. Das Gestein zeigt verschiedenfarbige Schichten und helle, halbdunkle und ganz dunkle Streifen von oben nach unten. Bizarre Formen, die immer wieder anders sind. Enge Seitentäler, klaftertiefe Schluchten und Sandhügel, die längst versteinert sind. Andererseits gibt es Felsentürme, die sich gespalten haben und sich im Verlauf der Jahrtausende allmählich auflösen. Waldinseln sieht man auf halber Höhe, hängende Vegetation in horizontalen Spalten, uralte Weidenstämme, die ihre Wurzeln in strömendes Wasser versenken.

Dort ein Rudel halbwilder Pferde, von unserem lauten Wagen aufgescheucht, traben sie davon. Blökende Schafe retten sich auf Felsrippen, als wir knatternd und quietschend vorbeischaukeln. Wo der Strom an einem seiner Ufer flaches Land freigegeben hat, bemerkt man mit Erstaunen eingezäunte Felder. Da stehen sogar, vereinzelt und in Gruppen verstreut, Obstbäume verschiedener Art. Pfirsichbäume so scheint mir, sind am häufigsten. Menschen aber sehen wir nicht. Hinein in den Strom und wieder heraus. Durch schmale Engpässe zwischen senkrechten Felsmauern wieder ins Freie der folgenden Lichtung. Ein paar Hogans sind hier vorhanden, und zwar von der alten, ursprünglichen Art mit dem gewölbten Lehmdach. Weil im Canyon die Bäume krumm und schief wachsen, sind auch die Stämme des sechskantigen Hogan von vielfältigen Formen. Das wirkt rustikal und romantisch, so ungefähr hat man sich die Behausungen der Rothäute im Wilden Südwesten vorgestellt. Weil wir alle danach verlangen, gestattet Manuelito eine Fotopause.

Im Canyon de Chelly, so läßt er wissen, leben von Frühjahr bis Spätherbst ungefähr 300 Familien. Beim Kinderreichtum der Navajo können das bis zu 3000 Menschen sein. Bedenkt man die Länge der Schlucht, die später in drei Arme geteilt ist, die zusammen mehr als hundert Kilometer lang sind, ist diese Zahl der Bewohner sehr gering. Natürlich darf nicht jeder Navajo sein Hogan bauen oder Schafe hineintreiben, wie ihm das gerade paßt. Der Canyon de Chelly gehört bestimmten Clans oder Familiensippen oder wie man es nennen mag. Manuelito gibt sich redliche Mühe, uns Fremden die Besitzverhältnisse bei seinem Volk zu erklären, aber wir begreifen davon so gut wie nichts. Eigentum an Grund und Boden wie bei uns scheint es nicht zu geben. Statt dessen aber altüberlieferte Nutzungsrechte an Land, das sich bebauen läßt, an Weideflächen, an fruchttragenden Bäumen, an Quellen und Höhlen, am Holz der kargen Wälder, auch an den frei herumlaufenden Pferden, Rindern, Schafen und Ziegen. Verglichen mit dem übrigen Navajoland, das sich meist staubig, trocken und dürftig darbietet, ist der Canyon de Chelly ein grünes, fruchtbares und gut bewässertes Paradies. Er wird während des Winters nicht bewohnt, weil er zum größten Teil im Schatten liegt. Die Menschen des Tales leben dann oben in den Siedlungen oder draußen in der Steppe, wo sie gleichfalls Hogans und Weiderechte besitzen.

»Die Chelly-Navajo sind eine Sorte für sich«, erklärt uns der Mann mit Adlernase, »viel haben sie von den Hopi übernommen, die zuerst im Canyon zu Hause waren. Das können Anthropologen aus ihrem Schädelbau und Ethnologen ihrer besonderen Sprechweise entnehmen.«

Die Chellys, wie man sie gewöhnlich, aber unwissenschaftlich nennt, haben als erste Navajo-Gruppe Stoffe aus Schafwolle gewebt, gute Töpfe gebrannt und Metall verarbeitet. Das sollen ihnen die Hopi beigebracht haben, die es ihrerseits von den Spaniern lernten. Erst sehr viel später sind die Navajo selbst mit den Spaniern in Berührung gekommen.

»Sind schon Leute drin«, sagt uns Manuelito, »nur eine Familie, weil's noch so kalt ist. Wir werden sie wahrscheinlich sehen.«

Er sagt noch, wir dürften auf keinen Fall fotografieren. Auch mit Geld sei nichts zu machen, so stolz wären diese Menschen. Etwas anderes seien Süßigkeiten für die Kinder . . . da ließen sich auch die Eltern erweichen.

»Schade, daß wir nicht an Süßigkeiten dachten«, sage ich mit Bedauern.

»Gut, daß ich gedacht habe«, meint lächelnd Manuelito. Dabei kramt er aus einer Ledertasche zahlreiche Beutel mit Bonbons, Zuckerstangen, Schokoladekugeln und ähnliches.

»Aber lassen Sie mich machen«, rät er dringend, »ich kenn' hier jedes Kind . . . Bin selbst im Canyon zu Hause.«

Ein feiner Kerl, Manuelito, eine anständige Belohnung hat er wirklich verdient.

Wir sehen grasende Pferde, die beim Herankommen des polternden Wagens sofort die Flucht ergreifen. Sie zeigen das Verhalten wilder Tiere, bleiben nach etwa einem halben Kilometer sekundenlang stehen und schauen zurück. Weil sich die Gefahr, nämlich unser Fahrzeug, weiter in den Canyon bewegt, beginnt die Flucht der Pferde aufs neue. Sie verschwinden hinter einem Wall aus Felsblöcken. Ein Wachtposten, der gerade noch um die Ecke schauen kannn, bleibt zur Beobachtung des mutmaßlichen Feindes zurück. Wie Manuelito sagt, haben die Pferde den ganzen Winter hier verbracht und sind nicht mehr an Menschen, schon gar nicht an fremde Menschen, und ratternde Fahrzeuge gewöhnt.

Dieser Belebung des Canyon folgt bald eine andere. Schafe, viele Schafe, in dichter, schwerer Winterwolle gehüllt, kommen uns entgegen. Sie staunen und stauen sich vor dem Wagen zu einer kompakten Masse. Manuelito hält und stellt den Motor ab. Die Herde beruhigt sich, teilt sich und zieht vorbei. Hinterher die antreibenden Schafhirten, ein halbes Dutzend muntere Kinder, keines über zehn Jahre alt. Lebensfreude strahlt aus ihren an die mongolische Herkunft erinnernden Augen. Lachend, schwatzend und springend begrüßen sie den Wagen mit dem Fahrer. Die bittere Kälte scheint sie nicht zu stören, auch nicht der schneidend scharfe Wind. Sie tragen keine Handschuhe, keine Wollmützen und nur leichte Schuhe an den nackten Füßen.

Manuelito verteilt Schokolade und Lutschbonbons am Stil. Wir können, wir dürfen fotografieren. Die Kinder stört es absolut nicht, nur ihre zottigen Hunde bellen. Ein etwa siebenjähriges Mädchen bietet ein geradezu rührendes Bild. Es trägt auf seinem Arm, fest an sich gedrückt, ein erst heute geborenes Lämmchen, das seiner Mutter noch nicht so rasch folgen kann. Diese läuft ruhig und offenbar befriedigt nebenher, hin und wieder zu dem Lämmchen hinaufblökend. Vor dem Weiterfahren sehen wir noch, wie erst die Schafe und danach die Kinder durchs eiskalte Wasser des Chelly patschen.

Schon mehrmals waren in den Nischen und Wölbungen der Felswände einige Reste von Cliffdwellings zu bemerken. Aber im Zustand fortgeschrittenen Verfalls und mit ihrer nur geringen Größe können sie nicht imponieren. Jeder von uns weiß, daß sich tiefer im Canyon de Chelly, in seinem rechten Arm, eine der schönsten, der am besten erhaltenen und schon ihrer Lage wegen romantischsten Höhlenburgen des Navajo-Landes befindet, das sogenannte »Weiße Haus«.

Beim ersten Blick, noch aus meilenweiter Entfernung, bin ich von dem Bauwerk enttäuscht. Es ist eingeklemmt in eine schmale, horizontale Schlucht, die sich etwa 50 Meter über der Talsohle öffnet. Eindrucksvoll jedoch ist die absolut senkrechte, vollkommen glatte, von hellen wie dunklen Streifen durchzogene Felswand, in der sich nur diese eine Spalte öffnet, die Spalte mit dem Cliffdwelling.

Alles wirkt breiter und weiter, höher und himmelstürmender, je mehr sich der schwankende, stampfende Wagen dem Wunderwerk nähert. Als wir endlich halten, vor einem Wäldchen mit braunrotem, sumpfigem Teich ohne Eisdecke, scheint die niedere Höhle mit dem Weißen Haus direkt über uns zu schweben. Die ungeheure Felswand, diese blanke, fugenlose Mauer, will nach oben kein Ende nehmen. Im Vergleich zu ihrer vertikalen Ausdehnung wirkt die Höhle mit dem Haus wie ein Schwalbennest an einer Hochhausmauer dort, wo zufällig ein Ziegelstein fehlt. Tief unten an der Wand, wo sich zwischen Weiden, Birken, Pappeln und Obstbäumen der trübe Sumpf nach allen Seiten ausdehnt, liegt eine andere Ruine. Dort lebten die Cliffdwellers in friedlichen Zeiten, wie Manuelito erklärt, um ihren Feldern, Tieren und Obstgärten nahe zu sein. Die Ernte wurde aus Sicherheitsgründen hinaufgeschafft in die Vorratskammern der Höhlenburg. Auch die alten Leute, die Mütter mit Säuglingen, die Kranken und die Schwachen waren fast immer oben. So ging im Fall der Gefahr keine Minute kostbarer Zeit verloren. Dagegen wohnten alle arbeitsfähigen Männer und Frauen in den Talhäusern. Sie flüchteten erst nach oben, wenn durch Späher ein

63

feindlicher Vorstoß gemeldet wurde. Genügender, wenn auch nur enger Platz war in dem Cliffdwelling für alle vorhanden. Wasser für die Höhlenbewohner sickerte aus Felsspalten, sonst wäre die Zuflucht nicht möglich gewesen.

Die aus Stroh geflochtenen Strickleitern, auch die mit eingeschnittenen Stufen versehenen Stämme, wurden von den Cliffdwellers hochgezogen. Der Feind, auch der zehnfach überlegene Feind, konnte unter keinen Umständen folgen.

Wir können hinauf. Man hat einen schmalen Pfad in den Stein geschlagen, der dem Schwindelfreien keine Mühe macht. Erst in der Höhle selbst erkennt man ihre wirkliche Breite und Höhe. Die hineingebauten Wohnungen, Vorratsräume, Kultstätten und halbrunden Türen reichen durch drei und sogar vier Stockwerke bis an das Höhlendach heran. Das gesamte Mauerwerk ist ineinandergeschachtelt. Von unten war der Eindruck viel geschlossener, so, als wäre nur ein komplettes Bauwerk vorhanden, ähnlich einer relativ kleinen Burg bei uns. Nur ein Kenner der indianischen Höhlenbauweise vermag das für ihren praktischen Zweck so klug durchdachte System zu erkennen. Schmale Treppen hinauf, steile Holzleitern hinunter. Tiefe Schächte, enge Türen, rechteckige Fenster, ovale Öffnungen zur Entlüftung. Ein halbes Dutzend tief in den Fels gehauene Kiwas, jene geheimnisvollen Versammlungsräume der Männer für Beratung, religiösen Kult und für Schwitzbäder, wie man glaubt.

Alles eine sorgfältige, planmäßige und sicher sehr harte Arbeit der Anasizi, der Alten, vor circa 800 Jahren entstanden. Die Forscher und Ausgräber der amerikanischen Vorgeschichte glauben fast alle, daß auch die Cliffdwellings im Chelly Canyon von den Hopi stammen.

Das Radiokarbon-Verfahren hat auch hier ermöglicht, die Entstehung zu datieren. Bekanntlich muß dafür mindestens ein Rest organischer Stoffe vorhanden sein, zum Beispiel Knochen, Mumien, Holz, Wollstoff, Pflanzenreste oder ähnliches. Hier sind es die beim Bau verwendeten Balken. Deren Untersuchung ergab für das Alter des Cliffdwelling die Jahre zwischen 1100 und 1150 unserer Zeitrechnung. Demnach haben die ursprünglichen Erbauer und ihre Nachkommen nicht viel länger als ein Jahrhundert im »White House« gewohnt. Dann wurden auch sie durch die lange anhaltende, für Mensch und Tier verheerende Dürre aus dem Canyon vertrieben. Es sind aber, wie man neuerdings annimmt, später eine unbestimmbare Zahl von Hopi, sehr wahrscheinlich ehemalige Anasizi, in den Canyon zurückgekommen, wo sie jedoch als neue Besitzer und Besetzer die Navajo vorfanden. Vieles spricht dafür, daß sich beide Gruppen vereint haben. Es kann auf friedliche Weise geschehen sein, oder die Hopi wurden von den Navajo als willkommene Arbeitskräfte zum Bleiben gezwungen.

Mit Sicherheit hat sowohl das »Weiße Haus« wie fast jedes andere vor der großen Dürre gebaute Cliffdwelling späteren Canyonbewohnern wieder als
Zuflucht in gefährlichen Zeiten gedient. Bis zu dem verhängnisvollen Jahr 1868
war die Höhlenburg hin und wieder bewohnt.

Es ist fast mittag geworden und nicht mehr so kalt wie am Morgen. Auch der
böse beißende Wind hat sich gelegt. Unser Wagen rollt weiter zur Sliding-
Rock-Ruine, und dann erreichen wir den alleinstehenden, schwindelhohen, auf
allen Seiten senkrechten Spider Rock, den »Spinnenfelsen«. Zahlreiche indianische Legenden sind mit diesem fantastischen Turmbau der Natur verbunden.

Eine der wichtigsten und mächtigsten Gottheiten des alten, heute noch leben-
digen Glaubens, die »Spinnenfrau«, läßt sich bisweilen dort oben nieder. Weder
die Steilheit der Felswand noch die Spinnenfrau haben in schlimmen Zeiten indianische Späher davon abgehalten, bis hinauf zur abgeflachten Spitze des Spider
Rock zu klettern. Für barfüßige Menschen ohne alpine Hilfsmittel eine fast unglaubliche Leistung. Von der hohen Warte mit ihrem unbehindert freien Ausblick war jeder Feind schon aus weiter Entfernung zu erkennen. Durch Rauch-
zeichen bei Tag und Feuerzeichen bei Nacht wurden sodann die Bewohner des
Canyon gewarnt. Droben auf dem Spider Rock war es auch, daß man 1868 den
Einmarsch des Colonel Kit Carson erkannte. Mit ihm und seinen Mordbren-
nern fand die Freiheit der Navajo ihr Ende.

Am Monument Canyon, einem riesigen Kessel in der Felsenlandschaft, kehren wir um. Mit dem Wagen geht es in dieser längsten Schlucht des Chelly
Canyon nicht weiter. Dafür ist Manuelito auf unser Drängen hin bereit, soweit
wie mögich in den Canyon de Muerto hineinzurollen, dem linken Seitenarm des
so weit verzweigten Systems.

Irgendwo droben im Gestein hören wir beim nächsten Halt das Gemecker von
Ziegen, ein kläglich klingendes Gemecker. Im zehnfachen Glas kann ich schließlich die Gruppe entdecken. Auch hier der Eindruck von wilden Tieren, zumal
der größte Bock mit einem Gehörn geschmückt ist, wie man es ähnlich bei hoch-
kapitalen Schneewiddern findet. Manuelito meint, das Rudel habe sich verstie-
gen und riefe um Hilfe aus der Not. Tatsächlich erhebt sich hinter ihnen eine
glatte Wand. Nichts daneben, nichts darunter, was einen Abstieg ermöglichen
kann.

»Sie gehören Pablo . . . einer Familie aus unserem Clan«, erklärt Manuelito.
»Ich sag' den Leuten Bescheid, sie werden mit 'nem Strick kommen, dann
geht's . . . wir haben das schon öfter gemacht!«

Während wir dabei sind, das Felsenlabyrinth mit dem Glas abzutasten, werden unsere Blicke durch Hinweis unseres allzeit freundlichen Fahrers zu einer langen, unregelmäßigen Kette kleiner Löcher im schwarzen Gestein gelenkt.

»Treppen der Navajo«, sagt er, »jede eingeschlagene Vertiefung gerade groß genug, um den halben Fuß hineinzustecken. So geht das bis ganz nach oben, dann wieder herunter in den Black Rock Canyon . . . solche Treppen gibt's noch viele andere.«

Da sind also Männer, Frauen und Kinder hinaufgestiegen, es ist kaum zu glauben. Steil, steiler, am steilsten, ich würde es nicht wagen. Wenn unser Navajo die Wahrheit sagt, woran nicht zu zweifeln ist, wurden die nur fußbreiten Treppen auch bei Regen, Schneetreiben, ja sogar in der Dunkelheit begangen. Krieger mit ihren Waffen, Frauen mit schwerer Last auf dem Rücken, vielleicht gar mit Kindern in den Tragewiegen, haben diese Steilwege bezwungen. Vollkommen schwindelfrei mußten sie sein, ausdauernd ohne Ende, mit Muskeln und Sehnen wie Steinböcke.

»Bis wann wurden die Steintreppen noch benutzt?« fragt der Schwarzbart unseren Fahrer.

Dieser versteht erst nicht, wie die Frage gemeint ist.

»Bis wann . . . Na, bis heute und morgen auch. Wenn man drunten nicht mehr fahren kann, wäre der Fußmarsch im Tal viel zu weit. Da gehen wir lieber auf alten Treppen hinüber in den anderen Canyon.«

Also heute noch, ganz selbstverständlich. Lieber eine Stunde lebensgefährlich hinauf- und hinabsteigen als drei Stunden bequemes Laufen auf etwa gleicher Höhe.

Anstelle eines Picknicks an schön gelegenem Platz kauen wir während der Fahrt ein paar Kekse aus der Tasche. Manuelito hat dazu geraten, sonst wäre unsere Zeit für den Canyon de Muerto zu knapp geworden. Wirklich nette Menschen, unsere Mitfahrer, der Dickbauch und Schwarzbart, Adlernase und Eisgrau. Es scheint, daß sie auch ihrerseits Spotty und mich sympathisch finden. Alle sind wir der gleichen Meinung, nämlich, daß man diesen schönen kalten Tag bis zum Anbruch der Dunkelheit ausnutzen sollte. Dies um so mehr, als Manuelito der gleichen Meinung ist. Je zufriedener seine Kundschaft, desto besser gefüllt ist der Händedruck am Ende.

Wir sind nun wieder bei der Gabelung, an der sich nach Nordosten hin der Muerto Canyon vom eigentlichen Canyon de Chelly trennt. Der Fahrer hält nur gerade so lange, daß er mit unserer Hilfe aus einer für solche Zwecke hier bereitstehenden Benzintonne den Tank füllen kann. Dann geht es hinein in den »Todes-Canyon«. Auch während der Hochsaison des Tourismus, von Ende Juni bis Anfang September, sind es nur wenige Besucher, die in einen der Seiten-Canyons vordringen. Es ist auch richtig, daß man erst das »Weiße Haus« gesehen haben muß, bevor man andere Exkursionen unternimmt. Aber tiefer in den Muerto Canyon hinein als bis zur »Stehenden Kuh« und vielleicht bis zum Cliffdwelling namens »Antilopenhaus« gelangen wohl kaum ein Dutzend entschlossener Leute pro Jahr. Da man ohne amtlich zugelassenen Führer keinen Ausflug in den Chelly Canyon unternehmen darf, sind alle Schluchten, die weiter als fünf bis sechs Stunden vom Eingang entfernt liegen, für Fremde so gut wie verschlossen. Meines Erachtens werden die weniger bedeutenden Schluchten von Weißen niemals betreten, aber wahrscheinlich noch von den Navajo. Schon möglich, daß es auch im weitverzweigten Chelly Canyon noch manches zu entdecken gibt.

In relativ rascher Fahrt, ungefähr 20 Kilometer pro Stunde, gelangen wir bis zu den öfter besuchten Sehenswürdigkeiten. Das »Antilopenhaus«, von dessen drei Etagen noch zwei recht gut erhalten sind, könnte vor gar nicht so langer Zeit auch irgendwo in Europa entstanden sein. Den Namen verdankt es sehr farbenfrohen Felsmalereien, die ein Rudel flüchtender Antilopen darstellen. Dazu bemerkt unser Fahrer freimütig, daß es keine prähistorischen Felsbilder sind, sondern eine Art von Jagdzauber der Navajo, nicht älter als 150 Jahre.

Es gibt sehr viel weit ältere »Pictographs«. Meist sind es sogenannte Basreliefs, die man durch emsiges Schaben in den Stein geritzt hat. Dargestellt wurden jagdbare Tiere, darunter solche, die heute gar nicht mehr zu definieren sind. Wie sehr oft bei Naturvölkern, sollten hilfreiche Geister durch Felsbilder bewogen werden, dem Jäger möglichst viele Beutetiere zu schenken. Manche Forscher meinen auch, daß man Tiergeister nach erfolgreicher Jagd wieder versöhnen wollte. Felsbilder für den gleichen Zweck waren bei Stämmen und Rassen verbreitet, die nichts miteinander zu tun haben, wie beispielsweise bei den Uraustraliern und den Samojeden.

Nur die Pictographs aus relativ jüngerer Zeit sind farbig ausgemalt. Dazu gehört die lebensecht ausgeführte »Stehende Kuh« beim Cliffdwelling des gleichen Namens. Die Darstellung ist mit Gewißheit nicht älter als 400 Jahre, denn erst von den Spaniern wurden Rinder, Pferde, Esel, Schafe und Ziegen nach Amerika gebracht. Die Indianer des südwestlichen Nordamerika kannten als Haustier nur Hund und Puter.

Besonders interessant, wenn auch leider verblaßt, ist an der Höhlenwand hinter der »Stehenden Kuh« die Darstellung eines Zuges spanischer Kavallerie. Die mitgeführten Waffen und die Bekleidung weisen in die Mitte des 18. Jahrhunderts. Man sieht deutlich einen Priester in der Kavalkade, zu erkennen an seinem schwarzen Mantel mit großem, weißem Kreuz. Es sieht aus, als würde er vom Sattel herab den Segen erteilen. Eine stichhaltige Deutung der Felsbilder kann allerdings heute weder für die Navajo noch für andere Naturvölker gegeben werden, da wir über ihre frühere Vorstellungswelt zu wenig wissen.

In einer Nische, ganz hinten in der nach vorne weit offenen Höhle, versteckt sich eines der kleinsten Cliffdwellings, das ich bisher gesehen habe. Es kann nicht mehr als eine Kammer von vielleicht zehn Quadratmetern enthalten, ist aber vom Zahn der Zeit völlig verschont. Hinter einem Fenster mit Glas und geblümten Vorhängen steht eine Petroleumlampe. Die niedere Holztür ist mit einem Vorhängeschloß gesichert.

»Ein noch heute bewohntes Höhlenhaus«, ruft Adlernase hocherfreut, »wer hätte das gedacht!« – »Da wohnt meine Mutter, wenn hier unsere Schafe weiden«, bemerkt Manuelito wie selbstverständlich, holt einen Schlüssel hervor und sperrt die quietschende Pforte auf. Es sieht in dem winzigen Raum genauso aus wie bei uns in der Schlafkammer einer hochgelegenen Alm. Ein mit Leder bezogenes, niederes Bettgestell, ein Bündel Schafwolldecken darauf. In der hinteren Ecke die gemauerte Feuerstelle, ein wackliger Tisch mit Schemel an der Wand. Sechs oder sieben Holzpflöcke zum Aufhängen nasser Kleider und das allereinfachste Blechgeschirr. Mehr scheint die Frau nicht zu brauchen, sie ist wohl noch vom alten Schlag.

Wie alt sie wäre, frage ich Manuelito. Nach seiner Schätzung bald siebzig oder darüber hinaus. Ein paar Jahre mehr oder weniger spielen bei der alten Generation keine Rolle. Es gab damals niemanden, der Geburten registrierte.

»Der Vater meiner Mutter wurde beim langen Marsch geboren«, bemerkt Manuelito beiläufig. »Er war das einzige von den Kindern, das am Leben blieb. Aber . . . versuchen wir noch weiter zu kommen, wenn's geht bis zur Massaker-Höhle . . .«

Fast drei Stunden lang bedauern wir seinen Vorschlag, der reinster Freundlichkeit entsprang. Man kann von einer Fahrt im herkömmlichen Sinne nicht mehr reden. Im übrigen wäre eine Unterhaltung gar nicht möglich. Der Karren kippt von einer zur anderen Seite, im allerletzten Moment richtet er sich wieder auf. Zwar ist der Fluß im Canyon de Muerto nicht so tief und breit wie in der Chelly-Schlucht, schäumt jedoch über solche Mengen von mächtigem Geröll, daß unser Fahrer den Hindernissen nicht ausweichen kann. Er muß darüber hinweg. Wenn stellenweise die Strecke steinfrei ist, wühlen die Räder fast bis zur Achse durch staubfeinen Sand.

»Wir haben Glück mit dem Wetter ... ganz seltenes Glück«, meint Manuelito während einer kurzen Erholungspause, »wenn's droben stürmt, weht massenweise Schnee herunter ... auch ein Raupenschlepper käm da nicht durch. Wenn's warm wird, haben wir grundlosen Sand ... da bleiben oft sogar die Maultiere stecken.«

Rasselnd und rumpelnd, immer noch weiter, schwankend und mit schwerem Schnaufen erreicht das übermäßig geplagte Fahrzeug erst das »Mumienhaus« zur Linken, gleich darauf die verrufene Massaker-Höhle zur Rechten. In dem verfallenen Cliffdwelling fanden amerikanische Forscher die mumifizierten Körper von Kindern und jungen Leuten aus sehr früher Zeit der Besiedlung. Die Entdeckung jener Totenreste gab der Mummy Cave ihren Namen. Ein paar Hogans älteren Typs, noch mit gewölbtem Dach und der Lehmschicht darauf, liegen in der Nähe. Im Sommer werden sie noch bewohnt.

Bei der »Massenmord-Höhle« angekommen, bewilligt Manuelito eine längere Rast. Erleichtert steigen wir alle aus, und als ich der Romantik wegen um ein Lagerfeuer bitte, hat es der Indianer rasch entzündet. Wir schleppen trockene Äste und Altholz herbei. Der Schwarzbart möchte wissen, ob bei Vollmond die Geister jener von den Spaniern ermordeten Navajo am Schauplatz der Schandtat erscheinen. Es sollen über hundert Opfer gewesen sein, auch Frauen, Mädchen und kleine Kinder. Dem Navajo gefällt die Frage nicht, und er gibt darauf keine direkte Antwort. Statt dessen spricht er von der Vergangenheit seines Volkes. Es ist wohl hier der rechte Ort dafür.

»Unsere alten Leute haben den Jungen immer gesagt, daß die Navajo vor langer, langer Zeit sehr viel weiter im Norden gelebt haben ... in großer Kälte und hartgefrorenem Schnee. Wenn auch die sonstigen Beschreibungen stimmen, muß es in Alaska gewesen sein. Die Lehrer in unserer Schule, noch zu meiner Zeit waren es nur Anglos, haben aus ihren Büchern dasselbe gesagt. Unsere Sprache soll ziemlich nahe verwandt sein mit Athabaska ... das ist die Sprache der Indianer von Alaska, auch im kanadischen Nordwesten. Von dort sind wir sicher gekommen, mit den Apachen und anderen. Als wir in dieser Gegend eintrafen, vor nicht so furchtbar langer Zeit, da sind von der anderen Seite her ... vom Süden herauf, wo Mexiko liegt, die ersten Spanier gekommen.«

Er sagt ganz einfach, was die Wissenschaftler in breit angelegten Werken erklären. In großen Zügen stimmt die Forschung der Gelehrten mit dem Erinnern der Indianer überein. Die Navajo mit ihren sprachverwandten Stämmen sind vermutlich als letzte Einwanderungswelle aus dem asiatischen Kontinent über die Beringstraße nach Amerika gezogen. Fast ausschließlich von der Jagd lebend, brauchten sie sehr viel Lebensraum, gerieten dadurch in ständigen Streit mit schon früher eingewanderten Stämmen und kamen Jahrtausende hindurch nie zur Ruhe. Die geschichtslose Zeit des amerikanischen Kontinents, das heißt vom ersten Auftauchen der Menschen* bis zur Ankunft des Weißen Mannes war ein immerwährender Kampf ums Überleben, eine endlose Kette von Stammeskriegen zur Gewinnung oder Verteidigung der lebensnotwendigen Jagdgebiete. Bei irgendeiner dieser gnadenlos geführten Fehden wurden die Navajo von ihren Stammesverwandten getrennt. Vermutlich an Zahl nicht stark genug, um sich in guten Jagdgründen festzusetzen, wurden sie weiter und weiter nach Süden gedrängt. Als sie im heutigen Navajo-Land eintrafen, auch in die relativ fruchtbaren Canyons eindrangen, war alles menschenleer. Dies eine Folge jener vernichtenden Dürre, der ungefähr 200 Jahre früher die kulturell höherstehenden Hopi hatten weichen müssen. Aber es war seitdem in den Canyons wieder feuchter geworden, sogar auf den nur selten von Regen bewässerten Gebieten der Mesas gab es genügend jagdbares Wild. So hatten die Navajo endlich eine Heimat gefunden.

Jäger der freien Wildnis sind nach dem ursprünglichen Plan der Schöpfung durchaus mit Raubtieren zu vergleichen. Sie nehmen ihren gesamten Lebensunterhalt von der Natur, aber geben ihr dafür nichts. Wenn Menschen mit solchem Raubtierinstinkt auf Menschen treffen, die säen, pflanzen, ernten und Vorräte anlegen, sehen sie in erster Linie eine gute Gelegenheit, Beute zu machen. Was man essen kann, wird geraubt, ebenso alles, was sonst noch brauchbar ist. Wer es verteidigen will, den bringt man um. So war das bei allen Wilden in allen Erdteilen, unsere Vorfahren nicht ausgeschlossen.

Die Hopi bekamen es zu spüren und ebenso die Spanier, als sie um die Mitte des 16. Jahrhunderts erstmals den indianischen Jagdvölkern begegnet sind. Für die »geborenen Beutemacher« war es wie ein Geschenk aus der Hand ihrer Schutzgeister, daß sie – um einen modernen Ausdruck zu gebrauchen – auf Besitzbürger trafen. Das Überfallen, Berauben und Erschlagen solcher Leute war nicht viel anders als die seit Anbeginn der Zeiten gewohnten Jagdzüge. Mit primitiven Waffen gegen wilde Tiere anzugehen hatte ebenso Gefahr bedeutet wie nun der Kampf um eßbare oder sonstwie brauchbare Beute aus Menschenhand. Das eine wie das andere diente dem Lebensunterhalt. Besonders gewinnbringend war für die Navajo, ebenso für die Apachen, Sioux usw., Raubzüge gegen die

* Der gesamte amerikanische Kontinent war vollkommen menschenleer, bis aus Asien, genauer gesagt Sibirien, mongolische Einwanderer in Alaska erschienen, spätestens vor 20000, frühestens vor etwa 30000 Jahren. Eine Landverbindung über die Beringstraße war wohl zeitweise vorhanden, aber für die einwandernden Völker gar nicht notwendig, weil ja die nur 80 Kilometer breite Beringstraße während des Winterhalbjahres meterdick zugefroren ist.

Castillos, wie noch heute Spanier und Mexikaner von den südwestlichen Indianern genannt werden. Bei ihnen konnte man schmackhafte Tiere erbeuten. Ließ man sie leben, vermehrten sich die Beutetiere relativ rasch. Man konnte einen Teil davon schlachten, ohne daß es weniger wurden.

Deswegen häufige Überfälle auf Siedler und Soldaten, die mit solchen Tieren ins Land kamen. Vergeltung der Bestohlenen und Beraubten war die natürliche Folge. Weil sich die friedlichen, für indianische Begriffe weitgehend zivilisierten Hopi mit den Spaniern recht gut vertrugen, erwarteten sie dafür den Schutz der Castillos gegen die plündernden, mordenden und Frauen fortschleppenden Navajo. So war das langsame spanische Vordringen aus Mexiko nach Norden hinauf von ständigen, wechselvollen Guerilla-Kämpfen begleitet. Mit Francesco de Coronado hatte um 1540 die allmähliche Landnahme in den heutigen Südweststaaten der USA begonnen, erst seit dem amerikanisch-mexikanischen Krieg 1846–1848 ging die Herrschaft der Castillos zu Ende. Bis dahin hatten die Kleinkriege mit den »wilden« Indianern fast 300 Jahre lang gedauert, wenn es auch während des letzten halben Jahrhunderts relativ ruhig war.

Die intelligenten Navajo hatten bald begriffen, was man von den Rindern, den Schafen, Ziegen, Eseln und so weiter haben konnte, wenn man sie ebenso behandelte und benutzte, wie es die Castillos taten. Vor allem das Pferd war für sie von zunächst unfaßbarem Vorteil. Auf dem Rücken der Pferde war es möglich, die Jagdzüge und erst recht die Raubzüge dreimal, viermal und fünfmal weiter auszudehnen als bisher. So wurden die berittenen Navajo zum Schrekken aller spanischen Siedler, aller seßhaften Indianer und der christlichen Missionen vom Colorado bis zum Rio Grande. Noch weiter und immer weiter dehnten sie ihre verheerenden Vorstöße aus. Ihrerseits unternahmen die Spanier eine Strafexpedition nach der anderen. Jede war besser ausgerüstet, an Männern, Pferden und Waffen zahlreicher als die vorhergehende. Im Morgengrauen krachten die Musketen der Castillos, und ein Dorf wurde vernichtet. Doch anderswo verschwand eine ganze Expedition der Spanier, ohne eine Spur zu hinterlassen. Greueltaten auf beiden Seiten, Verfolgung über viele hundert Kilometer. Endlich wagten sich die Castillos in den Canyon de Chelly, weil ihre Späher herausgefunden hatten, daß sich die Navajo nach fast jedem Raubzug dorthin zurückzogen. Im leicht zu bewachenden Canyon, vor allem in der Felsenwildnis seitlich der großen Schlucht, fühlten sich die Raubmenschen vollkommen sicher.

1805 war jenes Jahr, als der Leutnant Antonio Narbona, in späteren Jahren Gouverneur von Neu-Mexiko, eine spanische Strafexpedition in den Canyon de

Chelly führte. Man weiß nicht mehr, wie stark seine Streitmacht war und welche Waffen Narbona mitführte. Es gelang ihm auf fast wunderbare Weise, durch die Engpässe zu kommen, auch den Chelly-Strom wohl ein dutzendmal zu überwinden. Entweder haben die Wachen der Navajo geschlafen oder ihren Posten verlassen, um beim Verteilen der Beute dabeizusein.

»Narbona war mutig wie ein Puma und schlau wie ein Kojote«, erzählt Manuelito und lacht selber über seinen Vergleich. »Mit einemmal war er da und hatte viele Soldaten bei sich. Schon bevor es hell wurde, stürmten die Castillos in unsere Höhlen. Flink wie die Affen sollen sie an Stricken und Stangen hinaufgeklettert sein. Es war eine totale Überraschung . . . und kein Navajo weiß, wie das gekommen ist. Es war für uns die schlimmste Niederlage in der alten, der ganz alten Zeit. Wenn's richtig ist, was in den Schulbüchern der Anglos steht, dann sind hundertzwanzig Navajo bei dem raschen Kampf umgekommen, unter ihnen die führenden Häuptlinge. Danach haben sich unsere Leute von den spanischen Siedlungen ferngehalten. Sicher kam es noch zu einzelnen Überfällen, und die Castillos schlugen zurück. Aber . . . unser Land haben sie nicht genommen . . . nein, das haben sie nicht getan. Solange wir Navajo ruhig blieben, haben sich die Castillos gar nicht blicken lassen . . . ausgenommen die Händler und Missionare. Die konnte man wegjagen, wenn sie lästig wurden . . . das hatte keine Folgen.«

Vermutlich hat unser Fahrer diesen Vortrag mit ungefähr gleichen Worten schon öfter gehalten. Im College war er nicht gewesen, aber doch auf einer Mittelschule, und zwar in Tuba City, einem der größten Orte im Navajo-Land. Er setzt bei seinen Zuhörern nur geringe Kenntnisse der Geschichte voraus, während er selbst alles vereinfacht und begreiflicherweise mit den Augen des Navajo sieht. Eben deshalb keine haßerfüllte Verdammung der Spanier. Das waren Feinde gewesen, sozusagen natürliche Feinde, mit denen man sich herumgeschlagen hatte. Die alten Jägervölker kannten nichts anderes. Weil den Navajo die Jagdgründe blieben, war die Existenz der Gesamtheit nicht bedroht. Wie anders wird dagegen das gleiche Thema im knappen Geschichtsabriß in jener Broschüre behandelt, die, vom National Park Service verfaßt, auch über den Chelly Canyon berichtet. Da heißt es von den Spaniern, daß sie gegen die bedauernswerten Navajo äußerst grausam waren und daß Leutnant Narbona im Canyon ein furchtbares Massaker verübt hat. Manuelito meint, wir sollten zu Fuß noch eine knappe Stunde weitergehen, bis zu jener waagerechten Felsenspalte, wo Kit Carson den letzten Widerstand der Navajo gebrochen hat.

Dickbauch, Schwarzbart und Eisgrau wollen davon nichts wissen. Sie haben genug, und außerdem ist zu befürchten, daß wir bei der Heimfahrt in die Dunkelheit geraten. Der Navajo versichert, das mache ihm nichts aus. Er habe Katzenaugen und im übrigen Scheinwerfer am Wagen. Adlernase und ich wollen gerne mit ihm gehen. Spotty ist bereit, auf uns zu warten. Er hat sich neulich in der Sierra die Schulter verrenkt, so ist ihm nicht nach einer Kletterei zumute. Aber dürfen wir auch die anderen drei Herren sich selbst überlassen?

Die Antwort gibt der vermeintliche Kamerakoffer von Dickbauch. Während sein Freund bei jeder Gelegenheit mit Vorsatzlinsen, Farbfiltern, Fernobjektiven und sonstiger Technik hantiert, die er seiner voluminösen Fototasche entnimmt, zeigt der Koffer des vorsorglichen Dickbauchs einen völlig anderen Inhalt. Darin befinden sich ein halbes Dutzend oder mehr, im wahrsten Sinne des Wortes geschmackvoll wirkende Kristallkaraffen, die jeweils mit einem ovalen Schild an Silberkettchen geschmückt sind. Es gibt an, was sich in der Karaffe befindet: Scotch Whisky, Dutch Gin, French Brandy, German Kirsch und so weiter.

»Ich darf die bleibenden Herren zu einem Umtrunk einladen«, lächelt der Besitzer so vieler Kostbarkeiten. Gern sind Schwarzbart und Eisgrau damit einverstanden. Nur Freund Spotty weist darauf hin, daß er schon in frühester Jugend alkoholischen Getränken entsagt habe. Dagegen würde gewiß ein loderndes Feuer seiner lädierten Schulter gut bekommen.

Wir ziehen los. Der Navajo läuft sehr schnell, springt geschickt von einem Felsblock zum nächsten und watet durchs Wasser, ohne sich umzuschauen. Obwohl ich sonst gut in Form bin, gelingt es mir nur mit Mühe und Geschnaufe, ihm zu folgen. Adlernase bleibt noch weiter zurück. Immerhin ist der Gewaltmarsch schon nach wenig mehr als einer halben Stunde zu Ende. Rechts in der Felswand, etwa 40 Meter über der Talsohle, zeigt sich eine der langen, nach vorne weit offenen Höhlen, aber ohne daß man die Reste eines Cliffdwelling entdecken kann.

Manuelito wartet, bis Adlernase herankommt, zeigt erst dann zur Höhle hinauf und sagt mit rauher Betonung jeden Wortes:

»Dort oben wurden die letzten freien Männer meines Volkes erschossen . . . mit ihren Frauen und Kindern.«

Wann und wie das geschehen sei, möchten wir beide wissen. Für Manuelito hat es kaum dieser Aufforderung bedurft. Aber da seine Darstellung mit wachsender Leidenschaft vorgetragen wird und er manche der Jahreszahlen durcheinanderwirft, auch Zusammenhänge übersieht, halte ich mich lieber an den offiziellen Bericht der damaligen Kompaniechefs an ihre Vorgesetzten.

Die Ausgangslage läßt sich in wenigen Worten berichten. Nachdem die Vereinigten Staaten im Jahre 1848 von der rasch besiegten Republik Mexiko die Abtretung der heutigen US-Staaten Texas, Colorado, California, Utah, Nevada, Neu-Mexiko und Arizona erzwungen hatten, begann schon bald die schrittweise Vertreibung der indianischen Bevölkerung. Sofern deren angestammtes Land für die Besiedlung durch weiße Farmer brauchbar erschien, hatten die bisherigen Bewohner dort nichts mehr verloren. Die Indianer, nicht wissend, von was sie in Zukunft leben sollten, setzten sich zur Wehr. So kam es auch bei den Navajo zu erbittertem Widerstand gegen die weiße Gewalt. Jedem Versuch der sogenannten Rothäute, das Vordringen der Fremden aufzuhalten, folgte eine Strafexpedition amerikanischer Soldaten. Es gab auch die »Selbstverteidigung der Siedler«, eine Truppe Freiwilliger, die auf eigene Faust Bestrafung wie Vertreibung der Roten vornahm.

Natürlich unterlagen auch die Navajo den modernen Waffen. Daraufhin wurden Verträge geschlossen mit dem »Weißen Vater« in Washington, der Entschädigung versprach und den Navajo hinter einer »ewigen Grenze« sowohl Ruhe wie Sicherheit garantierte. Alles wurde schriftlich festgelegt, und noch heute sind die Urkunden vorhanden. Doch es war immer wieder die alte, schon oft erzählte und für jeden indianischen Stamm gleiche Geschichte. Die Verträge wurden bald von den Weißen gebrochen, die Indianer von der US-Regierung zu neuen Verzichten gezwungen. Also wieder ein Vertrag mit Siegel und Signatur des Präsidenten, worauf bald der nächste Vertragsbruch fällig war. Von dem Schadensersatz, der jedesmal zugesagt wurde, sahen die Indianer so gut wie nichts. Er wurde von korrupten Beamten glatt unterschlagen. Weiße Landräuber, die sich von den Weideflächen der Indianer nahmen, was sie wollten, hatten von den Behörden nichts zu fürchten. Den Raub konnten sie behalten. Auch Trapper, Jäger und Goldsucher, die sich im Reservat der Rothäute herumtrieben, fühlten sich als Herren der Lage. Die Indianer galten nicht als Bürger der USA, weder konnten sie vor Gericht eine Klage erheben noch als Zeugen aussagen. Sie hatten überhaupt keine Rechte, sondern waren »Ungeziefer«*.

---

* Der sogenannte Oberst (Oberst war in den damaligen USA ein sehr häufiger, ohne das Erfordernis militärischer Ausbildung meist nur vorübergehend erteilter Ehrentitel) J. M. Chivington, im Zivilberuf Methodistenpfarrer, überfiel mit seiner Truppe, der sogenannten Colorado-Miliz, im Jahre 1864 ein indianisches Lager unter dem Kommando des Häuptlings »Schwarzer Topf«. Die sofort geschwenkte weiße Flagge der Kapitulation ließ der geistliche Herr nicht gelten, sondern befahl die Vernichtung von 450 Männern, Frauen, Kindern und alten Leuten. Die Toten und Sterbenden wurden von den weißen Soldaten skalpiert. Den Frauen schnitten sie die Geschlechtsteile heraus, hängten die blutigen Fetzen an Stangen und an ihre Hüte. Dazu erklärte hinterher der Prediger J. M. Chivington, die Kinder habe er deswegen umbringen lassen, weil ja aus »Nissen in wenigen Jahren Läuse würden«. In der amerikanischen Presse bezeichnete man den Vorgang als »glänzende Waffentat der Colorado-Miliz, die sich mit Ruhm bedeckt habe«.

(Aus den Sitzungsprotokollen des 38. Kongresses, III, 1865, Washington. Näheres über die Vorgänge und viele ähnliche Akte im Buch von Richard Hofstadter/Michael Wallace »American Violence«, 1970, Vintage Books, New York.)

Im Frühjahr 1863, nachdem sich die Navajo 14 Jahre lang ebenso vergeblich wie verlustreich gegen die Invasion amerikanischer Siedler und Soldaten gewehrt hatten, rückte ein leibhaftiger General, James Carlton, mit regulären Truppen gegen sie vor. Er nannte die Navajo »wilde Wölfe«, die er zähmen wollte. Weil die Rothäute nicht sofort bereit waren, sich zähmen zu lassen, erging von General Carlton der Befehl: »Die Männer sind umzubringen, wo und wann immer man sie trifft. Frauen und Kinder sind nicht zu töten, sondern werden eingefangen.«

Schamlos waren auch sonst die Methoden. Zwei von fünf Häuptlingen, die General Carlton zu einer Besprechung geladen hatte, wurden von Captain James Grayden, im Zivilberuf Kneipenbesitzer, betrunken gemacht und erschossen. Dennoch blieben die Navajo zur Verteidigung ihrer Freiheit entschlossen. Aber nur durch eine ruhelose Flucht war es ihnen möglich, am besten noch durch Verschwinden in den unzugänglichen Canyons.

Da erhielt im Herbst 1863 Oberst Kit Carson, der sich schon beim Landraub des heutigen Staates Kalifornien bestens bewährt hatte, von General Carlton eine Truppe von 1000 Mann und den Befehl, endgültig mit den Navajo abzurechnen. Kit Carson, in früheren Zeiten angeblich ein Freund der Indianer, jedenfalls ein guter Kenner ihrer Lebensweise, wußte vom Canyon de Chelly. Dort hielten sich nach seinen Informationen die Navajo verborgen, mehr als 5000 Menschen, fast die Hälfte des damaligen Volkes.

Sie verdankten die Möglichkeit dort zu existieren, wenn man es sich recht überlegt, den Spaniern. Im Tal weideten Schafe, Ziegen, Rinder, Pferde und Esel, deren Vorfahren die Castillos übers Meer gebracht hatten. Die Navajo besaßen mehrere tausend Obstbäume, ebenso Getreidefelder und Gemüsegärten.

Kit Carson hatte alle Umstände wohl bedacht und beschlossen, das Volk der Navajo durch Hunger und Kälte zu bezwingen. Systematisch wurden alle Felder und Vorräte verbrannt. Die Soldaten des Generals ließen keinen Obstbaum stehen, der Waldbestand wurde restlos vernichtet, die Wasserbrunnen wurden zugeschaufelt. Für eingefangene Pferde, Rinder und Esel der Navajo wurde die uniformierte Räuberbande mit Geldpreisen belohnt. Die Schafe ließ Carson zur Verpflegung seiner Truppe schlachten, ebenso die Ziegen. Konnte man flüchtende Pferde nicht einfangen, wurden sie wie jagdbares Wild abgeschossen. Alle drei Schluchten des Chelly Canyon wurden in leblose Wüsten verwandelt. Es rauchte an allen Ecken und Enden, allein die Zahl der zerstörten Pfirsichbäume belief sich nach amerikanischer Zählung auf 5000 Stück. Das war wirklich ein »Feldzug der verbrannten Erde«.

In einer amtlichen Broschüre, die man heute den Besuchern des Chelly Canyon im Visitor Center aushändigt, wird zu Kit Carsons totaler Verheerung schlicht gesagt, sie sei »notwendig« gewesen, sonst kein weiteres Wort.

Die Navajo, nur mit alten Vorderladern, Speeren, Tomahawk, Pfeil und Bogen bewaffnet, konnten gegen die modernen Gewehre der amerikanischen Truppen so gut wie nichts machen, Kit Carson soll auch zwei Kanonen und sogenannte Maximgeschütze mitgebracht haben, die Vorläufer der Maschinengewehre. Verbürgt ist dies jedoch nicht. Aus ihren Höhlenburgen, aus den Felsenspalten und Verstecken sahen die unglücklichen Indianer mit an, wie die Weißen ihre Lebensgrundlage zerstörten. Vom Hunger geplagt, von Kälte geschüttelt, von Krankheiten dezimiert, mußten sich nach und nach fast viertausend Navajo dem Feind ergeben. Sie wurden unter militärischer Bewachung, bei Schnee und eiskaltem Wind und nur mit Fetzen bekleidet, 480 Kilometer weit in das Internierungslager Bosque Redondo getrieben. Es lag bei Fort Sumner und war schon seit langem für die Navajo vorgesehen, aber nicht dafür vorbereitet. Sehr viele Kinder, alte Leute und auch schwangere Frauen gingen zugrunde. Von den insgesamt 4776 Verschleppten meldet der amtliche Bericht 433 Verluste schon auf dem »langen Marsch«. Wieviele danach beim vierjährigen Zwangsaufenthalt in dem Lager gestorben sind, darüber fehlen die Zahlen.

Indessen waren nicht alle Navajo im Chelly Canyon gewesen, sondern mehrere tausend hatten sich zu anderen Stämmen oder in die noch freie Wildnis geflüchtet. Man nimmt an, daß es vor dem letzten, dem grausamsten Feldzug gegen das Indianervolk ungefähr 8000 Navajo gegeben hat. Während des Winters 1863 auf 1864 hielten noch ungefähr 300 Navajo im Canyon aus, genauer gesagt im tiefsten Teil des Canyon de Muerto.

»Da oben in der Höhle«, zeigt Manuelito an der steilen Wand hinauf, »da oben haben sie den kalten Winter überstanden.«

Vermutlich besaßen sie Vorräte, vielleicht sogar Feuerholz, und es tropfte genügend Wasser aus Spalten im Fels. Die weißen Soldaten konnten nicht hinauf, die Navajo nicht hinunter. Monate hindurch, fast ein halbes Jahr lang, wurde die Höhlenburg vom Feind belagert. Für die primitiven Waffen der letzten freien Rothäute im Navajo-Land waren die Soldaten Kit Carsons unerreichbar. Andererseits glaubten die Navajo, daß sie vor dem Feuer ihrer Feinde sicher seien. Ebenso sicher war ihnen der Hungertod.

Weil aber das Kit Carson zu lange dauerte, ließ er Strickleitern besorgen und schickte seine Schützen nach schwierigster Kletterei zu einem Felsplateau, das der Navajo-Höhle auf der anderen Seite gegenüberlag. Von dort konnte man in

Man wagt nicht zu glauben, daß eine solche, allein von natürlichen Kräften geschaffene Riesenbrücke wirklich besteht. Aber es gibt noch Dutzende von Naturwundern ähnlicher Art im wildzerklüfteten Norden des Staates Arizona.

Folgende Doppelseite: Keine menschliche Phantasie könnte im Geist gestalten, was Wind und Wasser und Millionen von Jahren im Navajo Monument Valley zustande brachten. Selbst nach wochenlangem Wandern durch das von der Navajo-Regierung verwaltete Naturschutzgebiet wird man nicht alle die wunderbaren Gebilde gesehen haben.

Das indianische Volk
der Navajo, früher als
schlimme Räuber und
tapfere Krieger ge-
fürchtet, war um 1860
durch gewaltsames Ein-
dringen amerikanischer
Trapper, Siedler und
Soldaten bis auf geringe
Reste vernichtet
worden. Doch haben
sich die Überlebenden
derart vermehrt, daß
man von Bevölkerungs-
explosion sprechen
kann. Zum Glück
fanden sich in ihrem
großen, seinerzeit für
wertlos gehaltenen
Reservat scheinbar
unerschöpfliche Men-
gen begehrter Boden-
schätze. Aber immer
noch lebt ein großer
Teil des stolzen Volkes
von der kargen Land-
wirtschaft, von Schaf-
herden, Rindern und
Pferdezucht. Es waren
die Spanier, von denen
die Navaja schon im
16. Jahrhundert – auf
dem Tauschweg oder
auf Raubzügen – Schafe
Rinder, Pferde und
Esel erhielten.

die Zuflucht hineinsehen, von dort aus war jeder Navajo gut gezielten Schüssen preisgegeben. Es wird behauptet, ist aber nicht bewiesen, daß der Abschuß eines Navajo mit der Zahlung von soundso vielen Dollar belohnt wurde. Angeblich hat Carson auch das Skalpieren der toten oder sterbenden Navajo erlaubt. Manuelito will das beschwören, aber es gibt dafür keinen glaubwürdigen Bericht.

Es waren am Ende noch 23 fast verhungerte, halb erfrorene, nur mit Stoffresten bekleidete Leute, die sich dem Colonel Carson ergaben. Auch sie wurden nach Bosque Redondo getrieben und bis auf weiteres dort interniert.

Wie es den verschleppten Navajo in dem Elendslager von Bosque Redondo erging, hat der im Chelly Canyon eingefangene Banbonito, der Führer eines Clan, dem noch als Flüchtling in Freiheit lebenden Chef eines anderen Clan mit bewegten Worten berichtet:

»Mit Bajonetten treiben uns die Soldaten ins Gehege aus lehmgebauten Mauern. Dort werden wir von Offizieren gezählt, immer wieder gezählt. Man verspricht uns sehr oft Kleider, Decken und ausreichende Nahrung. Aber nichts davon ist Wahrheit geworden. Längst sind im Lager alle Bäume und Sträucher abgeholzt, wir haben nur noch wenige Wurzeln, um Feuer zu machen. Wir graben Löcher in den Boden und leben darin wie Präriehunde. Von vielen Moskitos werden wir geplagt, auch von Regen und heißer Sonne, von Schnee und kaltem Wind. Unsere Rationen sind auf die Hälfte herabgesetzt. Die Schwachen und Kranken sterben . . . obwohl die Flucht sehr schwierig ist, setzten jene, die noch bei Kräften sind, ihr Leben ein, um zu entkommen*.«

General Carlton, der große Sieger im Navajo-Krieg, ersucht den Vikar von Santa Fé, ein feierliches Tedeum zu zelebrieren, als Dank für die erfolgreich durchgeführte »Umsiedlung« des Navajo-Volkes ins Reservat Bosque Redondo.

Weniger glücklich war der Superintendent von Bosque Redondo, ein Regierungsbeamter namens A. B. Norton. Er berichtete nach Washington, daß der alkalische Boden keine Landwirtschaft zuläßt. Das Wasser sei schwarz und faulig, es mache die Menschen krank. Ein Viertel der umgesiedelten Indianer wäre bereits gestorben. Es würde Millionen Dollar kosten, die 6000 internierten Navajo am Leben zu erhalten, außerdem brauche man ein paar hundert Soldaten für ihre Bewachung. Norton beschwor die Regierung, den überlebenden Navajo die Heimkehr ins eigene Land zu gestatten.

* Zitiert aus dem Buch von Dee Brown »Begrabt mein Herz an der Biegung des Flusses«, Hoffmann und Campe Verlag, Hamburg 1972, Seite 42/43.

Vier Jahre vergingen, dreimal erschien eine Untersuchungskommission aus Washington, viele Male kam es zu heftigen Debatten im Kongreß. Dann aber war es soweit, die Reste des Navajo-Volkes durften in ein begrenztes Gebiet ihres Stammlandes heimkehren, wie sich fast von selbst versteht in jene Gegend, wo der Boden am sandigsten, am steinigsten und wasserärmsten war. Die Regierung zeigte sich großzügig, jedenfalls die Herren in Washington. Eine Entschädigung in Geld, die Lieferung von Zuchtvieh, Pferden, Schafen und Ziegen wurden den Indianern zugesagt, auch von Saatgut, Setzlingen, hochrädrigen Wagen und warmer Bekleidung. Tatsächlich sind die Sachen, die Haustiere und Kisten mit Silberdollars auf den Weg geschickt worden. Doch wurde das meiste von Mittelsmännern gestohlen. Im übrigen – man wird es nicht glauben, aber wahr ist es doch – mußten die Navajo sowohl die Kosten des langen Marsches wie die voll berechneten Rationen in Bosque Redondo und die Ausgaben für den Rückmarsch ins Stammland aus der Entschädigungssumme bezahlen. Sie wurden natürlich im voraus abgezogen, der verbleibende Rest verschwand in fremden Taschen.

»So lange noch ein Navajo lebt«, versichert uns Manuelito, »wird man sich bei uns an diese Zeit erinnern.«

Die folgenden Jahre waren schlimm. Die totale Verwüstung ihrer Maisfelder und Obstbäume, die Vernichtung der Herden, die fortschreitende Erosion des Bodens sowie Übergriffe der weißen Siedler machten den Navajo das Leben schwer, oft war es kaum noch zu ertragen. Wenn die Navajo dennoch durchhielten, nicht verzweifelten und nicht zugrunde gingen, so beweist dies ihre physische Härte, gepaart mit erfindungsreichem Geist. Außerdem waren ihre Frauen sehr fruchtbar.

»Die Rache der Navajo«, sagt mir später ein Beamter des Indianerdienstes, »diese Rache war ihre rasche Vermehrung.«

Was bei dem so furchtbar dezimierten Volk in den nächsten Jahrzehnten geschah, darauf paßt am besten der heute viel gebrauchte Begriff »Bevölkerungsexplosion«. Binnen zwanzig Jahren hatten sie ihre ursprüngliche Zahl wieder erreicht, nach abermals zwanzig Jahren verdoppelt. Dann ging es noch schneller, heute zählt man zuverlässig 165 000 Navajo, die ihrerseits reichen Kindersegen erwarten. Bald sind dreißigmal mehr Navajo vorhanden, als seinerzeit aus Bosque Redondo heimkehrten.

Dem Bevölkerungsdruck entsprechend und vielleicht auch vom schlechten Gewissen geplagt, mußte die Regierung das Reservat mehrfach vergrößern, sogar verdoppeln und immer weiter ausdehnen. Auch über diese neuen Grenzen hinaus haben sich die Navajo verbreitet. Da heute andere Verhältnisse herrschen als vor hundert Jahren, sind die rechtlosen Zeiten vorbei, und zwar endgültig. Das Volk der 60 Clans hat seine eigene Stammesregierung, für seine inneren Angelegenheiten auch eine nur aus Navajo bestehende Verwaltung mit eigener, wenn auch beschränkter Gerichtsbarkeit. So gibt es nun eine Navajo-Polizei, Navajo-Schulen, Navajo-Handelskammern, eine Navajo-Zeitung, Navajo-Sender und bald auch Navajo-Fernsehen. Soweit wie möglich werden alle Funktionen von Navajo wahrgenommen.

Die ausgleichende Gerechtigkeit hat gewollt, daß gerade im landwirtschaftlich minderwertigsten Boden des Staates Arizona reiche Lager an Öl, Erdgas, Kohle, Uran, Helium und andere Schätze der Natur entdeckt wurden. Dies war unmöglich vorauszusehen, als man vor mehr als hundert Jahren dem schwergeplagten Navajo-Volk nur Steppe und Steinwüste als Reservat überließ! Ein wahres Gottesgeschenk für das Volk, dessen magere Landwirtschaft die rasch steigende Bevölkerung nicht versorgen kann. Heute ist es nicht mehr möglich, die Navajo zu vertreiben oder schamlos zu betrügen. Hat sich doch die öffentliche Meinung zugunsten der Indianer gewandelt. Auch die Navajo sind klüger, praktischer und wachsamer geworden. Sie verstehen nun, gewinnbringende Verträge mit achtbaren Unternehmen abzuschließen. Darin wird unter anderem festgelegt, daß vor allem Navajo zu beschäftigen sind. Andere Leute nur dann, wenn vorläufig noch im Navajo-Land die Fachkräfte fehlen. Letzten Meldungen zufolge will man für Milliarden Dollar riesige Anlagen zur Gewinnung von Kernenergie im Bereich der Navajo errichten. Damit wären, wenigstens für die Zeit des Bauens, die dringend notwendigen, auch gut bezahlten Arbeitsplätze für mehrere tausend Navajo geschaffen. Hinzu kommen noch die bedeutenden, ebenfalls steigenden Einkünfte aus dem Weben und Verkauf der hochgeschätzten Navajo-Schafwollteppiche, weiter noch der typischen Silberarbeiten des Volkes sowie der sonstigen Handarbeiten und last not least des Fremdenverkehrs.

Wer die jetzige Lage der Navajo mit der früheren vergleicht, etwa gar mit den bejammernswerten Zuständen der knapp 6000 Heimkehrer aus Bosque Redondo, könnte so weit gehen, diese Entwicklung für ein wahres Wunder zu halten. Eben das tun die Navajo. Für sie ist es ein Wunder. Aber kein Wunder Gottes, sondern ein Wunder jener guten Geister, die von den Navajo niemals vergessen wurden. Auch in den oberflächlich christianisierten Familien wird mehr oder weniger geheim der alte Glaube, der sogenannte Heidenglaube, weiter gepflegt, jedenfalls nicht verleugnet. Es gibt bei den Navajo keine Götter im Sinne hochentwickelter Religionen, sondern personifizierte Naturgewalten, die sich im steten Kampf gegen negative Kräfte befinden. Der Sinn ist nicht zu verstehen, auch wenn man die Namen der menschenfreundlichen Geister übersetzt. Das höchste Wesen ist »Wechselndes Weib«, dann folgen auf etwa der gleichen Ebene »Wasserspritzer«, »Fransenmund« und »Buckelrücken«. Weiter gibt es noch den »Großen Schlangenmann«, das »Wasserkind«, die »Zwillingshelden« sowie den »Weißmuschelmann« und die »Spinnenfrau«. Selbst gut informierte Indianerkenner versichern, daß es keinem weißen Forscher gelang, die Navajo-Religion wirklich zu begreifen. Ebenso unmöglich soll es sein, die Sprache fehlerfrei zu erlernen. Nur wer als Kind unter Navajo-Kindern aufgewachsen ist, kann einen englischen Text sinngemäß in Navajo übersetzen, ebenso natürlich umgekehrt.

Wie sollten auch die Navajo nach all den bitteren Erfahrungen, die sie mit den Weißen gemacht haben, daran glauben, daß sie den großen Segen, dieses wirkliche Wunder der neuen und neuesten Zeit, dem Gott der Weißen verdanken? Deshalb die Wiederbelebung des alten Glaubens, eines an sich längst überlebten Glaubens. Aber die verwirrende, sich untereinander bekämpfende Geisterwelt feiert ihre Wiedergeburt im Navajo-Land.

»Indian Revival« nennt man das Phänomen, eine neuerdings bei vielen Indianervölkern zu bemerkende Erscheinung. Die Wiederkehr indianischer Tradition, indianischer Rituale und kultischer Tänze ist nicht, wie mancher glaubt, ein für Touristen bestimmter Rummel. Das sind nur Randerscheinungen, das ist nur gewinnbringende Ausnutzung echten, meist aber unechten Brauchtums vergangener Zeit, wie es auch bei uns mit Trachtentänzen zum Spaß der Feriengäste geschieht. Wer abseits der ausgetretenen Pfade bei Indianern war, die nirgendwo ihre Feste publik machen und dabei Fremde gar nicht gerne sehen, der wird ebenso wie ich vom »Indian Revival« überzeugt sein.

Wer die Navajo in neuen Autos sieht, ihre modernen Schulen, ihre Antennen auf dem Dach, die Tonbandgeräte der jungen Leute, Tiefkühltruhen in den Hogans und Waschmaschinen im Schuppen, der hält sie gewiß nicht für Geistergläubige, für Windanbeter und Schlangenverehrer. Tatsächlich werden sie es Weißen gegenüber nur selten zugeben. Warum sollten sie auch? Was geht die Fremden an, wie sie denken, fühlen und glauben?

Ich kenne sie nicht genug, um darüber mehr zu sagen. Aber ein Beamter vom »Indian Bureau« in Washington, der als Sohn eines Indianerhändlers im Navajo-Land aufgewachsen ist, hat mir versichert: »Die heutigen Navajo sind indianischer als die gestrigen!«

Wir sollen schon vorgehen, sagt Manuelito, als die sinkende Sonne zum Aufbruch drängt. Nach der nächsten Biegung fällt mir ein, daß ich beim Wechseln des Films die Sonnenblende vergessen habe. Sie muß beim Rastplatz unter der Höhlenburg liegen. So kehre ich den kurzen Weg zurück, bleibe dann aber stehen, um Manuelito nicht zu stören. Er hat am Fuß der Höhle einen Kranz von kopfgroßen Steinen ausgelegt und Vogelfedern hineingesteckt. Jetzt läßt er aus beiden Händen rosaroten Sand in den Steinkranz rieseln. Was es zu bedeuten hat, ist mir ein Rätsel, geht mich auch nichts an. So mache ich kehrt und gehe mit leisen Schritten in der anderen Richtung davon.

Sonnentempel und Todestal

Auch wenn die Werbeleute wüßten, wie und was unsereins von ihnen denkt, weil sie schamlos so viel schöne Umwelt verschandeln, wäre von ihnen keine Besserung zu erwarten. Sie werden weiter durch riesengroße Reklametafeln auf langen Strecken das Landschaftsbild verderben. Dies besonders, wenn zwei oder drei oder noch mehr Tankstellen hintereinander auftauchen. Man hat bei uns so etwas noch nicht gesehen, ich meine, was das Ausmaß der in grellen Farben leuchtenden Blechplakate betrifft. Die sind oft doppelt, sogar dreifach höher wie auch breiter als die Zapfstelle darunter.

Nicht ganz so schlimm sind die »Drahtzieher«. Sie verfügen über die besondere Gabe, Telegrafenstangen, Telefonmasten und Starkstromleitungen immer an jenen Stellen aufzustellen, wo sie das Landschaftsbild am stärksten stören. Man wird den Verdacht nicht los, es handle sich bei ihnen um Menschen, deren Schönheitssinn ins Krankhafte verkehrt wurde. Ein romantisches Tal, ein faszinierender Fernblick, die Kette schimmernder Schneeberge im Hintergrund, das kann passionierte Drahtzieher nicht ruhen lassen.

Als dritte Übeltäter wider die Schönheit der Natur sind noch jene zu nennen, die Flaschen, Plastik und Büchsen achtlos in die Gegend werfen. Da sind rechts und links vom Wege unabsehbar Waldränder, Straßengräben und der Steppenboden mit Myriaden von Konservendosen, mit unzähligen Millionen von Glassplittern bedeckt. Weil modernes Verpackungsmaterial so bald nicht verdirbt, werden die abstoßend häßlichen Teppiche der Zivilisation von Jahr zu Jahr breiter und dichter. Da nützen auch die neuen Verbotstafeln nur wenig, die alle Umweltverschmutzer mit Strafen bis zu 500 Dollar bedrohen. Deshalb der gut gemeinte Rat, besonders in den USA möglichst Nebenstraßen zu folgen, die auf den meisten Karten nur als dünne Doppelstriche dargestellt sind. Je weniger be-

86

lebt die Fahrwege, desto geringer und seltener die negativen Begleiterscheinungen.

Es sind jene Straßen, die wir suchen und zum Glück auch finden. Früher waren wohl die meisten von ihnen Karrenwege und Reitpfade der ersten Siedler, aber keine Fernverbindungen. Am Rand solch schmaler Straßen liegen nur kleine Handelsposten, wie sie in alter Zeit allgemein üblich waren. Mit so hübschen indianischen Namen wie Tonaleha, Dennohotso, Tehachapi. Wir fahren vorbei am Dzilitasah-Berg, an der Oljetoh-Wasserstelle und dem Tsedahulltscho Peak. Bald sehen wir auch die Dzilidushzhinih Mesas und den Ziltabjui-Gipfel.

Leicht zu behalten sind die Namen nicht. Die Navajo lassen für ihre größeren Ortschaften und besonderen Sehenswürdigkeiten auch amerikanische Bezeichnungen gelten. Sonst würden sich fremde Besucher nie zurechtfinden.

Tuba City ist eines der Zentren von Handel, Wirtschaft und Verwaltung. Das heutige Warenhaus, früher ein altmodischer Handelsposten, ist wegen seines kaufenden, von weither kommenden Publikums auch für uns interessant. Man sieht im bunten Gemisch die gebildeten Navajo der wohlhabenden Oberschicht, die jungen Leute aus Büros, Betrieben und Schulen, ebenso jedoch Schafhirten und Viehzüchter vom Land. Die alten Männer tragen noch Kopfbänder, geflochtene Gürtel und Mokassins. Vollbusige Frauen mit Kleinkindern auf dem Arm kleiden sich vielfach noch in jener alten Art, die man gegen Mitte des vorigen Jahrhunderts den amerikanischen Offiziersfrauen abgeschaut hat. Nichts daran wurde verändert.

In Window Rock ein völlig anderes Bild. Erst hier kann der Fremde recht begreifen, daß er sich in einem Land, in einem Staat befindet, der weitgehend und immer weitgehender von seiner indianischen Regierung verwaltet wird. Die Hauptstadt der Navajo zeigt in entsprechend kleiner Ausführung ungefähr alles, was zu einer Landesregierung gehört. Nach Mißwirtschaft und Mißverständnissen ohnegleichen, die nicht gar so lange zurückliegen, haben neuerdings die amerikanischen Dienststellen das Bestreben, sich möglichst wenig in die Angelegenheiten der Navajo einzumischen. Wie sich nun die Lage darstellt, wird es der heranwachsenden Bildungsschicht in wenigen Jahren möglich sein, so gut wie alle Regierungsposten mit eigenen Leuten zu besetzen. Dann ist, jedenfalls im Navajo-Land, der »Rote Mann« wieder Herr im eigenen Haus.

Schwierigkeiten des Übergangs gibt es genug. Noch können Bergbau und Industrie bei weitem nicht alle arbeitslosen Navajo beschäftigen, denn zu rasch vermehrt sich die Bevölkerung. Viel schärfer sollte man weißen Geschäftemachern auf die Finger sehen, weil so manche von ihnen noch immer versuchen, ihre indianische Kundschaft übers Ohr zu hauen. Das Schulwesen blieb insofern rückständig, als junge Navajo in der gleichen Art und mit dem gleichen Lehrstoff unterrichtet werden wie weiße und sonstige Kinder in den USA. Das wird sich, so möchte man hoffen, von Grund auf ändern, wenn die führenden Posten der Schulverwaltung von ausgebildeten Navajo besetzt sind.

Der Name »Monument Valley«, auf deutsch Tal der Denkmäler, läßt von der Wirklichkeit nur wenig erkennen. Schon insofern stimmt der Name nicht, weil das überaus weite und große, dem Navajo-Volk gehörende Naturschutzgebiet nicht aus einem Tal besteht, sondern aus einer sandigen, steinigen, wasserlosen, wüstenähnlichen Landschaft. Die Farbe ist hellrosarot, das Klima im Sommer glühend heiß und absolut trocken. Auch wer die besten Fotos, die schönsten Farbdias und Breitwandfilme aus dieser einzigartigen Region gesehen hat, zweifelt noch immer, ob so fantastische Schöpfungen der Natur wirklich existieren. Mir ging es so, und Professor Spotty, der schon oft im Monument Valley gewesen ist, versichert mir, daß er jedesmal hinterher nicht mehr glauben könne, was seine Augen gesehen haben.

Wir sind schon bald nach sieben Uhr morgens am Visitor Center, und da es auch früh im Jahr ist, steht ein arbeitsloser Fahrer mit Geländewagen zur Führung bereit. Man darf nicht, und kann auch nicht auf eigenen Rädern das Monument Valley durchqueren. An zu vielen Stellen des Valley gibt es staubfeinen Sand, steile Dünen, einladende Schluchten ohne Ausgänge und ganz überraschend trügerische Sumpflöcher. Es fehlt an Wegweisern, und ohne weiteres könnte man sich verirren, am Ende gar verdursten.

Er sei sieben Tage durch eine Zyklopenstadt gewandert, hat John Newberry berichtet, der 1859 als erster weißer Geologe im Monument Valley gewesen war. Wie Ruinen der Riesen, so sehen die Felsentürme aus. Wie eine weite, ausgedehnte, großzügig angelegte, aber schon vor zehntausend Jahren verlassene Stadt eines Gigantenvolkes, so liegt das rosenrot schimmernde Trümmerfeld im noch jungen Tageslicht. Mauern, Burgen und vorsintflutliche Wolkenkratzer, die aus der Ebene emporwachsen, gewaltige Bögen, kreisrunde Sandsteinsockel und himmelhohe Säulen bilden nach allen Seiten hin eine so fantastische Kulisse, daß sie nicht mit Worten zu beschreiben ist. Schon von diesem ersten, ganz allgemeinen Anblick bin ich wie betäubt.

Der Fahrer bittet in den Wagen. Für die große, etwa zwölfstündige Fahrt haben wir bezahlt, und nichts davon will er sich schenken lassen. George Holiday heißt der Mann, also »Georg Ferien« auf deutsch. Aber das wird sein echter Navajo-Name nicht sein. Wir haben Glück mit dem Ferien-Georg, denn er ist ein freundlicher, kenntnisreicher, stets auf unser Wohl bedachter Mensch. Er weiß die besten Plätze für gute Fotos und richtet es immer ein, daß wir bei günstiger Beleuchtung dort ankommen. Wenn ich meine großformatigen Farbdias von dieser Fahrt den Freunden zeige, hören die »Ahs« und die »Ohs« nicht mehr auf. Das ist vor allem George Holidays Verdienst.

Wie stolz und ehrlich dieser Indianer ist, beweist er schon kurz vor der Abfahrt. Da rollt nämlich ein Ehepaar aus Detroit mit einem riesengroßen, etwa 50000-Dollar-Wohnauto auf den Platz. Beide stürzen trotz beträchtlicher Körperfülle sofort heraus. Sie wollen George mit seinem Geländewagen für ihre Zwecke chartern. Spotty und ich werden dabei völlig übersehen. Die geldstarken Übergewichtler bieten dem Navajo schließlich einen vierfach höheren Betrag, als wir bereits entrichtet haben. Dafür soll er sie statt uns durchs Valley befördern. Worauf die ehrliche Rothaut sagt, wir seien zuerst gekommen und sonst gar nichts. Damit tritt George aufs Gas, und wir brausen, in eine rotgoldene Staubwolke gehüllt, davon.

Von acht Uhr früh bis acht Uhr abends sind wir auf der Achse und haben dennoch am Ende kaum den zehnten Teil des Monument Valley gesehen. Die Baumeister des Wunderwerks waren die Erosion durch strömendes Wasser, der ewig sausende Wind und das Gewirbel scharfkantiger Sandkörner, die mehrere Millionen Jahre hindurch an dem einst festgeschlossenen Hochplateau genagt, gebohrt, gekratzt und geschliffen haben. Auf diese Weise sind nur Reste von ehedem kompakten Felsmassen stehen geblieben.

Im Tibesti-Gebirge der südwestlichen Sahara, wo sich vergleichbare, wenn auch nicht so großartige und vielseitige Formationen gebildet haben, sprechen die gläubigen Moslems vom »Garten Allahs«. Das scheint mir ein passender Ausdruck zu sein, denn im Tibesti wie hier im Navajo-Land muß der Mensch glauben, daß eine so atemberaubende Schöpfung nur durch das Walten und Wirken eines göttlichen Geistes entstehen kann. Es handelt sich um Kunstwerke, daran besteht kein Zweifel. Alles wurde an den ausgesucht richtigen Platz gestellt. In vollendeter Harmonie ist jeder Teil in die Komposition des Gesamtbildes eingebettet.

Da sind die »Mittens« und »Buttens«, senkrecht emporsteigende, oben tischflache, fast kreisrunde Mesas. Je nach dem Einfall des Sonnenlichts schimmern die Steingebilde blaßblau, blaurot und rosarot, gegen Abend dann glühend rot und schwarzgrau bei Einbruch der Dunkelheit. Sie stehen wie auf einer Bühne, als müßte gleich mit ihnen, bei ihnen und auf ihnen etwas höchst Sonderbares geschehen. Dort erheben sich die »Drei Schwestern«, über 300 Meter hohe

Sandsteintürme dicht nebeneinander, und nicht weit davon der »Finger Gottes«. Das ist eine so unglaublich dünne, fernsehturmhohe, scheinbar zerbrechliche Felsennadel, daß man bei jedem Windstoß befürchten muß, er würde sie zu Boden biegen und zerknicken. Aber kein noch so wütender Sturm hat für den Gottesfinger jemals eine ernsthafte Gefahr bedeutet. Als winziger Mensch steht man staunend vor dem imponierenden Sandsteinthron des Regengottes und lauscht ergriffen dem dreifachen Echo der »Sourdough-Schlucht«.

Noch verblüffender, noch fabelhafter die riesigen Fenster im rosaroten Fels. Von droben schaut der Himmel in weitausgedehnte Höhlen. Der Horizont erscheint in ovalen, runden und quadratischen Öffnungen der senkrechten Steinwände. Am gewölbten, halb überdachten Ende von Tälern reichen schräge Durchblicke von hoch droben bis tief hinunter. Sie heißen »Auge des Himmels«, »Tor der Winde« und »Tor zur Ewigkeit«. Von den Navajo werden sie mit anderen, seltsam klingenden und sicher vielsagenden Namen bedacht. Sechs oder sieben oder noch mehr solcher Himmelsfenster haben wir gesehen, doch von George Holiday gehört, daß es nur einige aus der großen Zahl gewesen sind.

Wandern müßte man hier, wochenlang wandern und gemütlich wohnen in einem der mit Zeltplanen überdachten Pferdewagen, wie sie noch bei den Navajo im Gebrauch sind. Aber nur in Begleitung eines kundigen Mannes, wohlversorgt mit Wasser und Lebensmitteln. Medikamente gegen den sonst tödlichen Biß der Klapperschlange dürfen dabei nicht fehlen. Im späten Herbst und am Ende des Winters soll das Monument Valley am schönsten sein. Etwas Schnee in hohen Lagen verleiht der einzigartigen Landschaft besonderen Reiz. Es gibt in diesen Monaten nur sehr wenige Touristen. Selbst während der großen Ferienzeit, sagt man uns, ist keine gegenseitige Störung der Besucher zu befürchten. Das wunderbare Valley ist viel zu groß, als daß man es überlaufen könnte.

Nur zwanzig Familien, hören wir von George, sind seine ständigen Bewohner. Er muß es wissen, denn diese wenigen Familien im Nationalpark der Navajo gehören fast alle zu seiner Sippe. Sie leben von ihren Schafen, deren Zahl sich mangels genügender Weide nicht vermehren läßt. Dennoch stieg von Jahr zu Jahr das Einkommen, und wie das geschieht, sehen wir in einem Hogan der Familie Holiday. Da sitzt seine füllige Frau vor ihrem Webstuhl auf dem lehmgestampften Boden. Weder das Hereinkommen von Fremden noch das Erscheinen des Hausherrn vermag die Frau bei ihrer flinken Arbeit zu stören. Die Hände mit farbigen Wollfäden zucken hin und her. Während sie lächelt und zu ihrem Mann etwas sagt, bleiben die Augen aufs entstehende Farbmuster geheftet. Aber sie zu bedauern, dafür besteht kein Anlaß, denn deutlich ist der Lohn für die geleistete Arbeit an Mrs. Holiday zu erkennen. Reicher Schmuck aus Silber und Türkisen verschönt den Hals, die Arme und Finger, auch die Leibesmitte der fleißigen Frau. Es sind Statussymbole, sie heben das Prestige der weiblichen Navajo und bedeuten notfalls Kredit beim Kaufmann. Außerdem beweist der Schmuck, daß die Frau ihren Verdienst dem Mann nicht abgeben muß, wie sonst bei vielen der erst vor kurzem zivilisierten Völker.

Zwei Kinder von acht und zwölf Jahren rühren in Farbtöpfen und reichen der Mutter, was sie mit knappen Worten verlangt.

Ich schätze das halbfertige Stück, wenn es schließlich den Rahmen verläßt, auf zwei Quadratmeter. Es handelt sich um einen Yei, wie man sie besonders in der Gegend von Lukachukai herstellt, um einen Teppich mit figurativen Mustern. In der alten Zeit wurden solche Yeis nur bei religiösen Ritualen verwendet.

Wie lange seine Frau daran arbeiten wird, bis sie das Stück verkaufen kann, frage ich den Ferien-Georg.

»Wenn sie jeden Tag sechs bis sieben Stunden davor sitzt«, gibt nach kurzer Überlegung der Gatte zur Antwort, »vergehen ungefähr vier Monate . . ., das Färben der Wolle und Zubereiten der Farbstoffe nicht mitgerechnet.«

Dabei ist unklar, ob die Weberin das Färben und Bereiten der Farbstoffe selbst besorgt. Manche Navajo-Frauen tun das, andere überlassen es Zulieferanten. Doch wird schon seit mehreren Jahren vom Tribal Council der Navajo verlangt, daß für echte Navajo-Rugs nur Farben aus einheimischem Pflanzensaft verwendet werden. Eigens dafür bestimmte Vertrauensleute prüfen es nach, ebenso die Herkunft der Wolle von eigenen Herden und die Anordnung der Farben nach alter Tradition. Auch Handarbeit am Webstuhl ist Vorbedingung für das amtliche Ursprungszeugnis des echten Wollteppichs. Auf ihm sind auch Name und Adresse der Weberin genannt*.

Die Frage nach dem Preis ergibt 850 Dollar, entsprechend dem Wechselkurs dieser Tage um 2000 Mark. Es scheint sehr viel, ist aber nicht zu teuer in Anbetracht der Arbeitsstunden, der Vorkenntnisse und der relativen Seltenheit guter Stücke. Einfacher gewebte und gemusterte Rugs sind für 80 bis 100 Dollar zu haben. Sehr feine und vielseitig gemusterte Teppiche, vor allem ältere Exemplare, können weit über 1000 Dollar kosten.

* Die Navajo-Rugs (Navajo-Wollteppiche) sind keine Parallele zu den Teppichen aus dem Orient. diese werden geknüpft, die Rugs der Navajo gewebt. Auf vielbegangenem Fußboden wäre der gewebte Wollteppich bald abgetreten, deshalb gehören Navajo-Rugs an die Wand.

Die Sonne hat sich tief gesenkt. Die vom Wind zerzausten, bizarr verbogenen Wacholderbüsche werfen lange Schatten und glühend rot leuchten die Felsformationen im Monument Valley. Ein Märchenland im ehemals Wilden Westen, ein packendes Bühnenbild zu vielen dramatischen Ereignissen, die seinerzeit hier geschahen. Im Schein der Stablampe sehen wir die Felsbilder, die Reste ehemaliger Cliffdwellings und Ruinen von Steinbauten, deren ursprüngliche Bestimmung auch von den Navajo keiner mehr kennt. Ein ganz anderes, längst ausgestorbenes Volk hat hier gelebt, als noch Bäche durch das Valley strömten und Quellen aus dem roten Fels entsprangen. Tiergestalten sind in Steinwände geritzt, die nach Meinung der Zoologen niemals existiert haben. Es sind Fabelwesen, allein aus der Phantasie geboren. Immer wieder sehen wir einen Menschen, der auf dem Rücken liegend eine lange Flöte in den Händen hält. Auch seine Bedeutung ist unklar, zumindest umstritten.

Wir sind müde vom Gerumpel im Wagen, vom Stapfen im Sand, vom Klettern über den Fels, aber vielleicht noch mehr vom Sehen und Staunen. Wieder in unserem eigenen Fahrzeug, fahren wir deshalb nur noch bis ins nächste Seitental nahe bei der Straße. Dort hole ich mir das Liegepolster, den Schlafsack und die Karaffe mit kalifornischem Rotwein aus dem Abstellkasten, um draußen im Freien zu übernachten. Der Freund warnt, daß ich den Schlafsack fest um den Hals schließen soll, damit keine Rattlesnake hineinkriecht. Schlangen lieben bekanntlich die Wärme und ein weiches Bett.

Schlangen, Skorpione und jene scheußlichen Spinnen, die man »Schwarze Witwen« nennt, haben meinen traumlosen Schlaf nicht gestört. Es sind Wassertropfen, die mich wecken, und beim Hervorkriechen aus dem wohlig warmen Sack weht mir scharfer, naßkalter Wind um die Glieder. Rasch hinein in den Camper, wo der Gasherd brennt und schon das Kaffeewasser brodelt.

Spotty hat wirklich an alles gedacht, sogar den Wagen zur baldigen Abfahrt vorbereitet.

»Scheint mir sehr zweifelhaft, ob wir hinaufkommen«, meint er mit sorgenvollem Blick zu den Regenwolken, die dunkelgrau in geballten Massen heranziehen.

Die Mesa Verde, unser nächstes Ziel, liegt zwischen 2000 und 2500 Meter hoch. Was an unserem jetzigen Standort als Regen herabströmt, wird dort in Schneeflocken herumwirbeln. So kann es sein, daß die kurvenreiche Strecke hinauf zur Mesa gesperrt ist. An sich beginnt die Besuchszeit der Mesa Verde erst im Juni. Auf jeden Fall sind wir zu früh im Jahr. Meine Schuld natürlich, statt die Ratschläge wetterkundiger Leute einzuholen und zu beherzigen, hatte ich nur daran gedacht, wie sonnig und warm es während meiner raschen Busfahrt durch den Südwesten der USA gewesen war. Andererseits, wenn man es recht bedenkt, haben wir jetzt das weite Land fast ganz für uns, können deshalb auch einige hochinteressante Abenteuer erleben. »Ein Versuch hinauf zur Mesa Verde kann nicht schaden«, meine ich mit der Kühnheit des Unkundigen. »Wenn die Straße geschlossen ist, machen wir eben 'ne Kehrtwendung zur Fahrt ins Tal des Todes.«

»So sei es«, Professor Spotty zuckte mit den Schultern, »wenn Ihnen fünfhundert Meilen mehr oder weniger nichts ausmachen!«

Beim relativ kleinen Maßstab der amerikanischen Straßenkarten vergißt unsereins immer wieder die tatsächlich sehr großen Entfernungen. Was wir auf dem Auto-Atlas des alten Europa für eine Stundenfahrt von etwa 70 Kilometer halten, sind – beim Übersehen des Maßstabes – drüben dreimal soviele Meilen.

Schon das Monument Valley liegt auf durchschnittlich 1000 Meter über dem Meer, doch es geht nun langsam höher hinauf. Die Steigung auf der leeren, fast schnurgeraden Straße wäre zu anderer Zeit kaum bemerkbar. Doch wir erleben, daß sich der Regen allmählich in winzige, weiche Schwämmchen verwandelt und sodann in herumtanzende weiße Kristalle. Der scharfe, sicher sehr kalte Wind treibt sie über die Steppe, über die Straße und wieder in den Himmel hinauf. Der Scheibenwischer schafft es kaum, wir müssen auf den dritten Gang und dreißig Stundenmeilen hinunter. Es sieht wirklich übel aus.

»So 'ne richtige Schneewehe könnte uns hier festhalten«, sagt Spotty. »Wir sollten in Mexican Water auf besseres Wetter warten.«

Aber Mexican Water kann nicht zum Bleiben verlocken. Es ist nur ein Handelsposten, wenn auch einer der größten und meistbesuchten im Navajo-Land. Weder gibt es ein Motel noch ein besseres Restaurant. Also tanken wir nur, prüfen Ölstand und Reifendruck, Wasser, Batterien und fahren weiter durch wehende Wolken aus herumwirbelndem Schnee. Der Verkehr ist so gut wie eingestellt. Kein Wagen kommt uns entgegen, auch versucht keiner uns zu überholen. Aber wie dem auch sei, wir machen Fortschritte in der gewünschten Richtung.

In Cortez, der letzten Ansiedlung vor der steilen, vielfach gewundenen Auffahrt zur Mesa Verde, fragen wir beim Sheriff, wie das Wagnis zu beurteilen sei.

Alle stünden wir in Gottes Hand, erwidert der fromme Polizist, fügt aber hinzu, daß wir es bei der Auffahrt zum Mesa Top vermutlich mit dem Teufel zu tun bekämen. Wie schon Bismarck gesagt hat, allerdings vor über hundert

Jahren, fürchten wir Deutsche nur Gott, sonst nichts auf der Welt, und schon gar nicht den Teufel.

Entgegen aller Vernunft machen wir uns dementsprechend Mut, biegen von der Hauptstraße in die Nebenstraße ein und haben für wenige Sekunden freien Blick auf die Mesa Verde.

Das mächtige Gebirgsmassiv, auf deutsch »Grüner Tisch«, erscheint bei diesem Winterwetter als grauweißer Block in nebliger Steppenlandschaft. Droben flach oder nur wenig gewölbt, fallen die Kanten der Mesa nahezu senkrecht in die Ebene hinab. Nur als dünner Strich ist die Steilstraße erkennbar. Nichts weiter als ein Faden, der sich in zahlreichen Serpentinen nach oben schlängelt.

Kaum haben wir diesen Anblick erfaßt, wird er vom Schneetreiben wieder verhüllt. Es kann uns nicht aufhalten, zumal wir auf dem Fahrweg die Spuren von zwei anderen Wagen entdecken, die uns kaum mehr als eine Viertelstunde voraus sind.

Schon vieles habe ich auf gewagten Wegen der weiten Welt mitgemacht. Sandstürme in der Sahara, saugende Sümpfe auf Sumatra, rutschendes Geröll am Mulhacén, auch knisterndes Eis unter Schlittenkufen. Aber diese Schneestrecke zur Mesa Verde hinauf zerreißt mir fast die Nerven. Die Straße sollte gesperrt sein, denn zur Zeit ist sie lebensgefährlich. Warum müssen wir, zwei an sich vernünftige Männer, dutzendmal in der Stunde den Unfalltod riskieren?

In langsamem Tempo schleichen wir Meter für Meter hinauf. Sicher ist das sträflicher Leichtsinn, weil wir einen schweren, in den Kurven schwankenden Camper fahren. Minutenlang müssen wir halten, da wegen der weißen Wirbel nichts zu sehen ist. Alsdann wieder anfahren auf schneeglatter, klebrig feuchter oder blankvereister Strecke mit starker Steigung. Jedesmal erst ein paar Schritte zurück, dann mit durchdrehenden und schließlich greifenden Rädern hinauf. Umkehr ist wegen der Enge ausgeschlossen. Halten dürfte vermutlich totales Steckenbleiben bedeuten.

Jede Kurve wird zum Alptraum, weil nicht sicher ist, ob wir die Wende schaffen. Keinerlei Schutz am Straßenrand. Keine noch so bescheidenen Mäuerchen, wo senkrechte Abgründe drohen. Auf der Bergseite nackter, schwarzgrauer Fels, an dem kleine Bäche und Schneematsch herunterrieseln. Sobald es dunkler, damit auch kälter wird, muß all diese Feuchtigkeit zu Eis erstarren. Von den fremden Wagenspuren ist nichts mehr zu sehen. Entweder sind die Vorfahrer abgestürzt, von Lawinen verschüttet worden oder auf der Höhe angelangt. Da kommt uns hinter der nächsten Kurve, auf einem Stück gerader Strecke, ein komischer

Kasten entgegen. Was soll das sein . . . wie ist das möglich? Das graue, große, wackelnde Ding füllt die ganze Breite der Bergstraße. Es bewegt sich nur mäßig, etwa im Tempo eines durch langen Marsch ermatteten Elefanten. Wir halten so weit rechts wie möglich und rutschen ziemlich tief in den Schneewall hinein. Erst kurz bevor das schaukelnde Monstrum auf fingerbreitem Abstand an unserem Wagen vorbeirumpelt, ist es zu erkennen.

Ein komplettes Haus, das gut und gerne drei Räume enthält. Das typische Einfamilienhaus, wie man es in ländlichen Gegenden sehr häufig sieht. Aus vorgefertigten Teilen hergestellt, sind solche einstöckigen Gebäude für die unteren Einkommensklassen bestimmt, aber wohnlich und wetterfest in jedem Klima des Kontinents. Das, und nicht etwa ein Mobile Home, befindet sich auf dem Tieflader. Vorhänge an den Fenstern, Schornstein auf dem Dach, Namensschild an der Haustür. Sicher ist es vollkommen eingerichtet, und heute morgen haben seine Bewohner noch beim Frühstück um den Tisch gesessen.

Gleich hinter dem dahinkriechenden Vehikel ein mit Vater, Mutter und Kindern überfüllter Wagen älteren Baujahrs. Gewiß die Hausbesitzer und zweifellos Indianer. Vielleicht ist der Mann einer von den Rangers im Nationalpark, den man auf einen Posten am Fuße der Mesa Verde versetzt hat. Dorthin ziehen nun die Leute um, nicht nur mit Sack und Pack, sondern mit ihrem ehrlich erworbenen Eigenheim. Warum das ausgerechnet bei diesem scheußlichen Wetter geschehen muß, ist eine berechtigte Frage. Immerhin haben es die Leute bis hierher geschafft. Wir wünschen ihnen auch weiterhin das Beste, doch führen leider unsere guten Wünsche allein nicht zum Erfolg.

So, jetzt haben wir die Straße ganz für uns. Besser werden aber die Verhältnisse keineswegs. Von Wind kann nicht mehr die Rede sein, nur von einem Sturm, der sich zur Stärke eines Orkans steigern will. Er reißt und rüttelt an unserem Wagen, er fegt Schneewehen zusammen und wieder auseinander. Wir glauben, daß uns schon der nächste weiße Hügel festhalten wird, aber dennoch stößt, rutscht, schlingert unser Camper gerade noch hindurch. Von droben heruntergebrochenes Eis auf der Straße, gleich danach ganze Baumstämme, klubsesselgroße Steinbrocken und tischhohe Erdhügel. So kann es wirklich nicht weitergehen. Es kommen noch Engpässe hinzu sowie alle möglichen anderen Hindernisse. Unbegreiflich ist, daß wir trotz allem mit geradezu akrobatischen Kurven zwischen den Hindernissen noch hundert Meter und abermals hundert Meter nach oben jonglieren.

Nur eine Handbreit vom Abgrund, knapp eine Radumdrehung bis ans Ende der Eisplatte. Um ein Haar wären wir in der letzten Spitzkehre auf die Seite gekippt. Spotty sagt hinterher, daß er sich vor Eiseskälte geschüttelt habe, während ich vermeinte, alle Hitze der Hölle zu spüren.

Mit einem Male, als habe sich in Sekundenschnelle die Welt verwandelt, verläuft unsere Straße völlig eben und dazu noch geradeaus. Man wagt es kaum zu glauben, aber wir sind oben! Allerdings trennen uns noch gut zehn Meilen vom Ziel, das heißt vom Visitor Center. Zur rechten Hand ein fest verschlossenes, tief verschneites Motel. Seine Höhenlage wird in unserem Reiseführer mit 2470 Metern angegeben. Zur Linken ein Turm, von dem man bei sommerlich schönem Wetter eine berühmte Weitsicht genießt. Was es sonst hier oben noch gibt, hat der aufgestaute Schnee verhüllt.

Als habe eine hohe Gewalt dazu Befehl erteilt, läßt der Himmel seine letzten Flocken fallen, legt sich der Wind zum Schlafen nieder und die eben noch dichtgeschlossenen Wolken gewähren der Sonne unbehinderte Strahlen übers flache Dach der Mesa Verde. Aus der weißen, nun herrlich schimmernden Decke ragen die Pinyon-Fichten empor. Keine steht gerade, die Stämme sind verbogen, verkrümmt oder verkrüppelt. Alles die Folge des oft sehr stürmischen Windes und der häufigen Belastung mit tonnenschwerem Schnee. Die Stämme sehen aus, als hätten viele Generationen von Raubtieren ihre Krallen daran gewetzt. Rötlich das alte, geschundene Holz, tiefgrün die Nadeln auch im Winter und schneeweiß der Boden. Eine wunderbare Farbentrilogie in frischer, kalter Höhenluft.

Die Straße ist zwar geräumt, aber von einer dünnen Eiskruste glattpoliert. Wir genießen die völlig veränderte Welt bei gedämpfter Geschwindigkeit, halten des öfteren an, steigen aus und machen in aller Ruhe die schönsten Aufnahmen. Sodann erscheint vor uns das Visitor Center des Nationalparks. Daneben parken beide Wagen, deren Reifenspuren wir drunten auf der Straße gesehen haben. Vier von den fünf aus rotem Sandstein errichteten Gebäude sind geschlossen und mit Brettern verrammelt. Nur das sogenannte Empfangshaus mit Ranger Office und dem angebauten Museum ist fürs Publikum geöffnet. Nachdem wir unseren Camper auf dem schneegeräumten Vorplatz abgestellt haben, lenken wir dorthin unsere Schritte.

Eine frohgestimmte Gesellschaft hat sich versammelt, bestehend aus einem jüngeren und einem älteren Ehepaar, die zu den beiden vor uns eingetroffenen Wagen gehören. Außerdem sind noch zwei Rangers anwesend, deren Alter um etwa 20 Jahre differieren mag. Die Herrschaften sitzen bei Kaffee und Kognak, reden vom besonders schneereichen Winterwetter und wie angenehm es gerade deshalb sei, hier oben so ungestört von Touristen zu verweilen. Kontaktfreudig wie die meisten Amerikaner sind, werden wir gleich in die Gruppe aufgenommen.

Als man sich gegenseitig die Erlebnisse auf der gefahrvollen Bergstraße berichtet hat und auch die Rangers die Meinung aussprechen, daß der Haustransport des Jonny Greybear nicht gelingen kann, schlägt Max McCormick, der ältere der beiden Rangers, vor, daß wir gemeinsam in seinem Geländewagen den sogenannten Loop umfahren. Damit ist eine ungefähr zwölf Meilen lange Straße zu verstehen, die auf immer gleicher Höhe an circa 20 interessanten Ausgrabungen, restaurierten Ruinen und altindianischem Mauerwerk vorbeiführt. Außerdem folgt der vielseitige Weg soweit wie möglich dem Rand verschiedener Canyons. Das erlaubt an zahlreichen Stellen den Blick auf Cliffdwellings, die auf halber Höhe in den gegenüberliegenden Felswänden angesiedelt wurden. Heute mittag hat der Schneepflug des Parkservice die Straße für den Jeep der Rangers frei gemacht, über Nacht aber könnte sich die günstige Lage wieder ändern.

»Also gleich in die Wagen, Ladies and Gentlemen«, ruft der jüngere Ranger, »damit Ihnen die hochinteressante Rundfahrt nicht entgeht.«

Sechs Personen, mit dem Fahrer sieben in einem Jeep, das bedeutete schon eine drangvolle Enge wie bei Stoßzeiten in der U-Bahn von Tokyo. Aber wir halten uns gegenseitig warm in dem offenen Fahrzeug. In einem geschlossenen Jeep wäre es nicht möglich, daß wir alle den Anblick der grandiosen Natur genießen.

Noch einmal möchte ich bemerken, daß sich die Leitung der amerikanischen Nationalparks in vorbildlicher Weise bemüht, dem interessierten Besucher auf ebenso einfache wie informative Art zu erklären, was diese und jene Reste der Vergangenheit, auch bestimmte, ganz besondere natürliche Erscheinungen im großen Zusammenhang der Entwicklungskette bedeuten. Angefangen hat hier im Südwesten der heutigen USA die Zivilisation der nordamerikanischen Ureinwohner mit der sogenannten Korbmacher-Periode, die etwa vom Beginn unserer Zeitrechnung bis um das Jahr 450 gedauert hat. Die Korbmacher betrieben schon einfache Landwirtschaft, nämlich den Anbau von Mais und Kürbis. Töpferei kannten sie nicht, sie flochten nur veschiedenste Arten großer, kleiner und ganz kleiner Körbe, außerdem Sandalen aus Fasern des Yucca-Strauches. Von diesen »Bastketmakers«, die vermutlich in leicht gebauten Hütten aus Zweigen, Ästen, Lehm und Stroh gehaust haben, gibt es keine sichtbaren Reste auf der Mesa Verde. Alles, was sie hatten und bauten, bestand aus verderblichem Material und ist verschwunden.

Erst von der nächsten Stufe, von der Pithouse-Periode, blieben bescheidene Reste erhalten. Damals lebten die Leute in Behausungen, die man bis zur Hälfte ihrer Zweimeterhöhe in den Boden grub. Darüber wurden die Erdwälle mit starken Ästen, Laub und Lehm abgedeckt. Zugunsten der Touristen und als Schutz gegen schlechtes Wetter hat man von seiten der Parkverwaltung die Reste der Anlagen durch Schindeldächer und verglaste Wände geschützt. Die Pithouse-Leute haben sich auch sonst gegenüber den Vorfahren aus gleichem Stamm weiterentwickelt. Sie verstanden sich auf die Herstellung von Tontöpfen, benützten Pfeil und Bogen zur Jagd, bauten Bohnen an und flochten sich Gürtel aus dem Haar von Hunden. Im Museum des Visitor Center sollen wir dies noch alles sehen.

Zu Beginn des 8. Jahrhunderts, anfangs der sogenannten Pueblo-Periode, lebte man auf der Mesa Verde schon im freistehenden Haus, also ganz über dem Boden. Gebaut war es aus Lehmziegeln und starken Stämmen, teilweise durch behauenen Sandstein verstärkt. Eine gemauerte Feuerstelle war Herd und Heizung in einem. Auch solche Beispiele sind bei der Rundfahrt auf dem »Loop« zu besichtigen, und zwar alles in der Reihenfolge der kulturhistorischen Entwicklung. Die Einfamilienhäuser werden besser, geräumiger und dauerhafter. Jedes Jahrhundert, vielleicht sogar jede Generation hat Fortschritte gemacht, bis in der Zeit um 1100 die Wohnhäuser ganz aus Stein bestehen.

Inzwischen sind aber die alten Erdhäuser, die Pithouses, nicht ganz verschwunden. Zunächst noch als Vorratsräume angelegt, sind später Kiwas daraus geworden, ganz und gar in die Erde versenkte Versammlungsräume der Männer, wo auch die geheimen, den Frauen nicht zugänglichen Rituale stattfanden. Bei all dem wohnten, lebten und arbeiteten die Menschen noch immer oben auf der Mesa, also nicht in den Höhlenburgen der Canyons.

Das Klima auf dem »Tisch«, in Höhen über 2000 Meter, war für den Anbau von Feldfrüchten relativ günstig. Es gab dort Feuerholz in Mengen und Möglichkeiten zur Jagd. Dann jedoch, um das Jahr 1200, wurden binnen so kurzer Frist alle Siedlungen auf der Mesa verlassen, daß man von einer Massenflucht sprechen kann. Sogleich begann der Bau und das Leben in den Cliffdwellings. Die wilden Vorfahren der heutigen Apachen und Navajo waren erschienen. Schutz vor ihren Überfällen gab es nur in den Höhlenburgen. Sie sehen wir nun von verschiedenen Vistapoints am Loop. Faszinierende Bilder in wildromantischer Landschaft. Kilometertiefe und -breite Canyons mit bogenförmigen oder horizontal verlaufenden Einschnitten an der gegenüberliegenden Wand. Manche der Cliffdwellings sind so klein, daß sie nur zwei bis drei Kammern enthalten. Andere Gebäudekomplexe können die Bevölkerung eines ganzen Dorfes aufnehmen. Das Cliff Pallace beispielsweise enthält zweihundert Räume. Dieses größte aller Cliffdwellings wurde vermutlich von einem halben Tausend Menschen bewohnt.

Ein Bauwerk, dessen Sinn und Zweck bisher noch niemand überzeugend erklären konnte, verbirgt sich nicht in einer Felsenhöhle, sondern steht frei und wohlerhalten am Rande eines Canyon. Nur die wenigsten Fremden hätten es vor ihrem Besuch am »Sonnentempel« für möglich gehalten, daß nordamerikanische Indianer zu solchen Konstruktionen fähig waren. Auch für mich ist es eine Überraschung, habe ich doch nicht einmal Bilder davon gesehen. Der Aufbau zentnerschwerer Natursteine, die Höhe und Stärke der Mauern, ihre gerade Linie und ihr fester Bestand erinnern an Wehrbauten der Römer, an Stadtmauern des antiken Griechenland, nicht allerdings an die Bauten der Maya, Tolteken und Azteken in Mittelamerika. Deren Stil ist anders, sie haben ihre Bauwerke im Gleichmaß gegliedert, mit dekorativen Mustern und sysmbolischen Skulpturen versehen. Hier gibt es keinen Figurenschmuck, hier wurde auf Gleichmaß kein Wert gelegt. Die vollständig erhaltenen, zwei bis drei Meter hohen Mauern umschließen ein ungefähres Rechteck. Darin, an die Mauern ohne besondere Ordnung gebaut, eine große Zahl zellenähnlicher Kammern. Das Ganze hat kein Tor und überhaupt keinen Einlaß. Vermutlich gab es nur Leitern, auf denen man hinüberstieg. Außerhalb der lückenlosen Mauer stehen Reste eines mächtigen, kreisrunden Turmes. Wie hoch er gewesen ist, weiß man nicht.

War der nur so genannte »Sonnentempel« wirklich ein Tempel, oder war er eine Festung oder ein Lagerhaus für die Vorräte des ganzen Stammes? Es läßt sich eindeutig nichts darüber sagen. Unbekannt ist auch die Entstehungszeit. Mangels organischer Fundstücke kann auch das Radiokarbon-Verfahren nicht zur Datierung verhelfen. Vielleicht haben die Bewohner des Cliffdwelling keinen Anteil am Entstehen des »Sonnentempels«. Wer aber waren dann die Erbauer?

Dort zu weilen, zu staunen und nachzudenken über die mögliche Bedeutung des Bauwerks ist der Höhepunkt unserer dreistündigen Fahrt um den Loop. Danach wollen uns die Rangers einen Film vorführen und anschließend den Rundgang durch das reichhaltige Museum mit sachkundigen Erklärungen beleben. Schon stehen wir bereit für den Film, da wird der ältere Ranger ans Telefon gerufen. Weil er wegen offenbar schlechter Verständigung alles wiederholt, was man ihm sagt, können wir uns mit wachsender Spannung am Telefonat beteiligen.

»Was . . . Tieflader in der elften Kurve gekippt? Wie, ich versteh so schlecht. Das Haus mit allem Krimskrams den Hang runtergerutscht . . . liegt jetzt schräg vor 'nem Waldrand. Die Leute können einem wirklich leid tun . . . wie bitte, die sind ins schiefliegende Haus gezogen . . . na, viel Vergnügen! Was ist . . . was soll sein? Lawine abgegangen . . . Liegt bei Meile dreizehn auf der Straße, und wir sind abgeschnitten hier oben . . . haben sechs Leute hier, mit drei Wagen. Wann ist wieder frei . . . wieviel Stunden? Ich hör wohl nicht recht . . . wieviel Tage . . .?«

Antwort kommt nicht mehr durch. Die Verbindung ist abgebrochen.

»Schöne Bescherung«, meint McCormick, »bis auf weiteres sind die Ladies und Gentlemen auf der Mesa gestrandet. Aber wir machen's uns gemütlich . . . sehr gemütlich.«

Kaum hat er's gesagt, verlöschen die Lichter.

Natürlich gibt es ein Notaggregat, doch dem fehlt ein bestimmter Teil. Natürlich gibt es Taschenlampen, Stableuchten und Handscheinwerfer. Nur weiß man im Augenblick nicht, wo sie die abwesenden Kollegen unter Verschluß halten. Kerzen . . .? Nein, die sind nicht vorhanden. Wer denkt schon im Amerika des ausgehenden 20. Jahrhunderts an Kerzen aus Wachs, vielleicht gar aus Bienenwachs.

Das Telefon funktioniert auch am folgenden Morgen nicht, ebensowenig das Sprechfunkgerät wegen fehlenden Stroms. Unseretwegen brauchen sich die Leute drunten keine Sorgen zu machen. Proviant für Wochen und Monate sind auf der Mesa Verde vorhanden.

Mit Joe Copland, dem jüngeren Ranger, marschieren wir auf schmalen Pfaden im tiefen Schnee erst in den Canyon hinunter, dann halb so hoch die andere Seite hinauf. Dort, in einer fünfzig Meter breiten, zwölf Meter hohen und zehn Meter tiefen Höhle, liegt das White Spruce House, ein selten gut erhaltenes Cliffdwelling mittlerer Größe. Die Anlage ist dem »Weißen Haus« im Canyon de Chelly ähnlich, und sie stammt aus der gleichen Epoche. Hier ist eine der Kiwas im originalen Zustand geblieben. Wir dürfen über die Leiter hinuntersteigen, um die zweckmäßige Ventilation zu bestaunen. Wirklich ein bewundernswerter Wohnkomfort, in Anbetracht des 13. Jahrhunderts. Gar nicht schlecht und keineswegs primitiv haben damals die Indianer in der Mesa gelebt. Bei uns herrschte zur gleichen Zeit noch ziemlich finsteres Mittelalter. Das einfache Volk auf dem Land war bei weitem nicht so gut untergebracht wie diese amerikanischen Ureinwohner in Cliffdwellings der Mesa Verde.

Die Landwirtschaft, das handwerkliche Können und überhaupt die Lebensqualität waren weit entwickelt, als vor 700 Jahren die lange, heiße, alles vernichtende Dürrezeit dem Wohlstand im Canyon ein Ende machte. Es war nicht der sengende, brennende, mordende Feind, der zum Verlassen der Cliffdwellings gezwungen hat. Wassermangel war schließlich der schlimmere Feind.

Bis zum späten Nachmittag haben die Bulldozer den Schlamm, den Schnee und die entwurzelten Baumstämme von der Bergstraße geräumt, und ein Jeep der Parkverwaltung kommt zu uns herauf. Aber wir verschieben die Abreise auf den nächsten Morgen, weil uns in den vielen engen Kurven das Tageslicht sehr viel lieber ist als die Scheinwerfer am Wagen. So verläuft die Rückfahrt zwar sehr langsam, aber ohne gefährliche Situationen.

Nur dem Hinweis eines freundlichen Mannes von der Tankstelle ist zu verdanken, daß wir den Anblick des Gooseneck Canyon erleben. In keinem Reiseführer, den wir mitschleppen, ist die »Gänsehalsschlucht« erwähnt, und da nur ein miserabler Seitenweg dorthin führt, sind Besucher äußerst selten. Jedenfalls haben wir niemanden in der Nähe gesehen. Man steht droben auf einem Plateau aus Schiefergestein und schaut gut 500 Meter tief hinunter auf drei Haarnadelkurven des Colorado River. Das Wasser des Stromes ist gelb, die schmalen Uferstreifen sind grün bewachsen. Gleich dahinter steigen die von vielen farbigen Schichten durchzogenen Felswände empor, ohne Grashalm und ohne eine Spur von Gebüsch. Oben auf der Hochfläche ist alles ohne Farbe, alles leblos und völlig flach bis an den Horizont.

Und weiter geht unsere Fahrt von einem Wunder der Natur zum anderen. Da kann gewiß das Arches National Monument nicht fehlen. Ein zerklüftetes Naturschutzgebiet, in das gewaltige Wasserkräfte im Verlauf von Jahrmillionen ungefähr zwanzig Brückenbogen aus hartem Fels gewaschen haben. Fünf der Naturbrücken sind riesengroß, schweben über tiefen Tälern und sehen von der Ferne aus, als seien sie technisch vollendete Kunstwerke römischer oder romanischer Baumeister. Nur hätten diese so weite Bögen nicht spannen können.

Es ist nicht einfach heranzukommen, weil man erst in wilde Canyons absteigen muß. Von einer Brücke lese ich, daß ihre Höhe 33 Meter beträgt und ihre Spannweite 92 Meter. Auf einen Bogen namens »Delicate Arch« sind Spotty und ich hinaufgeklettert. Erst jenes Foto, auf dem einer von uns droben steht und der andere drunten, zeigt die riesige Dimension des von der Natur geschaffenen Brückenbogens.

Nur keinen Aufenthalt in Las Vegas, im Paradies der Spieler und all seiner Begleiterscheinungen. Am hektischen Betrieb der niemals schlafenden Stadt sind wir nicht interessiert. Unser Camper durchrollt die halbseidene Glitzerstadt, so rasch es der Verkehr erlaubt.

Imponierend durch seine unvorstellbare Höhe und die Weite des dahinter aufgestauten Mead-Sees ist der Hoover-Damm, früher Boulder-Damm genannt. Er war bis vor wenigen Jahren der größte Staudamm auf Erden. Aber es lohnt nur wenig, damit Zeit zu verlieren. Im »Tal des Todes« wollen wir die Nacht verbringen, im Death Valley können Besucher manches erleben, was es sonst auf der Welt nicht gibt.

Bis über 50 Grad Celsius steigen im Schatten die Tagestemperaturen. Aber Schatten muß man mitbringen, weil es im Todestal wenig davon gibt. Etwa ein Fünftel der 7700 Quadratkilometer des Naturschutzgebietes liegt unter Meereshöhe. In der Nähe von Badwater, 90 Meter unter Meereshöhe, hat man den tiefsten Punkt des amerikanischen Kontinents erreicht. 225 Kilometer lang ist das Todestal und im Durchschnitt 16 Kilometer breit. Von landschaftlicher Schönheit zu schwärmen ist hier fehl am Platz. Aber faszinierend in vielfacher Hinsicht ist Death Valley auf jeden Fall. Aus lockerem Sand zusammengewehte Dünen, weißglitzernde Salzseen und in dunstiger Ferne die schneeglänzenden Höhen der Sierra Nevada. Einige Oasen sind natürlichen Ursprungs, andere von Menschen geschaffen. Es gibt einfache, gute, aber auch mit raffiniertem Luxus ausgestattete Hotels, besonders eines mit sagenhaften Preisen. Aber keines erwartet im glühend heißen Sommer scharenweise erholungsuchende Gäste.

Der Botaniker findet eine ganz besondere Pflanzenwelt im Todestal, interessant sind vor allem die nur hier vorhandenen 600 Arten. Der Zoologe studiert seltene, den Wüstenverhältnissen angepaßte Tiere, beispielsweise Schnecken, die sich unter dem Sand fortbewegen. Im Death Valley leben verwilderte Esel, nur selten zu sehende Bighorn-Schafe und winzige, nirgendwo sonst existierende Fische in den wenigen Wasserstellen.

Das Vorkommen edler Metalle und des früher vielbegehrten Borax hat schon bald nach 1850 weiße Unternehmer mit ihrem abgehärteten Anhang ins hitzeglimmende Tal gelockt. Auf langen Wagen mit riesig hohen Rädern, vor die man zwanzig Maultiere spannte, wurden Lasten von jeweils 36 Tonnen durch Salz, Sand und Dornbusch zu vorgeschobenen Posten der Zivilisation befördert. Aus dieser Zeit sind hier und dort »Geisterdörfer« übriggeblieben. An solchen Stellen zu leben muß schrecklich gewesen sein, aber mitunter war dabei sehr viel Geld zu verdienen. Das beweist unter anderem Scotty's Castle, das noch wohlerhaltene Wüstenschloß eines Mannes, der angeblich durch Gold zum Multimillionär geworden war, ohne jemals zu verraten, wo er seine Reichtümer entdeckt hat. Böse Zungen meinen, er habe sie dem aufgeknackten Safe einer Bank entnommen. Aber warum soll ihn nicht einfach Glück zum Goldsand im Death Valley geführt haben? Wenn davon heute nichts mehr zu finden ist, hat eben Scotty alles mitgenommen. Sein bizarres, fast schon schizophrenes Schloß ist es aber wert – für einen Dollar – besichtigt zu werden.

Wir kampieren mit dem Wagen am Rande eines Seitenweges, fern von Menschen und ihrem Lärm. Vor uns weit und breit nur Sand, dessen Oberfläche den erstarrten Wellen eines Meeres gleicht. Als die Sonne sinkt, erleben wir ein wunderbar wechselndes Bild der schönsten Farben. Es beginnt mit blassem Blau, wird rosarot und immer röter, bis dunkle Nacht alles verhüllt. Doch nicht für lange, denn wir haben Vollmond, der beim Erscheinen mit ganz neuem Farbenspiel beginnt. Gegen Mitternacht schaue ich auf ruhende Silberwogen, und es ist so glänzend hell, daß man weder schlafen noch die Augen schließen möchte. In diesem Licht ziehen sechs oder sieben Bergschafe vorüber, denen bei Nacht das Todestal allein gehört.

Die Hopi wissen zu schweigen

Nun sind wir im Land der Hopi. Das ist nicht nur ein anderes Reservat, wie es deren in den USA und Kanada viele gibt, sondern eine andere Welt. Außerdem gehört das Leben der Hopi in eine andere, viel ältere Epoche der Menschenge-schichte. Wer nur durchs Hopi-Reservat hindurchfährt, etwa 120 Kilometer auf der kurvenreichen Asphaltstraße von Steamboat nach Moenkopi, wird von der Verschlossenheit des Hopi-Volkes nichts bemerken. Die wenig befahrene Route Nr. 264 windet sich an kahlen Steinhängen hinauf, durchquert eine graue Gras-steppe, senkt sich wieder in breite Täler, wo man zwar Bachbetten sieht, aber nur selten mit Wasser gefüllt. Die steilen, oben tischflachen Felsmassive kennen wir schon unter dem Namen Mesa. Im Südwesten der Vereinigten Staaten nimmt es nicht wunder, wenn droben noch Trümmer alter Indianerdörfer zu erkennen sind. Auch die Hopi waren in ihren Fluchtburgen relativ sicher und konnten der Feinde spotten, die drunten das Land verheerten, wie es sehr oft geschah. Cliffdwellings waren es allerdings nicht, denn hier fehlen Canyons und Höhlen zum Hineinbauen der Zufluchten. Man mußte sich mit der Sicherheit begnügen, welche die Höhe der Felsmassive garantierte und das Erklettern durch Feinde verhinderte.

Wer es eilig hat, sieht zwar die Mesas, aber nicht die alten Gemäuer der wür-felförmigen Behausungen und die vorstehenden Holzbalken der flachen Dächer. Wer sie doch bemerkt, wird sicher glauben, die primitiven Uraltdörfer seien un-bewohnt. Das stimmt aber nicht. Es leben Menschen dort oben, sogar ein paar Tausend, gut ein Drittel aller Hopi im Hopi-Land. Niemand von uns kommt auf den Gedanken, es könnten heute noch Menschen aus freiem Willen ein Leben fast wie im Mittelalter führen. Aber so ist es wirklich.

Drunten neben der Straße liegen ganz normale Ortschaften, Häusergruppen

Das Foto auf der vorhergehenden Seite sowie die Abbildungen auf diesen Seiten sind älter als siebzig Jahre, denn die Hopi-Indianer haben schon seit der Jahrhundertwende die Erlaubnis zum Fotografieren ihrer kultischen Tänze, auch ihres dörflichen Lebens sowie der handwerklichen Tätigkeit verweigert. Wie kein anderes indianisches Volk halten die Hopi fest an ihrem alten Glauben, pflegen die vieltausendjährige Überlieferung ihrer Herkunft und versuchen sich im Widerstand gegen die traditionsfeindlichen Kräfte der modernen Zeit.

Seite 123, oben: Das Höhendorf Walpi darf der Fremde für einen kurzen Rundgang betreten, aber Fotografieren oder gar Filmen ist vom Stammesrat streng verboten. Doch kann ich bestätigen, daß die heutige Siedlung Walpi noch genauso aussieht wie auf diesem 1897 entstandenen Foto.

und Familiensiedlungen, die wie in anderen Reservaten aussehen. Ein paar Handelsposten mit Tankstellen und bescheidenen Kramläden gibt es auch, dazu verrostete Gerippe alter Autos und Abfallhalden. Auf der nächsten Anhöhe ein neues Motel im alten Pueblo-Stil. Rechts und links vom Wege bewachen Kinder eine Schafherde. Wem ausreichende Informationen fehlen, der fährt achtlos am schmalen Zuweg nach Oraibi vorüber, obwohl dieses Hopi-Dorf die älteste ständig bewohnte Ortschaft in ganz Nordamerika darstellt. Nachweislich hat Oraibi schon bestanden, als bei uns die Kreuzritter zur Eroberung des Heiligen Landes aufbrachen. Nur allzugern möchte die Fremdenverkehrsbehörde in Washington aus dem bald tausendjährigen Kulturzentrum der Indianer eine sensationelle Sehenswürdigkeit machen. In den Vereinigten Staaten, die sonst keine historischen Bauten von ehrwürdigem Alter vorweisen können, jedenfalls keine, die über viele Jahrhunderte hinweg ständig von Menschen bewohnt gewesen sind, wäre Oraibi eine Attraktion allerersten Ranges.

Aber die Hopi sind dagegen. Weißen Besuchern ist das Betreten von Oraibi nicht gestattet, sogar das Heranfahren haben die Häuptlinge streng verboten.

Es ist mein unverdientes Glück, schon in jungen Jahren von den Hopi manches gehört zu haben, außerdem konnte ich während mehrfachen Aufenthalts in Washington einige von wirklichen Kennern verfaßte Werke über die Hopi beim Smithsonian Institute einsehen. Heute wäre es nicht mehr möglich, authentisches Material für solche Bücher zu sammeln, weil die Hopi jeden Weißen von ihrer Gemeinschaft fernhalten. Sie erzählen nichts oder absichtlich das Falsche über ihre Religion, ihre Kultur und traditionelle Überlieferung. Kein Fremder, auch kein anderer Indianer, darf bei den Ritualen, den Tänzen und religiösen Festen zuschauen. Die letzten Aufnahmen von Oraibi, Walpi und anderen alten Siedlungen, ebenso von Versammlungen der Hopi, wurden vor 60 Jahren gemacht. Für kein Geld, auch nicht für noch so freundliche Worte läßt sich heute ein Hopi knipsen. Wer es dennoch versuchen sollte, wird nicht nur von Steinwürfen eingedeckt, sondern auch verhaftet und vor Gericht gestellt. Innerhalb der Reservation haben die Hopi ihre eigenen Gesetze und eigene Gerichte. Zwar gilt das nicht für wirkliche Verbrechen, aber doch für Vergehen mit der Kamera. Solange man sich im Hopi-Land befindet, ist es besser, die Kameras im Wagen zu lassen, möglichst unter einer Decke. Man erweckt sonst Mißmut und Mißtrauen.

Wir wollen erst einmal hören, was man bei der amtlichen Vertretung über die Lage im Lande zu sagen hat. Wer von »amtlich« spricht, meint in diesem Zusammenhang die »Indian Agency«. Sie vertritt die Regierung der Vereinigten

Staaten, genauer gesagt das »Bureau for Indian Affairs« beim Stammesrat, dem Tribal Council der indianischen Selbstverwaltung. Es wird ja heute sehr viel für die Indianer getan, besonders für die Reservate. Wesentlich vom Indian Agent und seinen weißen Mitarbeitern hängt es ab, wie gut oder wie schlecht sich die milden Gaben, die technische Hilfe und die Ausbildungshilfe für die Betroffenen auswirken. Der Indian Agent ist nicht und soll nicht eine über den Tribal Council schwebende Behörde sein, sondern dessen wohlmeinender Berater. Weil aber der Agent die Regierungsgelder verteilt und Anschaffungen bezahlt, ist dennoch sein Einfluß groß.

Die Hauptstadt des Hopi-Landes, wenn man so sagen darf, ist Keams Canyon. Dort befinden sich die Indian Agency, der Stammesrat, das Hopi-Hospital, die höhere Schule, die Polizei und das meist unbenutzte Gefängnis. Rechnet man alle Ämter, Amtspersonen und sonstige Bewohner zusammen, ergibt sich für die Hauptstadt der Hopi eine Bevölkerung von nicht mehr als 300 Menschen. Die Lage von Keams Canyon in einem waldreichen, windgeschützten Tal, durchströmt von einem murmelnden Bach, ist sehr hübsch. Mit gutem Geschmack wurden die kleinen, steingemauerten Wohnhäuser der hier tätigen Personen in schattigen Gärten angelegt. Alles nach Plänen amerikanischer Berater von Arbeitskräften der Hopi um 1930 erbaut.

Dennoch muß man die Anlage mitsamt dem Baustil bedauern, weil sie absolut keine indianischen Elemente enthält. Dabei haben gerade die Hopi von allen Ureinwohnern der USA die am höchsten entwickelte Baukunst vorzuweisen. In dem ganz modernen, erst vor kurzem fertiggestellten Regierungsgebäude erinnert nichts ans Hopi-Volk, das von hier verwaltet wird. Nur eine Tafel am Eingangsraum besagt mit lobenden Worten, es seien nur Handwerker der Hopi beim Bau tätig gewesen. Auch jetzt werden, bis auf drei Ausnahmen, nur Eingeborene des Landes beschäftigt. In den offenen Büros sehen wir Hopi-Mädchen an den Schreibtischen. Jedes einzelne ist wohlgenährt, manches so rund wie eine Kugel. Sie lächeln verhalten, erwecken aber nicht den Eindruck emsiger Tätigkeit.

Mr. McIntosh, der Indian Agent, gibt sich freundlich, wenn auch mit dem Bemerken, wie außerordentlich er gerade jetzt mit Pflichten seines Amtes überlastet sei. Er reicht mir dreißig Bogen gedrucktes Papier und sagt liebenswürdig lächelnd, damit seien wohl die meisten Fragen schon beantwortet.

»Weil Sie gewiß eine Reihe von Problemen haben, die nicht aus diesen Seiten hervorgehen, welches sind die wichtigsten, was macht Ihnen zur Zeit die größte Sorge?« frage ich ungerührt.

Jeder Beamte freut sich, wenn man als selbstverständlich annimmt, daß er sich mit schweren Sorgen plagen muß. Weil ich selber dem Staat zwölf Jahre gedient habe, zuletzt als Konsul in Mailand, ist mir die Mentalität der Beamten gut bekannt. So ist auch bei Mr. McIntosh der richtige Nerv gleich getroffen. Er legt beide Arme über den Tisch und beugt sein sorgenvolles Gesicht nach vorn.

»Es ist das gleiche ungelöste Problem wie vor hundert Jahren«, sagt er bekümmert, »fast möchte ich sagen, das gleiche wie in der Zeit unserer Vorgänger, der Spanier und Mexikaner. Hopi und Navajo können sich nicht vertragen.«

Was er nun Spotty und mir erklärt, sind eigentlich bekannte Tatsachen, aber deshalb faszinierend, weil McIntosh fast dieselben Sätze und Worte dafür gebraucht wie James S. Calhoun, der erste Indian Agent bei den Hopi. Dieser, dem Stamm wohlgesonnen, berichtet über dasselbe Problem am 13. Oktober 1849 dem amerikanischen Präsidenten Fillmore:*

»Die Hopi sind und waren stets ein friedliches Volk . . . so absolut friedlich in der Tat, daß sie nur mit größtem innerem Widerstreben bereit sind, ihren rechtmäßigen Besitz, ihr Land und ihr Leben zu verteidigen. Das ist bei ihnen religiöse Überzeugung. Sie halten sich für das Auserwählte Volk des Weltenschöpfers, der ihnen bei stets friedfertigem Verhalten am Ende das höchste und herrlichste Glück bescheren wird. Soweit ist das auch schön und gut, nur paßt dieser paradiesische Glaube nicht ganz in die böse Welt irdischer Gegenwart. Er eignet sich vor allem nicht fürs Zusammenleben mit den aus viel härterem Holz geschnitzten Navajo. Seitdem diese »Wilden« im heutigen Arizona erschienen sind, und das war vermutlich vor ungefähr 1000 Jahren**, hatten die Hopi unter ihren Raubzügen zu leiden, und das noch bis zum heutigen Tag.«

Zwar geschieht es nicht mehr mit Raub, Brand, Mord und nächtlichen Überfällen auf ahnungslose Gehöfte, sondern, auf die Dauer noch verheerender, durch sogenannten Weideraub. Die Navajo treiben ihre oft nach vielen tausend zählenden Schafherden, ihre Rinder, Pferde, Maultiere und Esel ins Weideland der Hopi. Weil aber der Boden nur so wenig Gras und noch weniger andere Futterpflanzen trägt, braucht man zur Ernährung eines Schafes im Durchschnitt drei Hektar Weideland. Fortgesetzter Weideraub ist demnach eine üble Sache. Außerdem hat »Überweidung« fortschreitende Erosion zur Folge. So wird von Jahr zu Jahr der Boden noch wüstenartiger, als er ohnehin ist. Damit nicht ge-

* The Official Correspondence of James S. Calhoun: Washington, Bureau of Indian Affairs, Government Printing Office 1915.
** Hier irrt der Indian Agent, denn inzwischen weiß man, daß die »Wilden Indianer« erst um das Jahr 1200 in diesen Regionen aufgetaucht sind.

nug, sollen die Navajo sehr geschickte Schafdiebe sein. Wie man sagt, treiben sie auch Rinder der Hopi zu ihren eigenen Herden und verprügeln jede ehrliche Rothaut, die es wagt, sich über solche Räubereien zu beschweren.

»Früher waren die Hopi viel zahlreicher als heute«, berichtet J. S. Calhoun im Januar 1849, »und sie besaßen unübersehbare Herden von Schafen, Rindern wie auch Pferden. Aber sowohl die Zahl der Menschen wie der Weidetiere ist von ihren räuberischen Nachbarn und Feinden stark reduziert worden. Dagegen wehren sich die Hopi so gut wie gar nicht, sondern begnügen sich mit der Flucht auf ihre Mesas, wo das fleißige, friedliche Volk sieben Dörfer aus Steinhäusern besitzt.«

Was man nach so vielen Büchern, Filmen und Reportagen über den Wilden Westen noch heute kaum zu glauben vermag, waren und sind die Hopi genau das Gegenteil dessen, was man sich unter Indianern vorstellt. Ihnen erscheint jeder Krieg als Greuel, sogar als Verbrechen gegen den Weltenschöpfer. Sie besaßen keine Waffen, sondern rollten lediglich Steine den Abhang hinab, wenn die mörderischen Navajo versuchten, eine der Mesas zu erklimmen. Sonst ertrugen die engagierten Friedensfreunde den Weideraub, die Wegnahme ihrer Schafe und Vertreibung der Hirten, ohne daß sie jemals zurückschlugen. Unzählige Male wurde den Hopi auch die Ernte ihrer Felder von den Navajo verbrannt.

Als die Mexikaner nach dem Friedensdiktat von Guadalupe Hidalgo 1848 fast die Hälfte ihres Landes an die USA abtreten mußten, fiel unter anderem auch ganz Arizona in amerikanische Hände. So dauerte es nicht lange, bis sich die neue Obrigkeit mit den Indianerstämmen dieser Länder befaßte. Vorher die Spanier und danach die Mexikaner hatten sich um die internen Angelegenheiten der Ureinwohner nicht gekümmert, sie allenfalls zu missionieren versucht. Jedenfalls war die spanische, später die mexikanische Oberherrschaft für einigermaßen friedliche Indianer kaum fühlbar gewesen.

Die zahlreichen Yankees dagegen waren viel energischer und strenger. Nach langen, erbittert und grausam geführten Kämpfen gegen die Navajo erhielt das gewaltsam unterworfene Indianervolk im Verlauf der folgenden Jahrzehnte ein Reservat von riesenhafter Ausdehnung. Es umfaßte nach mehrfacher Vergrößerung schließlich 60 000 Quadratkilometer. Das waren und sind ungefähr ein Viertel des Staates Arizona. Wie schon gesagt, war es allgemein üblich, den Indianern das am wenigsten fruchtbare, das trockenste und sandigste Land weit und breit zu geben.

Schlimmer noch kam es für die unglücklichen Hopi. Weil sich keine Hand des absolut friedfertigen Volkes gegen die heranrückenden Scharen der Weißen gerührt hatte, brauchte mit ihnen auch kein Waffenstillstand geschlossen zu werden, damit auch kein Friedensvertrag. Für die Hopi war das schlechter als die totale Niederlage nach einem für beide Seiten verlustreichen Krieg. So bestand nämlich zwischen dem Hopi-Volk und der amerikanischen Regierung ein »vertragsloser Zustand«. Wurden auch die amerikanisch-indianischen Verträge von den USA immer wieder gebrochen, so gab es doch schriftliche Zusagen, auf die sich am Ende die Indianer mit einigem Erfolg berufen konnten. Die Hopi aber hatten gar nichts. Durch sogenannte »Executive Order«, eine direkt vom Präsidenten der USA erlassene Verfügung, sah sich das Hopi-Volk auf ein Reservat von etwas über 10000 Quadratkilometer beschränkt, allerdings inmitten seines bisherigen Stammlandes. Von schlimmen Folgen begleitet war diese Anordnung deshalb, weil weder der Präsident Chester A. Arthur noch seine »Berater für Indianerfragen« die geringste Ahnung von den wirklichen Verhältnissen hatten. So war nämlich das Hopi-Reservat auf allen vier Seiten von den Weideflächen der Navajo umgeben. Kaum nötig zu sagen, daß die Navajo nirgendwo die geringste Rücksicht darauf nahmen, wo das ihnen zugesprochene Weideland aufhörte und die Rechte der Hopi begannen. Das gilt ebenso heute wie 1848.

Je länger die Willkür andauerte, desto mehr beriefen sich die rasch an Kopfzahl zunehmenden Navajo aufs Gewohnheitsrecht. Was sie schon so lange getan hatten, konnte ihnen doch niemand mehr verbieten. Das Tribal Council der Hopi klagte dagegen und brachte den Prozeß nach vier Jahren andauerndem Streit vor den Obersten Gerichtshof der Vereinigten Staaten. Das rechtskräftige Urteil vom 28. September 1962 war in der Sache ein kläglicher Kompromiß und in der Praxis ein Totalverlust für die Hopi. Von Blindheit geschlagen verkündete der Supreme Court, das umstrittene Weideland (Dreiviertel des alten Hopi-Reservats!) sollte von den Hopi und Navajo gemeinsam genutzt werden. Schon zehn Jahre später konnte sich auf dem »gemeinschaftlichen« Weideland kein Hopi mehr blicken lassen. Geblieben sind ihnen nur 2600 Quadratkilometer. Das ist alles, und es ist viel zu wenig.

»Eben waren die Leute von Bacabi bei mir«, erklärt uns der Indian Agent, »haben sich wieder beklagt, daß Navajo mit Schafen und Rindern auf den Hopi-Weiden stehen. Sie lassen sich durch keine Proteste der rechtmäßigen Weidebesitzer von dort vertreiben!«

Auch der Agent kann nicht viel dagegen tun. Er hat lediglich sieben Mann Hopi-Polizei an Ort und Stelle geschickt, um den Sachverhalt amtlich festzustellen.

»Was wird danach geschehen?«

McIntosh zuckt mit den Schultern.

»Die üblichen Proteste beim Tribal Council der Navajo, auch ernsthafte Ermahnungen des Amtes für Indianische Angelegenheiten, gerichtet an die gleiche Adresse, und schließlich die Drohung mit neuen Prozessen, die sich jahrelang hinziehen. Im übrigen geht's weiter wie gehabt seit – lassen Sie mich nachdenken – ja, so geht's schon seit ungefähr sechshundert Jahren.«

»Ich hätte Ihnen gern einen Mann der Hopi-Polizei mitgegeben«, sagt McIntosh freundlicherweise, »das wäre auch der beste Passierschein durch altes Hopi-Land. Aber wie gesagt, die Männer sind alle unterwegs, für mehrere Tage bestimmt.«

Als wir uns schon verabschiedet haben, erinnert sich der Indian Agent eines pensionierten Polizeisergeanten namens Fred Polacca, der jetzt in einem der drei Dörfer auf der Ersten Mesa wohnt. Er soll relativ gutes Englisch sprechen und gehört zum Stammesrat der Hopi. Ihn sollten wir aufsuchen und von McIntosh grüßen. Das weitere werde sich finden.

Zunächst aber müssen wir einen Platz für die Nacht finden. Weil uns der Weg bis zum einzig vorhandenen, erst neuerdings entstandenen Motel im Hopi-Land zu weit ist, rollen wir auf den völlig verlassenen Campingplatz am Keams River, nahe der Hauptstraße und nur fünf Fahrminuten von der Hopi-Hauptstadt entfernt. Das Gelände ist windgeschützt, liegt inmitten alten Baumbestandes neben dem schäumenden, grünlich schimmernden Bach. Vom letzten Jahr sind noch die Abfalltonnen bis an den Rand gefüllt, die Feuerstellen mit Aschenresten verstopft. Der Zustand der Abtritte ist unbeschreiblich. Weit und breit kein Mensch. Auch diesmal gelingt es mir trotz eifrigen Bemühens nicht, in unserem Camper die Gasheizung, die Pumpe am Waschbecken oder nur den Bratofen in Betrieb zu setzen. Immerhin können wir froh und glücklich sein, daß beide Gasflammen des Küchenherds funktionieren.

Zum Abendessen gibt es eine Steinpilzsuppe aus der Tüte. In Wahrheit undefinierbares Pulver, in kochendem Wasser aufgelöst. Danach brate ich auf breiter Pfanne zwei erstklassige T-Bone-Steaks, garniert mit gerösteten Zwiebelringen und gewürzt mit Zitronenpfeffer. Ein Gericht so recht für Genießer. Sogar Professor Spotty, der fremden Kochkünsten äußerst kritisch gegenübersteht, zeigt sich befriedigt. Als Beilage habe ich gekochten Mais aus der Konserve vorgesehen. Vanilleeis mit dampfender Schokoladensoße lasse ich folgen. Im übrigen steht eine Karaffe angenehm duftender kalifornischer Rotwein auf dem schmalen Tisch.

Die Freude am geselligen Gespräch endet mit Abstellen des Gasherdes. Denn inzwischen ist die Sonne gesunken, und bald danach machen sich 2000 Höhenmeter bemerkbar. Die strahlende Sonne des Tages, der azurblaue Himmel und die wüstenartige Landschaft haben uns über die Jahreszeit hinweggetäuscht. Ende März herrscht auf 2000 Meter im Südwesten der USA noch Winter.

Heute bin ich dran, im oberen Bett zu schlafen. Erst muß man es auf mühsame Weise aus einer Art Schublade hervorziehen, danach ist eine dünne Matratze aufs Scherengitter zu legen und das Bettzeug hinaufzubringen. Alsdann kriecht man unter akrobatischen Verrenkungen in den Daunenschlafsack. Ist all dies nach Vorschrift geschehen, hofft man auf angenehme Nachtruhe.

»Ich hoffe, Sie schnarchen nicht!« ruft Spotty aus seinem bequemen, breiten, mollig weichen Liegebett. »Bei mir ist das so: Wenn Sie nämlich nur einmal schnarchen, kann ich während der ganzen Nacht nicht mehr schlafen. Sogar Geräusche aus dem Nebenzimmer . . .«

Weiter kommt er nicht, da ist er schon in tiefe Träume versunken.

Der Camper unseres Typs, so scheint mir, ist nur für Angehörige stumpfnasiger Völker gebaut. Für Menschen unserer Art erweist es sich als ganz unmöglich, im oberen Bett auf dem Rücken zu liegen. Da nämlich wird die Nase von der Wagendecke plattgedrückt. Wende ich den Körper zur Seite, stoßen Schultern und Hüftknochen gegen das Gehäuse. So bleibt als Ruhestellung nur die Bauchlage übrig, mit seitlich abgewinkeltem Kopf. Aber schon ein tiefer Atemzug genügt, um mit dem Rücken gegen das Blechdach zu prallen.

»Ruhe doch, möcht' ich bitten«, ruft Spotty von unten.

Die Kälte dringt durch Blech und Polsterung, bis hinein in den Schlafsack, sie läßt sich auch von dem wollenen Pyjama nicht aufhalten und ergreift Besitz von der gesamten Oberfläche meiner Haut. Wirklich, es ist grauenhaft kalt. Am Morgen danach finde ich das Wasser im Teekessel steinhart gefroren.

Indessen erzählt Spotty so manche Geschichte aus seinem Leben, wenn auch leider nur in Bruchstücken. Alles natürlich im tiefsten Schlaf. Auf englisch hadert er mit seinen Vorgesetzten, verweist eine weibliche Person in ihre Grenzen, feilscht um den Preis eines Picasso und lobt, was mich besonders freut, die gute Qualität des von mir bereiteten Abendessens. Die Zwischenräume seiner Selbstgespräche sind ausgefüllt von Schnarchgeräuschen, die auf der Tonleiter bis ganz nach oben eilen, um dann von Stufe zu Stufe herabzurutschen.

Noch bevor der erste Morgen graut, krieche ich steifgefroren aus der Quetsche, steige hinunter und eile ins Freie, um mich bei Dauerlauf und gymnastischer Übung zu erwärmen. Ein flotter Spaziergang schließt sich an.

Zu Ehren meines Mitreisenden muß gesagt werden, daß er den Morgenkaffee fertig und den Kaffeetisch gedeckt hat, als ich wieder beim Schlafmobil eintreffe. Inzwischen hat die Gasflamme des Herdes den kleinen Raum wohlig erwärmt.

»Möchte nur wissen, was da in die Tassen tropft«, fragt der Professor, heftig den Kopf schüttelnd, als wieder ein wenig Wasser von der Wagendecke auf Teller und Tassen rieselt.

»Das ist mein Atem.«

Spotty versteht nicht recht.

»Ihr was . . . bitte?«

»Mein während der Nacht an der Decke zu Eis gewordener Atem, der sich in Wassertropfen auflöst.«

»Na, dann ist's ja gut«, sagte er sichtbar erleichtert, »dachte schon, es regnet rein.«

Weil an dem winzigen Wasserbecken nicht zwei Leute zu gleicher Zeit den Abwasch erledigen können, ist es wohl besser, dem guten Spotty jede Störung fernzuhalten. Aber einige amtliche Informationen sind gewiß für beide nützlich, bevor wir selbst die wenig fremdenfreundlichen Hopi aufsuchen. So greife ich zu den hektographierten Blättern, die mir der Indian Agent gegeben hat. Während des Lesens teile ich Professor Spotty, der gerade abtrocknet, die wesentlichen Verhaltensregeln mit.

»Bitte verstecken Sie Rum und Rotwein in den Schlafsäcken, bester Spotty. Es ist nämlich jede Einfuhr alkoholischer Getränke ins Hopi-Reservat durch besonderes Gesetz verboten.«

Gleich läßt der Freund die Flaschen verschwinden.

»Ferner sind verboten: das Fotografieren, das Malen und Zeichnen, ebenso ein mehr als stundenweiser Aufenthalt in den Dörfern. Absolut verboten ist fernerhin das Betreten von Kultstätten, das Berühren heiliger Objekte, das Abweichen vom Wege. Man erwartet von fremden Besuchern ruhiges Betragen und respektvolles Verhalten.«

»Darf man im Hopi-Land die notwendige Atemluft verbrauchen?« erkundigt sich der ein wenig gekränkte Spotty.

»Man darf, weil es nicht extra verboten ist. Auch sonst sehe ich hier gewisse positive Hinweise. Bisher ist noch kein Tourist von einer Klapperschlange derart gebissen worden, daß er an den Folgen des Giftes verstarb. Auch Raceviper und giftige Bullotter, was das auch immer für böse Biester sein mögen, haben seit längerem keinen Menschen umgebracht. Ich finde, das klingt sehr beruhigend.«

Spotty meint, er verstünde nicht das abweisende Verhalten der Hopi gegen wohlmeinende Fremde. Mehr als zwanzig Jahre seien vergangen, daß zum letztenmal ein paar Touristen beim Schlangentanz hatten zusehen dürfen. Wogegen ich einwende, selber vor drei Jahren am Grand Canyon erstklassige Tänze der Hopi gesehen zu haben, inklusive des berühmten Schlangentanzes.

Laut lachend schiebt der Professor den letzten Teller ins dafür vorgesehene Fach.

»Natürlich waren's keine echten Hopi, denn die lassen auch für 'ne Handvoll Dollars keinen Fremden zuschauen. Als sogenannte Tänzer hat man trainierte Darsteller aus anderen Stämmen genommen, wenn es überhaupt echte Indianer waren, und natürlich Gummischlangen zur Vortäuschung falscher Tatsachen. Die können Sie auch in Los Angeles kaufen. Die haben sogar Klappern, die klappern.«

»Die Hopi sind allgemein kurz gewachsen und haben regelmäßige Gesichter«, lese ich weiter vor. »Sie können sich gut den modernen Verhältnissen anpassen, verhalten sich gesetzestreu, und schwere Verbrechen sind bei ihnen selten.«

Der Professor meint ganz mit Recht, die beiden letzten dieser Feststellungen stünden im krassen Widerspruch zur vorhergehenden.

Die statistischen Angaben über rasches Wachstum der Bevölkerung sind erfreulich. Als die Indian Agency nach verheerenden Epidemien, vor allem Masern und Pocken, am Ende des vorigen Jahrhunderts kaum noch 1400 Hopi zählte, war mit dem baldigen Verschwinden des Volkes zu rechnen. Aber die Hopi erholten sich und hatten, bis 1960, wieder eine Gesamtzahl von 6000 erreicht. Inzwischen sind weitere 3000 hinzugekommen, und das sind für die relativ geringe Fläche des Reservats bei weitem zu viele. Von der Weidewirtschaft und den Erträgnissen ihrer Äcker und Felder mit so kargem Boden können 9000 Hopi nicht leben.

So haben fast 2000 von ihnen die angestammte Heimat für immer verlassen, fast ebenso viele arbeiten gegen Lohn in der weiteren Umgebung. Diese und viele der Ausgewanderten erscheinen jedoch besuchsweise zu den Festlichkeiten ihres Clan*.

---

* Da bei uns, wie überhaupt in Europa, die Überzeugung weit verbreitet ist, daß die Indianer Nordamerikas dicht vor ihrem endgültigen Verschwinden stehen, möchte ich auch bei dieser Gelegenheit sagen: Nach allen noch vorhandenen Berichten, die aus spanischer, mexikanischer und den Anfängen der amerikanischen Zeit erhalten sind, gibt es heute wahrscheinlich ebenso viele »Rothäute« wie beim ersten Auftauchen des weißen Mannes. Einige indianische Völkerschaften, besonders im Osten der USA, im Mittleren Westen und Kalifornien, sind zwar verschwunden, aber die bei Beginn unseres Jahrhunderts überlebenden Stämme und Stammesgruppen haben sich in geradezu verblüffender Weise von den Aderlässen im vorigen Jahrhundert erholt. Für Kanada, Alaska und die USA ist zur Zeit mit etwas über einer Million Indianer zu rechnen. Allerdings läßt ihre wirtschaftliche Lage in den meisten Fällen zu wünschen übrig.

Die Hopi leben in zwölf Dörfern, die früher keine gemeinsame Verwaltung besaßen. Statt dessen gibt es eine Vielzahl von sogenannten Clans, die enge religiöse Gemeinschaften bilden, auch wenn sie nicht am gleichen Platz beisammen wohnen.

An Weidetieren, so lese ich auf den informativen Blättern des Indian Agent, besitzen die Hopi ungefähr 4000 Rinder, 5000 Schafe, 700 Pferde, 100 Maultiere, 200 Ziegen sowie eine unbestimmte Zahl von Eseln, Schweinen und Geflügel. Nur etwa 2000 Hektar können als Felder, Äcker und Gemüsegärten genutzt werden. Mais, Bohnen, Melonen, Kürbisse, einige Obstsorten und Salate sind alles, was der sandige, steinige Boden hervorbringt. Auch das nur, wenn ihm genügend Wasser zugeführt wird. Durch kunstvolle Weberei, durch Silberschmiedearbeiten und eine besondere Art von Keramik wird zusätzlich Geld verdient. Dafür verlangen die Hopi gesalzene Preise, finden aber in den Souvenirläden der Touristenzentren, außerhalb der eigenen Reservation, willige Käufer. Die Sachen sind sehr schön gearbeitet, haben ihren eigenen Stil und tragen eine Garantiemarke, daß sie wirklich von den Hopi stammen, von einer bestimmten Person in diesem oder jenem Dorf.

Wohlgemerkt, all diese handwerklichen Künste wurden erst während der letzten beiden Generationen entwickelt, sind also keine alte indianische Tradition. Nur die berühmten Kachina-Puppen sind seit Urzeiten überlieferte Kleinkunstwerke der angestammten Kultur. Man erkennt darin bis ins letzte Detail originalgetreue Nachbildungen von ungefähr 200 verschiedene Geistergestalten des alten Hopi-Glaubens.

Nicht erst im Zuge des »Indian Revival« hat sich das seltsame Volk der Hopi wieder seiner angestammten Religion erinnert, sondern war seinem Glauben an den Naturschöpfer und dessen Hilfsgeister niemals untreu geworden. Auch nach eifrigsten Bemühungen während drei Jahrhunderten ist es den Missionaren verschiedenster Bekenntnisse nicht gelungen, mehr als 10 Prozent der Hopi zu christianisieren. Selbst die amtliche Verlautbarung der Indian Agency vertritt die Meinung, daß man alle Angaben über christlich getaufte Hopi mit Fragezeichen versehen muß.

Von einem Stamm der Hopi zu sprechen wäre falsch, ebenso von einem Hopi-Staat im Staate Arizona. Dazu würde ein Chef, ein Präsident, ein Oberhäuptling oder sonst eine leitende Person gehören. Dergleichen haben die Hopi nie gekannt. Sie nennen sich »Nation«, um ein für unsere Begriffe passendes Wort zu wählen. Diese »Hopi-Nation« besteht aus 12 Dörfern, 20 Clans und 350 Familiensippen. Die Häupter der Clans sind gleichzeitig Priester, Medizinmänner und Vorsteher in den Kiwas, den unterirdischen Kulträumen. Ihr religiöser Einfluß ist bedeutender und wichtiger als der »irdische Rang«. Auf Beamte, Bürgermeister, Parlamentarier und allen sonstigen amtlichen Zauber können die Hopi verzichten. Sämtliche Fragen gemeinsamen Interesses werden im Rahmen ihres intensiven religiösen Lebens geregelt. Wie das geschieht, auf welche Weise die Lösung einer Streitfrage zustande kommt, hat bis heute kein weißer Mann erfahren. Die Hopi sagen nur, man habe nach dem Anhören aller Ansichten aus Gründen reiner, von den guten Geistern erleuchteter Vernunft den entsprechenden Beschluß gefaßt, und zwar einstimmig.

Weil sich die Amerikaner mit solcher Art undurchsichtiger Demokratie nicht zufriedengaben, befahlen sie den Hopi, in freier, geheimer, gleichberechtigter Wahl ihre Vertreter für einen Stammesrat zu bestimmen, für das Tribal Council. Dies geschah zum erstenmal 1936, und seitdem wird allein das Tribal Council von der Indian Agency als »Regierung des Hopi-Reservats« anerkannt. Nur mit dieser Gruppe wird verhandelt, vereinbart und mit ihrer Hilfe verordnet. Andere Kontakte, andere Möglichkeiten, den Willen des Hopi-Volkes zu erfahren, hat der Indian Agent nicht. Leider aber haftet dem Tribal Council der Schönheitsfehler an, daß sich an seiner Wahl nur drei Prozent der Stimmberechtigten beteiligt haben ... tatsächlich nur drei Prozent!

Noch in unserer Zeit, noch in diesem Jahr betrachten sich die Hopi als »freie Nation«, die durch keinen Vertrag an die Vereinigten Staaten von Amerika gebunden ist. Sie nehmen zwar viele Vorteile, vor allem finanzieller und technischer Art, sowie Schulen, Hospitäler und dergleichen von der Indian Agency in Anspruch, dulden aber keinen Versuch der Einmischung in Angelegenheiten, die sie für ihre eigenen halten. So hat bisher kein Hopi an einem Krieg der Vereinigten Staaten gegen irgend jemanden teilgenommen! Mit Schreiben vom 13. August 1946 an den amerikanischen Präsidenten Harry S. Truman haben die Clan-Führer der Hopi erklärt, daß »ihre Nation« nichts mit dem Atlantik-Pakt und mit der NATO zu tun habe. Als absolut friedliches Volk seit Beginn der Schöpfung betrachten die Hopi alle Völker, Rassen und Nationen als ihre Brüder.

»Wir sind noch immer eine souveräne Nation«, liest man in dem bemerkenswerten Schreiben, »wir haben freiwillig nicht das geringste unserer Rechte an einen fremden Staat abgetreten. Wir Hopi waren das erste Menschenvolk in diesem Land, das Sie, Herr Präsident, Amerika nennen. Dagegen sind die Weißen als letztes Volk an unsere Küste gekommen. Wir bitten Sie, Herr Präsident, über diese unsere Worte ernsthaft nachzudenken.«

Leider ist nicht bekannt, ob Präsident Harry S. Truman darüber nachdachte. Aber zweifellos zeugt dieses Schreiben der Hopi von Verstand und Rechtsgefühl.

»Also gut«, meint Spotty, »wir respektieren die freie Nation, so ruhig und höflich, wie das unsere Art ist, werden wir den Hopi gegenübertreten.«

Wir rollen vom Campingplatz auf schmalem, steinigem Weg zur asphaltierten Hauptstraße. Sie ist zur Zeit ohne Verkehr, windet sich in vielen Kurven um rosarote Felsblöcke und läuft sodann geradeaus über flaches Grasland, das von braunen, windzerzausten Dornbüschen durchsetzt ist. Hier eine Schafherde, am Horizont eine andere. In kleinen Gruppen grasende Pferde und Rinder auf viele Quadratkilometer verteilt. Menschen sehen wir so gut wie keine. Aber in der nächsten Mulde, wo man vermutlich Wasser schöpfen kann, lagert eine Familie mit Maultieren, einigen Ziegen und struppigen Hunden.

Es fällt schwer zu glauben, daß in dieser sandigen, wasserarmen, glanzlosen Gegend eine der geistig bemerkenswertesten Kulturen Nordamerikas entstanden ist und noch heute ihr Eigenleben fortführt.

Die Mesas erheben sich wie Tische aus der Ebene, und zwar wie Tische, deren faltenreiches Tischtuch bis auf den Fußboden herunter reicht. Mesa, das spanische Wort für Tisch, ist gerade hier eine zutreffende Bezeichnung. Schon die ersten Entdecker weißer Hautfarbe hielten »Mesa« für die beste Beschreibung dieser oder ähnlicher Felsformationen.

So kommen wir zum Fuß der Ersten Mesa, wobei »Erste« sowohl als gewöhnliche wie offizielle Bezeichnung des Tafelberges gebraucht wird. Danach folgen andere, gleichfalls mit Nummern bedachte Mesas. Drei Dörfer trägt die Mesa Nummer Eins. Noch nicht lange führt eine schmale Straße in Haarnadelkurven nach oben. Palacca heißt die Siedlung drunten. Alles gibt es dort, was einfache Menschen für gewöhnlich brauchen, also auch den Kaufladen, die Schule, das Pumpwerk und eine Tankstelle. Palacca, genauer gesagt Kirkland Palacca, heißt auch der pensionierte Polizist, den wir nach Meinung des Indian Agent aufsuchen sollen. Er ist Chef eines Clan, Mitglied des Tribal Council und Großvater einer zahlreichen Familie. Hier unten, in dem Ort seines Namens wohnt er nicht, sondern in Sichomovi, im ersten Dorf ganz oben auf der Mesa. Die Oberfläche dieses »Tisches« liegt etwa 400 Meter über der Ebene. Wir haben schon fast die Höhe erreicht, als eine Gruppe altersgrauer Hopi-Häuser wie Adlernester an der Mesa-Kante erscheinen.

»Das lohnt ein paar Fotos«, meint Spotty, und ich stoppe den Wagen. Erst die Bremse fest anziehen und Vorderräder seitwärtsdrehen, damit der Wagen bei etwaigem Abrollen gleich an die Felswand stößt. Sodann mit der Kamera hinaus. Aber da stehen wir vor einer quadratmetergroßen Tafel, die mit strengen Worten verbietet, von hier aus irgend etwas zu fotografieren oder sonstwie abzubilden. Man möge nicht erst um Erlaubnis fragen, da sie keinesfalls erteilt wird.

Dennoch wage ich ein Foto des fremdenfeindlichen Verbots. Dann verschwinden unsere Apparate im Handschuhkasten. Nur mit besten Absichten fahren wir weiter bergauf. Im nächsten Dorf, mit Namen Hano, leben nach Auskunft meiner Unterlagen die Nachkommen der Tewa. Das ist ein mit den Hopi nicht verwandtes, zahlenmäßig nur winzig kleines Volk der alten Pueblo-Kultur. Es hatte sich mit Zustimmung der hilfsbereiten Hopi vor den ständigen Raubzügen der Navajo auf die Erste Mesa gerettet. Schon vor einem halben Jahrtausend soll das geschehen sein, dennoch wurden die Tewa nicht von den Hopi integriert.

Sogar ihre eigene Sprache haben sich die Tewa bewahrt sowie andere Eigenarten, über die ich keine Auskunft erhielt.

In allen drei Dörfern der Mesa die gleiche Bauweise wie sonst in anderen Ortschaften des Hopi-Landes. Es sind quadratische, aus rotbraunem Stein oder Lehmziegeln errichtete Häuser mit flachem Dach und verhältnismäßig kleinen Fenstern. Manche haben zwei und sogar drei Etagen, wobei sehr oft die zweite Etage zurückgesetzt ist. So kann das flache Dach des unteren Raumes als Terrasse fürs obere Stockwerk dienen. Ziemlich starke, meist krumme Holzstämme versteifen die Wände, halten das begehbare Dach und ragen über die Hauskanten vor. Alles mögliche Gerät ist daran aufgehängt. Sehr dicht stehen die Häuser zusammen, vielfach ohne die geringste Lücke dazwischen. Da manche auf Felsblöcken errichtet sind, entsteht der Eindruck des Burgenbaus. Nur die Fahrstraße führt mitten hindurch. Nur Fußgänger können die anderen schmalen Gassen benützen, außerdem natürlich die meist wohlgenährten Hunde, Gänse und Hühner. Was die altertümliche, ja urzeitliche Wirkung stört, sind die Drähte der elektrischen Stromversorgung und die Antennen auf vielen Dächern. Aber warum sollten die Hopi zugunsten romantisch veranlagter Besucher in einem völkerkundlichen Museum leben?

Unser freundlicher Gruß wird nicht oder nur selten beantwortet. Es läßt sich kaum verkennen, daß man uns den Rücken zuwendet oder ins Haus verschwindet. Erst nach vier- oder fünfmaligem Fragen erhalten wir Auskunft über die Wohnung des »Councilman« Kirkland Palacca.

Er hat schon erfahren, daß zwei Bleichgesichter nach ihm suchen. Leicht vorgebeugt und mißtrauisch steht er in seiner niederen Tür. Auf siebzig könnte man ihn schätzen, aber wie Palacca uns später sagt, ist er nur wenig über sechzig. Die Empfehlung McIntoshs löst seine Zurückhaltung. Noch freier, ja geradezu vertraulich wird seltsamerweise das Verhalten des einflußreichen Hopi-Mannes, als er hört, daß ich aus Deutschland komme. Warum das so ist, haben wir am Ende unseres Besuches erfahren.

Das Haus des würdigen Councilman erscheint drinnen viel größer als von draußen. Drei, vier, fünf ziemlich weite Räume folgen einander. Hochgewachsene Besucher müssen ständig aufpassen, daß sie nicht mit ihren Köpfen an die Balken stoßen. Die engen Fenster in halbmeterdicken Mauern lassen nur wenig Licht herein. Aber die weißgetünchten Wände sorgen für eine gerade noch reichende Helligkeit. Sicher schon seit Generationen im Gebrauch sind die einfachen Möbel. Zwei geschnitzte Truhen und ein breiter Sessel vor dem offenen Feuerplatz verraten spanischen Einfluß. Sonst Messingbetten, einfache Hocker, abgewetzte Bänke, ebenso bunte wie billige Lampenschirme, offene Geschirrschränke und verschiedenster Hausrat in den Ecken. Unwillkürlich suche ich nach Heiligenbildern, wie man sie nach alter Gewohnheit in solch einem ans traditionelle Spanien erinnernden Haus vermutet. Doch es gibt keinen Herrgottswinkel, auch kein anderes frommes Bild. Natürlich nicht, wir sind bei den Hopi, den unwandelbarsten »Heiden« in Nordamerika.

Die Decke auf dem Tisch ist aus Plastik. Die Hausfrau hantiert an einem mit Liquigas betriebenen Küchenherd. Ein quietschendes Radio ist auch vorhanden, ebenso eine Tiefkühltruhe und modernes Kinderspielzeug.

Obwohl selbst über sechzig, hat Kirkland Palacca noch seine Mutter. Auch mehrere Verwandte leben im Familienhaus, natürlich auch die Ehefrau Palaccas, ein paar erwachsene Kinder und deren Kinder. So kommt eine stattliche Zahl von Angehörigen zusammen. Aber wie er sagt, sind viele Mitglieder seiner Sippe »draußen« beschäftigt, also zumindest während der ganzen Woche abwesend. Zu sagen, wieviele Köpfe seine Sippe zählt, ist Palacca nicht imstande. Es handelt sich, wie er darlegt, um den Bären-Clan, dem ersten und einflußreichsten des Hopi-Volkes.

Die freundliche, wohlgenährte Frau bringt uns einen Stapel hauchdünner, federleichter, grasgrüner Brotblätter. Es ist gewiß ein haltbares, gesundes und einfach zu transportierendes Nahrungsmittel, schmeckt aber nach gar nichts. Pilki wird das Zeug von den Hopi genannt, sofern ich es noch richtig im Gedächtnis behalten habe. Die Schafhirten und die berittenen Viehtreiber nehmen Pilki mit, wenn sie lange von zu Hause fortbleiben.

Palacca hat gleich begriffen, was wir wollen. So verlassen wir sein Haus für einen Rundgang durch alle drei Dörfer. Ich könnte mir nicht so bald merken, wo Hano aufhört und Sichomovi beginnt. Alles sieht für unsere Augen gleich aus. Für Palacca jedoch besteht eine klare Trennungslinie. In Hano grüßt er die Leute nur mit Kopfnicken, aber in Sichomovi mit Namen und freundlichen Worten. Mißbilligung in seiner Stimme, weist er darauf hin, daß sich die Tewa in Hano der häßlichen Plastiktücher bedienen, um ihre Dächer wasserdicht zu halten. Die Leute seien faul geworden und hätten keine Lust mehr, die Dächer alle Jahre wieder mit Lehm und Stroh dicht zu machen. So sei es früher der Brauch gewesen und sollte es eigentlich bleiben.

Die Menschen bewegen sich ohne Eile, die Frauen meist in dunklen, bodenlangen Röcken und weiten Blusen in helleren Farben. Die Männer tragen gleiche Arbeitskleidung, wie es bei den Bleichgesichtern üblich ist. Die Frauen haben sich oft mit einem bunten Kopftuch geschmückt, die Männer mit einem Stirnband. Wie bei fast allen Indianern reicht die Hautfarbe von sandfarbenem Braun über Hirschlederbraun bis Dunkelbraun. Bei älteren Leuten könnte wohl in vielen Fällen die Farbe heller sein, würden sie gelegentlich eine Waschung vornehmen. Die Kinder scheinen recht ruhig für unsere Begriffe. Sie starren uns nicht neugierig an, schauen aber lange hinter den Fremden her.

Vom Plateau der Mesa genießen wir einen weiten, sehr weiten Blick über die Steppe, die wenigen Felder und die trockenen Flußtäler, bis hinüber zu anderen bewohnten wie auch unbewohnten Mesas. Schaut man direkt hinunter zum Fuß der Ersten Mesa, liegt da ein ringförmiger Schuttabladewall der übelsten Art. Die Dorfbewohner entledigen sich des gesamten Mülls ihrer Haushalte auf die einfachste Art. Als früher die Verpackung nur aus Pappe, Papier und Holz bestand, löste sich alles nach einiger Zeit von selber auf. Aber Flaschen, Konserven, Silberfolie, Plastik und ähnliches Material sind unvergänglich.

Palacca führt uns zu einem Künstler der Kachina-Puppen. Das Schmetterlingsmädchen – »Palikmama« in der Hopi-Sprache –, woran der Hersteller gerade arbeitet, soll 200 Dollar kosten. Handeln darf man mit den Hopi nicht, entweder voll bezahlen oder verzichten ist die Regel. Einer alten Frau mit ihrer Tochter sehen wir beim Bemalen von Töpfen zu. Alles geschieht noch mit der Hand, vom Mischen und Kneten des Tons bis zum Brennen im eigenen Ofen. Auch hier sind für fertige Produkte die Preise hoch, in vielen Fällen erschreckend hoch. Aber warum soll man billig sein, wenn es Interessenten gibt, die sich das Kunstwerk so viel kosten lassen? Direkt wie auch indirekt leben alle Hopi weitgehend vom Kunsthandwerk. Sonst könnten sie meines Erachtens nicht ein im Durchschnitt so relativ wohlhabendes Leben führen. Später sehen wir bei den Feinkunstschmieden, die eigens dafür in einer Schule ausgebildet werden, recht hübsche und teilweise ausgesprochen schöne Silberschmucksachen. Aber selbst wenn der Schmuck aus reinem Gold wäre, fände ich die verlangten Preise viel zu hoch.

Palacca bleibt vor einem Zementblock von etwa drei Meter Höhe stehen und weist auf eine verschlossene Stahltür. Summen und Brausen läßt sich darin vernehmen.

»Schön ist es nicht, aber eine große, sehr große Hilfe«, sagt er zufrieden. »Unsere Wasserpumpe haben wir erst seit sieben Jahren, und damit wird vor allem den Frauen geholfen.«

Es waren nämlich die Frauen, zu deren Pflicht es Tag für Tag gehört hat, die schweren Wasserkannen zu schleppen. Bevor es die Straße gab, stiegen die armen Weiber auf wackligen Leitern 400 Meter tief hinunter, wanderten zu einem

Rechts unten: Das alte Oraibi, ein anderes Hopi-Dorf, ist schon seit langem für fremde Besucher ebenso streng wie ausnahmslos gesperrt. Gern hätten Behörden wie Unternehmen des Tourismus Alt-Oraibi zu einem Mittelpunkt des Besucherstromes gemacht, denn es ist nachweislich die älteste dauernd bewohnte Ortschaft Nordamerikas, seit etwa sieben Jahrhunderten. Die Aufnahme stammt aus dem Jahr 1897.

Nächste Seite oben: Diese alte, 1831 vom englischen König William IV. eingeweihte Themse-Brücke spannt sich über einen künstlich geschaffenen Arm des Colorado River. Die Brücke wurde als Touristenattraktion hierher versetzt.

Nächste Seite links und rechts unten: Wer die auf Wüstenland gebaute Seniorenstadt Havasu City besucht, muß glauben, im alten London zu sein. Der typische London-Bus ist mit bekannten Londoner Straßen beschriftet, auch die Straßenlampen, Telefonzellen und Parkbänke stammen aus London.

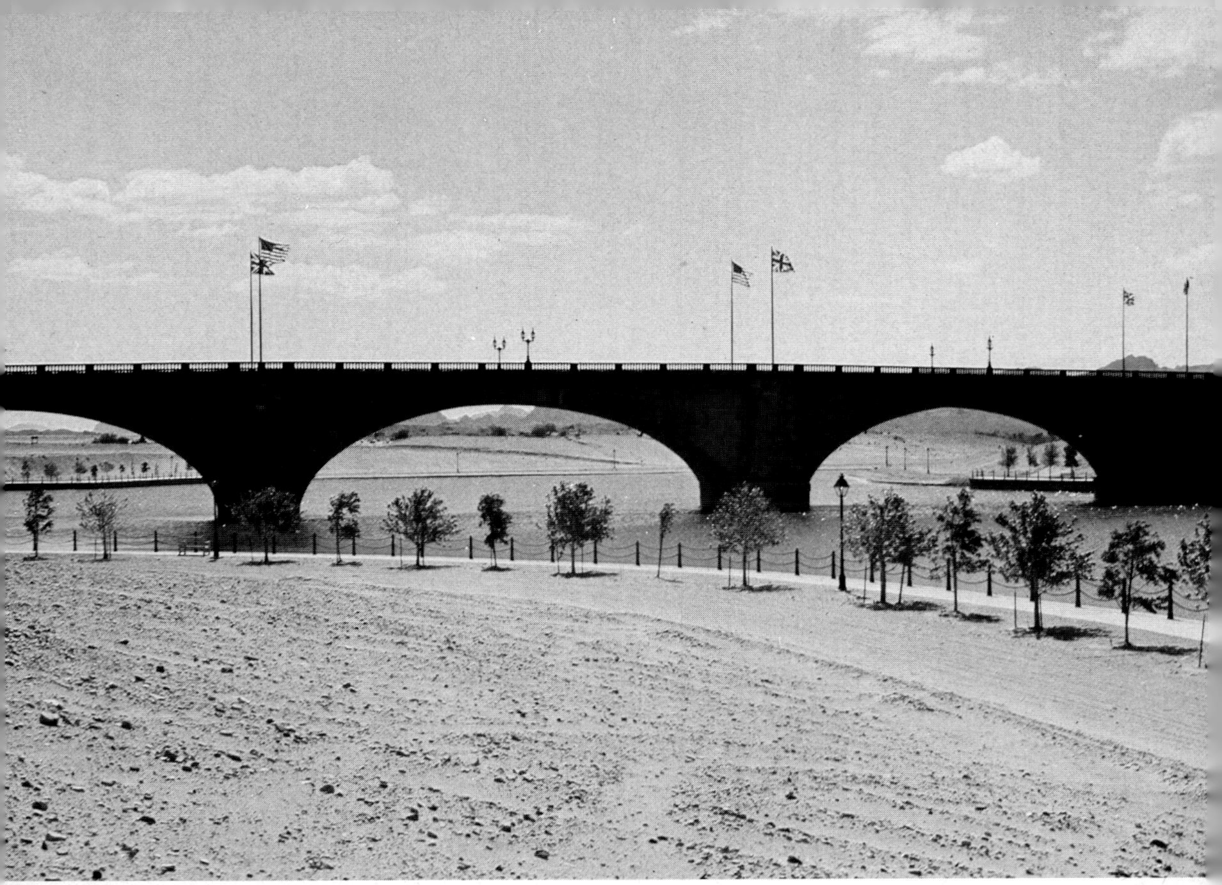

Marylebone Oxford Cir.
Charing + Millbank
Kennington Oval
Brixton Streatham
77c
WATERLOO
77c
NLE 875

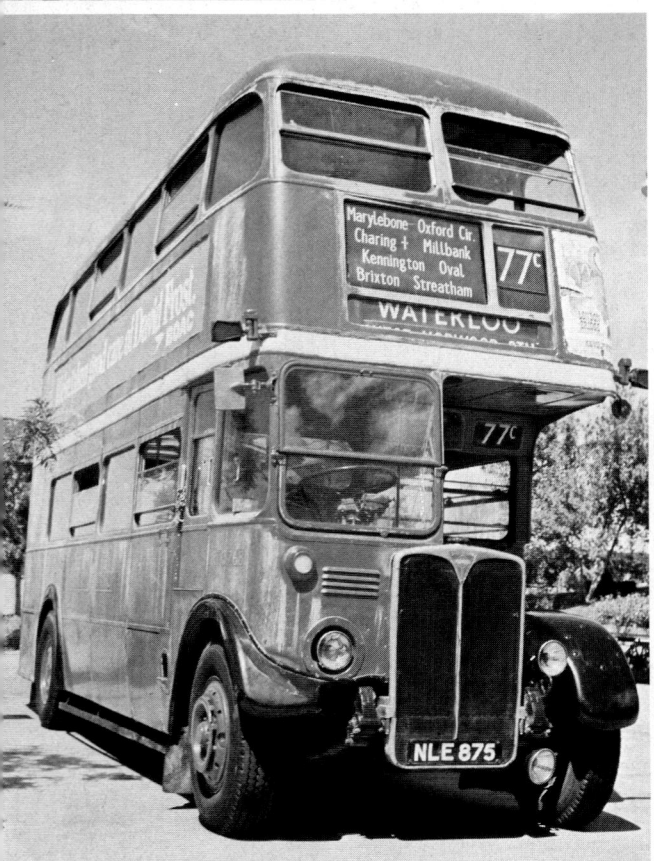

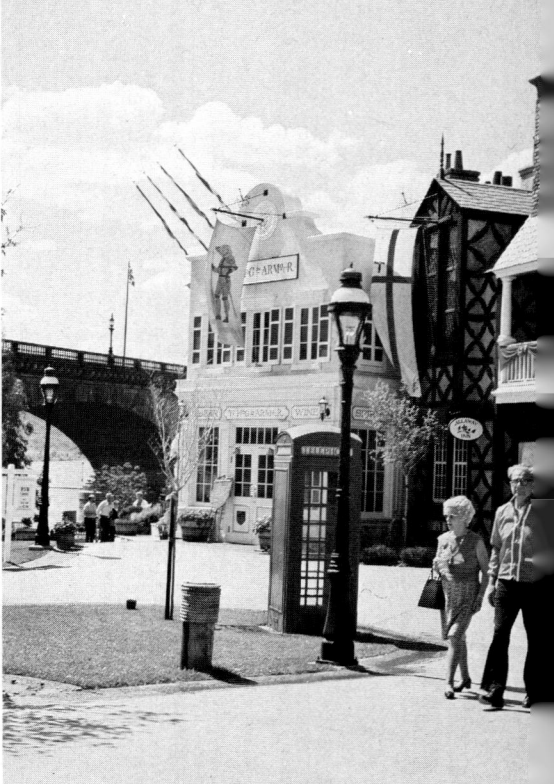

Bach und kletterten sodann mit der schweren Bürde auf dem Traggestell wieder zur Mesa hinauf. Damit waren täglich zwei bis drei Stunden vertan, die harte Arbeit nicht gerechnet. Auch die Männer hatten ihre Last, denn sie mußten das Brennholz fürs Kochen und im Winter auch fürs Beheizen des Hauses beschaffen. Hinzu kamen die mühsame Feldarbeit, die ständige Pflege der Wassergräben und natürlich das Hinaufbringen der Ernte. Drunten war ja vor den langen Fingern der Navajo gar nichts sicher.

»Wenn es mit den Räubern gar zu schlimm wurde«, sagt Kirkland Palacca, »haben unsere Vorfahren auch die Schafe, das Vieh und die Pferde an Stricken auf die Mesa gezogen. Aber lange konnte man sie oben nicht behalten, weil es an Futter fehlte.«

So haben sie gelebt, so schwer waren die Zeiten, bevor ihnen der weiße Mann den Fortschritt brachte. Ich mache eine Bemerkung dieser Art, und Palacca meint darauf, ihm seien die Vorteile der neuen Zeit wohl bewußt. Eben deshalb sei er Mitglied des Tribal Council und arbeite vertrauensvoll mit den weißen Beamten der Indian Agency zusammen. Aber dies werde ihm von vielen, gelegentlich von den meisten Stammesgenossen übelgenommen.

So hören wir erstmals von der Spaltung im Lager der Hopi, von dem unheilbaren Bruch zwischen den »Fortschrittlichen« und den »Konservativen«! Wir sollen es gleich noch deutlicher merken.

Am westlichen Ende von Sichomovi verengt sich die Erste Mesa zu einem schmalen, flachen Grat von kaum zehn Meter Breite. Auf einer großen Holztafel wird in holprigem Englisch das Weiterfahren streng verboten. Dahinter, wo sich die Mesa wieder ausbreitet, beginnt das uralte Dorf Walpi. Es hat sich, wie die Aufnahme eines Fotografen aus dem Jahre 1898 beweist, während der langen Zeit von damals bis heute nicht verändert. Es ist kaum zu glauben, aber doch eine Tatsache, daß auf den Dächern von Walpi keine einzige Antenne zu sehen ist. Kein Draht durchzieht die Ortschaft, keine elektrische Lampe ist zu sehen. Die Bewohner von Walpi, absolut überzeugte »Konservative«, besser gesagt: der alten Tradition treu verbundene Menschen, wollen mit der Zivilisation des weißen Mannes nicht das geringste zu tun haben. Also kein Strom, kein Gas, kein Motor und kein bedrucktes Papier, weil es doch nur Lügen enthält. Im übrigen möglichst wenig Kontakt mit Bleichgesichtern.

»Holen die Frauen von Walpi noch das Wasser über Leitern herauf«, frage ich unseren Freund Palacca, »und wie halten es die Männer mit dem Brennholz?«

Ganz so stur halten sie doch nicht fest an der Vergangenheit. Die Frauen holen das Wasser von der Pumpstation in Sichomovi, aber eine Leitung lassen sie nicht nach Walpi hinein. Noch immer werden die Feuerstellen mit Holz versorgt, aber ein Lkw bringt es bis zum Eingang des Dorfes. Die Keramik und ebenso die Kachina-Puppen aus Walpi sind wegen ihrer streng traditionellen Ausführung bei Sammlern besonders begehrt. Dies sichert auch den Bewohnern von Walpi die materielle Existenz. Mehr als 150 bis 200 Menschen können meines Erachtens in dem burgähnlich angelegten Dorf nicht existieren. Es fehlt der Platz für Bevölkerungszuwachs. Schmal wie ein Schiffsbug endet die Erste Mesa gleich nach dem letzten Haus. Es grüßt uns niemand, als wir das Dorf betreten. Die Leute verschwinden bei unserem Anblick. Eine unheimliche Stimmung, absolute Ruhe und Abkehr von der Außenwelt. Es will mir scheinen, als machten wir bei den Walpi einen Besuch im zurückliegenden, weithin noch unbekannten Mittelalter der Indianer.

Palacca redet nicht mehr, sondern flüstert.

»Hier das Heiligste von Walpi, der Schlangenaltar . . ., ein ganz alter, sehr alter Hopi-Tempel.«

Es fehlt im Englischen die richtige Bezeichnung dafür. Ich weiß auch nicht, wie man das Ding auf deutsch nennen könnte. Es steht vor uns, vielleicht drei Meter hoch und ein Meter im Durchmesser, der stumpfe Kegel aus gewachsenem, rotbraunem Stein. Er ist oben breiter als unten, von Menschenhand aber nur wenig bearbeitet. In der Mitte eine halbmeterhohe Höhlung, worin sich zwei kleine und eine größere Steinfigur befinden. Alle drei mit verblaßten Federn und Fetzen ehemals bunter Stoffe umwickelt. Nichts, aber gar nichts Besonderes läßt sich erkennen. Dennoch ist das Gebilde, nicht nur für die Bewohner von Walpi, sondern fürs gesamte Hopi-Volk ein bedeutsames Heiligtum. Hier versammeln sich zu bestimmten Zeiten viele hundert Menschen, um ihre religiösen Riten abzuhalten, die zwar mit Tänzen verbunden sind, aber von den Weißen zu Unrecht »Schlangentanz« genannt werden. Nur für einen Teil der Zeremonie hat man seinerzeit fremde Besucher zugelassen. Die Hauptsache geschah und geschieht vor wenigen Auserwählten, nur vor Eingeweihten in der Kiwa. Auch von den Hopi weiß die Mehrheit nicht, was in den verdunkelten, von Rauch erfüllten unterirdischen Räumen vor sich geht. Kein fremder Indianer, erst recht kein Weißer hat jemals dabei zugesehen. Ebenso unbekannt ist die Bedeutung der einzelnen Riten. Kein Geheimnis jedoch machen die Hopi aus dem Zweck ihres Bemühens. All die verschiedenen Rituale der ungefähr zwanzig Hopi-Clans dienen dem Erreichen des »Einklangs« der Menschen mit dem Universum. Wenn das gelingt, so fällt der Regen zur rechten Zeit, die Ernte wird für das

Hopi-Volk genügen, die Krankheiten halten sich in Grenzen und schlimme Plagen durch Natur oder Menschen bleiben aus.

»Wir Hopi glauben an einen einzigen Weltenschöpfer«, sagt leise unser Begleiter, »er hat sehr viele Gehilfen und Heilige. Auch gute, schlechte, spottlustige, freundliche und böse Geister gibt es in seinem Universum. Aber nur er, der Große, der über allen schwebende Schöpfer ist maßgebend für die ganze Welt.«

Palacca sucht nach passenden englischen Worten, um auszudrücken, was wir doch nicht verstehen. Klar ist mir nur eins, nämlich daß die Hopi wirkliche Monotheisten sind. Weitere hat es vor Ankunft der Weißen in ganz Amerika nicht gegeben. Der Glaube an einen Schöpfer, an den einen und alleinigen Gott, setzt eine verhältnismäßig hohe Geisteskultur voraus. Die Anhänger des Zarathustra, heute zumeist Parsen genannt, haben vermutlich als erste an *einen* Schöpfer geglaubt. Sodann die Juden, die Christen und die Gläubigen des Islam. In eben diese Reihe gehören die Hopi, das fanatisch friedlichste Volk auf Erden.

»Weg von hier«, kreischt wütend ein fettes Weib, »weg mit euch verdammten Weißen aus unserem Walpi! Natürlich wieder mit Palacca, dem Councilman, dem Nachläufer der Anglos!«

Was noch folgt, wird in der Hopi-Sprache geschrien und ist offenbar an die Adresse unseres Begleiters gerichtet. Palacca zittert vor Zorn und Beschämung. Ein beleibter Mann gesellt sich zu der aufgebrachten Frau. Beide schimpfen vereint von den Stufen ihres Steinhauses herab.

Sobald eine Pause zum Luftholen nötig wird, versuche ich mit höflichen Worten die Wut der beiden Walpi zu besänftigen. Unsere besten Absichten beteuernd, bitte ich, das Vergehen zu entschuldigen, will es gewiß nicht wiederholen und sogleich den heiligen Platz verlassen.

»Nun ja, euch entschuldigen wir«, sagt die Frau wie verwandelt, »meinetwegen könnt ihr noch ein paar Minuten bleiben, aber ohne den verfluchten Councilman, den Stiefellecker der Anglos.«

»Das scheußliche Weib ist verrückt«, sagt Palacca, als wir den Platz verlassen. »Sie gehört zur Red Power, der rassistischen Indianerbewegung. Ich hab' sehr viel Ärger mit der vollgefressenen Familie. Sie hassen die Anglos, die Amerikaner, meine ich.«

Später erfahren wir, was der eigentliche Grund des schrecklichen Schimpfkonzertes gewesen ist, nämlich das Aufeinanderprallen der beiden Extreme im gespaltenen Hopi-Volk. Freund Palacca repräsentiert mit bester Absicht die unvermeidliche Anpassung, das notwendige Fortschreiten in die moderne Zeit.

127

Wogegen die Bewohner von Walpi, und besonders das keifende Ehepaar, jede, auch die geringste Konzession an die verwandelte Welt ablehnen. Obwohl die Frau im College war und vollendet Englisch spricht und keift, schickt sie die eigenen Kinder nicht zur Schule. Da würden sie nur dem echten Hopi-Geist entfremdet. Sie lehnt jede der kostenfreien medizinischen Untersuchungen ab, will kein Kindergeld und auch sonst nicht das geringste vom Staat der Weißen haben. Für ihren Unterhalt sorgt das Kunsthandwerk, denn gerade von ihr stammen die besten und bestbezahlten Kachina-Puppen, bezahlt von den verhaßten Anglos.

Palacca ist sehr bedrückt, solange wir noch durch Walpi bummeln. Flüsternd zeigt er uns andere, kleinere Altäre und die Eingänge zu verschiedenen Kiwas, die man nur über eine nach unten führende Leiter erreicht. Erst in Sichomovi kann unser geschmähter Begleiter freier atmen.

Er geht mit uns durch Hinterhöfe, und wir stehen auf stillen kleinen Plätzen, wo sich enttäuschend einfache Altäre befinden. Oft sind es nur Erdhügel mit drei oder vier gewöhnlichen Steinen darauf. Aber es kommt bei den Hopi nicht darauf an, was die Augen sehen, sondern woran man an dieser Stelle denkt. Was uns Palacca nicht zu zeigen wagt, obwohl wir darum bitten, ist das Innere einer Kiwa. Jede in Sichomovi gehört einem anderen Clan, und nur dessen eingeweihte Mitglieder dürfen den runden, im Erdboden eingelassenen Raum betreten.

Der Familie Palacca für ihre Gastfreundschaft zu danken und Kirkland Pallaca zu belohnen, ist unmöglich. So schiebe ich heimlich 10 Dollar unter einen Teller.

»Wenn Sie in Mishongnovi sind«, sagt der Concilman beim Abschied, »fragen Sie nach Semungwa. Er weiß sehr viel, und es wird ihn freuen, einen Mann aus Ihrem Land zu sehen . . . er hat dafür einen besonderen Grund.«

Wir kurven vorsichtig ins flache Land hinunter, bleiben etwa 15 Kilometer auf der fast geraden Strecke und fahren dann in Serpentinen auf die Zweite Mesa hinauf. Sie besteht aus drei Etagen, von denen Mishongnovi die höchste und als menschliche Siedlung die älteste ist. Aber zunächst wird der Besucher von einem supermodernen, nur einstöckigen Wohnblock in traditioneller Bauweise der Hopi überrascht. Etwa ein Dutzend quadratische, kubische, weißgetünchte Häuser mit flachem Dach, steilen Treppen und gemauerten Terrassen umgeben drei sonnendurchflutete Höfe, in denen noch keine Zeit war, schattenspendende Bäume wachsen zu lassen. Der ganze Komplex ist ein komfortables Motel, das erste und bisher einzige im Hopi-Land, gerade eben eröffnet. Deshalb können wir auf unseren Karten, in Handbüchern des AAA und im Arizona-Highway Booklet nichts darüber entdecken. Für uns eine angenehme Überraschung, daß wir die kommende Nacht nicht mehr im kalten Camper, sondern in einem gut gepflegten Motel verbringen werden.

Nahebei befindet sich das »Arts and Craft Center«, wo man Hopi beiderlei Geschlechts und fast jeden Alters bei der sorgfältigen Handarbeit zuschauen kann. Modernste, auch mit elektrischem Strom betriebene Hilfsmittel werden benutzt. Alle von echten Hopi hergestellte Arbeiten erhalten ihre Garantieplombe mit Kärtchen, worauf der Name und Ort des Herstellers genannt werden, bei den Kachinas auch deren traditionelle Bezeichnung nebst der religiösen Bedeutung. Für die fanatisch konservativen Bewohner von Walpi muß dieser moderne Betrieb ein Greuel sein.

Spotty ist von dem schönen Motel, besonders von dem gut funktionierenden Badezimmer so angetan, daß er seinen Besuch auf der Zweiten Mesa bis zum nächsten Morgen verschieben will. Ein vernünftiger Gedanke, weil es schon langsam zu dämmern beginnt. Ich bin weniger vernünftig, mich zieht es hinauf nach Mishongnovi. Dort gibt es jenen Hopi, der mir nach den Andeutungen von Kirkland Palacca manches zeigen und erzählen kann.

Als ich droben bin und den Wagen am Eingang des Ortes stehen lasse, sehe ich dort einen Menschen von etwa sechzig Jahren auf der Mauer sitzen und in die sinkende Sonne schauen. Es geht mir oft so, daß ich bestimmte Leute erkenne, ohne sie vorher gesehen zu haben und ohne Beschreibung ihrer Person. Dieser Mann ist Semungwa, den ich auf Anraten Palaccas suchen soll.

»Ich habe Sie früher erwartet, aber das macht nichts«, sagt er in leicht fließendem, doch betont amerikanisch gesprochenem Englisch. »Nein, das macht nichts, es ist sogar besser.«

Wir gehen ziemlich steil bergauf durch enge, oft krumme Gassen, vorbei an verlassenen und an noch bewohnten Häusern. Es begegnen uns keine Menschen, nur schnüffelnde Hunde. Wie alle geistergläubigen Völker sind auch die Hopi bei Nacht nicht gerne draußen. Schon bei beginnender Dämmerung sammeln sich nach und nach die Familienmitglieder im sicheren Haus. Semungwa verhält sich zunächst wie ein Fremdenführer, so wie einer, der möglichst rasch sein Pensum hinter sich bringen will.

»Die weißen Männer, ich meine die Spanier«, beginnt er beim Durchwandern von Mishongnovi die Geschichte seines Dorfes zu erzählen, »das heißt die Castillos, erschienen schon 1540 im Land der Hopi. Es waren Kundschafter von Francesco de Coronado, ein Teil von dessen großer, gut ausgerüsteter Expedition. Coronado kam natürlich von Mexiko, auf weiten, sehr weiten Wegen. Er hat das befestigte große Pueblo Hawikut gestürmt, nicht weit vom heutigen Zuni entfernt. Er selbst war dabei verwundet worden und mußte sich in Hawikut pflegen lassen. Er schickte drei seiner Unterführer nach drei verschiedenen Seiten. Es waren tapfere, tüchtige Männer, Pedro de Tovar, der nur siebzehn Reiter und sieben Musketiere bei sich hatte, kam in unser Land, nicht wissend, daß Hopi – die Verkürzung von Hopituk – Friedensmensch bedeutet. Auch verstanden die Castillos nicht, was der weiße Strich zu bedeuten hatte, den unsere Kimongwi über den Boden zogen. Damit wollten unsere Leute sagen: ›Vor dem Strich seid ihr unsere guten Freunde, aber wer darüber geht, den mögen wir nicht.‹ Die Spanier stürmten vor, diese wenigen Weißen gegen viele hundert Hopi. Allein schon die uns völlig unbekannten Pferde erfüllten alle Männer, Frauen und Kinder des Volkes mit Entsetzen. Sie flüchteten hinauf zur Mesa und baten am nächsten Tag die Spanier um Frieden, und in Frieden zogen die weißen Männer wieder ab, beladen mit Mais von unseren Feldern.«

Semungwa kann nicht ahnen, daß mir die Geschichte der Coronado-Expedition in jeder überlieferten Einzelheit recht gut bekannt ist. Darüber habe ich nach meinem ersten Besuch im Südwesten von Arizona ein Buch geschrieben*.

Aber ich lasse ihn gerne sprechen, schon um zu hören, auf welche Art ein Hopi die Geschichte erzählt. Seine Vorfahren gehörten zu den Betroffenen, zu den Unterworfenen. Und er spricht weiter über die folgenden Expeditionen der Spanier, auch von der offiziellen Besitzergreifung des Hopi-Landes für den König von Spanien, so geschehen durch Juan de Oñate im Jahre 1598. Und erzählt dann von den hartnäckigen, meist vergeblichen Versuchen des Franziskanerordens, die Hopi zu christianisieren. Bei diesen historischen Darstellungen Semungwas fällt mir auf, daß er die Spanier relativ milde behandelt, ähnlich wie unser Fahrer und Führer Manuelito im Chelly Canyon – im krassen Gegensatz zur amerikanischen Geschichtskunde, wie sie auch in den Schulen gelehrt wird.

Semungwa betont, wie bald die Spanier begriffen hatten und sehr zu schätzen wußten, daß die Hopi vollkommen friedlich waren. Deshalb legten sie auch keine Garnison ins Land, und kein Gouverneur mischte sich in die Angelegenheiten des Volkes. Sie taten viel Gutes, berichtet Semungwa, denn schon mit den ersten Spaniern gelangten Schafe zu den Hopi. Man brauchte die Wolltiere nicht zu stehlen, sondern erhielt sie durch Tausch gegen Lebensmittel oder für Trägerdienste. Wie damals üblich, wurden Schafherden von den spanischen Truppen

* Hans-Otto Meissner, »Ich fand kein Gold in Arizona«, Cotta Verlag, Stuttgart.

als lebende Verpflegung mitgeführt. Rinder, Pferde, Maultiere, Esel und Ziegen kamen später hinzu. Die Hopi lernten rasch, die Behandlung wie den Nutzen solcher Tiere zu erkennen. Eine wesentliche Verbesserung ihrer Lebenshaltung war die Folge. Sehr zu seinem Bedauern muß aber Semungwa zugeben, daß sich einige Clans der Hopi am großen Pueblo-Aufstand des Jahres 1680 gegen die Spanier beteiligt hatten. Diese überraschend ausgebrochene Revolte aller seßhaften Indianerstämme in den heutigen Staaten Arizona, Texas und Neu-Mexiko hatte durchschlagenden Erfolg. Mehr als 500 Spanier, darunter 21 Missionare, verloren ihr Leben, alle Kirchen und Kapellen wurden zerstört. Jedes Haus und jede Hütte der Weißen ging in Flammen auf, sogar die Stadt Santa Fé verbrannte nach totaler Plünderung bis auf die Grundmauer.

Bis zur Rache und Rückkehr der Spanier vergingen 25 Jahre. Dann hatten die Castillos alles verlorene Gebiet wiedergewonnen, die Rebellen soweit wie möglich bestraft und für 150 Jahre ihre Herrschaft gesichert. Die Hopi wurden zu ihrem eigenen Erstaunen geschont, obwohl Fanatiker aus ihren Reihen vier Priester ermordet hatten. Es war genau dort geschehen, wo noch heute oder heute wieder die fremdenfeindlichste Stimmung herrscht. In Oraibi und Walpi hatte man die fremden Gottesmänner von der Mesa zu Tode gestürzt. Wie die weißen Männer erst viel später erfuhren, waren die kostbaren Kirchengeräte, auch Bibeln und heilige Bücher, ebenso die Kirchenglocken von den Hopi aufbewahrt worden, und zwar in einer danach zugemauerten Kiwa. Die Spanier wußten es nicht und haben nie etwas gefunden*.

Es ist dunkel geworden, nur die hellen Fenster in wenigen Häusern verbreiten noch etwas Licht. Semungwa hat eine Weile nichts mehr gesagt, und auch ich halte es für richtig, zu schweigen. Dann fragt er freundlich, ob ich friere.

Ja, sobald die Sonne fort ist, macht sich die Höhenlage des Hopi-Landes bemerkbar. Leider habe ich die Lammfelljacke, die warmen Handschuhe und die Pelzmütze im Wagen gelassen.

»Nun ja, wir könnten ein Feuer machen«, sagt der Chef des Krähen-Clan und geht auf das Ende einer Leiter zu, die aus dem Boden ragt. Es ist der Abstieg hinunter in eine Kiwa.

Aber irgendwo ist ein Geräusch, als rege sich etwas, und er kommt wieder zurück.

---

* Eine Fußnote im »Buch der Hopi« (von Frank Waters, 1963, Viking Press, New York) besagt, daß ein wesentlicher Teil dieser Gegenstände nach Auskunft des Hopi Homar Nakahoniwa, eines Medizinmannes vom Horn Clan, früher in Oraibi war, sich jetzt aber bei dem gleichen Clan in Hotevilla befindet. Dort werden sie Eingeweihten anläßlich des Wuwuchima-Festes gezeigt.

»Wollen lieber noch warten«, sagt er flüsternd. »Es ist besser, wenn nirgendwo in einem Haus noch Lampen leuchten.«

Wir gehen durch die stillen Gassen, ohne zu sprechen. Mit all seinen Ecken, schmalen Durchlässen ist selbst dieser kleine Ort ein Labyrinth, in dem ich mich verlaufen würde. Aber Semungwa kennt natürlich alle Winkel und findet wieder an den gleichen Platz zurück.

Nirgendwo mehr ein Lichtschein, absolute Ruhe in Mishongnovi.

»Es ist gut jetzt«, sagt Semungwa, »wir können's machen.«

Semungwa* hebt einen mit Teerpappe verkleideten Holzdeckel hoch und steigt wortlos über die Leitersprossen in den nachtschwarzen Hohlraum hinab. Als drunten eine Lampe aufleuchtet, folge ich Semungwa mit Vorsicht. Zunächst kann ich gar nichts sehen als eine Steinbank, die sich entlang der kreisrunden Mauer für eine Versammlung von ungefähr 20 Personen anbietet. Das schwache Licht flackert in einer uralten Ölfunzel aus gebranntem Ton, die auf dem Boden steht. Nach wenigen Minuten knistert Holzfeuer in der Mitte des Raumes. Es ist umgeben von einem Ring sorgfältig behauener Steine, dessen Durchmesser knapp einen Meter beträgt.

»Die alte Kiwa des Krähen-Clan«, sagt Semungwa, »ungefähr 600 Jahre lang wurde sie benutzt, ist jetzt aber zu klein. Wir haben eine neue, diese wird nicht mehr benutzt. Sonst hätte ich Sie nicht hereingebracht.«

Es würde gleich warm, meint der Mann des Krähen-Clan. Wenn man die Klappe nach oben schließt und lange genug hier bliebe, beginne bald das große Schwitzen.

Der Rauch kann aus dem geschlossenen Raum noch leichter abziehen als durch den offenen Einstieg. Denn zu diesem Zweck gibt es unter der Sitzbank eine etwa quadratmetergroße Öffnung. Davor steht eine hüfthohe Ziegelmauer, weniger als zwei Meter breit, deren Bestimmung es ist, die Hitze zu reflektieren. Wie der Rauch seinen Weg um die Mauer herum findet und hinein in den niedrig liegenden Abzug, ohne daß beizende Wolken durch die Kiwa schweben, ist mir bis heute ein Rätsel. Semungwa hat die Luke geschlossen, und sogleich wird die Wärme fühlbar. Da bemerke ich etwa drei Schritt vor der Feuerstelle ein anderes, viel kleineres Loch im Boden. Es muß tief hinabreichen, da sein Ende nicht zu sehen ist.

»Die Verbindung zum Innern der Erde«, erklärt Semungwa, »wir stellen uns vor, daß die Seele der Welt daraus emporsteigt, der heilige Atem Taiowas. Er

---

* Semungwas Namen habe ich aus naheliegenden Gründen geändert, ebenso den Namen seines Clan.

hat durch seinen Geist, durch sein göttliches Geschöpf Sotuknamg den unendlichen Raum geschaffen, der anfangs vollkommen leer war, dann die Welt und alle Gestirne am Himmel.«

Anfangs noch lächelnd, dann ernster werdend und schließlich mit der Stimme tiefer Überzeugung schildert mir Semungwa die Schöpfungsgeschichte der Hopi, danach die Geschichte ihrer Wanderungen in vier Himmelsrichtungen und schließlich auch den Sendungsglauben der Friedlichen.

Es sind Stunden, die man nicht vergessen kann, und es herrscht eine Stimmung in dem unterirdischen Raum, für die sich kein Vergleich denken läßt. Semungwa hockt neben der Feuerstelle, hin und wieder Holzscheite hineinschiebend. Ich sitze ihm gegenüber, an die runde Steinwand gelehnt, und höre zu. Über mir die gewölbte Kuppel der Kiwa mit der schwarzen, von vielen Füßen abgewetzten Leiter. An den Wänden ringsum verblaßte, nicht mehr zu erkennende Bemalung mit Figuren. Von zahlreichen Pflöcken hängen Stoffbündel mit Federn, Stöcke und Maiskolben, auch krumme Steine mit Puppenkleidern und anderes Zeug. Ich nehme an, daß es Symbole für abgeschiedene Geister sind. Lebendige Bedeutung haben sie wohl nicht, weil ja diese Kiwa keinen religiösen Zwecken mehr dient. Der Glaube, die Mythologie und das Sendungsbewußtsein der Hopi wurden schon mehrmals von Theologen, Ethnologen und anderen Forschern geschildert. Aber soviel mir bekannt, hat jeweils einer dieser Autoren den anderen zu widerlegen versucht*. Um auch nur in großen Zügen den Hopi-Glauben darzustellen, wären wohl 300 engbedruckte Seiten notwendig. Deshalb kann ich nur wenige Bemerkungen dazu machen.

Aber ich glaube, sie genügen, um zu zeigen, daß die religiösen Vorstellungen der Hopi mit keiner Überlieferung eines anderen indianischen Volkes übereinstimmen. Mit ihren Traditionen stehen die Hopi im Gegensatz zur sonstigen Urbevölkerung in den drei Teilen Amerikas, dem nördlichen, dem mittleren und dem südlichen Amerika. Die Hopi kennen, was sonst den Urvölkern in der Neuen Welt unbekannt ist, zum Beispiel die Sintflut sowie einen Feuersturm ähnlich dem von Sodom und Gomorrha in der Bibel. Hopi-Legenden berichten von Katastrophen in der Vorzeit, die an Ägyptens Sieben Plagen erinnern. Ebenso wie das Volk Israels im Alten Testament halten sich die Hopi für das Auserwählte Volk des Weltenschöpfers. Ihre Überlieferung spricht von der Rettung einer kleinen Gruppe der Gerechten durch den Bau eines riesigen Floßes, mit dessen Hilfe sie die vernichtende Wasserflut überstanden haben.

* Die wahrscheinlich am besten informierte Quelle ist meines Erachtens »Book of the Hopi« von Frank Waters u. a., darunter einem Hopi, 1963, Viking Press, New York.

Nur in einer Hinsicht gibt es eine begrenzte Verbindung zum Glauben der Maya, Tolteken und Azteken in Mittelamerika. Ebenso wie diese glauben die Hopi noch heute an die »Rückkehr des Weißen Gottes«, bei ihnen Pa'hana genannt. Diese gute, friedliebende Gestalt ist vor undenklichen Zeiten schon einmal bei den Hopi gewesen, hat sie viele Künste gelehrt und beim Fortgang die Wiederkehr versprochen. Aber ganz anders als bei den Kulturvölkern Mittelamerikas war es den Hopi genau bekannt, in welcher Weise sich Pa'hana präsentieren werde. An bestimmten Gesten, besonders an der Art seines Grußes, werde man ihn zweifelsfrei erkennen. Für die Azteken und ihren Kaiser Montezuma war durch Vorhersagen das Jahr 1520 (nach unserer Zeitrechnung) für die Wiederkehr des Weißen Gottes bestimmt.

Als durch einen unglaublichen Zufall gerade um diese Zeit Hernando Cortez und seine Spanier an der mexikanischen Küste erschienen, konnte es sich um niemand anderes handeln als um den heimgekehrten Weißen Gott. Allgemein ist bekannt, wie sehr dieses folgenschwere Mißverständnis den Spaniern die Eroberung Mexikos erleichtert hat. Wie 20 Jahre später Pedro de Tovar bei den Hopi erschien, war ein ähnlicher Irrtum ausgeschlossen. Sie merkten sofort, daß dieser weiße Mann nichts, aber auch gar nichts mit ihrem Pa'hana zu tun hatte. Dieser ist bis heute ausgeblieben, aber nach wie vor sind die Hopi des festen Glaubens, daß doch eines Tages ihr Retter erscheinen wird.

Nach dem Glauben des einzigartigen Volkes hat es vor unserer Welt schon drei andere gegeben. Jede war besser, schöner und friedlicher als die folgende. Doch wurden alle drei von Taiowa und seinen Gehilfen zerstört, weil die Menschen vergaßen, den göttlichen Geboten zu folgen. Nur eine kleine Schar Edler und Guter hat Taiowa auf verschiedene Weise gerettet, um der Menschheit einen neuen Beginn zu ermöglichen. Doch wurden dabei die Lebensbedingungen immer schwieriger. Bibelfeste Leser werden hier an den Sündenfall und an die Vertreibung aus dem Paradies denken. Es ist bei den Hopi ganz ähnlich, nur daß sie nach ihrem Glauben dreimal sündigten und deshalb dreimal aus den Paradiesen vertrieben wurden. Wie schon erwähnt, sind die Vorfahren aller Indianer und Eskimos des amerikanischen Kontinents über die Beringstraße aus Asien eingewandert. Vor 20000 bis 30000 Jahren soll dies geschehen sein, also relativ spät, wenn man das Alter der Menschheit mit ein bis zwei Millionen Jahre annimmt.

Sofern bei den sehr verschiedenen Indianervölkern und Eskimogruppen urzeitliche Erinnerungen erhalten geblieben sind, geht übereinstimmend daraus hervor, daß sie aus der Kälte kamen. Die Wanderung von Norden nach Süden, die Mitternachtssonne und der lange, stockdunkle Winter werden in den Legenden der Indianer erwähnt.

Nur die Hopi machen eine Ausnahme, die einzige, aber hundertprozentige Abweichung von der eben genannten Regel. Ihre sagenhafte Wanderung führte aus dem Westen über viele Inseln im salzigen Meer zum amerikanischen Kontinent. Einige Forscher sind der festen Meinung, daß sie bei den religiösen Traditionen der Hopi bestimmte Gedanken aus der unergründlich alten Sagenwelt des Iran und Indiens entdeckt haben.

Es ist warm geworden, sogar sehr warm in der früheren Kiwa des Krähen-Clan von Mishongnovi. Jetzt glaube ich gerne, daß man den für Frauen verbotenen heiligen Raum unter anderem als Sauna benutzt hat. Droben herrscht grimmige Kälte, hier drunten schon mehr als wohlige Wärme.

Semungwa spricht weiter, je länger, um so mehr zu sich selbst. Offenbar hat er Freude daran, sein Volk in einer fremden Sprache über alle anderen zu heben. Tatsächlich sind die Hopi in vielfacher Weise so rätselhaft wie kaum ein anderes heute noch existierendes Volk. Bei ihnen sind Sagen lebendig und gelten als Tatsachen, die aus einer Zeit stammen, da noch nicht die Spur einer Geschichtsschreibung existierte. Alles, was Semungwa berichtet, hat man durch hundert und noch mehr Generationen den jungen Leuten erzählt. Wie er sagt, geschah dies in den Kiwas, an den langen Winterabenden rings ums flackernde Feuer. So häufig und immer wieder aufs neue wurden die Geschichten aus vieltausendjähriger Vergangenheit den geduldigen Zuhörern vorgetragen, daß sie nichts, aber auch gar nichts davon vergaßen. Aufmerksame Kritiker der älteren Generation sorgten dafür, daß kein Detail der Überlieferung verlorenging oder sich Irrtümer einschlichen.

Für mich ist der Gedanke faszinierend, an der gleichen Stelle zu sein, wo die Hopi des Krähen-Clan von einem der Wissenden in die Mythologie ihres Volkes eingeweiht werden. Aber ganz gewiß erfuhren sie weit mehr als ich, der hergelaufene Fremdling. Gibt es doch, wie man weiß, tiefe Geheimnisse, die kein Uneingeweihter auch nur ahnen darf.

Was jenen Hopi widerfuhr, die von Taiowa gerettet wurden, um nach der dritten Weltzerstörung aufs neue die Menschheit auszubreiten, sind sagenhafte Geschehnisse, wie sie nirgendwo in den Mythen eines anderen Volkes enthalten sind. Es erging nämlich der göttliche Befehl an die Hopi, daß sie, in kleine Gruppen aufgeteilt, so weit nach allen vier Himmelsrichtungen wandern sollten, bis es nicht weiter ging. Erst dann durften sie umkehren. Erst nach Erfüllung dieser mehr als hundertjährigen Aufgabe wollte ihnen der Weltenschöpfer die bleibende Heimat zuteilen. Schon gleich zu Anfang, so sagt die Überlieferung, wurde den Hopi von Götterboten erklärt, daß sie kein Paradies erhalten würden, sondern eine Landschaft, in der sie für ihren Lebensunterhalt immerwährend vom günstigen Verhalten der Naturkräfte abhängig waren, das heißt von Regen und Sonnenschein, von der Wärme, dem Eis, Schnee und rechtzeitigen Tauwetter. Alles mußten deshalb die Menschen tun, um mit der Natur, mit dem Universum in vollkommener Harmonie zu leben. Das und nichts anderes ist die Essenz des Hopi-Glaubens, darauf ist ihr ganzes Leben ausgerichtet. Sonst gibt es für sie nur Nebensachen auf der Welt. Dies mag der Grund sein, warum die Medizinmänner, die Clan-Führer und Leiter religiöser Rituale ungleich wichtiger sind als Stammesrat, Indian Agency und amerikanische Gesetze.

Es ist eine Tatsache, durch zahlreiche Grabfunde, Tonscherben und Felsmalereien bewiesen, daß die frühen Vorfahren der Hopi oder eines Volkes der gleichen Lebensart und Kulturstufe über sehr weite Entfernungen im nördlichen und mittleren Amerika gezogen sind. An sich wäre das nichts Besonderes, denn auch andere indianische Völker zogen kreuz und quer durch den Kontinent, woran noch heute ihre Überlieferung erinnert. Aber in den alten Hopi-Legenden sind die geographischen und klimatischen Verhältnisse der durchwanderten Gebiete mit so verblüffender Genauigkeit beschrieben, daß sich die moderne Forschung danach richten kann. Als die ersten Missionare bei den Hopi davon hörten, mußten sie zugeben, daß die »Wilden Heiden« über die Breite und Weite des amerikanischen Erdteils viel besser Bescheid wußten als die damaligen Spanier und Portugiesen. Da schildern Hopi-Berichte aus prähistorischer Zeit die feuchte Hitze der Tropendschungel im Süden, auch reißende, meeresbreite Ströme, worin man den Rio Grande und Amazonas zu erkennen glaubt. Es ist die Rede von einem mit brausender Brandung anrollendem Meer im Osten, aus dem morgens die Sonne aufsteigt, und von einem anderen Meer im Westen, in das die Sonne abends eintaucht. Am erstaunlichsten die Schilderung des Nordens, wo am Ende der Schnee überhaupt nicht mehr verschwindet und ewiges Eis die Gewässer bedeckt. Dazu wird gesagt, daß die Winternacht ein halbes Jahr dauert, während im Sommer die Sonne nicht untergeht. Wie können die Hopi davon gewußt haben, wenn nicht wenigstens eine Gruppe ihres Volkes bis in jene Gebiete Amerikas gewandert ist und von dort wieder zu einem Sammelpunkt heimkehren konnte. Andere Indianer, überhaupt andere Menschen werden nie erwähnt. Daher die Behauptung, die Hopi seien die ersten Menschen in Amerika gewesen. Deshalb ihre stolze Abwertung der weißen Amerikaner, die als letzte gekommen sind.

Wie Semungwa erklärt, sind die heute noch bestehenden 22 Hopi-Clans ebenso wie die unbestimmte Zahl verschwundener Clans während der Wanderung in vier Richtungen entstanden. Ein Volk, damals ohne Haustiere, nur von der Jagd, dem Fischfang und dem Einsammeln wilder Früchte lebend, kann sich nicht in großer Gemeinschaft fortbewegen. Es muß sich in Gruppen auflösen, in Sippen und Familien. Diese aber wären durch inneren Streit bald zugrunde gegangen, nur durch festen Zusammenhalt konnten sie überleben. Und zusammen halten sie noch heute, in unzerbrechlicher Gemeinschaft, in gegenseitiger Nachbarhilfe und bei strenger Bewahrung der Geheimnisse ihres Clan.

Auch die Geschichte der Wanderung, wie sie die Hopi im Gedächtnis bewahren, könnte Bände füllen. Wegen ihres guten oder schlechten Verhaltens wurden einige Clans von Taiowa bestraft, andere belohnt. Manche mußten sich teilen, manche hatten viel zu erdulden und andere wieder genossen recht gute Zeiten.

Als erster hatte der Bärenclan, der noch heute führend ist und als besonders vornehm gilt, die Wanderung in alle vier Himmelsrichtungen vollbracht. Der Clan wußte, wo am Ende seine Heimat liegen sollte. Hatte doch jede Wandergruppe, also der spätere Clan, von Taiowas Gehilfen eine Steinplatte erhalten, die geheimnisvolle Zeichen trug. War schließlich die Aufgabe erfüllt, hatte der Clan in allen vier Himmelsrichtungen eine unüberwindbare Grenze erreicht, das Meer oder Ewiges Eis, so ließ Taiowa ein Wunder geschehen, und dieser Clan vermochte plötzlich die Zeichen auf seiner Steinplatte zu entziffern. Sie diente als Wegweiser in ihre endgültige, vom alleinigen Gott vorbestimmte Heimat. Auch das wieder eine vage Übereinstimmung mit dem Umherziehen der Kinder Israels, bis sie endlich in Kanaan das Gelobte Land, die ihnen versprochene Heimat erreichten.

Es waren die drei Mesas im heutigen Hopi-Land. Der Bärenclan baute sich sein erstes Dorf an die Stelle des heutigen Shongopovi am Fuße der Zweiten Mesa, verließ aber diesen Ort nach unbestimmter Zeit, um sich auf einen herausragenden Vorsprung der Dritten Mesa endgültig niederzulassen. Das ist Oraibi, die älteste heute noch besiedelte Ortschaft in Nordamerika. Die wirkliche Gründungszeit ist unbekannt, auch nach Grabfunden nicht festzustellen. Die Untersuchung von Holzteilen in noch bestehenden Häusern läßt erkennen, daß Oraibi um das Jahr 1150 n. Chr. besiedelt war. Andere Untersuchungen nach ultramodernsten Methoden werden von den Hopi nicht gestattet.

Es kamen der Feuerclan, der Vogelclan, der Wasserclan, der Adlerclan und noch viele andere. Das Land war leer, es gab keine anderen Menschen. Die Überlieferung der Hopi behauptet, daß sie auf der ihnen bekannten Welt alleine waren. Die Steintafeln gaben dem auserwählten Volk weit mehr Land, als die Clans bejagen oder sonstwie nützen konnten. Sie reichten Hunderte von Meilen über das heutige Hopi-Reservat hinaus. Es gehörten dazu die windgeschützten, gut bewässerten, oft tausend Meter tiefen Canyons in den südwestlichen Felsenbergen.

Auf irgendeine ziemlich rätselhafte Weise lernten die Hopi Anfänge des Ackerbaus, die Feldbestellung, die Haltung von Truthühnern und auch Vorratswirtschaft für den Winter. Sie waren seßhaft geworden, verbesserten mit harter Arbeit ihren Lebensstandard und befolgten mit Hingabe die Gebote ihres Glaubens. Wichtig vor allem war die genaue Beachtung aller Rituale, der heiligen Tage, der Opfergaben, der geheimen Zeremonien in den Kiwas und noch vieles mehr, worüber nie etwas nach außen dringt. Die Hopi wissen zu schweigen.

»Was man leider in den letzten Jahren öfter vergessen hat«, sagt Semungwa, sich wieder ganz mir zuwendend, »ist die gegenseitige Ergänzung der Clans, aber ich weiß nicht, wie man's erklären soll. Es ist ungefähr so, daß ein Clan alleine nicht imstande ist, alle religiösen Aufgaben zu erfüllen. Das Hopi-Volk braucht zu seinem Gedeihen jeden Clan mit jedem Ritual, der gleiche Ort oder die gleiche Zeit spielen keine Rolle. Aber es darf nirgendwo eine Lücke sein. Sie verstehen doch?«

Ich sage ja, vermag es aber nicht zu begreifen. Sehr vereinfacht könnte vielleicht die Vorstellung weiterhelfen, daß jede Kirchengemeinde mindestens einmal jährlich für ihren besonderen Schutzheiligen eine Feier veranstalten muß, um des Himmels Erntesegen fürs ganze Land zu gewinnen. Falls dabei ein Heiliger vergessen oder nicht genügend gefeiert wird, sind alle anderen Feiern für alle Schutzheiligen umsonst gewesen. Schlimmes Unheil ist die Folge. Wie es den Hopi nach ihrer Niederlassung seit dem Beginn geschichtlich beglaubigter Zeit erging, ist einigermaßen gut bekannt. Aus dem Norden erschienen Scharen wilder Jäger, erst die Apachen, alsdann die mit diesen stammesverwandten Navajo. Das relativ ruhige Leben der Hopi war damit zu Ende. Sie mußten in den Canyons Höhlenburgen bauen und sich widerwillig auf Verteidigung einrichten.

Zwischen den Jahren 1275 und 1300 kam sodann die große Dürre über den Südwesten der heutigen USA. Sie traf am schlimmsten die Cliffdwellings in den Canyons. Aber auch im Hopi-Land war ein Clan nach dem anderen zum Verlassen der Schluchten gezwungen. Sie wanderten zu den Mesas im Herzen des heute eng begrenzten Hopi-Landes, und dort sind ihre Nachkommen noch heute.

»Mit den Castillos kamen außer Schafen, Rindern, Pferden und so weiter auch Feldpflanzen, Gemüse und verschiedene Arten von Obst, die wir vorher nicht gekannt haben«, berichtet Semungwa. »Unsere Lebenshaltung wurde dadurch sehr verbessert. Abgesehen von den Raubzügen der Navajo, wobei die Castillos auf unserer Seite waren, nur kamen sie sehr oft viel zu spät. Doch davon abgesehen, ging es meinem Volke ganz gut, sogar noch in der ersten Zeit mit den Anglos.«

Ich habe darauf gewartet, daß er ein paar Worte über die Zerstörung von Awatari verliert. Aber Semungwa erwähnt es nicht einmal am Rande. Nach dem, was ich darüber gelesen habe, muß es jeder Hopi wissen und sich eigentlich bis zum heutigen Tage dieses Massenmordes schämen. War es doch für »Friedliebende« der denkbar schlimmste Sündenfall ihrer Geschichte. Im November des Jahres 1700 überfielen bewaffnete Männer aus Oraibi, Walpi, Shongopovi, Mishongnovi und anderen Ortschaften die ahnungslosen Menschen in Awatari. Dort hatten sich 23 Hopi von dem beredsamen Pater Juan Garaycoechica fürs Christentum gewinnen lassen. Allein schon deren Anwesenheit in Awatari entweihte die Rituale des Pfeil- und Bogen-Clans. Damit gab es eine Lücke im gesamten System, die Harmonie mit dem Universum war gestört. Also konnte sich die Natur nicht mehr im Sinne der Hopi entfalten. Man mußte, um schlimmste Folgen zu vermeiden, die Christen restlos verschwinden lassen. Es geschah mit solchem Fanatismus, daß im religiösen Wahn dreimal soviel Menschen umgebracht wurden, als Christen in Awatari lebten. Man steckte die Häuser an, riß die Mauern ein und verwüstete die Ortschaft so vollständig, daß nur geringe Reste davon übrigblieben.

Bis heute ist jene »Bartholomäusnacht« eine schwere moralische Belastung für die Hopi, auch wenn sie den Umständen nach nicht zu vermeiden war. Eine alte Prophezeiung spricht davon, es könnte nach einem schweren Sündenfall die Verzeihung ausbleiben. Dann kämen bald jene dunklen Tage, wo am Ende »der letzte Hopi die Tür hinter sich schließt«.

Seit der Jahrhundertwende sind die Hopi in verschiedene Lager gespalten. Es ist eine Folge des Kontaktes mit der westlichen Zivilisation, und es sind nur halb verstandene Einflüsse abendländischer Kulturen daran mitschuldig. Der Versuch, sich damit auseinanderzusetzen, führte zur Trennung in Fraktionen. Selbst die Traditionalisten, von ihren Gegnern »Stehenbleiber« genannt, zerfallen in zwei Gruppen, von denen jede behauptet, sie allein besitze den richtigen,

fehlerfreien Glauben. So gibt es nun zwei Zentren des an den alten Überlieferungen hängenden Hopi-Volkes, das eine in der relativ neuen Ortschaft Hotevilla, das andere im uralten Oraibi. Aber auch im gleichen Ort vertritt man
unterschiedliche Ansichten. Da gibt es eine fortschrittliche Gruppe, eine gemä-
ßigte, und radikale Traditionalisten, wie beispielsweise in Walpi. Aber es sind
nur, wenn man so sagen darf, zerstrittene Konfessionen der gleichen Religion,
der nach wie vor 90 Prozent der Hopi angehören. Nach außen beweisen sie eine
geschlossene Einheit, unter sich bekämpfen jedoch die Gläubigen einander mit
der gleichen Schärfe wie politische Parteien im Staat.

Die Hitze in der Kiwa ist nicht mehr auszuhalten. Ich fühle am ganzen Körper
den Schweiß herabrinnen. Semungwa kann es nicht anders gehen. Er steigt hinauf, öffnet die Luke und schon weht kühle Nachtluft herein.

»Sie waren sicher bei der Münchner Olympiade, wo Sie doch in München
wohnen?«

Die Frage ist überraschend.

»Dann müßten Sie eigentlich wissen«, sagt er ohne auf Antwort zu warten,
»wer Louis Tewanima gewesen ist.«

Nein, den Namen habe ich nie gehört.

»Aber er war doch Zweitbester im 10000-Meter-Lauf bei der Stockholmer
Olympiade 1912!«

»Wie soll man alle Gewinner sämtlicher Olympiaden im Kopf behalten?« er-
widere ich spontan.

»Louis hätte es verdient«, beharrt Semungwa, »denn er gewann die Silberme-
daille im Alter von 43 Jahren. Nur um eine halbe Minute war er langsamer als
der zwanzigjährige Gewinner der Goldmedaille.«

Das allerdings ist bemerkenswert. Einen Mann, der sich mit 43 die Silberme-
daille im 10000-Meter-Lauf holt, gab es bestimmt nicht noch einmal.

»Louis Tewanima war lange der schnellste Läufer zwischen 10 und 20 Meilen«, rühmt sein Landsmann Semungwa. »Einen Rekord hat er aufgestellt, der
53 Jahre nicht gebrochen wurde. Erst im Alter von 85 Jahren ist Louis infolge
eines Sturzes gestorben. Ich hab ihn gut gekannt, er war ein wunderbarer Mann,
er war ein Hopi.«

Sein Volk sollte ihm ein Denkmal setzen. Als Tewanima zur Stockholmer
Olympiade erschien, war er noch ein Indianer alter Zeit, der niemals Schuhe getragen hat, der in seinem Hotel auf dem Boden schlief und nur mit den Fingern
aß. Aber ganz Amerika war damals stolz auf ihn.

»Wenn sie uns brauchen«, sagt Semungwa, »sind wir keine Indianer, erst recht keine Hopi, sondern amerikanische Bürger. Mich haben sie zu drei Jahren Gefängnis verurteilt und ebenso eine Reihe anderer Hopi, weil wir uns geweigert haben, fremde Menschen zu töten. Sonst ist es umgekehrt. Da kommt man ins Gefängnis, vielleicht auf den elektrischen Stuhl, weil man einen Menschen umgebracht hat.«

Semungwa kann auch für Begriffe der Weißen als gebildete Rothaut gelten. Wegen seiner guten Leistungen in der Volksschule hatte man ihn aufs Indian College nach Phoenix geschickt. Dort war es damals den Schülern verboten, sich in der eigenen Sprache zu unterhalten. So beherrscht Semungwa das amerikanische Englisch fehlerfrei. Eben deshalb, so meint er, hatte man ihn und andere Hopi mit ähnlich guten Sprachkenntnissen nach Beginn des Zweiten Weltkrieges einberufen. Hopi jedoch dürfen nicht kämpfen und, wenn man es genau nimmt, dürfen sie nicht einmal militärische Hilfsdienste leisten. Es ist ein Grundsatz ihres religiösen Glaubens, ähnlich dem der Zeugen Jehovas. Also weigerten sich die einberufenen Hopi, dem Befehl zu folgen. Das konnten sie nach ihrer Ansicht schon deshalb tun, weil die Hopi keine Hoheitsrechte der Anglos über ihr Volk anerkennen. Das führte zu ihrer Verhaftung, zu einem Gerichtsverfahren und der Verurteilung zu Gefängnis mit Strafarbeit. Alles nahmen die Hopi auf sich, um nur die Todsünde des Kampfes gegen Menschen zu vermeiden.

»Vielleicht hätte ich auf Sie geschossen«, meint Semungwa, »wofür es nicht den geringsten Grund gab. Die Deutschen haben uns nichts getan, auch mit anderen fremden Völkern hatten wir keinen Streit. Weshalb denn gegen Menschen in Europa für die Anglos kämpfen, die uns so viel genommen und geschadet haben?«

Der denkwürdige Abend endet mit einem Besuch in Semungwas Haus. Seine Familie hat sich schon längst in die Schlafkammer zurückgezogen, aber das Herdfeuer glimmt noch, und wir trinken miteinander Tee, dessen besonderes Aroma von einheimischen Kräutern stammt. Alkohol ist nicht erlaubt im Hopi-Land, nach dem Wunsch und Willen der Hopi selber. Wir sprechen noch bis Mitternacht über dies und jenes, doch habe ich daran kaum noch eine Erinnerung.

Beim Abschied reicht mir Semungwa eine der kunstvollen Kachina-Puppen. Er hat sie selbst gemacht. Ein Geschenk meinerseits ist ausgeschlossen, vor allem keines in Geld. Ich weiß, es würde ihn kränken. Ein schriftlicher Dank, wenn ich wieder zu Hause bin, wird dagegen willkommen sein.

Was Professor Spotty und mir noch fehlt, ist der Besuch von Old Oraibi, und wenn das nicht möglich ist, dann wenigstens ein paar Fernaufnahmen von der ältesten, noch immer bewohnten Ortschaft in Nordamerika.

Vom Fuß der Zweiten Mesa, über das neue Oraibi nach dem uralten, sind es nur 12 Kilometer. Bis zur Abzweigung folgen wir der asphaltierten Straße, dann jedoch wird der Weg so miserabel, als habe man mit voller Absicht seit Jahrzehnten nichts mehr daran getan. Tiefe Löcher, große Steine, breite Furchen und starke Bodenwellen. Dann sehen wir von weitem braunrotes Gemäuer. Nicht wie eine von Männern, Frauen und Kindern bewohnte Ortschaft sieht es aus, sondern wie zerbröckelte Ruinen aus antiker Zeit. Aber Rauch steigt in die Luft, Wäsche flattert an den Leinen, Stimmen hallen herüber.

»Da ist wieder so 'n Schild«, meint Spotty verärgert, »sicher das übliche Verbot zu fotografieren.«

Das Schild steht etwas schief, wie mir scheint in abweisender Haltung. Ich steige aus, schaue es mir an und mache davon eine Aufnahme. Die wortgetreue Übersetzung des Textes lautet:

»Allen Weißen ist das Betreten von Old Oraibi streng verboten, weil sie unsere Gesetze ebenso mißachten wie ihre eigenen. Weiße, die noch einen Schritt weitergehen, werden bestraft.«

142

Das fressende Wasser

Wer viel reist, wird oft gefragt, wo die Welt am schönsten sei. Das ist so einfach nicht zu sagen. Hängt es doch davon ab, was dem einen oder dem anderen schön erscheint: die Pracht von bunten Blüten im Tropengarten, die schäumende Brandung am Korallenriff, die schimmernde Majestät einer Gipfelkette im Himalaya oder die rauhe Romantik nordischer Urwälder. An verlockender Auswahl fehlt es nicht. Da sind noch die glitzernden Bäche am Grund der Alpentäler, der romantische Zauber des Schwarzwaldes und schottischer Septembertage, die rauschend herabstürzenden Wassermassen der Viktoria-Fälle und die gewaltigen Fjorde am Nordrand der Eismeerinsel Baffinland. Es gibt noch viel mehr Schönheiten der Natur auf unserer weiten Welt, jede für sich einmalig und mit keinem anderen Wunderwerk der Schöpfung zu vergleichen. So klar und einfach die Frage erscheint, wo es denn in der Welt am schönsten sei, ist sie in Wahrheit verwirrend.

Man müßte die Frage anders stellen, etwa in dem Sinne:

»Was möchten Sie am liebsten möglichst oft wiedersehen, ohne befürchten zu müssen, von der Betrachtung müde zu werden?«

Sicher ist auch das eine Sache subjektiven Geschmacks. Für meine Person kann ich darauf eindeutig antworten: den Grand Canyon des Colorado im Staat Arizona.

Eine ähnliche Antwort habe ich als Fünfzehnjähriger auf die entsprechende Frage von Sven Hedin gehört, einem der größten Forscher und Weltreisenden vom Ende des vorigen bis fast zur Mitte dieses Jahrhunderts. Er hatte auf einer Reise von sieben Jahren die geheimnisvollsten, damals noch unbekannten Regionen Innerasiens durchzogen. Sodann begab sich Hedin in alle übrigen Erdteile und kannte wohl mehr von der Welt als irgendein Globetrotter seiner Epoche. Sven Hedin war schon ein Siebziger, als er schließlich zum Grand Canyon kam. Der Eindruck war so gewaltig, ja so erschütternd und zutiefst erregend für ihn, daß er alle weiteren Fahrpläne vergaß, wochenlang im Großen Canyon blieb, nur um zu staunen, zu wandern und zu malen.

Nachdem ich selber dreimal dort gewesen bin, kann ich den großen Forscher verstehen. Auch für meinen Reisefreund Spotty war es selbstverständlich, beim soundsovielten Besuch des Grand Canyon keinen Umweg zu scheuen.

Es sieht zu jeder Jahreszeit dort anders aus. Das Wetter, die Stunde des Tages und Beleuchtung, auch Standort und Blickwinkel lassen die Schlucht völlig verschieden erscheinen. Davon abgesehen gibt es drei erlebnisreiche Straßen, um aus drei Richtungen an den Rand des Canyon zu fahren. Wem so viel Abwechslung noch nicht reicht, kann unter fünf weiteren Varianten wählen. Da ist zunächst der Blick vom Südrand der Kaibab-Hochebene hinunter zum Colorado, zum zweiten der völlig andere Blick vom Nordrand des Plateau. Falls sich der Besucher bis zum Fluß hinunter bemüht, erlebt er sowohl ringsum wie hinauf unvergeßliche Anblicke. Noch wilder und jedenfalls gewagter ist die Schußfahrt im Schlauchboot auf dem bewegten Rücken des Colorado River, wobei man mit – möglicherweise angstvollen – Blicken hundertfache Aspekte des Grand Canyon erfaßt. Eine fünfte Variante bietet der Flug mit einer besonders wendigen Maschine, die auf waghalsige Weise den Krümmungen des Canyon folgt.

Man weiß vom Grand Canyon des Colorado, daß er Anspruch darauf erhebt, die längste und tiefste Schlucht der Welt zu sein. Geographen mögen entscheiden, ob das stimmt oder nicht. Die schönste und sicher auch sehenswerteste Schlucht ist es auf jeden Fall. Vom Marble Canyon an der Nordgrenze des Staates Arizona bis zu den Grand Wash Cliffs in Nevada hat sich der Colorado River auf eine Länge von etwa 450 Kilometern bis zu einer Tiefe von 1600 Metern ins sonst vollkommen flache Kaibab-Plateau hineingenagt. Nach Meinung der Fachleute war das eine pausenlose Arbeit von mehr oder minder 10 Millionen Jahren.

Das Land ist gestiegen. Die ganze unendlich weite Ebene von Kaibab hat sich bis um 1000 Meter gehoben. Dabei gelang dem ursprünglich nach Westen fließenden Colorado infolge rasch fortschreitender Erosion der Durchbruch zu einem anderen, nach Süden strömenden Fluß. Beide vereinten sich und nagten mit verdoppelter Wassermenge ihr Bett tiefer und immer tiefer ins hochsteigende Plateau.

Gewiß ein merkwürdiger Vorgang, dessen Ergebnis wir nun bestaunen, meist ohne daran zu denken, daß der pausenlose Felsenfraß des Flusses noch heute mit der gleichen Energie weitergeht wie vor Millionen Jahren. Sandkörner sind die Werkzeuge des Colorado, mit denen er seine nimmermüde Erosion betreibt. 500000 Tonnen pro Tag werden von ihm befördert und reiben dabei an den Felswänden. Am Ende fließen sie mit dem rötlich gefärbten Wasser in den Golf von Kalifornien, wo das Mündungsdelta des Colorado alle Jahre immer breiter wird und sich weiter ins Meer schiebt. Die freiliegenden Flanken des Flußtales sind von Wind und Wetter, von Frost, Schneeschmelze und Regenschauern abgeschliffen. Das beginnt schon am Fluß in der Tiefe und reicht bis zur Kante hinauf. Der hierbei herunterrieselnde Sand liefert dem River das für seine Arbeit notwendige Material.

Einzigartig ist der Grand Canyon als aufgeschlagenes Lehrbuch der Erdgeschichte, und zwar eines Buches in Bildschrift. Jeder Mensch aus jedem Land kann diese klare Schrift entziffern. Sie besteht aus Schichten des Gesteins, aus Geröllstreifen und zusammengepreßtem Sand. Manche sind nur wenige Zentimeter stark, bei anderen wechseln Farben und Material erst nach zehn, zwanzig und sogar fünfzig Metern Höhenunterschied. Je weiter droben die Schichten liegen, desto heller sind im allgemeinen die Farben, trotz ihrer ganz verschiedenen Schattierung. Sie werden dunkler mit fortschreitender Tiefe, wo schließlich Grau, Braun und Violett in schwarzem Grund verschwinden. Nur hier wurde das Innere der Erde bis auf das frühe Präkambrium freigelegt, eine Schicht, deren Alter die Gelehrten auf vier Milliarden Jahre schätzen. Dazu im krassen Gegensatz findet man oben eine Lavadecke, die erst vor circa 1000 Jahren entstanden ist. An diesen vulkanischen Ausbruch erinnern noch heute mündlich weitergebene Berichte der Indianer.

Auch die Entstehung des Lebens läßt sich aus den Schichten der großen Schlucht erkennen, stellenweise sogar ablesen. Es beginnt mit einfachsten Algen im Kambrium, darüber die Muscheln, die Farne und Schachtelhalme, die Reptile, die Bäume und Sträucher, danach Knochen der Dinosaurier, Urformen der Kamele, der Pferde, Nashörner, Elefanten und noch anderer Lebewesen, die später wieder aus Amerika verschwanden.

Auch wer nichts davon versteht und dafür kein Interesse aufbringen will, dem vergeht alle Gleichgültigkeit beim Anblick der vielen, unglaublich vielen Farben und ihres ewigen Wechsels je nach dem Einfallwinkel des Lichtes und seiner Leuchtkraft. Die gewaltigen Ausmaße der Schlucht, ihre Tiefe, ihre Breite und ihre Länge sind für menschliche Begriffe kaum zu fassen. Hinzu kommen die zahlreichen Nebentäler, die sich ihrerseits wieder verzweigen. Ein ganzes System von Canyons zeigen Karten oder Luftbilder, vergleichbar einem Stromsystem mit Flüssen, Nebenflüssen und Bächen. Sie haben tiefe Schleifen geformt, hohe Türme aufgebaut. Senkrechte Einschnitte sind entstanden, vorspringende Landzungen und zurückweichende Buchten. Ich glaube, daß auch hundert Besuche nicht genügen, sich daran satt zu sehen. Bizarre Formen, skurrile Gebilde, groteske Skulpturen. Dazu die Wandgemälde der vielfarbenen Schichten, die dunkeldrohende Tiefe, der nur hin und wieder zu erkennende Colorado am Grund der alle menschliche Phantasie in den Schatten stellenden Schlucht.

Auch im Großen Canyon hat man Felsmalereien gefunden, Artifakte aus sehr alter Zeit, die Erdhütten der Korbmacher und geringe Reste von Cliffdwellings der Höhlenbewohner. Fünf Stämme oder Indianervölker haben in der tiefen, langen Schlucht, mehr noch in den Seitenschluchten gelebt: die Hopi, die Navajo, die Hualpai, Payute und Havasupai. Als ständige Bewohner am gleichen Fleck seit wenigstens 500 Jahren sind allein die Havasupai, das Grünwasservolk, im Cataract Canyon übriggeblieben. Zwar leben zeitweise noch andere Indianer, Hopi und Navajo, am Grunde des Canyon unterhalb der meistbesuchten Hotels. Doch sie dienen mittelbar oder unmittelbar dem Fremdenverkehr. Sonst ist weder der Große Canyon noch sind die vielen Seiten-Canyons von irgendeiner Menschengruppe während des ganzen Jahres bewohnt.

Es war im Sommer des Jahres 1540, als die ersten weißen Männer mit Staunen, Furcht und Bestürzung in die größte Schlucht der Welt hinabschauten. Diese vergleichsweise sehr frühe Entdeckung des Naturwunders ist einer Kette seltsamer Umstände zu verdanken. Die Sage der »Sieben Städte von Cibola«, deren Dächer und Türen angeblich aus purem Gold bestanden, sowie Gerüchte, die ein hochkultiviertes Land namens Quivira betreffen, und phantasievolle Berichte der letzten Überlebenden aus Panfilio de Narvaez' mißglückter Expedition, hatten den spanischen Vizekönig von Mexiko, sogar Kaiser Karl V. persönlich veranlaßt, einen weiten Vorstoß in noch unbekannte Regionen des Nordens zu organisieren. Zum Führer der großen, gut gerüsteten Expedition wurde der ebenso tapfere wie tüchtige Don Francesco de Coronado gewählt, von dessen bildschöner Frau Beatric man sagte, daß sie eine außereheliche Tochter König Ferdinands von Aragon sei und damit eine Großnichte Karls V., des deutschen Kaisers und spanischen Königs. Nach Abenteuern ohne Zahl war Coronado schon weit in den Südwesten der heutigen USA gelangt, als er sich entschloß, seine Unterführer in verschiedene Richtungen auszusenden. Einer der Hauptleute hieß Don Garcias Lope de Cardenas.

Bei den Hopi hörte Cardenas von einem Fluß, der nach langem, vielgewundenem Lauf im Meer des Sonnenuntergangs enden sollte, das heißt im Pazifischen Ozean. Weil die Spanier meinten, dieser könnte ein bequemer Weg ins Hinterland sein und die Besiedlung durch spanische Kolonisten wesentlich erleichtern, änderte Lope de Cardenas unverzüglich die Richtung seines Marsches. Mit nur zwölf spanischen Kavalleristen, die aber zu Fuß liefen, weil ihre Pferde den Proviant und die Wasserschläuche tragen mußten, zog Cardenas nach Nordosten. Dabei entdeckte und durchquerte der kleine Trupp die Painted Desert, hungerte sich durch wildleeres Land, stieg über schroffe Gebirge und verdurstete fast in wasserleerer Wüste. Als Cardenas in bewaldeter Gegend auf Menschen stieß, konnte er mit Hilfe der Zeichensprache erfahren, daß sich in der Nähe ein größerer Fluß befand. Soviel zu verstehen war und später festgestellt wurde, nannte man ihn das »Fressende Wasser«.

Drei Führer erhielten die Fremden von den freundlichen Indianern, damit sie den Weg zum Wasser nicht verfehlten. Lange marschierten sie durch staubtrockenen Wald über ewig flachen Boden. Schließlich glaubte Cardenas am Rande einer großen breiten Lichtung zu stehen. Einer der Indianer zeigte vor sich auf den Boden, als habe er die vielversprechenden Fährten eines großen Wildes entdeckt. So rasch sie konnten, liefen einige der Spanier darauf zu, und der Eingeborene konnte nur mit knapper Not verhindern, daß sie weit über tausend Meter tief in den Grand Canyon stürzten. So plötzlich, so unerwartet öffnete sich die Schlucht vor den ermatteten Männern der Expedition. Noch heute überrascht das Naturwunder durch sein unvermutetes Erscheinen an Stellen, wo kein Warnschild die Fremden darauf hinweist.

Lope de Cardenas wollte die Schiffbarkeit des »Fressenden Wassers« untersuchen. Doch es gelang ihm nicht hinabzusteigen. Vergeblich war auch der Versuch von drei klettergewohnten Männern aus dem Bergland Asturiens. Sie konnten von halber Höhe lediglich feststellen, daß der lehmgelbe, in der Sonne rötlich schimmernde Strom für schwerbeladene Boote nicht zu befahren sei.

So hatte die Entdeckung keine praktische Bedeutung. Das »Naturwunder« interessierte die nach Gold und fruchtbarem Siedlungsland suchenden Spanier nicht. Auch für Coronado war der Canyon, als er davon hörte, nur eine Enttäuschung. Zwar hat er dem Kaiser und auch dem Vizekönig davon berichtet, aber nur so nebenbei. Also geriet die Entdeckung des Lope de Cardenas in Vergessenheit. Es war einfach zu früh gewesen. Das »Fressende Wasser« in meilentiefer Schlucht hatte den Konquistadoren weder Ruhm noch Reichtum zu bieten.

Mehr als zwei Jahrhunderte vergingen, bis wieder Kunde vom Canyon kam.

Die beiden spanischen Padres Francisco Garez und Silvestre de Escalante hatten auf der Suche nach heidnischen Indianern, deren Seele sie vor ewiger Verdammnis retten wollten, an nicht mehr bekannter Stelle im Jahre 1776 einen Abstieg zum Colorado River gefunden. Drunten trafen sie mit Indianern zusammen. Es können Hopi, Hualpai, vielleicht auch die Havasupai gewesen sein. In der Tiefe ihres Seitencanyon lebten diese Menschen absolut sicher vor herumstreifenden, raubgierigen Horden. Sie besaßen Felder, Obstgärten, Truthühner, ernährten sich außerdem von der Jagd und dem Fischfang im Fluß.

Weil die Vorposten der damaligen Zivilisation gar so weit entfernt lagen, schien eine Missionierung der armen Heiden nicht möglich. So wurde auch diese Wiederentdeckung des Großen Canyon bald vergessen. In den amerikanischen, für Touristen bestimmten Schriften über die Schlucht sind die beiden Priester gar nicht erwähnt. Auch Cardenas und die Coronado-Expedition finden nur geringe Beachtung. Leider gehört es zu den wenig vornehmen Eigenschaften der Amerikaner, daß sie bei der Schilderung historischer Verdienste, der geographischen und, ganz allgemein, der wissenschaftlichen Entdeckungen nach Möglichkeit Nichtamerikaner übergehen, um eigene Landsleute herauszustreichen.

Es sollen um die Mitte des vorigen Jahrhunderts weiße Trapper in Seitencanyons der Großen Schlucht ihre Biberfallen aufgestellt haben. Aus unbekannten Gründen, vielleicht wegen zeitweiser Ausrottung der Biber, zogen sie bald wieder fort. Der nächste Besucher, von dem man weiß, der amerikanische Armeeleutnant F. C. Ives, erschien dort in offiziellem Auftrag 1857, hat sich jedoch unsterblich blamiert, weil sein Bericht nach Washington mit den Worten schließt: »Diese Schlucht ist so nutzlos (profitless), daß ich wohl der letzte Weiße gewesen bin, der sie besucht hat.«

Von anderem Kaliber war zehn Jahre später der Geologe und Kartograph John Wesley Powell, der nicht nur an mehreren Stellen in den Canyon hinunterstieg, sondern mit einem Boot bei äußerst gewagter Fahrt den reißenden Colorado etwa 60 Meilen weit hinunterschoß.

Die frühesten Touristenscharen erschienen zu Beginn des 20. Jahrhunderts. Eine Bahn und eine Straße wurden bis zum Südrand gebaut. Als die Besucherströme weiter anschwollen und bereits die Gefahr naturverderbender Geschäftigkeit durch private Gewinnler bestand, wurde 1919 der Grand Canyon mit seiner Umgebung (2850 qkm) von der USA-Regierung zum Nationalpark erklärt. Damit waren der Erhalt des Naturwunders wie auch gleichzeitig eine Kontrolle des Touristenstromes gesichert. An Vorschlägen zum Bau eines Staudamms quer durch den Canyon hatte es nicht gefehlt, aber von nun an war davon keine Rede mehr.

Weil sich im Osten das »Marble Canyon National Monument«, außerdem die »Grand Canyon National Recreation Area« anschließen, dazu im Westen drei landschaftsgeschützte Gebiete hintereinander, sind heute nicht nur das gesamte Grand Canyon System nebst seinem Hinterland, sondern auch die Ufer des Colorado mit den neuerdings entstandenen riesigen Stauseen Lake Powell, Lake Mead und Lake Mojave vor der Entstellung, Verschandelung und sinnlosen Ausbeutung bewahrt. Das ist und bleibt eine große, bewundernswerte Leistung der amerikanischen Naturfreunde, ebenso der verständnisvollen Regierung in Washington wie der Staaten Arizona, Utah und Nevada.

Etwa anderthalb Millionen Menschen alljährlich dürften es heute sein, die das Gebiet des Grand Canyon besuchen. Und damit sind wir abermals beim Thema Menschen – Konzentration an bestimmten Punkten, in sonst weithin menschenleerer Region. In unserem Fall ist der bestimmte Punkt das durchaus geschmackvoll angelegte Touristenzentrum »Grand Canyon Village«. Alles, was Touristen brauchen, ist dort reichlich vorhanden: Hotels, Motels, Parkplätze und Campinggrounds, Banken, Busdepots, Souvenirläden, Supermarkt und Tankstellen, ebenso Eisbuden, Snackbars, Cafeterias und Waschautomaten. Dazu natürlich die Parkverwaltung, Visitor Center, Museen und halbzahme Erdhörnchen, die man aus der Hand füttern kann. Canyon Village liegt am Südrand des Canyon, etwa 1500 Meter über dem Colorado River. Westlich von Canyon Village führt ein ungefähr zwölf Kilometer langer Promenadenweg entlang der gewundenen Oberkante des Canyon, wo sehr viele Vistapoints unvergeßliche Blicke hinab ins Wunderland erlauben. Das gleiche nach Osten hin, für ausdauernde Wanderer sogar dreimal länger, bis zum Navajo Point. Hier soll jene Stelle sein, wo Lope de Cardenas mit seinen zwölf Spaniern vor ungefähr 430 Jahren den Canyon erreicht hat. Für die gleichen Strecken, aber nicht so nahe an der Schlucht, wurden Fahrstraßen angelegt, wo jeweils Seitenwege zu den Vistapoints abzweigen. Natürlich stehen auch Busse zur Verfügung.

Damit gibt sich die Masse der Besucher zufrieden, und tatsächlich genügt es auch für unerhört starke, lebenslänglich nachwirkende Eindrücke. Wer dennoch mehr wünscht, gewisse Anstrengungen nicht scheut und mindestens zwei Tage opfern kann, läuft oder reitet auf Maultieren hinunter zum Colorado. Für diese Zwecke hat die Parkverwaltung einen besonderen Steig gebaut. Drunten übernachtet man nach Vorbestellung in der »Phantom Ranch«, überquert den River auf schwankender Brücke und erreicht im Sattel oder auf eigenen Füßen den Nordrand des Canyon am Bright Angel Point. Wohlgemerkt, Personen unter zwölf Jahren sowie jene über 200 Pfund Lebendgewicht sind von der Möglichkeit des Reitens ausgeschlossen. Sei es zu Fuß oder auf den Rücken von Maultieren, jedenfalls gilt das Hinab in die Schlucht und drüben wieder hinauf als besondere Leistung. Das Unternehmen kostet gutes Geld, sofern man reitet, und stellt am Ende die Teilnehmer vors Problem, ob sie entweder nach Grand Canyon Village zurückwollen oder von hier aus die Reise fortsetzen. Auf der Straße nämlich bedeutet die Fahrt vom Zentralpunkt des Südrandes bis zur gegenüberliegenden Stelle des Nordrandes einen Umweg von etwa 400 Kilometern!

Es lohnt sich, den Canyon auf seinen beiden Seiten zu sehen, denn es bietet eine Reihe von Überraschungen. Der weit weniger besuchte Nordrand liegt stellenweise bis 500 Meter höher als der Südrand, entsprechend tiefer drunten fließt der Colorado. Im übrigen trennt die gewaltige Schlucht zwei Klimazonen mit unterschiedlicher Vegetation. Sogar die beiderseitige Tierwelt stimmt nicht ganz überein. Man sagt, am Nordrand des Canyon herrschten Bedingungen wie ungefähr im südlichen Kanada, auf der anderen Seite schon jene des nördlichen Mexiko. Erdhörnchen mit grauem Schwanz leben nur auf der Nordseite, während auf der anderen Seite nur Erdhörnchen mit weißem Schwanz zu finden sind. Wer hätte es für möglich gehalten?

Der scheinbar endlose, allenthalben landschaftsgeschützte Kaibab-Forst, aus Kiefern, Fichten, Tannen und Espen bestehend, auf beiden Seiten der Schlucht verbreitet, ist unberührte Wildnis geblieben. Nordwestlich vom Canyon fehlt in den weiten Waldgebieten mit nur einer Ausnahme jede Spur fahrbarer Wege. Es gibt keine Siedlung, auch sonst kein Standort der Zivilisation. Die Gegend gehört zu den menschenleersten Gebieten der USA, obwohl sich alljährlich weit mehr als eine Million, bald sogar die doppelte Menge Besucher an nur zwei bestimmten Punkten oberhalb des Canyon zusammendrängen. Doch haben, wie schon mehrmals gesagt, solche Zahlen sogar für die unmittelbare Nähe von Ballungszentren nichts oder so gut wie nichts zu bedeuten. Stehen dort am Sonntag im Sommer tausend Menschen Kopf an Kopf beisammen, so ist möglicherweise eine halbe Meile davon entfernt seit Jahren kein menschenähnliches Wesen aufgetaucht. Sicher gibt es schwer zu erreichende Schluchten, Felsentürme und Höhlungen im Labyrinth der Großen Schlucht, wo noch nie jemand gewesen ist.

Eines der tollsten Erlebnisse, das sich furchtlose, seefeste und kapitalkräftige Touristen leisten können, ist die Flußfahrt mit großen Schlauchbooten vom Lake

Mead durch die ganze kurvenreiche Länge des Grand Canyon bis zum Powell Lake. Die Sache findet unter zuverlässiger Führung statt, wobei man jede der neun bis elf Nächte in mitgeführten Zelten am einsamen Ufer oder auf einer Kiesbank des Colorado verbringt. So streng sind die Vorschriften des Umweltschutzes, daß sogar eine entfaltbare Toilette, zu der ein chemischer Klokübel gehört, die gesamte Reise mitmachen muß.

Wer soviel Zeit nicht übrig hat, sich jedoch auf gute Nerven verlassen kann und von keiner noch so schlimmen Schrecksekunde erschüttern läßt, der wähle unter den Scenic Flights den sogenannten »Special Flight«. Dieser Flug ist deshalb so »special«, weil sich der Pilot nicht damit begnügt, seinen Passagieren die schönsten Szenen im Canyon zu zeigen, sondern weil er so tief wie möglich hinabrauscht, die engsten Stellen rasant durchfliegt und in wildromantische Seitenschluchten hineinschießt. Weil Professor Spotty wie auch ich an besonderen Abenteuern großen Gefallen finden, buchen wir einen Special Flight. Dabei müssen wir die Adresse der nächsten Verwandten zu Protokoll geben. Wollte man doch im winzigen Flugbüro wissen, wer im Fall unseres Todes telegrafisch zu benachrichtigen sei. Der Pilot hat dem äußeren Eindruck nach das dritte Jahrzehnt noch nicht erreicht. So kann man sich nach Meinung jener auf ihn verlassen, die keinem über dreißig trauen. Die kassierende Dame sagt zu unserer weiteren Beruhigung, daß der junge Mann bei mehr als hundert »Special Flights« weder einen Felsen gestreift noch einen Passagier verloren habe. Bei der Maschine handelt es sich um eine Cessna 402, eine Propellermaschine mit zwei Motoren. Sie kann außer dem Piloten noch acht Fluggäste befördern. Mit weniger als sechs will man aus Gründen der Rentabilität nicht starten. So sitzen oder stehen wir geschlagene drei Stunden im winzigen Warteraum des privaten Airport, 2200 Meter über dem Meeresspiegel, bis nacheinander zwei waghalsige Ehepaare eintreten, womit die Sechserzahl erreicht ist.

Auf den Namen Nicolaus habe man ihn getauft, sagt der Pilot, doch mit »Nick« soll man ihn anreden, das genüge. Und damit begeben wir uns zur Maschine, deren Motoren ein Gehilfe bereits hat warmlaufen lassen. Ein Beutel aus Plastik, für eventuelle Übelkeit gedacht, hängt einladend vor jedem Sitz. Die Sicherheitsgurte sind besonders stark und an drei Punkten solide befestigt. Nick persönlich prüft den Verschluß bei jedem Passagier.

»Ladies and Gentlemen, nun geht's los!« meint er in munterem Tonfall, »ich versichere Ihnen, daß Sie die Teilnahme am Special Flight schon in den nächsten Minuten lebhaft bedauern werden. Todesangst wird Sie mehrfach überfallen, auch der Magen dürfte bei einigen von Ihnen revoltieren . . . hinterher aber,

Ladies and Gents, wenn wir alle wieder auf festem Boden stehen, ja, dann werden Sie stolz auf Ihre Teilnahme an dem fabelhaften Flug sein und werden noch Ihren Enkelkindern von dem herrlich schönen Erlebnis berichten.«

Das sind seine Worte, die wohl jeder von uns mit gemischten Gefühlen vernimmt. Die Maschine rollt an, beschleunigt ihr Tempo auf der Startbahn, fegt darüber hinweg, hebt sich steil und pfeilgeschwind in die Luft, schwebt über der graugrünen Waldwildnis des Kaibab-Forstes.

Da sieht man so recht, wie verschwindend winzig die Einbrüche der Zivilisation im weiten Raum des Grand Canyon National Park wirklich sind. Nur ein paar Straßenstriche und dünne Asphaltschneisen, die Ortschaft Canyon Village, die Gebäude der Hotels am Nordrand der Schlucht und jene helle Fäden, die Waldwege darstellen.

All das hat von oben gesehen so gut wie keine Bedeutung in der Relation zur vollkommen natürlich gebliebenen Umgebung. Jetzt sind wir direkt über dem Großen Canyon, zwischen dem Yavapai Point des Südrandes und Bright Angel Point auf der Nordkante, wie Nick durchs Mikrophon verlauten läßt.

»Alsdann wollen wir uns den Colorado River betrachten«, fügt der junge Mann hinzu, lacht so recht vergnügt und senkt die Nase seines Vogels schräg nach unten. Wir alle wären ohne die straff gespannten Sitzgurte nach vorne gefallen. Mir kommt es vor, als hinge mein festgezurrter Körper weit über den Balkon hinaus, über den höchsten Balkon eines hundertstöckigen Skyscraper. Die Frau neben mir schreit vor Schreck, der Mann dahinter stöhnt vor Staunen. Die Schichten der Felswände rasen an uns vorüber. Jetzt ein Magenstoß von unten, denn Nick hat die Maschine abgefangen und gleitet so tief durch das Tal, wie es gerade noch die Umstände erlauben. Die lehmgelben Stromschnellen des reißenden River können fast unsere Reifen berühren.

Nicolaus der Furchtlose folgt den Windungen stromauf, wobei man stets befürchten muß, daß er die Kurven nicht schafft oder an Felswänden kratzt. Dabei hören wir von ihm, welch phantasievollen Namen man dieser oder jener Formation gegeben hat. Zur linken »Wotans Tempel« und »Wischnus Thron«, dann »Engelsfenster«, »Zauberblick« und »Kaiserkappe«. An der Südseite sehen wir die »Coconino-Spitze«, den »Tusayan-Turm«, das »Kap der Einsamkeit« und den »Comanchen-Punkt«.

»Sie durchqueren bei diesem unterhaltsamen Flug«, redet Nick in den Lautsprecher, »nicht weniger als fünf der sieben Klimazonen, die nördlich des Äquators möglich sind. Nur Arktis und Tropen fehlen uns hier.«

Schon gut, wir wollen es ihm glauben. Ebenso die 100 Vogelarten im Canyon, die 25 Reptile und 6 verschiedenen Sorten von Fischen im Colorado. Zu sehen ist davon allerdings nichts. Statt dessen geben wir uns jede Mühe, den Kopf so rasch zu wenden, zu heben und zu senken, daß den Augen möglichst wenig von der grandiosen Landschaft entgeht. Aus dunkler Tiefe steigen Steinsäulen empor, die nach oben abgeflacht sind. Gewiß wurden die meisten niemals von einem Menschen bestiegen. Spalten in die Unergründlichkeit öffnen sich, wenn auch nur für Bruchteile von Sekunden. Die Cessna saust hinein in Seitentäler, die so lebensfeindlich sind wie Wüstenberge der Sahara.

Es scheint keine Hoffnung mehr zu geben! Gradlinig brausen wir einer senkrechten Wand entgegen. In der letzten Sekunde, richtiger gesagt im allerletzten Sekundenbruchteil, reißt Nick den Steuerknüppel hoch. Es ist, als springe der Vogel über die Kante in den freien Luftraum. Die Mundpartie eines Mitreisenden verschwindet im Plastikbeutel.

Nun überqueren wir das »Walhalla Plateau«, sehen gleich danach das »Bright Angel Hotel« auf einer Landspitze des Nordrandes, gehen aber wenige Minuten danach beim »Sublime Point« im Sturzflug hinunter zum »Shinumo Creek«. Welch unglaublich wilde Welt in der mit grobem Geröll gefüllten Schlucht. Dornbüsche, Sagebrush, Chapparal und verkrüppelte Pinyon Pines. Glitzernde Wasserfäden haben hier und dort ein paar grüne Stellen erzeugt. Nick meldet einen Trupp Bighornschafe, doch können wir bei so rascher Geschwindigkeit nichts von den Tieren erkennen.

Jetzt aber schlägt's dreizehn! Sowas darf Nick wirklich nicht machen, das läuft auf glatten Selbstmord hinaus. Wenn er das vorhat, dann bitte allein! Aber er macht es mit uns, seinen sechs lebensfrohen Passagieren. Ein Felsentor, besser gesagt eine enge Klamm, ein viel zu schmaler Spalt kommt mit atemberaubender Schnelle auf uns zu. Die Cessna kann mit ihrer Flügelspannweite nicht hindurch, ganz und gar unmöglich, fürs Hochziehen der Maschine schon viel zu spät. »Eher geht ein Kamel durchs Nadelöhr«, muß ich denken und bedaure blitzschnell meine Sünden.

Da kippt unser Teufelskerl die Cessna auf ihre linke Seite, so daß die Flügelspitze senkrecht steht. Die andere zeigt kerzengerade zum Himmel hinauf.

Es geschieht zehnmal rascher als gesagt, aber es geht, es geht! Der wendige Vogel liegt waagerecht in der Luft, als ich wieder zur Besinnung komme.

»Sie sehen drunten«, erklärt der Luftakrobat in aller Ruhe, »Sie sehen drunten den nordwestlichen Teil des naturgeschützten Kaibab-Hochlandes, durchweg bewaldet, aber ohne Wasserlauf oder Wasserloch. Notdürftig lebt hier alles vom Grundwasser. Sollten Sie eine Wanderung durch den wilden Forst unternehmen, müssen Sie pro Tag fünf Liter Wasser mitschleppen. Weil das keiner mag, läuft niemand in dieser Gegend herum. Mehr als hunderttausend Hektar totaler Einöde, aber dort unten, was sehen wir da?«

Ein, zwei, drei Schlauchboote hintereinander auf dem Colorado, eine jener mehrtägigen Touren durch den Großen Canyon. Nick stößt zu der Flottille hinab, jagt knapp darüber weg. Es genügt gerade, um sechs bis sieben Menschen in jedem Boot zu sehen. Die luftgefüllten, elastischen Fahrzeuge tanzen wie Pingpongbälle auf den Wellen und Stromschnellen. Es muß eine Lust sein für Leute, die nicht seekrank werden. Das muß ich demnächst auch machen!

Noch einmal wird es hochinteressant, vielleicht am interessantesten überhaupt. Der tiefe Seitencanyon von Havasu, genauer gesagt der Cataract Canyon, ist frei von Dunst, Nebel und Regenwolken. Deshalb hat sich unser patenter Pilot entschlossen, auf Spiralkurs hineinzufliegen. Diese ungefähr zwanzig Kilometer lange Schlucht ist das einzig grüne Seitental im gesamten Canyon System. Der zu keiner Zeit versiegende Havasu Creek hat es möglich gemacht.

Nicht nur ein phantastisches, sondern jede Phantasie hinter sich lassendes Bild! Droben auf dem Plateau liegt noch Schnee, blendend weiß und glitzernd in der Sonne, drunten an den Seiten des Canyon die nackten, jedoch farbigen Steinwände. Tief und noch tiefer sehen wir graue, graubraune, braungelbe Flecken in steiler Felsenwildnis. Aber ganz drunten der blaugrüne Creek mit sattgrünem Gebüsch. Laubwald gibt es dort und Wiesen an beiden Ufern. Nur ein fingerschmaler Streifen ist das grüne Tiefland im Vergleich zur umgebenden Wüstenlandschaft, nicht mehr als ein karger, hauchdünner Kringel im gewaltigen System der Canyons. Dort in der Tiefe lebt die einzige Menschengruppe der Schluchten. Die Havasupai werden sie genannt. Es sind nicht mehr als etwa 350 Personen.

Wir sehen das Dorf mit seinen Dächern, die Felder, die Weiden und den Weg am Fluß entlang. Rauch steigt auf, kleine Gestalten tummeln sich auf freiem Platz. Schon vorüber, schon vorbei! Nun die herrlich schönen Wasserfälle des Havasu Creek. Aber Nick kann nicht hinunter, zu eng ist die Schlucht, zu unberechenbar ihre Thermik. Auch folgen die Windungen des Creek zu rasch aufeinander. »Keine Maschine kann landen«, erklärt uns der Nicolaus, »es fehlt an Platz für 'ne Startbahn, und man weiß nie so recht, wie der Wind herumwirbelt. Im Notfall geht's mit Helikopter.«

Ich frage nach dem Preis für den Sonderflug mit Hubschrauber, doch was Nick daraufhin sagt, schließt für mich die Möglichkeit aus.

Auf schnurgerader Luftlinie zurück. Wir landen und entsteigen der Cessna mit schlotternden Knien. Als sich jeder bei Nicolaus fürs große Erlebnis bedankt, meint er mit Bedauern, daß mit dem Verbot des »Special Flight« zu rechnen sei. Die Behörden fürchten, es könne eben doch eines der Kunststücke mißlingen. Um so erfreulicher, daß wir selbst die Sache noch mitgemacht haben und sogar mit heiler Haut davonkamen.

Im Tovar Hotel (dessen Namen wohl die wenigsten Besucher an Pedro de Tovar erinnert, einen der besten und auch humansten Hauptleute Francesco de Coronados) haben wir zwei Zimmer mit herrlichen Blicken auf den Canyon und teilweise in dessen Tiefe hinein. Unvergeßlich das Bad bei sinkender Sonne, weil es sogar in der Wanne möglich ist, durchs geöffnete Fenster das Farbenspiel an den Felsen zu genießen. Wohlig warm in kieferndeftendem Schaumbad ruhend, nach dem großen Abenteuer des speziellen Fluges und vor einem guten Abendessen, das ist schon eine ausnehmend schöne Stunde.

Drunten beim Portier ziehen wir Erkundigungen ein, wie es zur Zeit wohl möglich sei, in den Havasu Canyon zu gelangen. Der Mann telefoniert mehrfach mit drei verschiedenen Stellen.

»Fahren Sie nach Peach Tree, Sir, sprechen Sie mit dem Indian Agent, versuchen Sie telefonisch in den Canyon durchzukommen, möglicherweise läßt sich was machen, ich meine die Besuchserlaubnis vom Chef der Havasupai. Wenn Sie dann einen Geländewagen zum Hilltop bekommen, falls die miserable Straße befahrbar ist, wenn das Wetter mitspielt, wenn auch sonst alles glattgeht, können Sie das Grünwasservolk besuchen!«

Bei den Grünwassermenschen

»Ha«, so nennt man das Wasser bei den Havasupai, aber nicht so einfach ist die Übersetzung von »vasu«. Es kann hellblau bedeuten, ebenso grün oder blaugrün. Auf jeden Fall ist es die Wasserfarbe des Havasu Creek, jene Färbung nämlich, die sich entsprechend der Tageszeit und des Sonnenstandes für das Wasser am Grund des Tals ergibt. Auch die wechselnde Vegetation im Fluß spielt dabei ihre Rolle. Weil »pai«, die letzte Silbe von Havasupai, ganz einfach Mensch, Volk oder Gemeinschaft bedeutet, sind die Bewohner des Cataract Canyon als Havasupai bekannt und nennen sich selber so.

Wenn in Reisebüchern und Nachschlagewerken über Indianer geschrieben steht, die Zahl der Grünwassermenschen bliebe bei ungefähr 350 konstant, stimmt das nicht mit den Tatsachen überein. Es gibt in Wirklichkeit mehr als 500 Havasupai, die Jahr für Jahr weiter an Zahl zunehmen. Jedoch sind drunten im Cataract Canyon für eine wachsende Bevölkerung die Möglichkeiten ausreichenden Verdienstes eng begrenzt. Daher bleibt vielen der jüngeren Leute und Ehepaare nichts anderes übrig, als »droben« bei den Anglos bezahlte Arbeit zu verrichten. Sie kommen aber zu Besuchen und zu Festen »hinunter«, bleiben also ihrem Volk bis auf weiteres erhalten.

Man sagt von den Leuten am Havasu Creek, sie seien die isolierteste Indianergruppe in den Vereinigten Staaten. Angeblich soll es in den USA keine andere Ortschaft geben, die ebenso umständlich zu erreichen ist, auch keine von Weißen bewohnte Siedlung. Wenn man dabei Alaska außer acht läßt, wo ich zumindest drei Indianerdörfer kenne (Chalkytsie, Venetie, Chandalar), die man nur bei wirklich gutem Wetter mit einem Buschflugzeug erreichen kann, mag die Behauptung für Supai der Wahrheit entsprechen.

Bis zum Hualpai Hilltop, wo der Abstieg zu Fuß oder zu Pferd beginnt, gibt es zwei Wege. Der eine, der romantischere und interessantere, verläßt nach etwa 17 Kilometer die große Straße von Grand Canyon Village in der Südrichtung nach Williams, um sich ostwärts zu wenden. Dabei fährt man ungefähr 100 Kilometer über einsames Hochland mit wenig Wald, aber endlos erscheinenden graugrünen Grasflächen. Wenn alles gutgeht, wird man nach mindestens drei Stunden den »Hilltop« erreichen. Nur allzu gern hätten wir diese Route gewählt, aber selbst im Sommer ist sie nur mit Vierradantrieb zu bewältigen. Im übrigen wird die Route nur solchen Leuten empfohlen, die sehr genau den sandigen, nach Regenfällen sumpfigen Fahrweg kennen, oder man muß landeskundige Führer mitnehmen. Der zweite Weg von Peach Tree zum Hualpai Hilltop ist zwar sehr viel besser, aber noch lange nicht gut. Hat es geregnet oder geschneit, kann auch hier die Hundert-Kilometer-Fahrt nur mit Geländewagen gelingen. Aber oft genug ist es vorgekommen, daß sogar der Postfahrer steckenblieb. Dabei kennt dieser Mann den Fahrweg seit zwanzig Jahren und hat alle nur möglichen Hilfsmittel an Bord.

Vor allem anderen brauchen wir die Besuchserlaubnis des hohen Häuptlings. Sie ist deshalb mehr als nur eine Formalität, weil die Unterbringung in einer von den beiden Lodges dazugehört. Sodann ist die Frage nach den Pferden zu klären. Haben Erdrutsche, Steinlawinen oder ähnliche Hindernisse den Weg blockiert, so ist mit den Vierbeinern nichts zu machen. Alsdann muß man selber sein Gepäck hinunter wie hinaufschleppen oder auf den Besuch in Supai verzichten. Weiter ist noch die Frage zu klären, welches Vehikel uns zum Hilltop bringen wird. Mit unserem Camper ist es keinesfalls zu machen. Das Wagnis, es mit einem Leihwagen zu versuchen, kommt uns nicht in den Sinn.

Die am Straßenrand der unbedeutenden, hochgelegenen Ortschaft Peach Tree gelegene Indian Agency darf als diplomatische Vertretung von drei in der weiteren Umgebung beheimateten indianischen Volksgruppen gelten, nämlich der Kaibab, der Hualpai und der Havasupai. Eine gute Stunde vor Büroschluß treffen wir ein, können aber in der Agency nur weibliche Wesen finden. Kein Anglo läßt sich blicken. Die Vertreter des Bureau of Indian Affairs haben, wie es scheint, den Feierabend etwas vorverlegt. Die Damen des Hauses, gleich welchen Alters, ob ledig oder Familienmütter, haben ohne Ausnahme eine bedeutende Körperfülle aufzuweisen. Manche sind beinahe so breit in den Hüften wie hoch mitsamt der Schuhe. Eine stützt ihren gewaltigen Busenberg auf die Schreibtischplatte, weil es gewiß große Mühe macht, die Gewichte selbst zu tragen. Weil anzunehmen ist, daß die gute Vierzigerin nur selten Komplimente hört, schon gar nicht von einem wildfremden Mann, frage ich als erstes, ob alle Frauen ihres

Stammes so wunderbar schwarzglänzendes Haar besitzen, wie das bei ihr in so reicher Fülle der Fall ist. Es sei zwecklos, solchen Quatsch zu reden, sagt mir Spotty auf deutsch. Darauf würden hierzulande weder die weißen noch die indianischen Frauen hereinfallen.

»So, you like my hair«, schmilzt die Busendame wie Butter, »no, I must say, mein Haar ist schon 'ne Seltenheit drunten am Creek. Was kann ich für Sie tun, dear Sir?«

Das ist mit wenigen Worten gesagt, aber nicht getan. Die eine Lodge im Cataract Canyon ist mit zwei Lehrkräften und deren Familien belegt, die andere leider für eine Woche ausgebucht. So wiederhole ich jenes Sprüchlein, das mir schon bei vielen Unternehmen im Land der wirklich unbegrenzten Möglichkeiten geholfen hat.

»Ein fremder Tourist bin ich, komme von ganz weit her, aus München, you know, aus Bayern, you know, aus Germany in Europe. You certainly heard of it. So weit bin ich hergekommen, um den Havasu Creek zu sehen, vor allem natürlich die Havasupai. Es wäre doch wirklich schade, wenn ich umkehren müßte, und mein Freund hier, der berühmte Professor, kommt gleichfalls aus Old Germany.«

Das letztere stimmt durchaus, nur sind darüber ein paar Jahrzehnte vergangen.

»Also wirklich, Ihr schönes Haar«, füge ich noch hinzu, »wenn das Licht der sinkenden Sonne da.rauffällt.«

Ich will es kurz machen und nicht die folgende halbe Stunde beschreiben. Drei Frauen schwersten Gewichts bemühten sich gleichzeitig um eine Drahtverbindung hinunter nach Supai. Als diese hergestellt ist, redet eine nach der anderen einen Schwall wohlklingender Worte ins Sprechgerät, mit denkbar gutem Ergebnis, wie uns meine Freundin sogleich wissen ließ.

»Ein Vierbettraum für euch beide allein in der Alten Lodge, bis zu einer Woche könnt ihr bleiben. Ab zwölf Uhr warten die Pferde am Hilltop.«

Falsch wäre es gewesen, hätten wir uns sofort entfernt. Auch mit gewöhnlichen Dankesworten darf man sich in einem solchen Fall nicht begnügen. Wir reden und ratschen, trinken Kaffee mit den Frauen, knabbern an zuckersüßen Keksen und erhalten dabei wesentliche Informationen über das Leben, Denken und Fühlen der Havasupai.

Nur wer vom »Grünwasservolk« einigermaßen gut die englische Sprache beherrscht, findet einen annehmbar bezahlten Job in der Außenwelt oder, wie die drei Frauen es ausdrücken, in der »Oberwelt«. Es gibt aber nur wenige Havasupai der älteren Generation, die einigermaßen Englisch radebrechen. Im letzten Jahrzehnt ist die an sich schon lange bestehende Schule in Supai viel besser geworden. So sprechen nun fast alle jungen Leute fließend die fremde Sprache. Mehr als die Hälfte von ihnen verdient sich »droben« den Lebensunterhalt, aber nur wenige haben sich sehr weit von »drunten« entfernt.

Die Wochenenden, Ferien, überhaupt alle arbeitsfreie Zeit verbringt man sehr gern im angestammten Dorf. Gar keine Frage, auch hier bei den Frauen, daß es ihnen drunten zehnmal besser gefällt als droben. Im Tal sind die Freunde, die Verwandten, mit denen man durch die gleiche Sprache und die gleichen religiösen Rituale verbunden ist. Man hat dort wunderbare Ruhe, man freut sich über das klare Wasser des nie versiegenden Flusses und vor allem über das gute, milde, auch im Winter angenehme Klima. Gerade für das kleine, in sich geschlossene Volk auf relativ engem, ringsum abgeschlossenem Raum ist »Heimat« gleichbedeutend mit Dorf, mit Familie, Geborgenheit und dem Gefühl des Zusammengehörens.

Das Problem der Fahrt zum Hualpai Hilltop könnte durchs Entgegenkommen der Postmistress gelöst werden, meinen die hilfreichen Frauen aus dem tiefen Tal. Also begeben wir uns dorthin. Die sehr freundliche, weißhaarige Dame sieht leider trotz besten Willens keine Möglichkeit, einen Geländewagen nach dem Hilltop zu vermitteln.

»Sagen Sie das Sprüchlein auf«, knurrt Spotty im Hintergrund, »vielleicht klappt's wieder!«

Gesagt wie getan, mit dem Erfolg, daß wir morgen früh als private Passagiere im Postauto willkommen sind. Der telefonisch befragte Geländefahrer hat es zugesagt. Man dürfe ihm auf keinen Fall das Angebot von Trinkgeld machen, warnt die Mistress. Feiner wäre es, zehn Dollar in den Handschuhkasten zu legen.

Gegen neun Uhr früh sollen wir das Fahrzeug besteigen. Mangels besserer Herberge schlafen wir im Camper, verzehren auch darin das Frühstück und lassen alsdann den Wagen in Obhut einer Tankstelle. Mit schwerem Rucksack für alle Notfälle ausgerüstet, stehen wir zu bezeichneter Stunde vor dem Postoffice. Nicht um neun, sondern nahe bei zehn Uhr wird der geländegängige, hochrädrige Wagen beladen, mit Holzkisten, Blechkanister und Kartoffelsäckern. Dazu mit Brot in Pappschachteln, Bananen in Bündeln und Ballen von Kleiderstoff. Weiter die Postsäcke und private Pakete, ein Blechfaß mit Dieseltreibstoff, mancherlei Hausrat, Ersatzteile, Werkzeug und anderes mehr. Schließlich geht nichts mehr hinein, außer, mit knapper Not, wir beiden schlanken Männer durchschnittlicher Größe. Neben dem Fahrer haben bereits zwei junge Dinger mit komplettem Campingbedarf Platz genommen.

Also zwängen wir uns zwischen Zwiebelsäcke und Brotpakete. Dort ist es weich und relativ bequem. Die schon bald nach Verlassen der Hauptstraße einsetzenden Stöße werden vom Frachtgut um uns herum wesentlich gemildert.

Nach den Seiten haben wir keinen Ausblick, aber durchs Rückfenster können wir schauen. Es hat während der letzten drei Tage nicht geregnet, auch nicht geschneit. Der ausgefahrene Weg ist trocken und einigermaßen fest. Unter den Fichten, Tannen und Wacholderbüschen des Kaibab-Forstes liegen nur noch Reste Schnee. Sonst blieb die weiße Decke ganz erhalten. Kein Haus am Wege, keine Hütte im Wald, auch keine Telefonstangen oder gespannte Drähte am Wege. Ein-, zweimal sehen wir Pronghorn-Antilopen, doch zu weit entfernt fürs Erkennen von Einzelheiten.

Nach ungefähr dreißig Meilen (50 km) rumpelt, schlingert und stampft das Fahrzeug um vieles heftiger als zuvor. Da hat sich beim letzten Sturm die Schneedecke viele Meter hoch und mehrere Meilen weit gestaut. Sicher zur selben Zeit, als wir uns zur Mesa Verde bemühten. Schlamm und Schneematsch sind zurückgeblieben, die vier Reifen wühlen sich im Geländegang hindurch.

Dort eine verlassene große Ranch, deren fensterlose Gebäude noch stehen. Sogar die Schule, mit Reck, Rutschbahn und Schaukelringen, blieb der Einsamkeit erhalten. Kein Ort, um zu verweilen, der schwerbeladene Wagen schwankt vorbei.

Hualpai Hilltop, wir sind da, sogar rascher als vorgesehen. Alles ausladen mit vereinten Kräften. Etwa zwölf Pferde warten auf ihre Reiter, ihre Fracht und ihr Futter. Das Heu und der Hafer im Canyon genügt nämlich nicht. Man gibt hier oben jedem Tier ein paar Kilo vom Postauto mitgebrachtes Kraftfutter. Erst dann sind die Rösser bereit, den Abstieg in den Canyon zu beginnen.

Ein Bild wie vor hundert Jahren. Die braunen, breitknochigen Indianer mit ihren durchlöcherten, ausgefransten Sombreros. Dazu knallbunte Wollhemden, silberbeschlagene Gürtel und weiche Stiefel wie Mokassins an den Füßen. Ihr schulterlanges Haar tragen sie wie die Hippies, nur daß es bei den Havasupai immer so lang gewesen ist. Jeder Mann ist mit dem Tränken, dem Füttern und Beladen seiner Gäule beschäftigt. Die Gurte festzurren, die Lasten gleichmäßig verteilen und die Bügel strammziehen. Fluchen, grinsen, lachen und schwatzen. Geruch von Pferdemist, Männerschweiß, staubtrockenem Heu und Pfeifentabak. Genauso, denke ich mir, war es zu Winnetous Zeiten im Wilden Westen.

Man sieht vom Hilltop in den oberen, sich allmählich senkenden Teil der

Schlucht. An ihren Rändern der rötliche Fels, darüber die Schneedecke trotz der Sonnenstrahlen aus azurblauem Himmel. Philipp, unser Pferdemann, kommt mit drei Rössern. Eines davon ist fürs Gepäck bestimmt, die beiden anderen für Spotty und mich. Aber wir möchten lieber laufen, es sind bergab nicht mehr als vier Stunden. Der Havasupai ist gerne einverstanden, weil er natürlich den vollen Betrag für hinauf wie hinunter bekommt. Nur die beiden Rucksäcke werden auf die Pferderücken verladen. Philipp ist ein umgänglicher Mann, und er findet es vernünftig, daß wir zu Fuß gehen. So bleibt die Belohnung nicht aus, wir dürfen seine Frau, mit Kind auf dem Arm, während des Hinabreitens fotografieren. Beim »Grünwasservolk« gilt das als besonders entgegenkommend.

Zunächst ist der Saumpfad sowohl für Menschen wie Tiere gut ausgebaut. Er senkt sich in Serpentinen allmählich tiefer. Schon bald ist der Schnee verschwunden, statt dessen kalkweißer Sand, karge Büsche und graugelbes Gras. Doch nach einer halben Stunde ungefähr sind erst die Büsche, danach das Gras und überhaupt alle Spuren von Vegetation verschwunden. Dafür um so großartiger zeigt sich die Szenerie der Felsen, der Überhänge und Aushöhlungen, Spalten, Rippen und Klippen, wohin man schaut. Aber jede anders, so viele es auch sind. Geologe müßte man sein, um die Bedeutung der Farbschichten zu erfassen. Leider fehlen mir dafür die Grundbegriffe. Erst mit den Menschen, die noch sichtbare Zeichen ihres Wirkens hinterließen, beginnt in meiner Vorstellung die Weltgeschichte.

Kaum ist der Weg noch zu erkennen, denn rotes Geröll hat ihn verschüttet. Die Pferde wissen natürlich Bescheid, vorsichtig steigen sie über die Hindernisse, klappern durchs trockene Bachbett und halten sich nirgendwo länger auf. Dreimal in der Woche gehen sie hinauf und hinunter, auf immer demselben Weg. Jedes Tier trägt, wenn es sein muß, 150 Kilo, aber für gewöhnlich sind die Lasten viel leichter. Bis zu dreißig Tragtiere werden an manchen Tagen gebraucht. Man sagt, daß sie alle den Havasupai gemeinsam gehören, was ich aber nicht so recht glauben kann. Immerhin ist wahr, daß der Häuptling oder sein Vertreter die Pferde für Transporte bestimmt und hinterher die damit verdienten Dollars nach irgendeinem Schlüssel verteilt. Transport gehört zu den wichtigsten Geldquellen des Grünwasservolkes, verteuert aber selbstverständlich den Preis der beförderten Sachen. Wer hinauf wie hinunter zu Fuß läuft, muß auch bezahlen, nämlich fünf Dollar pro Person. Es sind Abgaben, die großenteils in die Kasse der Grand-Canyon-Verwaltung fließen, denn sie hat den Bau des Weges bezahlt, muß alle Schäden beseitigen und auch die Campingplätze im Canyon in Ordnung halten. Zwar liegen diese außerhalb des Havasupai-Reservats, ebenso wie der Saumpfad, doch es muß jeder zum Havasu Creek die Ortschaft Supai passieren. Aus geographischen Gründen geht das nicht anders, und die Havasupai profitieren davon.

Stellenweise ist die Schlucht so schmal, daß die breitbeladenen Tiere nur knapp passieren. Zur Rechten wie Linken öffnen sich gewaltige Höhlen, und himmelhohe Felstürme wachsen empor. Oft scheinen sich die Wände über den Canyon zu neigen, daß man glauben möchte, sie stoßen oben zusammen. Tiefer und immer tiefer geht es hinab, um Kurven von mehr als 180 Grad. Weiter und weiter hinunter auf steilem Schotterhang, gelegentlich im dunkelsten Schatten, dann wieder im hellen Sonnenschein.

Da sind ein paar grüne Halme, dort ein Busch in der Felsenspalte und nicht lange danach ein richtiger Weidenbaum. Jetzt sieht man auch einen, zwei, drei Fäden von Wasserperlen über buntfarbene Steine tröpfeln. Es sind die Anfänge des Havasu Creek, des einzig immer fließenden Wasserlaufs im System des Grand Canyon außer dem Colorado selbst. Sogar Fachleuten ist es ein Rätsel, woher das Wasser kommt, zumal drunten anderthalb Millionen Liter pro Stunde vorüberströmen. Man vermutet das Quellgebiet des Havasu im porösen Gestein unterhalb des San-Francisco-Gipfels, der immerwährend mit Schnee bedeckt ist. Er war vor Jahrmillionen ein aktiver Vulkan, und so ist es denkbar, daß sein Schmelzwasser durch ehemalige Gaskanäle fast hundert Kilometer weit durchs Erdinnere fließt, bis es nach und nach am Havasu Creek zum Vorschein kommt.

Aus dem Rinnsal ist ein Bächlein geworden, daraus ein murmelnder Bach und zu guter Letzt der breite, behäbig dahinströmende Creek. Es ist, wenn man aus der Steinwüste herunterkommt, wie ein Wunder, das blaugrüne Wasser in der sonst knochentrockenen Wildnis zu sehen. Wie belebend ist seine Wirkung! Nur hier im Cataract Canyon, nur in diesem relativ kurzen Stück der Havasu-Schlucht existiert grüner, saftiger, vitaminreicher Pflanzenwuchs. Weiter hinauf in der Schlucht ist alles leblos, wasserlos, unbewohnbar.

Hohe Pappeln, starke Weidenstämme, silberhelle Birken beiderseits am Wege. Obstbäume in Blüte, Felder mit wogenden Halmen, Weideflächen mit dunkelfarbenem Vieh. Wir hören bellende Hunde, schreiende Kinder und klappernde Töpfe, alle Geräusche eines friedlichen Dorfes. Rauch steigt auf von Holzfeuern, Geruch aus offenen Küchen und Pferdeställen. Wir sind in Supai, dem Mittelpunkt und einzigen Ort der Havasupai.

Die Atmosphäre zu beschreiben ist schwierig. Alles wirkt echt und romantisch im Sinne der ehemaligen Indianerzeit. Dabei stammt nur wenig aus der Vergangenheit. Die ehemaligen Behausungen der Grünwassermenschen, bestehend aus Sandsteinblöcken, Weidenstämmen und rosarotem Lehm, wurden bis auf zwei oder drei Überbleibsel im Mai 1920 durch Überschwemmungen fortgerissen. Danach bauten sich die Havasupai festgefügte Blockhäuser nach Art des weißen Mannes. Als auch diese von einer Sintflut zerstört wurden, entstanden die heutigen, in der »Oberwelt« hergestellten Fertighäuser. Teils auf Pferderücken und teils mit Helikoptern wurde das Material hinab in den Canyon transportiert, samt und sonders auf Regierungskosten. Die Bewohner von Supai sind nicht mehr, wie in früheren Zeiten, auf Brennholz angewiesen. Sie heizen, kochen und beleuchten ihre Häuser mit elektrischem Strom, besitzen auch Kühlschränke, Tiefkühltruhen und selbstverständlich Radio. Fernsehen können sie vorläufig noch nicht, aber sie besitzen Telefon, eine Radiostation.

Im Falle der Not werden sie kostenfrei durch Hubschrauber versorgt. Wenn es sehr eilt, kann der Häuptling einen Helikopter binnen 15 Minuten vom 60 Meilen entfernten Flugplatz Tuzayan herbeirufen. Wer den Vogel aus eigener Tasche bezahlt, dem steht er jederzeit zur Verfügung. Aber das ist teuer, sogar sehr teuer.

Das Grünwasservolk hat ein kleines Hospital in Supai, natürlich auch eine Schule, außerdem eine große Gemeinschaftshalle und einen kleinen Kaufladen. Und jeden Samstagabend ist Kino. Dennoch ist das Dorf am grünen Creek etwas ganz Besonderes. Nur ist schwer zu sagen, worin die Besonderheit besteht. Mir scheint, aus den sehr verschiedenen Komponenten: leidliche Schlamperei, freundliche Nachsicht, vornehme Zurückhaltung gegenüber Fremden sowie Hilfsbereitschaft untereinander. Jede Arbeit, sofern unbedingt notwendig, wird in aller Ruhe erledigt, dabei aber die Faulheit nicht vernachlässigt. Den Verfall am Haus, das Umfallen des Gartenzaunes, die Verwilderung der Gemüsebeete läßt man so lange hingehen, bis die Folgen zu fühlbar werden. Erst dann richtet man Hilferufe an die Regierung, die alsbald für notwendige Reparatur, Erneuerung oder sonstige Leistungen sorgt. Darin ist eine positive Folge jenes schlechten Gewissens zu sehen, das jeden halbwegs anständigen Amerikaner plagt, weil man doch bis vor einem halben Jahrhundert noch die Indianer so schäbig behandelt hat. Deshalb, und zur Ehre der Anglos sei es gesagt, wird von amtlicher Seite alles getan, um sich als herzensgute Indianerfreunde zu beweisen. Jedenfalls ist es so beim Volk des Grünen Wassers.

Von neumodischen Dingen und Ideen nehmen die Havasupai nur auf, was angenehm ist. Mit ihrer Arbeit wollen sie kein Geld für unnötige Ausgaben verdienen, schon gar nicht unter Aufbietung besonderer Mühe. Jeden Besucher freundlich grüßen, aber sich deswegen nicht mit ihm befreunden. Ruhe vor allem, deshalb nur ein Jeep, der leider notwendig ist, für den ganzen Cataract Canyon. Der seinerzeit angeschaffte Traktor hat seinen motorisierten Geist schon bald wieder aufgegeben. Er liegt verrostet im grünen Gras.

Wie überlegt hat doch das Tribal Council den Platz fürs neue E-Werk ausgewählt. Droben auf einer Mesa, wo das unvermeidliche Motorengeräusch drunten in Supai nicht zu hören ist, mußte der Indian Agent den Betonblock hinstellen. Die Versorgung mit Brennstoff geschieht aus einer Rohrleitung, die von hoch droben nur bis zum E-Werk reicht. Drunten im Ort ist gar keine Zapfstelle vorhanden. Geradezu umarmen möchte ich alle Mitglieder des Stammesrates für ihren einstimmig gefundenen Beschluß, keine Drähte im Umkreis des Ortes zu dulden. So verschwinden alle Drähte, etwa eine Meile vom Ort entfernt, unter der Erde.

Wie ein deutsches Dorf vor hundert Jahren hat auch Supai nur Sandwege. Das gilt auch für die knapp hundert Meter kurze Hauptstraße. Sie wird eingefaßt von uralten, schiefstehenden, hoch aufragenden Baumwollbäumen, deren Kronen sich zu einem hellgrünen, schattenspendenden Laubdach vereinen. Eine stimmungsvolle Allee, vollkommen frei von motorisiertem Verkehr. Glückliches Supai, dem Abgase, Motorenlärm, Verkehrsampeln wie überhaupt alle Gefahren der modernen Straßen erspart bleiben.

Seit die letzte und größte Flut im Jahr 1920 die meisten Blockhütten und Steinhäuser fortgespült hat, liegen die Fertighäuser höher als früher, also nicht mehr am Hauptweg. Alle sind von verwahrlosten Gemüsegärten umgeben, in denen einige Obstbäume stehen und zerzauste Beerenbüsche. Die Zäune sind lückenhaft, was den überaus zahlreichen Hunden allenthalben erlaubt, ihre Freunde und zweibeinigen Futterspender zu besuchen.

Durch tiefen, staubigen Sand, im Schatten der schloßparkähnlichen Allee gelangen wir bald zum Regierungsgebäude der Havasupai. Es ist eines der wenigen Sandsteinhäuser aus vorsintflutlicher Zeit, weshalb schon seit langem das Dach vom Rost zerfressen ist. Eine breite Holzveranda umgibt das Gebäude, aber das Drahtnetz gegen Mücken und Moskitos hat kopfgroße Löcher. Das »Government«, wie man hier sagt, enthält alle Amtsräume wie auch die Post der gesamten Havasupai-Nation. Auch die Touristen werden hier betreut.

Ein weißer Mann, gewiß schon über die siebzig hinaus, allgemein als Ted Schaefer bekannt, stellt zunächst unsere Personalien fest, um danach eine detaillierte Rechnung für die Unterkunft, den Gepäcktransport, den Ritt hinunter wie hinauf, auch noch die Abgaben für den Weg fein säuberlich aufzuschreiben.

Oben: Winter am Grand Canyon, der tiefsten, längsten und wohl auch schönsten Schlucht auf Erden. Bis 1500 Meter tief hat der reißende Colorado River das steil abfallende Tal während vieler Millionen Jahre ins rötliche Gestein genagt.

Vorhergehende Seite: Blick aufs sogenannte Todestal in der Sierra Nevada, eine zum größten Teil lebensfeindliche Wüste. Im Death Valley steigen die Temperaturen bis 56 Grad im Schatten, hier liegt auch der mit 85 Metern unter Meereshöhe tiefste Punkt Amerikas. Dennoch gibt es im Todestal einige von Menschen geschaffene Oasen mit Palmgärten, Schwimmbecken, Hotels und Campingplätzen.

Rechte Seite: Das Yosemite-Tal in der Sierra Nevada, schon seit langem wohl-beschützter Nationalpark, wird jährlich wegen seiner wilden Schönheit, wegen der brausenden Wasserfälle und gigantischen Felskulissen in den Sommermonaten von mehreren Millionen Menschen besucht. Jetzt möchte man dort alle Straßen sperren und Besucher, die nicht zu Fuß gehen wollen, in Elektrobussen befördern.

Die mehr als zweihundert Jahre alte Keimzelle der heutigen Sechsmillionenstadt Los Angeles war eine winzige, von den Spaniern angelegte Siedlung mit dem ellenlangen Namen: Pueblo de Nuestra Señora la Reina de Los Angeles de Porciuncula. »Los Angeles« ist davon übriggeblieben und von der altspanischen Siedlung noch Kirche, Plaza und die Olivera-Straße.

Am Camino Real, dem ungefähr tausend Kilometer langen Ochsenkarrenweg durchs ehemals spanische Kalifornien, lagen in etwa gleichem Abstand 22 Missionen des Franziskanerordens. Hier der noch gut erhaltene Innenhof von San Juan Capistrano, eine Mission, die berühmt ist wegen ihrer »treuen Schwalben«. Genau am gleichen Tag, dem 19. März, kehren sie jedes Jahr zurück in die Gärten und das Gemäuer von San Juan. Seit 1776 haben die Mönche das Wiederkommen der Schwalben registriert.

Das Papier bedeutet zugleich die Besuchserlaubnis. Der Betrag hält sich in Grenzen und ist einem älteren Indianer zu bezahlen, der sich am zweiten Bürotisch mit etwa sechs Landsleuten unterhält. Schweigend schiebt er die Dollarnoten in ein Schließfach. Unterdessen hört man, daß Ted Schaefer den Besuch aus dem fernen Bayernland seinen Freunden in der Oberwelt telefonisch bekanntgibt.

Unser Vierbettzimmer liegt in der Alten Lodge. Vor der Flut im Jahre 1920 war das gleiche Haus die Dorfschmiede. Das bezeugen noch heute die starken Steinmauern. Nichts gegen unser Zimmer, das trotz niederer Decke sehr groß ist. Alle vier Betten sind mit sauberer Wäsche und grauen Wolldecken bezogen. Neben jedem steht ein Stuhl, etwas anderes ist in dem Raum nicht enthalten. Dagegen hat man schon vor geraumer Zeit die Gemeinschaftsküche reichhaltig ausgestattet. Jeder Bewohner der Alten Lodge ist auf sie angewiesen, da im ganzen Ort, überhaupt im Tal der Grünwassermenschen, kein Restaurant, keine Snackbar oder sonst irgend etwas vorhanden ist, wo ein Fremder essen könnte. Deshalb befinden sich in unserer maximal für vier Familien gedachten Küche ein vierflammiger Elektroherd, eine Eisbox mit Tiefkühltruhe, auch verbeultes Kochgeschirr, die notwendigsten Tassen, Teller, Bestecke und Küchengeräte. Es gibt sogar Strom, und die kühlenden Aggregate erfüllen ihre Pflicht, wenn auch mit Gerumpel, Zittern und Beben.

Unvergeßlich für jeden Gast sind die Funktionen im groß angelegten Waschraum mit Bad und WC. Dort läuft immerzu heißes Wasser, ohne daß man es abstellen kann, wohingegen der kalte Hahn überhaupt nichts hergibt. Ein Stöpsel in der Wanne fehlt, wohl zugunsten der Kakerlaken, die ungehindert durchs Abflußrohr passieren. Seltsamerweise reichen gerade in diesem Raum beide Fenster bis auf den Boden. Vermutlich sind es ehemals Türen gewesen. Da ihre Scheiben aus klarem Glas bestehen, muß man den Besuch der Örtlichkeit entweder bis zur Nacht verschieben oder läßt sich nicht von kindlichen Zuschauern stören, die ihre Näslein an der gesprungenen Scheibe plattdrücken. Weil es zudem nicht möglich ist, die Lokustür zu schließen, muß der Benutzer seinen rechten Fuß weit von sich strecken, um damit dem versehentlichen Aufstoßen der Tür vorzubeugen.

Nicht zu verhindern ist das Auftauchen freundlicher, wenn auch freßgieriger Hunde, die frei durch den schadhaften Draht der Veranda verkehren und es gut verstehen, durch Pfotendruck auf die Klinke jede Tür zu öffnen. Schlüssel sind auch für den Schlafraum nicht vorhanden. So ein vierbeiniger Besucher, nach seinem Äußeren die Mischung von Riesendogge und Bernhardiner, macht es sich gleich nach unserer Ankunft auf einem der freien Betten bequem. Da liegt das zottige Untier lässig hingestreckt und bedarf keiner Sprache, sondern nur beharrlicher Blicke, um dem Professor wie mir verständlich zu machen, daß es einiges von uns erwartet. Jene ältere, kugelrunde Indianerin, deren Obhut man die Alte Lodge anvertraut hat, erklärt uns beim Anblick des übergroßen Bettbewohners: »He belongs here, you not kick out him.« Womit sie sagen will, daß der Hund hier zu Hause ist und wir ihn nicht vertreiben sollten.

Überhaupt scheint es mir ein schöner Zug der Havasupai zu sein, daß sie ihre Hunde gut behandeln, ganz im Gegensatz zu anderen Naturvölkern in allen Teilen der Welt. Es gibt sicher mehr Hunde aller möglichen Mischrassen als Menschen im Canyon. Persönliche Besitzer haben die meisten von ihnen nicht, dafür stehen gefüllte Hundenäpfe vor fast jedem Haus. Vermutlich wählen und bestimmen die Hunde ihrerseits, mit welcher Menschenfamilie sie vorzugsweise verkehren. Jedenfalls habe ich kein Tier gesehen, das mager war oder mißtrauisch gegen Zweibeiner. Mit Schaudern erzählte uns die Versorgerin der Alt-Lodge, daß vor drei Jahren ein Veterinär des USA-Gesundheitsamtes mehr als die Hälfte der Hunde mit scharfer Nadel totgespritzt habe. Seitdem ist aber durch rasche Vermehrung der freilaufenden Lieblinge die frühere Zahl längst wieder erreicht.

Das einzige, recht altertümliche Ladengeschäft von Supai ist nur von sechs bis acht Uhr abends geöffnet. Es gehört der Nation – wenn man das so ausdrükken darf – und wird von einer flinken, freundlichen Grünwasserfamilie geführt. Schön ordentlich und geduldig muß sich die Kundschaft der Reihe nach anstellen. Das ist keineswegs langweilig für die Talbewohner, sondern willkommene Gelegenheit fürs gesellige Beisammensein. Ich glaube, daß die meisten nur aus diesem Grund den gemütlichen »Tante-Emma-Laden« besuchen. Statt Vorräte für die ganze Woche einzukaufen, holt man sich an jedem Abend nur den Tagesbedarf. Es gibt hier ungefähr alles, was normalerweise gebraucht wird, sowohl an Lebensmitteln wie Gebrauchsartikeln, ebenso Kleider, Schuhe, Hausrat und Kinderspielzeug. Die Auswahl ist nur gering, immer steht der relativ hohe Preis auf einer Tafel vermerkt. Fehlt etwas, wird es ausgestrichen. Alles, was der Havasupai, seine Frau und die Kinder benötigen, aber nicht auf Vorrat bereitliegt, wird nach den farbenbunten, kiloschweren Katalogen des größten amerikanischen Versandhauses bestellt. Dort weiß man, daß im Cataract Canyon eine Verpackung gewünscht wird, die sich nach Empfang der Ware falten, einklappen oder zusammenrollen läßt. Der Grund dafür ist eine Bestimmung des Stammesrates, die kategorisch verordnet, alles Packmaterial wieder aus dem Canyon an die Oberwelt zu befördern.

Diese Anweisung steht ebenso auf einer Tafel droben in Hualpai wie auf einem Blatt Papier, das jeder Tourist bei der Ankunft erhält. Im übrigen ist auch weißen Besuchern die Einfuhr, die Mitnahme und sogar der Genuß von Alkohol streng verboten. Allen Ernstes sind die Havasupai absolut trocken. Wir jedenfalls haben nie einen Betrunkenen gesehen oder von anderen Touristen davon gehört. Zu ihrem eigenen Glück haben die Grünwassermenschen früh begriffen, wie schädlich sich schon oft das verfluchte Feuerwasser auf rechtschaffene Indianer ausgewirkt hat.

Wer das bei uns modische Wort, den schon lange in England gebrauchten Begriff »Establishment« nicht kennen sollte, dem sagt »althergebrachte Ordnung« in etwa das gleiche. Hier beim Grünwasservolk ist sie noch allgemein im Sinne von ungebrochener Tradition vorhanden. Wer Augen hat, zu sehen, wird schon am ersten Tag darauf stoßen. Ungefähr ab fünf Uhr eines jeden sonnigen Nachmittags, wenn sich die Honoratioren auf den vier rauhen Holzbänken gegenüber dem Kaufladen niederlassen, ist die Hierarchie im Stammesverband klar zu erkennen. Wie es scheint, hat jeder angesehene Mann, unabhängig vom Alter, auf einer dieser Bänke seinen festen Platz, entsprechend seinem Rang, seiner Würde und seinen Verdiensten. Nicht auszudenken, was geschehen würde, wenn sich jemand von den jüngeren Leuten auf einer Bank des Establishment niederlassen wollte.

Die Herrenschicht von ihren Herrensitzen auf den vier Bänken genießt einen umfassenden Überblick. Es kann in Supai so gut wie nichts passieren, ohne von ihnen bemerkt zu werden. Alles sieht man von den sicheren, wenn auch harten Plätzen, das Kommen und Gehen in der Allee wie im Kaufladen, den Betrieb auf der Spielwiese und die Mädchen, die Frauen mit ihren Kindern bei der Ausgabe von Ice-Cream auf den Stufen des Gemeindehauses.

Dabei habe ich die am wenigsten erwartete Besonderheit der Havasupai noch gar nicht erwähnt. Das Grünwasservolk präsentiert sich als die kleinste und einzige Monarchie in ganz Amerika. Die Würde des Ersten Häuptlings ist erblich, schon seit undenklichen Zeiten, stets in der gleichen Familie vom Vater auf den ältesten Sohn. Die Amerikaner, immer große Demokraten, wenn es um Kleinigkeiten geht, wollten das nicht dulden und sehen es auch heute nicht gern. Sie haben deshalb, wie allgemein in der amerikanischen Verfassung festgelegt, auch im Cataract Canyon 1895 die allgemeine freie und geheime Wahl des Ersten Häuptlings verfügt. Dabei ging ohne Ausnahme der »rechtmäßige Thronerbe« als Sieger hervor. Doch ergab sich 1943 scheinbar die Möglichkeit, den unerwünschten Brauch zu brechen, weil der Häuptlingserbe beim Tod seines Vaters gerade erst zwölf Jahre zählte. Die Havasupai entschieden sich für seinen nächsten Verwandten. Dieser Onkel, ganz so, wie man es von ihm erwartet hatte, stellte am 21. Geburtstag des traditionellen Thronerben sein Amt zur Verfügung. So konnte binnen Kürze Oscar Paya nach einstimmiger Wahl die Würde des Ersten Häuptlings übernehmen. Er bekleidet sie noch heute, und sein ältester Sohn wird ihm eines Tages folgen.

Die vier Bänke an der schönen Allee sind das eigentliche Rathaus der Havasupai. Hier bespricht sich bei formlosem Rat und Tratsch der Erste Häuptling mit seinem demokratisch gewählten Vertreter und den fünf Mitgliedern des Tribal Council. Auch achtbare Familienväter, die keine amtliche Funktion besitzen, gehören nach alter Gewohnheit zur beratenden Versammlung. Sind die Abende kühl, was wir selbst nicht erlebt haben, flackert wärmendes Feuer im Sand der Allee. Nur besonders schlechtes Wetter kann den Stammesrat veranlassen, sich ins große, breite, auf meterhohen Pfählen stehende, aber sonst flache Gemeindehaus zu begeben. Die Indian Agency hat die Pläne für den Bau geliefert und die Kosten bezahlt.

Klug und weise erscheinen mir die Beschlüsse des Tribal Council, vorbildlich im Sinne der bei uns vielfach geforderten »Lebensqualität«. Abgelehnt wurde beispielsweise das Angebot eines amerikanischen Unternehmers, der zu seinen Lasten eine Drahtseilbahn hinunter in den Canyon bauen wollte. Das hätte auf bequeme Weise viele Fremde ins Tal gebracht und dem Grünwasservolk eine Menge Dollar zugeführt. Jedoch die Havasupai wünschen nicht, für den Tourismus erschlossen zu werden. Schon hieraus geht die beste ihrer Eigenarten hervor, nämlich daß sie an Geld und Gut nur soweit interessiert sind, wie es zur Fortführung ihres sorglosen Lebens notwendig ist. Deshalb keine Hotels im Canyon, keine Restaurants oder andere Lokale. Eben deshalb auch keine Kneipe, keine Tanzböden und Spielautomaten. Nur am Samstag die Vorführung eines uralten Spielfilms im Gemeindehaus. Die beiden Campingplätze zwischen den Wasserfällen liegen außerhalb des Reservats, das Tribal Council kann darüber nicht bestimmen. Innerhalb seiner engen Grenzen duldet das Grünwasservolk nur ein Mindestmaß von Besuchern aus der Oberwelt. Die Anglos, die weißen Amerikaner, hier »Heiku« genannt, sind zwar geduldet, doch nicht hochgeschätzt. Ausgenommen natürlich solche Anglos, die man lange persönlich kennt und als harmlose Heiku schätzengelernt hat.

Ständig leben in der Havasu-Schlucht meines Wissens nur fünf Weiße. Es sind ein Lehrer mit seiner ebenfalls lehrenden Frau, der schon erwähnte Touristmanager Ted Schaefer und ein brasilianisch-französisches Ehepaar, das sich im Auftrag der UNESCO bemüht, die Havasupai mit neuesten Methoden der Landwirtschaft, der Viehzucht und Hühnerhaltung bekannt zu machen. Ein völlig vergebliches Bemühen, wie uns die Eheleute recht deprimiert versicherten. Das Grünwasservolk ist mit seiner gewohnten Lebensqualität durchaus zufrieden. Neuerungen sind nicht nötig und deshalb unerwünscht.

Das Lehrerpaar mit seinen Kindern bewohnt bis auf weiteres die Neue Lodge, wo noch drei andere Räume für amtliche Besucher vorgesehen sind. Die kleine, steingebaute, allzu modern wirkende Kirche scheint nach meiner Erkundigung den Geistlichen verschiedener Bekenntnisse offenzustehen, sofern sich Besucher einfinden. Das anschließende Wohnhaus für den Pfarrer, gegebenenfalls mit Familie, steht seit Jahren leer. Christliche Seelsorge, gleich welcher Art, lohnt sich nicht bei den Havasupai. Jene zwei jungen weißen Mormonen, die wir antreffen, versichern uns, daß sie nach sechs Monaten freiwilliger Arbeit für und mit dem Grünwasservolk zwar gute Freundschaften schließen konnten, daß jedoch ihr wohlmeinender Missionseifer ohne den geringsten Erfolg geblieben war.

Die Schule wurde schon 1895, für indianische Verhältnisse und in einer so entlegenen Gegend erstaunlich früh, eingerichtet. Ihre Leistung war allem Anschein nach sehr gering, da sich von den älteren Havasupai nur wenige in englischer Sprache verständigen können, auch das nur holprig und nach Worten suchend. Heute ist das sehr viel besser, denn fünf Lehrkräfte, darunter drei Indianerinnen, betreuen die schulpflichtige Jugend. Für knapp 60 Kinder ist das ein beneidenswert gutes Zahlenverhältnis. Die Schule selbst, aus rötlichem Sandstein geschmackvoll gebaut, ist nach dem Unterricht noch Tummelplatz der Jugend. Vor allem die Turngeräte im Schulhof sind sehr beliebt. Was jedem Vorübergehenden auffallen muß, ist die Korpulenz der Kinder, und das schon in jüngsten Jahren. Was da hintereinander die Rutschbahn herunterschlittert, sind allesamt pausbäckige Fettpuppen.

Der junge Arzt im Hospital, Dr. Johnny William, ist dem Vernehmen nach ein Osage-Indianer, ebenso seine ihm assistierende Gattin. Ich würde gerne mit ihnen sprechen, doch beide sind auf Urlaub. Statt dessen befrage ich die Krankenschwester, eine freundliche Frau aus dem Stamme der Hualpai*, weshalb denn fast ohne Ausnahme die Havasupai so dick sind.

»Die Ernährung mit Kohlehydraten, die großen Mengen des fingerdick mit Marmelade, Butter und Erdnußbutter bestrichenen Weißbrotes, dazu all die

---

* Zu deutsch »Fichtenvolk«.

Nudeln, Bratkartoffeln, Candies, Schokolade und großen Portionen Ice-Cream, zwei und drei Papierbecher hintereinander, das können im Durchschnitt gut und gerne 5000 Kalorien pro Tag sein. Aber leider hört keiner zu, wenn man vor den Folgen warnt.«

Nachteilig kommt hinzu ein Mangel an Bewegung, um nicht zu sagen die friedvolle Faulheit des Grünwasservolkes. Es erhält von der gutmütigen Regierung sehr weitgehende Unterstützung in Gestalt von Kindergeld, Altengeld, Arbeitslosenfürsorge, freier Ausbildung, medizinischer und anderer Fürsorge wie Spenden der verschiedensten Art, so daß den Havasupai irgendwelche Arbeit für ihren Lebensunterhalt nur in geringem Umfang notwendig erscheint. Mit der Pferdevermietung, den Wegegeldern und kunstgewerblichen Arbeiten wird der Rest auf relativ bequeme Art verdient. So kann das verwöhnte Volk die Landwirtschaft, die Viehzucht und den Gartenbau mit der Zeit mehr und mehr ruhen lassen. Von Jagd ist schon längst nicht mehr die Rede, und nirgendwo habe ich fischende Havasupai gesehen.

Drei Damen von Bedeutung fürs wirtschaftliche Wohlergehen des kleinen Volkes sind Florence Marshall, Grace Hana und vor allem die hochbetagte Edith Putesoy, alle beleibt und freundlich zu Fremden. Sie haben die uralte Kunst des Korbflechtens am Leben erhalten, besser gesagt, die schon fast vergessene Kunst wurde von Frau Putesoy zu neuem Leben erweckt. Was einst zu den notwendigsten Haushaltsgeräten gehörte, mit Fichtenharz verpicht sogar zum Aufheben von Flüssigkeit, ist nun ein hochgeschätzter, von Sammlern hochbezahltes Kunstgewerbe im Cataract Canyon. Aus dünnen, frischen Streifen der Baumrinde von jungen Weiden und Pappeln werden die kleinen und großen Körbe kunstvoll geflochten, wobei man vorher eine bestimmte Anzahl von Rindenstreifen mit Pflanzensaft und mineralischen Stoffen färbt. Was die fleißigen Frauen verdienen, und zwar beträchtliche Summen, kommt ihren weitverzweigten Familien und damit dem ganzen Stamme zugute.

Noch wichtiger als die drei Künstlerinnen des Körbchenflechtens ist eine andere Frau, nämlich Mrs. Harlow Uqualla, die Postmistress in der Hauptstadt Supai. Man muß dazu wissen, daß ihr Postbüro, nur aus vier Quadratmeter Grundfläche bestehend, das einzige in ganz Nordamerika ist, zu dem und von dem noch heute die Post mit Pferden befördert wird. Für Briefmarkensammler bedeutet der Stempel von Supai eine philatelistische Kostbarkeit. Unentwegt muß Mrs. Uqualla Briefe frankieren und abstempeln, die ihr aus allen Teilen der Welt zugehen, meist mit beigeschlossener Belohnung ihrer freundlichen Mühewaltung. Man muß die gute Frau gesehen haben, wie sie dabei vor dem

Schreibtisch sitzt. Den Ausmaßen ihres Gesäßes kann der gewiß stabile Stuhl nicht genügen. Auf beiden Seiten hängen die Hinterbacken ins Leere.

Aufschlußreich ist meine Unterhaltung mit Erwin Crook, dem Deputy Sheriff von Supai, trotz des englischen Namens (der »Gauner« bedeutet) ein echter Grünwassermann, dessen Pflicht es ist, Übeltäter im Reservat zu greifen und sie nach etwaiger Verurteilung zu einer Freiheitsstrafe im Gefängnis zu bewachen. Für solche Leute stehen zwei Zellen mit je vier Feldbetten zur Verfügung. Der Stammesrat der Havasupai ist befugt, über alle leichteren Vergehen ein rechtskräftiges Urteil zu sprechen. Mit eigenen Landsleuten, besser gesagt Tieflandsleuten, haben sie dabei nur wenig zu tun.

»Meist hab' ich Anglos im Knast«, erklärt mir der wohlbeleibte Gefangenenwächter. »Immer wieder dasselbe, Strong Drinks bringen sie mit, und manchmal wollen sie auch Hasch verteilen. Dann gibt's noch welche, die Feuer im Wald machen, wo's doch nur auf Campingplätzen erlaubt ist, natürlich auch Schlägereien unter Hippies, Rockern und solchen Typen.«

Schon um sieben Uhr wird es still in Supai. Das Volk am Grünen Wasser richtet seinen Lebensrhythmus nach dem Sinken und Steigen der Sonne. Insofern sind die Havasupai heute noch ein Naturvolk. Vom Nachtleben irgendwelcher Art gibt es keine Spur, auch kein geselliges Beisammensein. Kaum hat sich der Himmel halbwegs verdunkelt, verschwinden die Havasupai im Haus, als letzte die gutgenährten Kinder. Für eine Weile hören wir noch Stimmen, vor allem das Bellen der Hunde. Dann verlöschen die Lichter, und vollkommene Ruhe herrscht im Reservat.

Nicht ganz so ruhig verläuft die Nacht in der Alten Lodge. Da hören wir leise Schritte auf dem weichen Sand, eine quietschende Tür, männliches Geflüster und weibliches Wispern in englischer Sprache. Kleider rascheln und Betten knarren. Heimlich, so ist zu vermuten, haben sich Hippies im Nebenraum eingenistet. Uns soll es nicht stören, wir sind müde genug, um tief zu schlafen.

Erst gegen neun, nach selbstgemachtem Frühstück, beginnen wir die Wanderung zu den Wasserfällen. Zunächst geht man vorbei an zwei oder drei der uralten, längst nicht mehr benutzten Häuser aus Steinblöcken, Weidenstämmen, Lehm und Stroh. Die letzten Überbleibsel aus der Zeit, bevor die Flut so viel zerstört hat. Die Feuerstellen in den Rotsteinhäusern füllen ein Viertel des engen Raumes und sind in geradezu genialer Weise ventiliert. Nicht nur der Rauch wird dadurch abgezogen, sondern auch frische Luft hineingesogen. Geheizt und gekocht wurde nur mit Holz, das jede Familie aus oft tageweiter Entfernung von der eigenen, seit Generationen vererbten Baumgruppe heranschleppen mußte.

Der Strom aus dem stammeseigenen E-Werk, der heute für Wärme, Kühlung und den Küchenherd sorgt, ist schon deshalb ein Segen fürs Grünwasservolk, weil aus diesem Grund die schmale Waldzone in der Schlucht ganz und gar geschont wird.

Alle Menschen des Cataract Canyon, nicht eine Person ausgenommen, leben in Supai oder um Supai herum. Schon zehn Minuten nach Verlassen der Alten Lodge wandern wir durch großartige Einsamkeit. Der grüne Creek scheint aufgestaut, so breit und behäbig ist er geworden. Meterlange Wasserkresse, geschmeidig wie Frauenhaar, bewegt sich im klaren Element, so, als würde leichter Wind hindurchfahren. Unser Weg folgt dem Wasser, führt tief und tiefer in den Weidenwald hinein. Auf beiden Seiten des Flusses dichtes, biegsames Gebüsch. Ein Labyrinth von Farnen, breitblättrigen Pflanzen und eng verflochtenem Gestrüpp. Alles unter ganz geschlossenem Laubdach. Nur zu leicht vergißt man dabei, am Grund einer mehr als 1000 Meter tiefen Felsenschlucht zu sein. Kaum zu beschreiben ist die Seltsamkeit solch abgeschlossener Atmosphäre. Hoch über uns, in der Oberwelt, liegt Schnee, und kalte Winde fegen über hartgefrorene Steppe. Hier unten eine sommerliche, fast tropisch wirkende Oase, die keine Stürme kennt. Das Geräusch der Schritte wird vom federnden Boden verschluckt. Ein reizvolles Duftgemisch, von wildwachsenden Kräutern ausgesandt, dringt mit jedem Atemzug in die Lungen.

Der Weg teilt sich. Falls wir die nach oben führende Abzweigung wählen, die danach gleichfalls dem Canyon folgt, geraten wir in staubtrockenes Wüstenklima, denn dieser Pfad verläuft auf breitem Felsenband ohne die geringste Spur von Vegetation. Auch das eine vollkommen andere Welt als drunten am blaugrün schimmernden Wasser. Dessen Nähe ziehen wir natürlich vor. Nicht von Menschen wurde das Wasser aufgestaut, sondern aus vom Wasser selbst mitgeführten Mineralstoffen, die halbrunde Terrassen gebildet haben, ähnlich den Badebecken antiker Völker.

Da stehen wir schon vor dem ersten Absturz, dem Supai-Wasserfall. Ein hinreißend schönes, schäumendes, schillerndes Bild. Der bis eben noch so friedliche Havasu Creek bricht aus tiefgrüner Wildnis hervor, um sich in drei, sogar vier Kaskaden über ebenso viele Stufen aus rostrotem Sandstein in dunkle Tiefe zu ergießen. Obwohl die Fallhöhe nur ungefähr 25 Meter beträgt, läßt sich das Naturwunder nicht im Ganzen fotografieren. Man müßte sich dazu an einem Seil bis dicht übers strudelnde und brausende Wasser zwischen den engen Felsenklippen hinablassen.

Weiter auf dem jetzt steinigen, hinauf- und hinabführenden Pfad. Das Tal ist eng geworden und der eingezwängte Creek lärmt zwischen den herabgestürzten Blöcken. Dann wieder breiter Raum, grüner Wald und weicher Boden. Hier das erste von den beiden Campings im Canyon. Saubergehalten der Platz und gut eingerichtet, mit vorbereiteten Feuerstellen und Brennholz, Tischen mit Bänken, eisernen Papierkörben und Toiletten. Aber leider gibt's da auch eine Menge Verbotstafeln, man kann wohl nicht darauf verzichten. Nur wenige Zelte sind aufgeschlagen, die Hochsaison hat noch nicht begonnen. Auch dann ist für beide Plätze die Zulassung auf 200 Personen beschränkt. Ein von der Verwaltung des Grand Canyon N. P. eigens für diese Zwecke besoldeter Ranger aus dem Volk der Navajo sorgt auf den Campingplätzen für Ordnung und Anstand, soweit ihm das möglich ist.

Noch eine Meile, dann ist des Staunens kein Ende mehr. Der große Havasu Fall, ein Wirklichkeit gewordener Traum, eine Symphonie aus strömendem, stürzendem und stehendem Wasser in vergleichsweise polynesischer Umgebung. Riesengroß das annähernd kreisrunde Becken voll tiefgrünem Wasser, von dichtbelaubten Bäumen und Büschen eingefaßt. Dahinein donnert aus gut 50 Meter Höhe der Fluß in freiem Fall. Wo Sonnenstrahlen aufs sprudelnde, spritzende Wasser treffen, flimmert es in hellgrüner, auch silberweißer Leuchtfarbe. Wo sich dagegen der Wassersturz im Schatten vollzieht, schimmert die Masse in tiefdunklem Blau, sogar in sattem Violett.

Dazu das Dröhnen, Poltern, Brausen der gewaltigen Wassermassen. Alles wird von den Echos mehrfach zurückgeworfen und im runden Raum von der natürlichen Akustik verstärkt. Zur Linken öffnet sich eine Seitenschlucht, die es meinem Blick erlaubt, durch ein Wirrwarr von Klippen, Spalten und Zacken bis zur schneebedeckten Kante der Oberwelt hinaufzuschauen.

Spotty und ich klettern hinunter zum wellenbewegten, gewiß sehr tiefen Becken, in das sich der Fall ergießt. Wir treten auf feinkörnigen Sand aus zerriebenem Gestein und bewundern die Folge wassergefüllter Treppenstufen, jede davon eine Terrasse aus sogenanntem Sinter. Es sieht ähnlich aus wie Korallenbänke einer Südseeinsel, die ans Tageslicht gehoben sind. Überhaupt erinnert mich das Bild an Tahiti, besonders an den Faa-Wasserfall, wo sich badende Südseemädchen gegen gutes Geld von Touristen fotografieren lassen.

Hier sind keine Südseemädchen, auch sonst keine Menschen. Erst gegen Mittag, hat man uns gesagt, wird der ganze Fall mit dem Becken und Waldrand von der Sonne beleuchtet. Um so besser, daß wir schon hier sind. So wird es möglich sein, das wunderbar wechselnde Farbenspiel zu genießen.

Der Professor hatte mir gesagt, es sei sogar im Sommer viel zu kalt für ein

Bad im Havasu Creek. Doch er selbst hat es wohl nie versucht. Weil nach alter Gewohnheit immer eine Badehose in meinem Rucksack ist, sinke ich wagemutig in die perlende, sauerstoffgesättigte Flut. Höchst erstaunt schätze ich die Temperatur auf mehr als 20 Grad Celsius. Wie das sein kann, obwohl auf der Höhe winterliche Kühle herrscht, dafür habe ich keine andere Erklärung als die schon erwähnte Annahme, daß die vom Creek gesammelten Wasserfäden auf ihrem Weg von weither durch vulkanisch aufgeheizte Kanäle im Innern der Erde rinnen.

Vom Wandern durch einen Märchenwald zu reden genügt, um den weiteren Weg am blaugrünen Wasser zu schildern. Dabei sind wir nicht auf dem gewöhnlichen, gut gebauten und meistbegangenen Weg durch die Schlucht, sondern haben durch neugieriges Herumtappen einen schmalen, kaum erkennbaren Pfad entdeckt, der beharrlich ganz nahe am Wasser dem linken Ufer folgt und alle dessen Windungen mitmacht. Wir befinden uns dabei stets im dichten, feuchten, schattigen Wald. In unregelmäßigem Abstand ein natürlich gestautes Becken nach dem anderen. Jedes tief genug, um darin zu baden, sogar zu schwimmen. Das Ende bildet allemal die geschwungene Kante einer Terrassenstufe. Darüber schäumt und murmelt das wunderschöne Gewässer, um bald die nächste Sinterstufe zu erreichen.

Kein Mensch zu sehen, keine andere Stimme als Vogelzwitschern. Ich sehe auch keilförmige Baumstümpfe, die zweifellos durch eifriges Nagen von Bibern entstanden sind. Mir fällt ein, daß ja in der zweiten Hälfte des vergangenen Jahrhunderts weiße Trapper alle Wasserläufe in der Umgebung des Großen Canyon nach Bibern abgesucht haben. Den heutigen Havasupai liegt wohl nichts an der Fallenstellerei in ihrem Creek, wenn sie es überhaupt jemals getan haben. So führen die fleißigen Nager ein friedliches Leben, doch bekommen wir leider keinen zu Gesicht.

Nun sind wir am dritten und letzten Fall des Havasu Creek. Seinen langen indianischen Namen habe ich vergessen, weiß aber, daß er in unserer Sprache »Mutter des lebenspendenden Wassers« bedeutet. Das ist viel schöner als »Mooney Fall«, wie alle Fremden sagen und wie es auf der Landkarte steht. Mooney war der Name eines weißen Mannes und Suchers nach bestimmten Bodenschätzen, der vor etwa 90 Jahren beim Versuch, neben dem Fall in den viel tiefer liegenden Canyon abzusteigen, zu Tode gestürzt ist.

Mit fast 70 Metern ist dieser der höchste Fall im Cataract Canyon, doch fehlt ihm grüne Vegetation an den Seiten und das große Becken am Grund. Zwar strömt auch der Mooney aus dunklem Wald, um dann frei in den kahlen

Abgrund zu donnern, aber die hinreißende Schönheit, den romantischen Zauber des mittleren Fall strahlt er nicht aus.

Die bequeme Wanderung ist an diesem Absturz zu Ende. Nur Touristen mit alpiner Erfahrung ist es möglich und anzuraten, dem Creek noch weiter zu folgen. Denn es geht nun 70 Meter senkrecht hinunter. Dabei ist der Anfang noch relativ einfach. Man windet sich gebückt durch einen engen Tunnel, der seine Entstehung den goldsuchenden Gefährten des abgestürzten Mooney verdankt. Darauf folgt eine Strickleiter aus Drahtseilen, vor der wegen ihres Alters dringend zu warnen ist. Spotty wiederholt diese Warnung mit ernsten Worten. Weil ich darauf nicht hören will, sondern auf alpine Erfolge verweise, entfernt sich Spotty mit dem Bemerken, daß er vorsorglich das Tribal Council um Entsendung einer Rettungsmannschaft bitten werde.

Als ich dessenungeachtet bis etwa zur siebenten Sprosse der schwingenden Drahtleiter gekommen bin, löst sich ein Haken aus der Wand, um klirrend noch etwa 50 Meter abwärts zu fallen. Ein recht unangenehmes Geräusch, das mir doch auf die Nerven geht. Mein kühner Mut fällt mit hinab, weshalb ich mit Vorsicht wieder nach oben steige.

Es wäre vom Mooney Fall bis zur Einmündung des Havasu Creek in den Colorado River noch ein Marsch von 26 Kilometern. Doch auf dieser ganzen weiten und wilden Strecke gibt es keine Menschenwohnung, keine Touristenhütte und auch keinen erkennbaren Pfad. Noch eine ganze Reihe von Wasserfällen sollen sich dort befinden, auch Waldstreifen am Rand des Creek. Man sagt, Biber lebten ungestört in dem nur selten besuchten Canyon, auch Bighorns hausten dort, ohne daß sie jemals in die Oberwelt steigen. Vor Klapperschlangen soll man sich vorsehen und sandige Schlupfwinkel der Skorpione möglichst vermeiden. Gerne würde ich das Abenteuer einer solchen Wanderung erleben, aber die Ausrüstung einer regelrechten Expedition wäre erforderlich.

In Supai gelingt mir erst am dritten Tag eine Unterhaltung mit Bela Wescogame, den mit Abstand ältesten Mann im Canyon. Hat mich doch die Erfahrung mit noch einigermaßen natürlich gebliebenen Völkern gelehrt, daß alte Leute noch mehr als kleine Kinder für Süßigkeiten empfänglich sind. Also frage ich den angeblich tauben, blinden, geistig nicht mehr klaren Bela, ob er eine Tafel zuckersüßer, fingerdicker Schokolade von mir annehmen will. Die Nurse vom Hospital hat mich wissen lassen, daß der grauhaarige Greis alles versteht und alles bemerkt, was um ihn vorgeht. Im übrigen sei er ebenso schlau wie listig.

Bela nimmt die Tafel ohne weiteres und schiebt gleich die Hälfte in den zahnlosen Mund. Als er so langsam damit fertig ist, fragt er freundlich, was ich wissen möchte. Seine vorgetäuschte Taubheit ist nur gegen neugierige Touristen gerichtet. Die Schokolade hat Belas Maske gelüftet.

»Wissen möchte ich, hochverehrter Freund, wie es früher gewesen ist, als du noch ein junger Mann warst.«

Bela meint, daß er mehr als 100 Jahre alt sei, vielleicht sind es auch 120 oder gar 130. So genau könne er sich daran nicht erinnern. Später sagt mir die Krankenschwester, daß ihn Dr. Johnny Williams, der hier amtierende Arzt, auf 80 bis höchstens 90 geschätzt hat. Immerhin reicht seine Erinnerung bis ans Ende des vorigen Jahrhunderts zurück, bis in die wirklich alte Zeit der Havasupai.

Wenn ich zusammenfasse, was er nach Vertilgung von drei bis vier Schokoladetafeln erzählt, waren die frühen Zeiten keine guten Zeiten. Die Steinhütten waren sehr eng und meistens feucht. Man saß im abziehenden Rauch, hatte nur wenig Licht und mußte ständig arbeiten. Pausenlos war irgend etwas zu reparieren, zu pflegen oder anzufertigen. Natürlich war das Sache der Frauen, ebenso das Korbflechten, das Sammeln der Fichtensamenkörner und eßbarer Kräuter. Brennholz mußte geschlagen, gespalten und herbeigeschafft werden. Treibjagden des ganzen Stammes auf Kaninchen wurden alle paar Wochen veranstaltet. In der Hauptsache ernährte man sich von Mais, Bohnen, Kürbissen und Fischen aus dem Creek. Vorräte für den Winter wurden in Höhlen gebracht, danach deren Eingänge mit Lehm und Steinbrocken zugemauert. Mit den Heikus, den weißen Männern, bestand nur lose Verbindung. Fremde Besucher aus der Oberwelt waren im Canyon überaus selten. Erst erschienen die Trapper mit ihren Biberfallen, danach die Prospektoren wie der abgestürzte Mooney und schließlich ein Lehrer. Bis zum nächsten Ort der Anglos brauchte man, erst mit Pferden nach droben und dann mit Pferdewagen, drei bis vier Tage, manchmal auch eine ganze Woche.

Friede herrschte auch damals im Canyon. Schön war es vor allem im Schwitzbad, das man halb in den Boden gegraben hat. Wie eine echte Finnensauna wurden auch bei den Grünwassermenschen erst Steine glühend erhitzt und dann Wasser darübergegossen. Nur brannte das Feuer draußen, und man holte sich die heißen Steine mit einer Holzgabel hinein. Die Zeitdauer des Schwitzens, erzählte Bela Wescogame, wurde durch das Absingen von alten Liedern bestimmt. Ihm sei es gelungen, vier solche Lieder durchzuhalten, ohne einmal draußen frische Luft zu schöpfen. Die Sauna war allein Sache der Männer. Frauen und Mädchen wurden darin nicht geduldet. Das erinnert ans Frauenverbot in den Kiwas der Hopi und anderer Pueblo-Indianer. Wie Bela behauptet, soll noch eine der Havasu-Saunas existieren, aber keinesfalls dürfe sie Fremden gezeigt werden.

Über Glaubensfragen hole ich so gut wie nichts aus dem sonst mitteilsamen Mann heraus. Sicher wäre es taktlos, auf meiner Neugier zu bestehen, weshalb ich das Thema fallenlasse. Später habe ich in einer wissenschaftlichen Arbeit des Bureau of Indian Affairs gelesen, bei den Grünwassermenschen seien alle Versuche christlicher Bekehrung erfolglos. Man dürfe sich nicht von einer vorübergehenden Annahme dieser oder jener Konfession täuschen lassen. Es ist anzunehmen, daß 1776 die beiden spanischen Padres Garez und Escalante bei den Havasupai gewesen waren, als die ersten Weißen überhaupt. Von dem wahrscheinlich kurzen Besuch ist aber kaum eine schemenhafte Erinnerung überliefert. Der geheimgehaltene und deshalb noch nicht (hoffentlich niemals) enträtselte Glaube des Grünwasservolkes bewegt sich um das Brüderpaar Kathat und Kariare. Sie repräsentieren sehr wahrscheinlich zwei verschiedene Naturgewalten wie den Tag und die Nacht, die Kälte und die Wärme oder die Geburt und den Tod. Genaues weiß man nicht. Für besonders heilig, und zwar für die Schutzgötter des Volkes, hält man die Wigleva-Felsen, zwei ungefähr gleichhohe Steintürme auf der senkrechten Wand über der Ortschaft Supai. Die Havasupai befürchten, das Ende ihres Volkes sei gekommen, wenn jemals die Wigleva-Felsen abstürzen.

Das einzig bekannte, weil öffentlich ausgeübte Ritual ist die seit angeblich 800 Jahren unverändert gebliebene Aussaat der ersten Maiskörner. Die Männer kauen eine Handvoll Körner, halten in der linken Faust einen Maiskolben zur Sonne und bitten die guten Geister mit rhythmischen, sich wiederholenden Gesängen um gute Ernte. Am Schluß werden die zerkauten Körner an zwei Stellen in den Boden versenkt, als symbolisches Opfer an Kathat und Kariare.

Von der frühen Geschichte des Grünwasservolkes sind nur wenige, einigermaßen sichere Vermutungen bekannt. Etwa im elften Jahrhundert unserer Zeit haben sich die Havasupai von den Hualpai getrennt, sprechen aber heute noch eine für beide Volksgruppen verständliche Sprache. Mit Sicherheit haben seit jener Epoche die Grünwasserleute drunten im Canyon gelebt. Ursprünglich waren sie, ebenso wie alle Ureinwohner Amerikas, vor allem Jäger, Fischer und Sammler, also »Wildbeuter«, um einen modernen Ausdruck zu gebrauchen. Ihre Jagd konnte nur in der Oberwelt stattfinden. Mit Schlingen und Fallen, mit Speeren, Pfeil und Bogen jagten sie auf Bighorns, Pronghorns und andere Antilopen sowie Rotwild, Hasen, kleineres Wild und vielleicht auch die seltenen Silberlöwen.

Das Volk unterhielt freundschaftliche, weil wirtschaftlich lohnende Beziehungen zu den Hopi. Im Austausch gegen Biberfelle, Steinsalz und Farbstoffe aus zerstoßenen Steinen erhielten die Havasupai gebrannte Töpfe, getrocknetes Obst und, nach dem ersten Kontakt der Hopi mit den Spaniern, auch Textilien aus Schafwolle, Silberschmuck und Pfirsichkerne zum Anbau dieser bei den meisten Indianern sehr beliebte Obstart.

Das erste Auftreten von Weißen, nach den beiden vergessenen Padres, dürfte in die Mitte des vorigen Jahrhunderts fallen. Es waren die schon mehrfach erwähnten, doch bald wieder verschwundenen Trapper. Bis zum Jahre 1880, so sagt man, haben nicht mehr als zehn Weiße den Canyon betreten. Fühlbar und folgenschwerer wurde bald danach das Auftreten von Goldsuchern. Wenn diese auch nichts von dem kostbaren Metall entdeckten, so doch relativ reiche Lager von Blei, Eisenerz und Vanadium. Aus weiter Entfernung schleppten sie das notwendige Werkzeug für den Abbau herbei, darunter tonnenschwere, in ihre Bestandteile zerlegte Maschinen. Kaum hatte sich das Vorhandensein von Bodenschätzen bis nach Washington herumgesprochen, wurde durch eine Order des »großen Weißen Vaters« das Stammesland der Havasupai auf ein Reservat von ca. 150 Quadratkilometer beschränkt. Die Ortschaft Supai blieb dabei der Mittelpunkt. Den Nutzen hatten in erster Linie die weißen Viehzüchter, denn gleich nahmen sie die bisherigen Jagdgründe der Havasupai für sich in Anspruch. Was den Havasupai droben übrigblieb, reichte nicht zur Ernährung des Volkes im Canyon.

Doch war damit der Landraub noch nicht zu Ende. Die Ausbeuter der Bodenschätze verlangten den gesamten Canyon für sich. Schon nach zwei Jahren, im September 1882, verloren die Havasupai nahezu 99 Prozent ihres ohnehin nicht mehr fürs Leben ausreichenden Reservats. Den damals etwa 200 Grünwassermenschen beließ man sage und schreibe nur noch 500 Acres (ungefähr 150 Hektar). So mancher Groß-Bauer bei uns hat für sich und seine Familie bedeutend mehr.

Mit einem Schlage waren die bedauernswerten Havasupai vollkommen abhängig von der Außenwelt, besser gesagt, von der Oberwelt. Glück im Unglück brachten ihnen die enttäuschte Hoffnung aller Prospektoren. Wegen des weiten Transportes waren die Gestehungskosten zu hoch. Alle, die gekommen waren, sich im Canyon zu bereichern, gerieten in Schulden. Einer nach dem anderen mußte aufgeben. Noch heute, bald 80 Jahre später, sind rostige Reste des mißglückten Bergbaus zu sehen.

So hatten die Havasupai wieder den gesamten Canyon für sich. Da sie stets friedlich waren, sich auch nicht über den Landraub beschwerten, erhielten sie als erstes Indianervolk im Gebiet des Grand Canyon wohlwollende Beihilfe der Regierung. Dies geschah in Gestalt einer Schule mit weißem Lehrer und nicht viel später durch ein Hospital mit weißer Krankenschwester. Die Havasupai schlugen sich durch, wie Bela Wescogame berichtet, bis sie den Anschluß zu besseren Zeiten, schließlich zur heutigen Zeit gefunden hatten.

Wer hier länger bleibt, nehme ich an, wird allmählich in der Ruhe des Tales versinken. Der grüne Canyon und seine ihm zugehörenden Menschen sind, so scheint es mir nach wenigen Tagen, nicht von dieser, sondern von einer besseren Welt. Bewußt oder vielleicht nur unbewußt tun die Grünwassermenschen im Gegensatz zur hektischen, von Sorgen zerfressenen Oberwelt alles, um ihre beschauliche Ruhe zu behalten. Sie kennen den Fremden schon nach drei, vier Tagen und lächeln freundlich im Vorübergehen. Man trifft sich gegen fünf zur Eiskrem-Stunde auf den Stufen des Gemeindehauses, wo Kinder, Frauen und ältere Ehepaare zwei, drei und auch vier Pappbecher mit verschiedenfarbigem Eis zu sich nehmen. Gutmütige Spender vergessen dabei auch die Hunde nicht. Lachende, spielende, herumtollende Kinder. Breithüftige, vollbusige Matronen ratschen und tratschen, während sich die Honoratioren nach Rang und Würde auf ihre Holzbänke verteilen.

Schon um sieben, bei sinkender Sonne, wird es still in Supai. Doch hier in der Schlucht fürchtet man keine Bösewichte und auch nicht die Nacht. Die Havasupai fühlen sich wohl im Schutz ihrer guten Geister. Wenn andere Indianervölker den Naturgewalten viele Opfer bringen, sogar Menschenopfer, um damit Unheil abzuhalten, werden die Havasupai ganz offensichtlich von den Naturgewalten verwöhnt. Seit Jahrzehnten haben sie auch keinen Grund mehr, sich über die Regierungsgewalt der USA zu beklagen. Möge es noch lange so bleiben.

Gegen sieben Uhr früh erwacht wieder das Leben in Supai. Earl Paya, ein Onkel des Ersten Häuptlings, steht schon mit den Pferden bereit. Eine lange Kolonne wird zusammengestellt für die Post, fürs Gepäck, für abreisende Touristen und ebenso für Grünwasserleute, die sich aus diesem oder jenem Grund zur Oberwelt begeben. Nach einer Woche ist nunmehr unser Aufenthalt zu Ende.

Wir durchreiten die sandige Allee, gelangen zum steinigen Aufstieg und schwanken leicht im Sattel, während die beschlagenen Hufe übers Geröll klappern. Hier wäre jede Reitkunst glatte Verschwendung, denn die Pferde folgen jahrelanger Gewohnheit. Man läßt die Zügel auf dem Hals des Tieres hängen. Wer diese Art der Beförderung nicht gewohnt ist, kann sich am großen Sattelknopf festhalten. Überhaupt sind die mexikanischen Sättel vorne wie hinten hochgewölbt, so daß es auch dem Ungeübten kaum möglich ist, seinen sicheren Sitz zu verlieren. Die Füße stecken in sehr breiten, absolut rutschfesten Steigbügeln.

Eine der Indianerfrauen stillt während des Rittes in aller Seelenruhe ihren Säugling. Die Männer unterhalten sich wie zu Hause, achten nicht auf den Weg und scheinen mitunter im Sattel zu schlafen. Das Gepäck schaukelt auf Tragtieren.

Wieder, nur in umgekehrter Reihenfolge, erleben wir das Verschwinden der Vegetation, den Klimawechsel, die Verwandlung der Landschaft. Höher und höher hinauf. Die Felsen weichen zurück, und es erscheint wieder bescheidener Pflanzenwuchs. Am Ende nur noch ein paar Meter, dann sind wir ohne Übergang auf flachem Boden, zurück in der Oberwelt. Nichts, absolut nichts erinnert mehr an die verwunschene Welt am blaugrünen Creek im Cataract Canyon.

Camino Real

Am 19. März eines jeden Jahres, also am St.-Josephs-Tag, erscheinen wieder die Schwalben in San Juan Capistrano. Viele Wochen lang hat ihre Flugreise von den Winterquartieren ins heimatliche Kalifornien gedauert, aber nie werden die flinken Vögel den Weg verfehlen. Kaum eingetroffen, bringen sie ihre Nester an den Mauern der alten Mission wieder in Ordnung, bauen vielleicht auch neue. Bald danach liegen sechs bis sieben Eier im Nest, die Partner wechseln sich beim Brüten ab. Die Jungen schlüpfen aus, piepsen mit aufgesperrten Schnäbeln und werden fleißig gefüttert. Unter Anleitung der Eltern beginnen sie die ersten Flugversuche, bald können sich dann die Jungschwalben ihr Futter selbst besorgen. Ist eines Tages der 23. Oktober gekommen, verlassen ungefähr tausend Schwalben zur gleichen Stunde und in derselben flatternden Wolke den störungsfreien Sommersitz. Alle segeln in unbekannte Ferne davon.

Seit 200 Jahren, das heißt seit 1776, hat man die Ankunft der Vögel und ihren Abflug bemerkt, sodann mit Spannung erwartet und schließlich für eine besondere Art von Wunder angesehen. Dabei hielten die frommen Franziskaner ein Mitwirken des heiligen Joseph durchaus für möglich, denn immer an seinem Tag kamen die Schwalben wieder.

Es gibt natürlich Leute, die nicht an Wunder glauben. Im Frühjahr kommen allenthalben die Zugvögel zurück, sagen die Skeptiker, etwas Besonderes ist das nicht. Das mag bei den Schwalben in Kalifornien Mitte und Ende März geschehen, wohl niemand wird das bestreiten. Aber ausgerechnet am 19. des Monats, obwohl doch die klimatischen Bedingungen alle Jahre in jener Woche verschieden sind, sogar täglich wechseln. Das können Laien nicht glauben und erst recht keine Ornithologen. Es starten aber zur »Schwalbenankunft« ein halbes Dutzend vollbesetzter Busse jedesmal zur rechten Zeit. Vor Sonnenaufgang muß man sich zum Start der Busse einfinden, sei es in San Diego, La Jolla, Santa Ana oder Los Angeles. Angekommen in San Juan Capistrano warten mit steigender Spannung mehrere hundert Menschen aufs Eintreffen der Schwalben. Es kann schon bald sein, kann auch bis zum späten Nachmittag dauern. Aber bevor die Sonne sinkt, hat man bestimmt ihre Ankunft erlebt.

Auch ich will es wissen und bin dabei. Der Himmel ist bedeckt, und leise rieselt der Regen. Bestimmt kein gutes Reisewetter. Schon gar nicht droben in der nebligen Luft, die ganz und gar die Bodensicht verhüllt. Doch als die Kirchenglocken elf Uhr schlagen . . . mit einem Male das Schwirren in der Luft, freudiges Gezwitscher aus vielen hundert Kehlen. Für wenige Minuten eine sich hebende und senkende Wolke ums Mauerwerk, dann hat jedes Pärchen sein Nest oder seine Nische an der efeuumrankten Kirchenmauer gefunden. Die Menge ist gerührt, entzückt, und Kinder klatschen in die Hände. San Juan Capistrano hat wieder seine Schwalben.

Eine wissenschaftliche Erklärung für das Phänomen muß ich schuldig bleiben. Jedenfalls ist das pünktliche Erscheinen am St.-Josephs-Tag eine Tatsache, die sich keinesfalls bestreiten läßt. Die Chroniken der Franziskaner-Mission, Tag für Tag geführt, sind erhalten geblieben. Darin haben die Padres an jedem 19. März mit offenbar großer Freude die Heimkehr der Schwalben registriert. Wer den Mönchen mißtraut, muß wohl den eigenen Augen trauen, wenn er am gegebenen Tag die Schwalbenwolke selber sieht.

Wer die Pforte in der Umfassungsmauer der weitläufigen Anlage San Juan Capistrano durchschritten hat, befindet sich in einer anderen Welt. Draußen bleibt das Kalifornien unserer Tage, bleiben das Hasten zur Arbeit, das Eilen zum Vergnügen und die farbenschreiende Werbung, überhaupt der vielgepriesene, auch vielverfluchte American Way of Life. Vom Brausen der Busse, vom Dröhnen der Transporter auf dem Highway ist hinter den alten Mauern nichts mehr zu hören. Statt dessen Stille, stehengebliebene Zeit und ein Stück Spanien im Stil des 18. Jahrhunderts.

Vor mir ein großer, alter, kreisrunder Brunnen, dessen sich immer ergänzendes Wasser über den Rand hinabrieselt. Schneeweiße Tauben trinken davon. Wenn man sie füttert, flattern sie auf den Arm des Spenders, um furchtlos die Körner aus seiner Hand zu picken. Der gut gepflegte, schattige, nach Blumen und würzigen Kräutern duftende Garten hat heute wieder genau die gleiche Anordnung, dieselben Pflanzen und Bäume wie zur Blütezeit der Mission. Darauf wurde bei der Wiederherstellung größter Wert gelegt, wobei man sich auf guterhaltene Planskizzen, Wirtschaftsbücher und Jahresberichte der Padres ver-

186

lassen konnte. Die allerdings hatten ihre Gartenkunst nicht der Schönheit zuliebe so gepflegt, sondern um damit die Selbstversorgung der weltabgeschnittenen Mission zu fördern. Es sind also Küchenkräuter, Heilkräuter, Gewürzpflanzen und Beerenobst, die wieder in dem fast hektargroßen Garten gedeihen. Ebenso für Historiker wie Botaniker ist der Klostergarten von großer Bedeutung, wurden doch hier zum erstenmal jene Sorten von Nutzpflanzen angebaut, die heute einen wesentlichen Teil des kalifornischen Wohlstandes bedeuten. Aus allen Ländern hatten die Missionare vielversprechende Saaten und Setzlinge kommen lassen, oft auf jahrelangen, sehr schwierigen Wegen.

Ein tonnenschwerer Mühlstein in seiner rohgeformten Fassung beweist, daß man im alten San Juan Capistrano sowohl Korn wie Oliven gemahlen oder ausgepreßt hat. Abgesehen von Mais und Reis sind seinerzeit alle Körnerfrüchte aus Spanien nach Kalifornien gekommen. Ebenso die Oliven, deren Öl man in der Küche brauchte, auch zur Beleuchtung im Haus und fürs Ewige Licht über dem Altar. Man sieht noch gemauerte Tröge, in denen Talg aus Tierfett bereitet wurde. Es war unentbehrlich zur Herstellung von Kerzen, mehr noch für den Tauschhandel mit Mexiko und dem Mutterland. Daneben die Steintische und Steinkübel, wo damals die Rinderhäute fürs Gerben vorbereitet wurden. In einem wiederhergestellten Schuppen sind die damaligen, noch recht primitiven Werkzeuge und Geräte ausgestellt, die zum Färben und Weben der Schafwolle, zum Gießen von Kerzen, auch zum Schmelzen von Metall verwendet wurden. Indianische Handwerker, von den Padres und Fratres dafür ausgebildet, konnten Sicheln und Sensen, Pflugschare, Spatenblätter und Eisenstangen schmieden, sogar Schlösser und Schlüssel herstellen. Jede Mission dieser frühen Zeit mußte danach streben, sich absolut alles, was zum Unterhalt der Menschen, der Haustiere, der Gärten und Gebäude, des profanen wie religiösen Lebens notwendig war, aus eigenen Möglichkeiten zu verschaffen. Wo die Erfahrung, der Fleiß und die Rohstoffe nicht reichten, mußten gute Einfälle die Lücken schließen. So gelangte man aus Mangel und Not zu neuen Erfindungen, die oft zur gleichen Zeit in mehreren Missionen gemacht wurden.

Natürlich, die erste Ausrüstung mit allen Gerätschaften und nicht zu entbehrenden Notwendigkeiten mußte aus weiter Entfernung herangeschafft werden, manchmal sogar aus Spanien. Das letztere betraf vor allem die Heiligengemälde, Altargeräte und Bibliotheken. Damit waren Mühen verbunden, die wir Heutigen uns nicht vorstellen können. Jahrelang dauerten die Transporte, weite Umwege waren erforderlich, oft Tausende von Meilen auf Ochsenkarren durch Wüstensand und über Gebirge hinweg.

Von den 22 Missionen Kaliforniens ist San Juan Capistrano zwar nicht die schönste und bedeutendste, aber für meine Begriffe die sehenswerteste. In San Juan steht unverändert, ganz und gar wie es seinerzeit geschaffen wurde, das älteste Bauwerk weißer Männer in Kalifornien. Es ist die lange, hohe, wunderbar stilvolle Kirche des Missionsgründers Junipero Serra aus dem Jahre 1776. Die mit Blütenranken bemalte Holzdecke ist flach und wird von ungleichmäßig behauenen, teilweise krummen Balken getragen. Es gab in der Umgebung kein besseres Bauholz. Das ist auch der Grund, weshalb man den Kirchenraum so schmal halten mußte. Dafür sind die Mauern aus Lehmziegeln, hier nach spanischem Brauch Adobe genannt, bedeutend dicker als einen Meter. Nur wenig Licht fällt durch die kleinen, hochliegenden Fenster in den halbdunklen Raum. Aber es genügt, um dem goldfarbenen, reichgeschnitzten Altar geheimnisvollen Schimmer zu verleihen. Vor mehr als drei Jahrhunderten ist der Figurenschmuck des Altars in Spanien entstanden.

Die Atmosphäre des Raumes, wo täglich wieder die Messe gelesen wird, kann selbst auf glaubenslose Besucher die Wirkung von Weihe und Würde nicht verfehlen. Hier stand, wenn man es so ausdrücken darf, die Wiege der bis heute noch spürbaren spanischen Kultur in Kalifornien. Von den ersten Kirchen, in denen Pater Junipero Serra, der Gründer und Leiter aller damaligen Missionen, noch selbst die Messe zelebriert hat, ist allein der Innenraum von San Juan Capistrano noch im ursprünglichen Zustand erhalten. Als man das Bauwerk, dessen frühere Funktion äußerlich nicht mehr erkennbar war, im Jahre 1922 wieder entdeckte, war es fast 70 Jahre lang als Getreidespeicher benutzt worden. Drinnen jedoch war es ungefähr so geblieben wie zur spanischen Zeit. Außen brauchte man nur spätere Anbauten zu entfernen, um das alte Aussehen wiederherzustellen.

Schon bald nach dem Gründungsjahr hatten die Franziskaner so viele Indianer christianisiert und als Handwerker ausgebildet, die rings um die Mission angesiedelt waren, daß schon 1797 der Bau einer sehr viel größeren Kirche, etwa im Ausmaß einer spanischen Klosterkirche, begann. Gerade um jene Zeit hatten glückliche Zufälle einen spanisch-mexikanischen Reisenden namens Isidor Aguilar, der durch die Wildnis zog, nach San Juan Capistrano geführt. Er war einer jener ruhelosen Männer, die nirgendwo lange bleiben können und die Gefahren noch nicht erforschter Ferne einer sicheren Niederlassung vorziehen. Bald wußten die Mönche, daß ihr Gast als ein gelernter und begabter Baumeister gelten durfte. Aguilar war imstande, die Adobe durch behauenen Stein zu ersetzen, wobei er die Anleitung indianischer Steinmetze übernahm. Er konnte nicht nur alle statischen Berechnungen, sondern auch die künstlerische Gestaltung durchführen. So entstand ein für damalige Verhältnisse in Kalifornien riesiger Bau mit hohem Gewölbe. Die aufwendige, zeitraubende Arbeit, vor allem der Transport von Steinen, Stämmen und Kalk zog sich über neun Jahre hin. Weil aber der geniale Baumeister schon drei Jahre vor der Fertigstellung starb, gerieten Teile des Bauwerks, wie man das heute noch an den Resten sehen kann, schief und krumm. Statt der fünf von Isidor Aguilar vorgesehenen Kuppeln mußten die Padres sieben herstellen, weil sonst die Sache nicht paßte.

Als der Dom, wie man wohl das Bauwerk nennen muß, im Jahre 1806 eingeweiht wurde, faßte er über tausend Personen. Mehr als ein halbes Jahrhundert mußte danach vergehen, bis an der Westküste Nordamerikas ein noch größerer Bau errichtet wurde.

Aber seines Bestehens war nicht lange. Vielleicht hatten die Padres beim Endstadium des Baues einen Rechenfehler begangen oder Erdstöße trugen daran die Schuld, jedenfalls stürzte der Dom von San Juan Capistrano 1812 in sich zusammen. Vierzig eben getaufte Indianer wurden vom herabfallenden Dach erschlagen. Zu einer Wiederherstellung in gleicher Größe konnten sich die Padres und Fratres nicht aufraffen. Vor allem fehlte ihnen dazu ein erfahrener Architekt.

Die gewaltige Ruine ist sehr eindrucksvoll in der erhaltenen Form. So lebhaft erinnern Bögen und Portale an romanische Ruinen in Europa, daß San Juan, von seinem Stil her, um ein halbes Jahrtausend älter wirkt, als es ist.

Die seinerzeit geretteten Kirchenglocken sind neuerdings in einer für unsere Begriffe recht merkwürdigen Glockenmauer aufgehängt, wo sie wieder ihren Zweck erfüllen. Wer sich die Zeit nimmt und dafür genug Interesse aufbringt, kann in den wiederhergestellten Räumen, auch im dazugehörigen Museum ein recht lebendiges Bild vom täglichen Leben in der Mission erhalten. Das lohnt sich schon deswegen, weil es in allen 22 spanischen Missionen fast das gleiche war. Abgesehen von der unterschiedlichen Größe folgte jede Anlage demselben Prinzip.

Nachdem ich neun Missionen besucht habe, kann ich sie weder im Gedächtnis noch mit Hilfe der Farbfotos auseinanderhalten. Es ist ja doch eine den anderen sehr ähnlich. Deshalb ist der Besuch aller wiederhergestellten Missionen weder notwendig noch empfehlenswert. Man hat mehr davon, eine, zwei oder drei von außen wie innen gründlich zu betrachten.

So wandere ich von Kammer zu Kammer, von engen und kleinen durch lange und große Räume, durch Gärten, Patios und Friedhöfe, vorbei an Brunnen und durch Bogengänge. Die Zellen der Priester sind spartanisch einfach, das Bett darin nur ein Holzgestell, bespannt mit straffer Rinderhaut. Dazu ein schwerer Tisch, ein harter Stuhl und die eisenbeschlagene Truhe. Das ist alles. Weit besser ausgestattet die Fremdenzimmer für durchreisende Padres, Offiziere, Beamte und Rancheros. Jeder wurde aufgenommen, bewirtet und notfalls gepflegt. Die Mission war gleichzeitig Herberge, Hospital und Etappe auf dem unendlich weiten Weg, der von Veracruz an der Ostküste Mexikos nach Norden bis zur letzten Mission im fernen Kalifornien führte. Jeder konnte bei den Franziskanern anklopfen, auch die Maultiertreiber, durchziehende Hausierer, getaufte wie ungetaufte Indianer. Gewiß waren ihre Verpflegung wie Unterbringung sehr viel bescheidener als die für hohe Herrschaften. Ein besonders reich dekorierter Raum mit Himmelbett war für den Gouverneur und geistliche Würdenträger vorgesehen. Im Nebengebäude die große Küche und mehrere kleine Küchen, in anderen meist einstöckigen Häusern die Schreibstuben, die vielen Werkstätten, Vorratsräume, Nähstuben, Räucherkammern und die feuersicher aufbewahrte Bibliothek.

Die Gefolgschaft christianisierter Indianer, bei großen Missionen zu ihrer besten Zeit oft mehr als 3000 Menschen, wohnte, und zwar jede Familie für sich, in strohgedeckten Adobe-Häusern. Nur die jungen Mädchen wurden aus Gründen der Moral über Nacht in einem großen, gemeinsamen Schlafsaal eingeschlossen. Dorthin mußten sich auch junge Frauen begeben, falls ihr Mann bei Anbruch der Dunkelheit nicht heimgekehrt war. So streng waren die Bräuche. Jedoch mit Recht, wie die frommen Franziskaner meinten. Hatten doch die kalifornischen Indios vor ihrer Bekehrung weder die Einehe gekannt noch überhaupt moralische Bedenken gehabt, sich sexuell zu vergnügen.

Bedenkt man die damalige Zeit, die absolut wilden Verhältnisse im Land, außerdem die riesige, risikoreiche Entfernung von Mexiko, erst recht vom spanischen Mutterland, so war die Anlage der 22 kalifornischen Missionen eine wahrhaft bewundernswerte Leistung. Unvorstellbar weit entfernt lagen die letzten Stationen der spanischen Kolonisten im Süden. Es waren Acapulco und La Navidad an der Pazifischen Küste von Mexiko, La Paz und Loreto auf der Halbinsel Niederkalifornien sowie die spanischen Siedlungen in den heutigen US-Staaten Arizona und Neu-Mexiko. So galten die Franziskaner-Klöster gewissermaßen als verlorene Posten in wegloser Wildnis. Sie waren bei ernsthaften Angriffen, sei es von organisierten Indianern oder weißen Banditen, kaum zu verteidigen. Als der »Paterpräsident« Junipero Serra wegen wichtiger Fragen den Vizekönig und den Erzbischof in Mexiko-Stadt besuchen mußte, war er von der Mission San Carlos Borromeo de Carmelo nahe der heutigen Stadt San Francisco bis nach Mexico City und zurück 18 Monate auf Reisen.

Die 22 Missionen* waren nicht, wie man denken sollte, eine nach der anderen entstanden, sondern man gründete sie jeweils dort, wo die bestmöglichen Voraussetzungen zur Rettung der Seelen indianischer Ureinwohner vom höllischen Heidentum gegeben waren. So kam es, daß die ersten 10 Missionen binnen 20 Jahren ohne Rücksicht darauf entstanden sind, wie groß jeweils die Entfernung zu den Nachbarmissionen war. Dann jedoch wurden in der folgenden Zeit die weiteren 12 Missionen so geplant und schließlich vollendet, daß man bei Aufbruch am frühen Morgen die nächste Etappe noch vor dem Abend erreichen konnte. Fast genau 1000 Kilometer beträgt die Entfernung von San Diego im Süden (an der heutigen Grenze zwischen Mexiko und den USA) bis nach San Francisco de Alcala, der nördlichsten Mission in Kalifornien. Das ergibt als durchschnittliche Tagesleistung für Mensch, Tier und Frachten ungefähr 50 Kilometer. Für die Wanderer heutiger Zeit wäre das eine außergewöhnliche Anstrengung, wobei man noch die Schwierigkeiten des Geländes bedenken muß. Aber für die fußmarschgewohnten, harten, muskelstarken, an langes Laufen bei jedem Wetter gewohnten Menschen damaliger Zeit war es nichts Besonderes. Ältere Leute, die Frauen mit Kindern und die Vornehmen saßen zu Pferde, Kranke und Gebrechliche wurden in einer zwischen Maultieren aufgehängten Sänfte getragen. Schwere Frachten transportierte man soweit wie möglich auf plumpen, quietschenden Karren, die nicht einmal richtige Räder hatten, sondern auf »Baumscheiben« rollten. Diese waren einfach durch Absägen von etwa handbreiten Scheiben aus möglichst runden Baumstämmen entstanden. Eines dieser vorsintflutlichen Fahrzeuge ist noch heute vor den Ruinen der Klosterkirche in San Juan de Capistrano zu sehen.

Es kam in jenen Zeiten nicht so sehr auf die Entfernung in Meilen, Kilometern oder Ligas an, sondern auf die für gewöhnlich notwendige Zeit, von der einen bis zur nächsten Mission zu gelangen. In durchschnittlich zwölf Stunden war das meist zu schaffen, weil Menschen und Tiere keine längere Pause machten**. Danach wurde oft ein voller Ruhetag eingelegt. An christlichen Feiertagen, und davon wurden zu jener Zeit mehr als hundert pro Jahr eingehalten, war das ohnehin selbstverständliche Pflicht.

* Wer es ganz genau nehmen möchte, zählt nur 21, denn San Antonio de Pala nordwestlich von San Diego war nur eine »Asistencia«, ein Ableger der Mission San Luis Rey beim heutigen Oceanside.
** Es ist heute noch bei primitiven Völkern der gewöhnliche Brauch, ohne Rast die gesamte Tagesstrecke durchzulaufen, um möglichst schon am frühen Nachmittag alles hinter sich zu haben. Auch die weißen Waldläufer, mit denen ich auf der Jagd in Alaska, Labrador und Nordwest-Kanada unterwegs war, hielten keine Mittagsrast.

Wie sich denken läßt, gab es keine gebauten oder gebahnten Wege, sondern nur Fußpfade und ausgefahrene Radspuren. Das waren immer »Wege des geringsten Widerstandes«, das heißt, Hindernisse wurden umgangen, steile Hänge auf Serpentinen bezwungen, die Flüsse an möglichst seichten Stellen durchquert. Seit dem Jahre 1796 war der primitive, steinige und staubige Weg als sogenannte Staatsstraße auf den spanischen Landkarten eingetragen, von der südlichsten bis zur nördlichsten Mission in Kalifornien. Trotz des miserablen Zustandes trug sie den stolzen Namen »Camino Real«.

Die heutigen Fernstraßen Nummer 1 und 101 folgen in großen Zügen dem »Königlichen Weg« des 18. Jahrhunderts. Kein vernünftiger Mensch wird bestreiten, daß El Camino Real die landschaftlich schönste und historisch bedeutendste Straße ist, die man in den Vereinigten Staaten von Amerika findet.

Im Abstand von etwa sieben Meilen hatten damals die Mönche an Bäumen und Stangen kleine Kupferglocken aufgehängt, um notfalls göttlichen Beistand oder menschliche Hilfe herbeizurufen. Glocken ähnlicher Art sind auch heute vorhanden, sofern sie einigermaßen gut in die Umgebung passen. Das geschah auf Anregung der Historical Society von Kalifornien, und eiserne Gestelle wurden extra dazu angebracht. Leider sind aber die nichtklingenden Glocken ein beliebtes Souvenir, das Kalifornienreisende gerne mit nach Hause bringen. Nur ungefähr jede zweite Glocke fand ich auf meiner Fahrt an ihrem Platz.

Wenn man mit der erlaubten Höchstgeschwindigkeit von 100 Stundenkilometern dahinfährt auf dem breiten, bequemen, bestmöglich asphaltierten »Königsweg« der heutigen, blitzschnellen Zeit, verschwenden gewiß nur wenige Meilenverschlinger sekundenlange Gedanken an die unermüdlichen Fernwanderer auf dem Camino Real der 22 Missionen.

Wie haben sich doch zu früher Zeit schon die Vizekönige Neuspaniens, vor allem die spanischen Seefahrer bemüht, den Verlauf der Pazifischen Küste bis hinauf an den Rand des Eismeers zu erkunden!

Hernando Cortez selbst hat 1535, keine 16 Jahre nach der Eroberung Mexikos, damit begonnen. Seine Schiffe, das sollte man bedenken, mußten erst an der mexikanischen Westküste gebaut werden, meist in der heute so bekannten Bucht von Acapulco. Dafür war es zunächst einmal notwendig, alle Eisenteile, die Takelage, die navigatorischen Instrumente und noch viele andere Dinge auf äußerst schwierigem Landtransport von der Ostküste zum Rand des Pazifischen Ozeans zu transportieren. Von zwei Schiffen, die zur Erkundung ausfuhren, kam meist nur eines zurück, wenn es relativ gut ging. Hatte der Kapitän nur die Hälfte seiner Mannschaft verloren, sah er keinen Grund, sich zu beklagen.

General Sherman wird der Riesenbaum aus dem Geschlecht der Sequoia gigantea genannt.
Er steht mit vielen tausend, nicht ganz so großen Verwandten im kalifornischen Sequoia
Nationalpark. Mit seinem Umfang von 31 Metern und dem geschätzten Gewicht von
7000 Tonnen ist dieser noch immer aufstrebende Gigant das dickste und schwerste Lebewesen auf Erden. Doch wird seine Höhe von »nur« 83 Metern weit übertroffen von so
manchem Redwood-Riesen im nördlichen Kalifornien, wo der Libby Tree sage und schreibe
112 Meter erreicht. Wenn auch »General Sherman« mit seinen 3500 Jahren als recht betagt
gelten darf, ist das noch lange kein Altersrekord!

Die Glocken der alten spanischen Missionen in Kalifornien, für die es nur selten Kirchtürme gibt, wurden erstaunlicherweise fast alle im ehemals russischen Alaska gegossen. Dorthin hatte man schon um das Jahr 1790 von Moskau die nötigen Fachleute durch ganz Sibirien geschickt. So wohlklingend waren die Glocken aus dem eisigen Alaska, daß sie in allen damaligen Siedlungen an der amerikanischen Westküste begehrt wurden, bis hinunter nach Mexik

Eine russische Festung in Kalifornien, wer hätte das gedacht! Hier eine der noch im Original erhaltenen Holztürme des Fort Ross nördlich der Bodega Bay. Mit Zustimmung der Spanier hatten in diesem Gebiet russische Siedler und Soldaten zur Versorgung von Alaska eine landwirtschaftliche Kolonie angelegt. Soweit wie möglich wurde neuerdings das ganze Fort wiederhergestellt, wird aber mangels entsprechender Geschichtskenntnisse des durchschnittlichen Amerikaners nur von relativ wenigen Touristen besu

Francisco de Ulloa verschwand 1538 mit drei Karavellen, ohne irgendwo eine Spur zu hinterlassen. Sebastiano Vizcaino konnte zwar den 43. Breitengrad im heutigen US-Staat Oregon erreichen, aber auf seinem Schiff lebten am Ende der Reise gerade noch sechs von 70 Mann. Schon 1540 fuhr Alarcon in kleinen Booten etwa 160 Kilometer weit den Colorado River hinauf, wirklich eine Glanzleistung ersten Ranges. Juan Cabrillo besuchte 1542 die Bodega-Bai, in deren Nähe sehr viel später das russische Fort Ross entstand. Bereits 1587 nahm Pedro de Unamuno, der sich bei der heutigen Stadt Luis de Obispo tief ins Hinterland gewagt hatte, die gesamte Westküste Nordamerikas für den König von Spanien in Besitz. Nach dem weitherzig ausgelegten Völkerrecht damaliger Zeit genügte dazu eine entsprechende Erklärung, die Unterzeichnung eines Dokuments durch mehrere Zeugen sowie die Aufrichtung des Kreuzes mit dem entsprechenden Staatswappen. Zum Abschluß folgte die feierliche Messe durch einen Priester, falls er zur Verfügung stand.

Es ist nicht klar, wie weit die spanischen Seefahrer im 16. und 17. Jahrhundert nach Norden gesegelt sind. Was der eine Forscher mit guten Gründen behauptet, wird vom anderen aufgrund gewichtiger Beweise bestritten. Aber bis heute erhaltene spanische Namen für Buchten, Inseln und Gletscher lassen deutlich erkennen oder zumindest stark vermuten, daß kühne spanische Seefahrer sogar die sturmbewegten Gewässer von Alaska erreicht haben. Für die Jahre 1789 und danach, also zur Entstehungszeit der kalifornischen Missionen, ist das verbürgt. Eine befestigte spanische Siedlung entstand in der Nootka-Bucht. Doch es war schon zu spät und Spaniens Stern im Sinken. Eine ganz andere Macht hatte von der anderen Seite über den Globus hinweg ihre Fingerspitzen in die gleiche Gegend ausgestreckt. Das russische Zarenreich war dem Pelzhandel durch ganz Sibirien über die Beringstraße nach Alaska gefolgt und breitete sich entlang der Küste weiter, immer weiter nach Süden aus. Die Spanier hatten sich, gemessen an ihren militärischen und wirtschaftlichen Möglichkeiten, viel zu weit in fast der gesamten Welt vorgewagt. Wohl oder übel mußten sie nach und nach ihre vermeintlichen Rechte an der Pazifischen Küste auf das heutige Kalifornien beschränken. Dabei war dieses ferne, nur von wenigen Spaniern besiedelte Land einem möglichen Angriff wehrlos ausgeliefert. Schon eine feindliche Fregatte hätte genügt, um jeden spanischen Posten in Kalifornien auszulöschen.

Die Erforschung des Binnenlandes blieb vorläufig den Padres und Fratres überlassen. Das gilt für Kalifornien ebenso wie für den gesamten Südwesten der heutigen USA. Leider ist infolge der amerikanischen Geschichtsschreibung, die sich auf unredliche Weise bemüht, fremde Leistungen zu leugnen, weitgehend in Vergessenheit geraten, wer in Wahrheit der Pfadfinder im Süden und Südwesten der Vereinigten Staaten gewesen ist. Esebio Kino, ein Jesuit, der seine fast lebenslänglichen Wanderungen schon 1687 in Baja California begann, hat im Verlauf von 25 Jahren ein halbes Hundert Expeditionen durchgeführt. Einige davon reichten über 1600 Kilometer weit. Nur zu Fuß und fast immer allein durchquerte der unermüdliche Gottesmann viele Regionen, die bis dahin noch kein weißer Mann besucht hatte. Pater Kino, von den Spaniern »der Mann aus Draht« genannt, marschierte im Tagesdurchschnitt 60 Kilometer. Sein Rekord betrug 440 Kilometer in drei Tagen, wobei er sich allerdings über die Hälfte der Strecke von einem Maultier tragen ließ. Ein anderes Mal soll der ausdauernde Jesuit binnen 36 Stunden ohne Rast 200 Kilometer hinter sich gebracht haben. Bei all dem fand er noch Zeit, in Arizona, Neu-Mexiko und Baja California 29 Missionen zu gründen sowie 4000 Indianer zu taufen. Eine Lebensleistung ohne Beispiel. Ihm fast ebenbürtig ist Juan Maria de Salvatierra, ein anderer Jesuit und Pater Kinos Begleiter in dessen letzten Jahren. Er wird als Mann mit Adlernase, von äußerst magerer Gestalt sowie absoluter Unfähigkeit zur Ruhe geschildert. Vor seiner Priesterweihe soll der fromme Pater ein todesmutiger Offizier gewesen sein, wofür ihm die zahllosen spanischen Feldzüge genügend Gelegenheit boten. Wo dieser Bahnbrecher überall gewesen ist, läßt sich heute nicht mehr feststellen. Er verschwand, tauchte wieder auf und hatte in der Zwischenzeit 1600 Kilometer wildes Land durchzogen.

Noch viele andere furchtlose Männer geistlicher Orden gehören zu den Erforschern Kaliforniens und des südwestlichen Nordamerikas. Bis nach Kansas hinein, nach Utah, Nevada und sogar über die nördliche Grenze Kaliforniens hinauf haben sie noch völlig unbekanntes Land durchzogen. Fragt man heutige Amerikaner nach diesen Spaniern, haben sie nie den Namen eines jener großen Entdecker gehört. Was mir bei diesen mutigen Männern als besonders bemerkenswert erscheint, ist, daß sie ganz im Gegensatz zu den späteren amerikanischen Pionieren im Wilden Westen und Südwesten mit den Indianern allgemein ein gutes Auskommen hatten. Sie durchzogen, nur mit den zur Jagd notwendigen Waffen ausgerüstet, die Gebiete von hundert Stämmen, ohne überfallen oder gar ermordet zu werden. Ganz im Gegenteil waren sie Gäste bei den Indianern, erhielten Verpflegung und oft auch Kleidung von den angeblich so blutgierigen, skalpraubenden Rothäuten.

Die uns kaum noch vorstellbaren Schwierigkeiten, die Verluste, Opfer und Enttäuschungen der ersten Jahrzehnte zu beschreiben ist schon aus Platzmangel ganz unmöglich. Es fällt mir schwer zu glauben, daß heute noch ein Staat, ein geistlicher Orden, größere Gruppen von Auswanderern oder Einzelpersonen bereit und auch imstande sind, solche Härten auf sich zu nehmen. Zu allem Überfluß erduldete man derlei Strapazen noch in der niederdrückenden Gewißheit, daß nur in Ausnahmefällen auf bleibenden Erfolg zu hoffen war.

Jedenfalls wußten die Franziskaner schon lange bevor die erste Mission in Kalifornien angelegt wurde, daß sie es dort mit den primitivsten, den am wenigsten entwickelten und für europäische Begriffe faulsten aller bisher bekannten Indianer zu tun hatten. Meist gingen die Eingeborenen vollkommen nackt, lebten bestenfalls in Laubhütten oder Höhlen, ernährten sich von Wurzeln, Wildbeeren, Knollenfrüchten sowie von der Kleintierjagd und bescheidenem Fischfang. Manche Stämme kannten weder Pfeil noch Bogen, noch die Kunst des Fallenstellens, auch nicht das Zubereiten von Pelzen und Gerben der Häute. Weil sie im Boden schmackhafte Kröten, Mäuse, Maulwürfe und dergleichen suchten, wurden sie in späterer Zeit von den Amerikanern verächtlich »Digger« genannt. Etwas weiter fortgeschritten in der Entwicklung waren lediglich die Yuma und Chumshaw.

Bei solchem Tiefstand der frei herumziehenden Heidenmenschen, die man nicht nur bekehren, sondern auch zivilisieren wollte, sind jene Erfolge, die schon nach zwei bis drei Jahrzehnten der Mission gelangen, wahrlich mit einem Wunder zu vergleichen. Aber nur in Gemeinschaft mit den Indianern konnte man die Gebäude errichten, die Äcker anlegen, den Viehbestand erweitern und überhaupt die Mission betreiben. Da besaß zum Beispiel die Mission Santa Barbara 26 000 Stück Vieh und ebenso viele Schafe, außerdem 6000 Schweine, 1200 Pferde sowie eine nicht mehr bekannte Zahl von Eseln und Mauleseln. Es wurden unter anderem jährlich ca. 3 500 Kubikmeter Korn eingebracht und 2 500 Faß Wein gekeltert. Für die Mission San Fernando gilt immerhin die Hälfte solcher Zahlen, ebenso war es im Durchschnitt bei fast allen Missionen am Camino Real. Grenzenlos erscheint für unsere Verhältnisse die Ausdehnung des Grundbesitzes. Er war nicht vermessen und nicht verbrieft, gehörte aber den Missionen nach Gewohnheitsrecht, sofern das Land in irgendeiner Weise genutzt wurde*. Die Ausdehnung solcher Ländereien, die Wälder und Berge inbegriffen, wo nur stellenweise Holz geschlagen wurde, erstreckte sich bei manchen Missionen über 25 000 Quadratkilometer**.

---

* Karl III., König von Spanien (1759–1788), hatte im Einverständnis mit dem Heiligen Vater in Rom verfügt, daß der Orden des heiligen Franziskus nur als Treuhänder der Indianer zu gelten habe, also nur in deren Namen den Landbesitz verwalten sollte. Allein die Missionsgebäude mit anschließenden Gärten gehörten wirklich dem Orden.
** Zum Vergleich: Dänemark 43 000 und Belgien 30 500 Quadratkilometer.

Mit Ausnahme von Mais aus Mexiko waren fast alle Nutzpflanzen aus Spanien, dem übrigen Europa und sogar aus fernen Kontinenten nach Kalifornien eingeführt worden. Schon 1830 bedeckten Weingärten, Olivenhaine und Plantagen mit Zitronen, Orangen sowie anderen Zitrusfrüchten weite Gebiete an der Küste. Unabsehbar, unzählbar die Rinder, Pferde, Maultiere, Esel, Schafe und Ziegen, allesamt Nachkommen jener wenigen, von den Spaniern mitgebrachten Tiere. Dazu das Geflügel jeder Art sowie Hunde, Hauskatzen und Stallhasen.

Nicht minder wichtig war für die Folgezeit, daß man aus der Not eine Tugend machte, nämlich möglichst alles und jedes selber herzustellen. Also mußten die Mönche versuchen, möglichst viele der getauften Indianer durch geduldiges Anlernen zu Handwerkern, auch zu guten Landarbeitern, zu Hirten der großen Herden und zu Gemüsegärtnern auszubilden.

Eine gewaltsame Bekehrung, wie es großenteils in Mexiko und Südamerika geschehen war, gab es in Kalifornien nicht. Ganz im Gegenteil hatten die Missionen freiwilligen Zulauf, manche sogar mehr als erwünscht. Der ebenso einfache wie begreifliche Grund hierfür war die Sicherheit von Leib und Leben bei den Missionen. In der Wildnis gab es keine Sicherheit vor Tieren und Menschen. Jeder war ständig bedroht, auch von Hunger, Kälte und bösen Geistern. Ein Dutzend spanische Soldaten, die jeder Mission zugeteilt waren, hatten den gleichen, ja größeren Wert als eine Garnison von 1000 Mann in einer europäischen Stadt. Der von ihren Feuerwaffen ausgespuckte Donner war ein fast immer wirksamer Schutz gegen Angriffe wilder Indianer. Außerdem erhielten die getauften Indianer in der Mission ihre tägliche Nahrung und hatten bei Nacht ein regendichtes Dach über dem Kopf. Sie genossen wärmendes Feuer und notfalls warme Kleidung. Das alles war ein unvorstellbarer Luxus für die Ureinwohner.

So mußten ihnen die Weißen nicht nur als großherzige Spender all dieser Genüsse erscheinen, sondern als halbe Heilige. Ihnen Folge zu leisten war selbstverständlich, auch wenn zuweilen viel verlangt wurde. Die Strafen bestanden aus Einsperren oder Stockschlägen. Sosehr manches an dieser Disziplin und die von den Mönchen erzwungene Moral uns nach heutigen Begriffen mißfallen, die kalifornischen Indianer damaliger Zeit waren unter sich weit schlimmeres gewohnt.

Sofern die Wilden nicht von selbst erschienen, zogen die Mönche auf monatelanger Wanderung ins Hinterland, durchquerten die Steppe, stiegen in Canyons hinab und zu den Höhen der Sierra Nevada hinauf, um Eingeborene für ihre Mission zu werben. Mit einer mehr oder minder großen Schar noch unbekleideter Anwärter auf christliche Taufe kehrten sie eines Tages zurück.

Studiert man die Liste jener Handwerksbetriebe, die während der »Goldenen Zeit« zu jeder von den blühenden Missionen gehört haben, ergibt sich daraus das Bild eines äußerst betriebsamen Gemeinwesens. Eine mittelgroße Stadt im Europa der gleichen Epoche hat nicht viel mehr aus eigener Kraft und selbstgewonnenem Material hervorgebracht. Abgesehen von der Landwirtschaft, der Viehzucht, dem Anbau von Gemüse, Obst und Wein gab es indianische Schuster, Gerber, Färber, Weber, Wollspinner, Zimmerleute, Möbeltischler, Fenstermacher, Maurer, Kalkbrenner, Steinmetze, Eisengießer, Kupferschmiede, Hufschmiede, Seifensieder, Glockengießer, Töpfer, Korbmacher, Stellmacher, Kesselflicker, Ziegelbrenner, Dachdecker und Glasbläser, natürlich auch Metzger, Müller, Fischer, Jäger usw. Je nach Art der Arbeit waren damit Männer, Frauen und Mädchen, gelegentlich auch Kinder beschäftigt.

Zu einer Mission wie San Luis Rey oder Santa Barbara gehörten während der mit Recht gepriesenen »Goldenen Zeit« 2000 bis 3000, für wenige Jahre fast 4000 Neophyten, wie die christianisierten, schon halbzivilisierten Indianer genannt wurden. Dafür erhielten die Mönche keinerlei Zuschuß aus Spanien, auch nicht vom spanischen Vizekönig in Mexiko. Die Padres und Fratres waren ohne Ausnahme geborene Spanier, so daß man zumindest sagen kann, das Mutterland habe die Missionen durch ständige Zufuhr der notwendigen Ausbilder unterstützt.

Die Mönche verkauften oder gaben im Tauschhandel an spanische Schiffe ihren Überschuß an Rinderhäuten, Schafwolle, Kerzen, Talg, Getreide und Wein. Vom Erlös wurden bestimmte Gebrauchswaren bestellt, die nur das ferne Ausland liefern konnte. Bis aber diese Waren, wenn überhaupt, eintrafen, vergingen zwei bis drei Jahre. Aber man hatte in Kalifornien und Neuspanien, wie Mexiko damals genannt wurde, ganz andere Zeitbegriffe, als wir sie heute gewohnt sind. Im übrigen war, bei Licht besehen, die weite Entfernung von Europa ein großer Vorteil. Man wurde in Kalifornien von keiner der verheerenden, verlustreichen Kriege berührt, die im fernen Europa so viel Not und Elend über die Menschen brachten.

Gewiß war im »Goldenen Zeitalter« der Missionen nicht alles Gold, was glänzte. Der Padrepräsident und die maßgebenden Padres stritten sich mit den zivilen Gouverneuren und militärischen Kommandanten. Eine ständige Sorge für die frommen Franziskaner war begreiflicherweise das allzu weltliche Verhalten der Haustruppe. Falls nicht ständig aufgepaßt wurde, ließen die unbeschäftigten Soldaten kein junges Indianermädchen in Ruhe. Uneheliche Kinder, in einer Mission erzeugt und erzogen, waren nicht gerade das, was die Kirche gerne sah. Als die Gefahr der Überfälle wilder Indianer vorüber war, die gegen Ende des 18. Jahrhunderts erst San Luis Obispo dreimal attackierten und bald darauf La Purisma Concepción verbrannten, hätten die Padres gerne ihre Haustruppen entlassen. Aber diese wollten das gutversorgte Leben bei den Missionen nicht aufgeben. Welche Querelen ohne Ende das zur Folge hatte, läßt sich denken.

Feuer, Erdbeben, Überschwemmungen suchten manche Missionen mehrmals heim, mitunter im gleichen Jahr. Nicht alle Ordensbrüder zeigten sich ihren Aufgaben gewachsen. Auch gab es schlimme Versager, sogar in moralischer Hinsicht. Weil man nicht wollte, daß die Sünden der schwarzen Schafe in der Welt bekannt wurden, begnügte man sich mit Strafversetzung von einer Mission in die andere. Ein Gewisser José Mercado, der San Rafael Arcangel zu betreuen hatte, jedoch leider zu Ausbrüchen des Zornes neigte, war über die Weigerung einer Indianergruppe, sich taufen zu lassen, so wütend geworden, daß er die Indios seiner Mission bewaffnete, zu einer kämpfenden Truppe drillte und dann in eigener Person gegen die Wilden führte. Dabei gab es auf der anderen Seite, wie man in der Chronik lesen kann, »viele Tote«. Das hat den kriegerischen Gottesmann nicht nur die Leitung der Mission gekostet, sondern er wurde aus Kalifornien verbannt.

Sehr schwierig war anfangs die Verständigung mit den Eingeborenen. Klang doch die Sprache der kalifornischen Indianer für spanische Ohren wie das Kullern von Truthähnen. Erst als Pater Simeon, der mündlich sieben indianische Sprachen beherrschte, für die gutturalen Laute eine Wiedergabe in lateinischer Schrift erfand, konnte man sich gegenseitig viel besser, bald sogar recht gut verständigen. Die Missionsindianer ihrerseits lernten relativ rasch die spanische Sprache, manche sogar lesen und schreiben.

Schlimm, sehr schlimm war es mit Krankheiten, die erst mit den Weißen ins Land geschleppt wurden. Gegen sie besaßen die Eingeborenen keine Abwehrstoffe im Blut. Was bei den Spaniern relativ harmlos verlief, die Masern, Bronchialkatarrh und ähnliches, konnte bei den Indios zur Ausrottung ganzer Familien führen. Während man den Menschen auf der einen Seite viel Gutes erwies und noch Besseres wollte, brachte man ihnen andererseits den hundertfachen, den tausendfachen Tod. Am Ende der »Goldenen Zeit«, in den frühen dreißiger Jahren des vorigen Jahrhunderts, hörten die Indianer auf, sich zu vermehren. Ja ihre Zahl ging unaufhaltsam zurück.

Es lohnt sich noch heute, sogar heutzutage erst recht, dem einstigen Camino Real zu folgen, schon weil die Landschaft von einzigartiger Schönheit ist. Bis

auf wenige sind die Missionen entweder im alten Stil neu gebaut, recht gut reno-
viert oder fast unverändert erhalten. Santa Barbara, wie man sagt die »Königin
der Missionen«, ist als einzige von ihrem ersten Jahr ohne Unterbrechung bis
zur gegenwärtigen Zeit im Besitz der Franziskaner geblieben. Als der französische Pirat Hippolyte Bauchard im Herbst 1818 vor der kalifornischen Küste erschien, um systematisch die spanischen Siedlungen auszurauben, organisierten
die Padres eine gutbewaffnete Privatarmee aus ihren sonst friedlichen Indios und
zwangen den Seeräuber zur raschen Flucht. Bemerkenswert in Santa Barbara ist
eine für Kalifornien merkwürdige Kirchenfassade. Sie entspricht im Baustil ganz
dem Vorbild eines römischen Tempels aus dem letzten Jahrhundert vor Christi
Geburt. Der Zufall hat gewollt, daß den Padres als architektonische Anleitung
nur ein von Mönchen abgeschriebenes Werk des römischen Baumeisters Vitru-
vio Polinus zur Verfügung stand, und nach diesem heidnischen Vorbild haben
sie ihre Kirche gebaut.

San Miguel de Arcangel ist wohl am besten erhalten, denn Überfälle, Erdbeben, Brände und Raubüberfälle blieben der Mission erspart. Seit 1928 gehören
die Gebäude wieder dem Franziskanerorden. Unbedingt sehenswert ist San
Antonio de Padua, weil nur hier die Umgebung so geblieben ist wie in längst
vergangener Zeit der Gründung. Eichenwälder, Weideflächen und stille Täler
umgeben die einsame Mission, in der sich heute ein franziskanisches Seminar
befindet. San Gabriel, heute im Stadtgebiet von Los Angeles gelegen, enthält
eine Sammlung der ältesten Malereien von Indianerchristen. Aus den Pollen
wildwachsender Blumen, mit Olivenöl vermischt, haben sie die Farben hergestellt. Unter den Gemälden spanischer Meister will man Werke von Murillo,
Coreggio und sogar von Raffael entdeckt haben. Schön wäre es, aber noch fehlen
überzeugende Beweise. Über einem Bronzebecken, das Karl III. von Spanien der
Mission geschenkt hat, sollen 25 000 große und kleine Indianer die heilige Taufe
empfangen haben. Wie man sagt, hat die Nähe des Pueblo Nuestra Senora la
Reina de Los Angeles de Porciuncula die frommen Franziskaner in San Gabriel
sehr gestört, weil die gottlosen Dorfbewohner den braven Indianern ein so
schlechtes Beispiel gaben.

Seitdem sind die Indios aus Los Angeles verschwunden, während das sitten-
lose Dorf zur größten Stadt an der Westküste wurde und die ehrwürdige Mission
ganz eingekesselt hat. In San Fernando ist noch das Gästehaus zu sehen, das man
dreimal und viermal vergrößern mußte, weil zu viele Reisende allzu gerne und
zu lange die franziskanische Gastfreundschaft genossen. Nach der Säkularisation war dieses schöne, für damalige Zeit sehr komfortable Hospiz der Sommer-

sitz eines in die kalifornische Geschichte verflochtenen Schurken namens Andres Pico. Nach Übernahme des Landes durch die Yankees wurde die alte Mission für sechs Jahrzehnte zur Schweinefarm. Doch kehrte sie am Ende in geistliche Hände zurück und gehört seit 1923 dem Orden der Oblaten. Es sind seltsame Schicksale, die manche der Missionen im Verlauf von 200 Jahren erlebten.

Zeitweise die reichste aller Missionen in Spanisch-Amerika war San Luis Rey. Der Kreuzgang war viermal 160 Meter lang, 32 Rundbögen trugen die reichbemalte, kunstvoll geschnitzte Balkendecke. Der Wein von San Luis Rey war berühmt in ganz Kalifornien, seine Reben dürften die edlen Ahnen von sehr vielen, ja den besten Weinbergen des Landes sein. Die ersten kalifornischen Orangen haben in San Luis Rey geblüht. Das gleiche gilt von mehreren Obstsorten und Gemüsepflanzen, die schon im zweiten Drittel des 18. Jahrhunderts von den Spaniern nach Südkalifornien gebracht und in San Luis Rey weitergezüchtet wurden. Zu den importierten Blumen gehörten 500 Rosenstöcke aus dem südlichen Spanien, und es wird behauptet, daß einige der starkstämmigen Rosenbüsche im heutigen San Luis mit dem ersten Transport am Pazifischen Ozean eintrafen.

Die schönsten der schönen Gärten pflegte man in San Carlos Borromeo de Carmelo, heute schlicht Carmel genannt, nicht weit entfernt von der bildschön gelegenen Stadt Monterey südlich von San Francisco. Dank sorgfältiger Renovierung durch sachkundige Fachleute hat Carmel die Atmosphäre der goldenen Zeit wiedergewonnen. An den Bauformen des hochgewölbten Glockenturms sind Einflüsse der arabischen Epoche in Spanien deutlich zu sehen.

Was die Klostergärten betrifft, hat man noch mehr als in Carmel und Capistrano den ursprünglichen Zustand in La Purisma Concepción wiederhergestellt, mit den gleichen Pflanzen in der gleichen Verteilung wie vor annähernd 200 Jahren. Die besten Fachleute haben sich damit größte Mühe gegeben. Es ist die vollständigste lebende und blühende Sammlung der kalifornischen Flora gegen Ende des 18. Jahrhunderts.

Während von Santa Cruz gar nichts mehr übrig ist, blieb von San Juan Bautista nicht nur die zunächst reparaturbedürftige Mission bestehen, sondern davor die einzige vollständige Plaza aus der spanischen Zeit Kaliforniens. Santa Clara, nach fast völligem Verfall wieder im alten Stil aufgebaut, ist heute ein Schulinternat der Jesuiten. San Francisco de Asis, in neuer Zeit Dolores genannt, steht inmitten der Drei-Millionen-Stadt San Francisco. So klein die restliche Mission heute erscheint, war sie doch das erste Bauwerk in San Francisco und gab der

Riesenstadt ihren Namen. Manche historischen Namen finden sich auf den Grabsteinen im blumenblühenden Friedhof.

Nur eine, und zwar die kleinste der 22 Missionen, kann heute noch in bescheidenem, sehr beschränktem Maß ihren einstigen Zweck erfüllen, nämlich die Seelsorge für katholisch getaufte Indianer. Das ist San Antonio de Pala, in alter Zeit nur ein Ableger von San Diego de Alcala, der allerersten Mission im heutigen US-Staat Kalifornien. Als im Zuge der Säkularisation auch San Antonio de Pala auf Befehl der mexikanischen Behörden 1832 aufgelöst wurde, um alsbald dem Gouverneur Pio Pico in die raffgierigen Hände zu fallen, blieben ein halbes Tausend hilfloser Eingeborenen ihrem Schicksal überlassen. Trotz aller brutalen Versuche, sie zu vertreiben, klammerten sich die armen Menschen an den Boden, auf dem sie durch die Mönche heimisch geworden waren. Sie lebten von ihren Feldern und von schlechtbezahlter Gelegenheitsarbeit. Das ging fast 60 Jahre so weiter, bis sich endlich die US-Regierung entschloß, dem Rest dieser Leute ein Reservat zu bewilligen. Sie erhielten es auf dem Gelände der Mission, die schon Abraham Lincoln 1861 den Franziskanern zurückgegeben hatte. Sie bestand damals aber nur noch aus wertlosen, ausgeraubten Ruinen. Doch dreißig Jahre später kam ein Priester, um die überlebenden Indianer zu betreuen. Die Reservation aber, 1903 mit nur provisorischen Unterkünften eingerichtet, ist bis zum heutigen Tag Notbehelf geblieben. Die California Mission Country Visitors Association bezeichnet in ihrem Handbuch den Zustand des Pala-Reservats als »grenzenlose Schande für die Regierung der Vereinigten Staaten«.

In ihrer nur selten von Fremden oder Touristen besuchten, recht bescheidenen Kirche versammeln sich zu Gottesdiensten in spanischer Sprache die letzten Indianer der 22 ehemaligen Missionen am Camino Real.

Die Tage der Dons

Fast 22 Millionen Menschen leben in Kalifornien, dem volkreichsten Staat in den USA. Deshalb ist es schwer, sich vorzustellen, daß in dem riesengroßen, meist fruchtbaren Land noch im ersten Drittel des vorigen Jahrhunderts kaum 10 000 Weiße gewohnt haben.

Die Zahl der damaligen Indianer ist nicht bekannt, doch bestimmt sind es nicht sehr viele gewesen. Ungefähr die Hälfte, so wurde seinerzeit geschätzt, hatten sich nach und nach bei den Missionen gesammelt und lebten in deren Abhängigkeit. Nur dort und nur von den Padres und Fratres wurden die Eingeborenen als Mitglieder der menschlichen Gattung angesehen. Sonst waren sie für Weiße nicht besser als Tiere und dazu noch nutzlose Tiere. Für unsere Begriffe eine Roheit sondergleichen, war die Mißachtung der Indios aus damaliger Sicht verständlich. Gab es doch sonst in keinem der bisher bekannten Regionen des nördlichen und mittleren Amerikas eine andere indianische Bevölkerung vergleichbarer Primitivität. Diese Leute säten nicht und ernteten nicht, kannten weder Hütte noch Wigwam, noch sonst eine wettergeschützte Unterkunft. Ihr Leben war ein ständiges Umherziehen auf der Suche nach eßbaren Pflanzen, nach Knollenfrüchten und Kleingetier. Ein Dach aus Zweigen und Blättern war noch die beste Art ihres alle paar Tage wechselnden Quartiers. Sie jagten nur mit Fallen und Schlingen, gruben nach lebender Beute im Boden. Wehrhaften Tieren gegenüber, wie den Bären, Wölfen und Pumas, waren sie machtlos. Als Kälteschutz trugen die Ureinwohner Kaliforniens höchstens ein paar Hasenfelle. Sonst blieben sie nackt, wärmten sich am Feuer und waren gegen Witterung äußerst abgehärtet.

Alle Berichte über die kalifornische Indianerzeit stimmen in der Schilderung des Gestankes überein, den diese Urmenschen verbreitet haben. Jeder soll sein

Bedürfnis erledigt haben, wo er sich gerade befand, und vor den Augen der Horde betrieb man Geschlechtsverkehr. Wie weiter behauptet wird, verzehrten die Urkalifornier neben Raupen, Gewürm, Schnecken, Käfern und dergleichen auch das Aas toter Tiere. Abgesehen von den Yuma, hatten sie keinen Häuptling, überhaupt keinen Stammesverband, der über die Horde, besser gesagt, über die Familiensippen hinausging. Jede Gruppe war Feind der anderen Gruppe, nirgendwo gab es Sicherheit, und nur gering war die Lebenserwartung. Von drei Neugeborenen sollen mindestens zwei schon im ersten Lebensjahr gestorben sein*.

So verdient wahrlich hohe Bewunderung, was die Missionen aus so rückständigen Menschen gemacht haben. Anscheinend waren »ungehobene Schätze« in den angeblichen Tiermenschen Kaliforniens vorhanden. Welch ein Jammer, daß die Enteignung der Missionen in den 12 Jahren nach 1835 diesem vielversprechenden Beginn ein so trauriges Ende bereitet hat. Als die Amerikaner erschienen, von den weißen Kaliforniern nur »Yanquis« genannt, überließ man die meisten Missionsindianer sich selbst. Man sah sie dann als Handlanger im Hafen, als Lastenträger in den Ortschaften und als Hilfsarbeiter im Umkreis der Ranchos.

Als die goldene Zeit der Missionen zu Ende ging, waren die »Tage der Dons« noch lange nicht gezählt. »Don« kann jeder sein und auch wieder nicht sein. Es ist kein Adelstitel, bezeichnet weder Amt noch Rang und ist erst recht kein Teil des Namens. Nicht der König, auch keine weltliche oder geistliche Obrigkeit bestimmt, wer sich Don nennen darf oder nicht. Man selbst kann sich erst recht keine solche Anmaßungen erlauben. Es sind die Mitmenschen, die Nachbarn, die Angestellten, ja überhaupt ganz einfaches Volk, das die Anrede »Don« verleiht, um sie alsdann nur in Verbindung mit dem Vornamen zu gebrauchen, während die Gattin des Dons oder überhaupt eine Frau zur Doña wird, die Italienerin zur Donna und die Portugiesin eine Dona. Nur in diesen drei Ländern und ihren Nachfolgestaaten ist die Sitte zu Hause.

Der Don braucht nicht reich, nicht besonders hochgestellt zu sein. Er muß nur allgemeines Ansehen genießen, als Gelehrter, großer Arzt, Wohltäter der

---

* Vergleicht man diese Primitivmenschen mit den weitgehend zivilisierten Pueblo-Indianern, andererseits mit den gut organisierten, listenreichen und kriegerischen Irokesen, so wird mehr als deutlich, daß man nicht von einer indianischen Rasse oder gar von einer indianischen Nation reden kann. Dies um so weniger, als man ja auch die hochkultivierten Maya, Inka, Azteken usw. zu den Indianern zählen muß. Es sind allesamt die Nachkommen völlig verschiedener, zu ganz verschiedenen Zeiten aus dem asiatischen Kontinent eingewanderter Völkergruppen, die dort aus ganz verschiedenen Regionen stammten. Sie haben deshalb ebensowenig miteinander zu tun wie vergleichsweise die Japaner mit den Singhalesen oder die Thailänder mit den Tibetern.

Menschheit oder ebenso als hoher Staatsbeamter, Inhaber eines alten Betriebes oder Besitzer eines ausgedehnten Gutes.

Das eben waren die Dons im alten Kalifornien, die Beherrscher der riesigen Rinderherden und Landflächen von der Größe europäischer Provinzen. Ranchero ist dafür die eigentliche, noch heute gebrauchte Bezeichnung. Begonnen hat diese Entwicklung schon mit Anlage der ersten Missionen, als spanische, auch spanisch-mexikanische Siedler mit Familien und sonstigem Anhang nach Kalifornien kamen. Das Land gehörte niemandem, es war weit und fruchtbar, und jeder nahm sich soviel von der Fläche, wie er mit seiner Sippe brauchen konnte. Die Eingeborenen wußten ja nichts mit ihrem Land anzufangen! Entlassene Soldaten, Offiziere und Regierungsbeamte kamen hinzu. Für alle war Land mehr als genug vorhanden. Schon bald hatte man erkannt, wie gut und vielversprechend sich scheinbar endlose Landstriche für die Zucht von Rindern, Pferden und Schafen eigneten. Damit wurde der Wunsch nach Landbesitz immer größer, und noch weitere Ansprüche wurden angemeldet. Wohin man sich dabei zu wenden hatte, um auch für kommende Generationen rechtmäßiger Besitzer zu werden, darüber bestand bei den Spaniern nicht der geringste Zweifel. Es war der König in Madrid oder sein Stellvertreter, der spanische Vizekönig in Mexiko. So wollte es der Brauch aller Kolonialmächte in jener Zeit. Mit der Besitzergreifung des Landes war es automatisch zum Krongut des jeweiligen Herrschers geworden, natürlich nur dem Namen nach. Doch in seinem Namen wurde verwaltet, ausgebeutet, an Siedler vergeben und an Günstlinge verschenkt. Jedenfalls brauchte man, sofern es um größere Flächen ging, ein »Königliches Patent«. Um dies zu beantragen, genügte eine Kartenskizze, die Beschreibung der Gegend, Angaben über Umfang des gewünschten Geländes und die eidesstattliche Versicherung, daß weder eine Mission noch ein Christenmensch Ansprüche darauf besaßen. Nach zwei, drei oder auch vier Jahren kam das »Patent« zurück. Handelte es sich um besonders weite Latifundien, so hatte der König höchstselbst das Dokument unterzeichnet*. Wirkliche oder angebliche Verdienste oder gute Beziehungen, wahrscheinlich auch Korruption, ebenso edle Herkunft und Verwandte am Hofe des Königs oder Vizekönigs spielten dabei eine Rolle. Bevorzugt wurden immer Landsucher, die in Spanien geboren waren, vor allem solche, die in der spanischen Armee, in der Flotte oder Verwaltung gedient hatten. So gab es unter anderem Rancheros, die sich aus einfachsten Verhältnissen hochgedient hatten, die nicht lesen und nicht schreiben konnten.

* »Landgrant« oder kurz »Grant« wurde diese Art des Landerwerbs von den Engländern und Amerikanern genannt.

Das anfangs seltene, weil unter großen Mühen importierte Vieh vermehrte sich auf den nahrhaften Weiden zu kaum vorstellbaren Mengen. Das gleiche geschah mit den Schafen, den Eseln und, erst nach langsamer Eingewöhnung, mit den Pferden. Man brauchte bei dem milden Klima keine Ställe, alles Vieh blieb übers ganze Jahr im Freien und suchte selbst sein Futter. Nur einmal in zwölf Monaten trieben die Vaqueros alle Herden ihres Herrn zusammen, drückten den Jungtieren das Brandzeichen des Rancheros ins Fell und trennten das fremde Vieh von dem eigenen. Außerdem, und das war die Hauptsache, wurden ein paar hundert oder tausend Stück geschlachtet, um die Häute zu verkaufen.

Wirklich, es ging nur um die Häute, den Rohstoff für Rindleder. Frisch abgezogen, wurde die Haut an zehn Pflöcken ausgespannt und von der Sonne getrocknet. So einfach war es in dem günstigen Klima, und machte den Vaqueros nur geringe Arbeit. Dann auf zweirädrigen Ochsenkarren zum nächsten Hafen, wo man die Häuteballen mit Hilfe handbetriebener Maschinen zusammenpreßte. Auf breitgebauten Segelschiffen ums Kap Hoorn reiste die Ware alsbald zur Ostküste der USA, nach England, Italien, Spanien und bisweilen auch zu den deutschen Hafenstädten. Für lange Zeit war die Nachfrage größer als das kalifornische Angebot.

Rindleder wurde damals mehr gebraucht als heute. Sehr viele Sachen, die nun aus anderem Material bestehen, wurden aus Tierhäuten hergestellt. So wußte man für die Verdecke von Kutschen nichts Besseres als Rindleder. Es war in Kalifornien so billig, daß die Rancheros pro Rindshaut nicht mehr als ein bis zwei Dollar bekamen. Doch bei der großen Menge, oft vielen tausend Stück, war auch das ein guter Preis. Fleisch vom Rind, vom Kalb, vom Hammel und so weiter gab es viel mehr, als man beim besten Willen in Kalifornien verzehren konnte. Weil damals die Konservierung unmöglich war, es sei denn als »Carne Secco«, dem steinharten Dörrfleisch, blieben nach der Schlachtung oft viele hundert Kadaver auf freiem Feld liegen. Wochenlang wurde dadurch die Luft verpestet.

Neben Häuten wurden Schafwolle und Talg zur Herstellung von Kerzen exportiert, in geringer Menge auch Wein, Olivenöl und Zitronensaft. Die Ausfuhr ging nicht allein nach Mexiko und Spanien, sondern gelegentlich auch nach Russisch-Alaska und zu chinesischen Häfen. Jedoch gab es dabei die für heutige Begriffe unverständliche Schwierigkeit, daß den spanischen Kolonien ein direkter Außenhandel verboten war. Entweder mußte man auf dem Umweg über das Mutterland exportieren oder ein besonderes Privileg für den unmittelbaren Handel mit Fremden besitzen. Aber die Verbindungen waren nur unregelmäßig.

Oft hat man ein halbes Jahr aufs nächste Schiff gewartet, und bis die neuesten Nachrichten aus dem spanischen Mutterland bei den Dons in Kalifornien eintrafen, waren das alte Geschichten in Europa.

Man sollte meinen, daß der gewaltige Reichtum an Vieh zumindest den weißen Bewohnern Kaliforniens einen Überfluß an Sahne, Milch und Butter und allen möglichen Käsesorten beschert hat. Aber die Kalifornier brauchten keine Butter, kannten keinen Käse und tranken keine Milch. Es klingt unglaublich, und es änderte sich erst, als nach 1840 die Amerikaner erschienen. Nur wenige der reichen Rancheros hielten sich für den eigenen Familienverbrauch ein paar Milchkühe im abgetrennten Stall. Sonst wurden Kleinkinder mit Maisbrei, Fruchtsäften und Fleischbrühe gefüttert. Die amerikanische Autorin Gwen Bristow schildert in ihrem Buch »Kalifornische Sinfonie«, welch großes Aufsehen es erregte, als eine moderne Mutter für ihre Kinder etwas Kuhmilch verlangte. Zu diesem Zweck wurde erst eine Kuh zu Boden geworfen und an allen vier Beinen gefesselt, bevor es ungeschickten Händen gelang, ihr knapp zwei Liter Milch abzuzapfen. Auf dem großen Rancho, wo das geschah, hatte noch niemand dergleichen gesehen oder jemals von dieser Art der Viehnutzung gehört!

Schriftsteller unserer Zeit nennen die »Tage der Dons« ein beschämendes Beispiel unsozialer Verhältnisse, und schandbar sei das eigensüchtige Verhalten der großen Grundbesitzer in der Feudalzeit gewesen. Tatsächlich waren es nur wenige hundert Familien, denen am Ende ungefähr Dreiviertel von Kalifornien gehörte. Aber es stimmt nicht, daß deshalb die landlose Bevölkerung in schlechten Verhältnissen vegetierte. Not kann nicht herrschen, wo Lebensmittel in solchen Mengen vorhanden sind, daß sie so gut wie gar nichts kosten und teilweise verschleudert werden oder nutzlos verderben. Das Fleisch der geschlachteten Rinder blieb oft den Raubtieren überlassen. Herbeigelaufene Indianer und weiße Vagabunden konnten sich nehmen, was sie wollten. Ausdrücklich war es jedem Menschen erlaubt, sich ein Schaf von der Weide zu holen, wenn er Hunger verspürte oder vielleicht Wolle brauchte. Bei ungefähr 10 000 Stück Vieh, die im Durchschnitt einem Ranchero gehörten, kam es wirklich nicht darauf an. Mais und Bohnen, Kürbisse, Weintrauben und verschiedene Arten Obst, Gemüse, Oliven und anderes mehr gediehen so reichlich in dem guten Klima auf fruchtbarem Boden, daß ein Verbrauch sehr oft nicht möglich war. Die miserablen Wege, die hohen Transportkosten und langsamen Segelschiffe erlaubten keine lohnende Ausfuhr solcher Massengüter und schon gar nicht von verderblichen Waren. Wer als Arbeiter, Angestellter oder in sonstiger Abhängigkeit zu einem Rancho gehörte, nahm aus der Fülle, ohne zu fragen, ungefähr alles, was er für sich und seine Familie brauchte. Weil sämtliche Notwendigkeiten fürs tägliche Leben aus vorhandenen Rohstoffen von den Leuten selbst hergestellt wurden, nämlich Kleider aus Schafwolle, Stiefel aus Rindleder, Tongeschirr aus gebranntem Lehm usw., spielte bares Geld kaum eine Rolle.

Bei alledem wurde nur selten großer Arbeitsaufwand gefordert. Abgesehen vom jährlichen Zusammentreiben, Brandmarken und Schlachten des Viehs war für die Vaqueros wenig zu tun. Die Adobes, ungebrannte Ziegel aus Lehm für den Hausbau, konnte sich jeder selbst machen, ebenso das einfache Dach mit Strohdecke, und in einer Ecke des Hauses den Herd hochmauern. Glasfenster, Vorhänge, Teppiche und Tischdecken gab es bei den einfachen Leuten natürlich nicht, ihre wenigen Möbel waren von primitivster Art und mit eigener Hand gemacht. Im übrigen wird niemand entbehren, was er nicht kennt.

Dem schlichten Leben im sehr bescheidenen Haus mit nur der allernotwendigsten Einrichtung stand gegenüber, was wir in heutiger Zeit für seltenen Luxus halten. Das waren z. B. Reitpferde für jeden, der sich in einem Sattel halten konnte, Tragtiere für Lasten, Zugochsen für die zweirädrigen Karren. Alles frei und kostenlos. Gänse, Enten, Hühner, Truthähne und Tauben – das gackerte, flatterte, wimmelte um die Häuser herum. So liest man in Berichten aus jener Zeit von einem Paradies auf Erden.

Kein Krieg im Lande, keine Unruhen, kein Militärdienst und auch keine Diebstähle, weil doch jeder gut versorgt war. Damit noch nicht genug des Guten, gab es keine Steuern, und auf den Ranchos war von einer Obrigkeit nichts zu merken. Das Leben der Dons, der Feudalherren auf ihren Latifundien, war für unsere Begriffe eine Mischung von fabelhaftem Luxus und spartanischer Einfachheit. Dank des kostenlosen Baumaterials und nur mit Naturalien entlohnter Arbeit hatten die Wohnhäuser der Rancheros riesige Ausmaße. Zusammen mit den Nebengebäuden, Lagerschuppen und Werkstätten und was sonst noch alles hinzukam, war das Rancho ein stattliches Dorf. Bis zu hundert Gäste konnte man aufnehmen, sie alle bewirten und für Wochen behalten. Bei der grenzenlos großzügigen Gastfreundschaft der spanischen Kalifornier war das landesüblicher Brauch. Das Personal eines solchen Haushaltes, der sich mit fast allem selbst versorgte, war kaum zu zählen. Es wimmelte von Dienern, Köchen, Küchenmädchen, Kammerzofen und Kinderfrauen. Dazu die Waschfrauen, die Gärtner, Pferdeburschen und Handwerker des Hauses. Bei Anwesenheit sehr vieler Gäste waren sie ständig in Trab, hatten aber für gewöhnlich nur wenig zu tun. Sobald es kühl wurde, flackerten Feuer in jedem der großen offenen Kamine. Immer standen Getränke griffbereit, auf jeden Wink eilten Bedienstete herbei. Sie trugen brennende Kerzenleuchter voran, wenn sich der Don von einem in den anderen Raum begab, und der Doña folgte ein Schwarm von bediensteten Mädchen. Natürlich standen vor jedem Herrenhaus immer ein paar gesattelte Pferde, deren Sättel mit Silber eingelegt waren.

Doch war das weitläufige Haus so sparsam möbliert, daß unsereins vermutet hätte, es sei bis auf geringe Reste ausgeräumt worden. Nur wenige Zimmer waren heizbar, nur wenige Fenster konnte man schließen. Noch bis ins erste Viertel des vorigen Jahrhunderts wurden anstelle von Glas dünngeschabte Tierhäute verwendet, die man eingefettet hatte, um mehr Licht einzulassen. Hindurchschauen aber konnte man durch diese Fenster nicht. Wie erwähnt, gab es gute, aber nur selten abwechslungsreiche Nahrung im Überfluß. Tag für Tag wurde die gewohnte Speisefolge serviert. Auch der reiche Ranchero aß von irdenem Geschirr, und zwar meist mit dem Holzlöffel. Von Kerzen und Kienfackeln kam die Beleuchtung. Ein Nachtstuhl im Schlafgemach ersetzte die fehlenden Toiletten. Keine Rede war vom Badezimmer, das man nicht einmal vom Hörensagen kannte. Wollte jemand aus zwingenden Gründen seinen ganzen Körper reinigen, stellte er sich in ein Faß, das bis zur Hälfte mit Wasser gefüllt war, und schrubbte sich ab.

Sicher gehörten zum kostbaren Besitz des Don, der Doña und ihrer heranwachsenden Kinder sehr schöne farbenbunte Kleider aus Seide und Samt, mit Silber bestickt, wie sie heute noch Spanier auf der Opernbühne tragen. Aber es waren einmalige Anschaffungen, fürs ganze oder halbe Leben gedacht und nur zum Tragen bei besonders festlichen Anlässen bestimmt. Sonst liefen auch die Feudalherren wie ihre Familien in abgetragenen, geflickten Sachen herum.

Bücher waren selten bei den Dons. Sie kosteten viel Geld und ließen sich nur schwer beschaffen. Post konnte man nur durch eigene Boten oder mit Hilfe weitreisender Freunde befördern. Viele der vornehmen Leute waren des Lesens und Schreibens unkundig. In ganz Kalifornien gab es keine Schule, abgesehen von gelegentlichem Unterricht für Ranchero-Kinder durch Padres und Fratres einer benachbarten Mission. Einige der fortschrittlichen Feudalherren hielten sich Hauslehrer. Doch eng begrenzt war auch deren Horizont. Wer krank wurde oder einen Unfall erlitt, hätte vergeblich nach einem Arzt verlangt. Wenn keine Hausmittel halfen, auch nicht die Gebete der Familie, war sein Schicksal besiegelt. Die Sterblichkeit der Kinder, vor allem der Kleinkinder, war sehr groß. Wer aber, wie es üblich war, Dutzend Nachkommen im Haus hatte, konnte ein paar Todesfälle unter den Kindern verschmerzen. Auch daran war man gewöhnt.

Oben: Schwimmbad des 1951 verstorbenen Zeitungskönigs William Randolph Hearst
(Großvater der Patricia Hearst) im Park seines fabelhaften Landsitzes San Simeon oberhalb
der kalifornischen Küste. Dieses Bauwerk mit seinem Park und den Blumengärten, von
seinem Besitzer dem amerikanischen Volk vermacht, ist das größte, teuerste und an
Kunstschätzen reichste Privathaus, das jemals gebaut wurde.

Folgende Seite: Hier das garantiert älteste Lebewesen unserer Welt. Die von Winterstürmen
zerzauste, in hoher Berglage auf kargem Felsboden existierende Borstenzapfenkiefer
(Pinus aristatus, in Englisch Bristlecone Pine) hat eingehender Prüfung zufolge das schier
unglaubliche Alter von 4625 Jahren. Standort ist der Methusala Park im Gebiet des Inyo
Staatsforstes, der sich bei den White Mountains befindet, noch in Kalifornien, aber nahe der
Grenze von Nevada.

Hatte jedoch ein Kalifornier die Kinderjahre hinter sich, stand ihm normalerweise ein relativ langes Leben bevor. Die frische Luft, die meist offenen Fenster, sehr viel körperliche Bewegung im Freien sorgten für robuste Gesundheit. Dazu die gleichmäßige, fast immer frische Ernährung, der ruhig dahinfließende Tag in der Gemeinschaft großer Familien und die nur selten von schweren Sorgen geplagte Existenz, das alles zusammen bewirkte ein Wohlergehen des Körpers und des Geistes, wie es keinem modernen Menschen gegönnt ist.

Da es im ganzen Land, von Monterey, San Francisco und Los Angeles abgesehen, nirgendwo einen Gasthof gab, waren die Ranchos ebenso wie die Missionen das Quartier für alle Reisenden inklusive bestmöglicher Verpflegung und gefüllter Gläser. Anmeldung, Empfehlung oder vorherige Bekanntschaft mit dem Hausherrn waren unnötig. Weil mitunter das schlechte Wetter, besonders die angeschwollenen Flüsse einen längeren Aufenthalt im gastlichen Haus erzwangen, machte man es sich dort gemütlich. Jeder Gast war mit seinen Erzählungen eine Zeitung. Zwar wurden einfache Leute schlichter, vielleicht beim Gesinde des Hauses untergebracht, aber niemals abgewiesen. Das hätte dem Don Schimpf und Schande eingebracht. Im Jahr mindestens einmal diente der Auftrieb des Viehs als Anlaß für ein großes, mehrere Tage andauerndes Fest. Da kamen mit ihren Frauen, Söhnen und Töchtern die Rancheros aus tageweitem Umkreis herbei. Konnte doch sein, daß sich Rinder aus ihren Herden so weit verlaufen hatten. Die wurden dann ausgesondert und ihrem Besitzer zurückgegeben. Aber die Hauptsache bei solchen Gelegenheiten war, sich im größeren Kreis zu begegnen. Außer dem Festessen, in schönen Kleidern, den streng kontrollierten Flirts der jungen Leute, vielleicht auch einer Verlobung, gab es noch allerhand andere Kurzweil. Dazu gehörten Pferderennen und Reiterspiele, Stierkämpfe, Hahnenkämpfe und manchmal auch Bärenjagden, jedenfalls waren es die großen Tage der Dons.

Sich selbst nannten die führenden Familien »Gente de Razon«, ein Ausdruck, dessen wörtliche Übersetzung mit »Leute von Verstand« kaum einen Sinn ergibt. Sie aber und jeder andere wußten, was gemeint war. Jedenfalls waren Eheschließungen nur in diesem Kreise denkbar, wer anders wählte, gehörte nicht mehr zu den »Gente de Razon«.

Waren die Dons ohne Gäste oder nur zu wenigen im Haus, war Kartenspiel so ungefähr der einzige Zeitvertreib in den Abendstunden. Die Jagd war nicht wie im damaligen Europa ein herrschaftliches Vergnügen, sondern mehr eine Notwendigkeit, zum Teil auch, um durch Wildbret etwas Abwechslung in den Speisezettel zu bringen. Die Schafe, die Pferde und vor allem die Rinder, schon weil nach Schlachttagen so viel Fleisch draußen liegenblieb, hatten Raubtiere angezogen und besonders bei den Bären eine starke Zunahme ihrer Zahl herbeigeführt. Kam es doch häufig vor, daß man hundert Stück Vieh einfach abschoß, weil es fürs vorhandene Weideland zuviel geworden war. Für die Füchse, Wölfe und Bären war dies im wahrsten Sinne des Wortes ein gefundenes Fressen. Von einer Jagd bei Santa Barbara wird berichtet, daß dabei 19 000 Pfund Bärenfleisch erbeutet wurden. Wenn die Ziffer stimmt, haben die vermutlich berittenen Jäger zusammen mindestens zwanzig, wahrscheinlich aber dreißig Bären geschossen!

Als die Missionen am Camino Real der Säkularisation verfielen und es so manchem Ranchero gelang, sich davon einen Anteil zu verschaffen, war nahezu der gesamte Handel und Wandel Kaliforniens in den Händen der Dons vereint. Die wenigen Ortschaften, auch die Hauptstadt Monterey sowie das armselige Los Angeles, die Siedlungen Yerba Buena an der San-Francisco-Bucht sowie San Diego, Santa Barbara und San José waren, wirtschaftlich gesehen, nur von geringer Bedeutung. Keine dieser Ortschaften zählte mehr als 500 Einwohner, in Los Angeles waren es kaum 200. So stammte nach Auflösung der Missionen die gesamte Ausfuhr und überhaupt alles, was man gegen Bargeld verkaufen konnte, von den Ranchos der Feudalherren. Mit dem spartanischen Leben auf den großen Gütern war es zu Ende. Nun konnten sich die Dons viel mehr als früher leisten. Die Schiffe aus den USA, England, Spanien und dem übrigen Europa brachten vorher kaum bekannte Luxuswaren nach Kalifornien. Die »Goldene Zeit der Rancheros«, nur eine relativ kurze Zeit, begann etwa um das Jahr 1825. Daraus ersehen Kenner der Geschichte, daß die lange anhaltenden, sehr grausam geführten und auch sonst verheerenden Freiheitskämpfe der Mexikaner gegen die spanische Herrschaft dem glücklichen Kalifornien nicht schaden konnten. Im Gegenteil, jetzt erst wurden die Dons elegant, bauten ihre Ranchos zu spanischen Haciendas aus, verglasten die Fenster und stellten feine Möbel in die fast leeren Räume. Sie tafelten von Silbergeschirr, schenkten ihren Frauen goldenen Schmuck und putzten ihre Töchter heraus. Prächtig wurden die Reitpferde aufgezäumt, und es rollten feine, schwarzlackierte Kutschen über die holprigen Wege. Man legte Wert auf Bildung, auf eine gute Kinderstube der Nachkommen und kultiviertes Benehmen bei allen sich bietenden Gelegenheiten. Dabei ahnte wohl keiner der Dons, daß gerade ihre großzügige Gastfreundschaft wesentlich zum Ende dieser freien, friedlichen und vergleichsweise glänzenden Epoche beitrug. Ihre spontane Hilfe gegenüber Fremden, die sich verirrt hatten oder sich in Not befanden, wurde bald als gute Möglichkeit erkannt, um trotz offizieller Verbote ins Land zu kommen, möglichst lange zu bleiben und dabei die Verhältnisse zu prüfen.

Vom Osten her, über den Mississippi hinweg und durchs weite Grasland, hatten sich erst einzelne, dann kleine Gruppen amerikanischer Fallensteller, Goldsucher und Abenteurer bis an den Fuß der Rocky Mountains vorgewagt. Sie wußten oder wußten auch nicht, daß seitens der Spanier, später auch der Mexikaner für alle Fremden ein strenges Verbot bestand, Kalifornien zu betreten. Wo aber jede Kontrolle fehlt, haben auch schärfste Bestimmungen nur geringen Wert. Als die Kundschafter noch von der grenzenlosen Gastfreundschaft der Dons erzählten, war deren Schicksal besiegelt.

So erschien eines Tages im November 1826 von Osten her mit zerfetzten Kleidern und in bejammernswertem Zustand eine Gruppe von 18 Männern bei der Mission San Gabriel, die sich heute mitten im Stadtgebiet von Los Angeles befindet. Die Pferde schwankten vor Erschöpfung, schon längst waren sie nicht mehr imstande, einen Reiter oder nur seine Satteltaschen zu tragen. Ein äußerst schwieriger, noch nie von weißen Männern beschrittener Weg lag hinter ihnen. Diese Gruppe von Trappern oder Abenteurern waren unter ihrem Anführer Jedediah Smith die ersten Yanquis, die auf dem Landweg Kalifornien erreichten. Tausende, schon bald hunderttausend und danach mehrere Millionen Amerikaner sollten später dem Beispiel dieser Bahnbrecher folgen.

Die Mönche ahnten davon nichts. Sie nahmen die halbverhungerten, zum Teil kranken und verletzten Wanderer auf. Nach etwa zwei Monaten hatten sich die Gäste gut erholt. Weil ihnen spätestens jetzt bekannt war, daß ihnen fürs unerlaubte Betreten Kaliforniens schwere Strafen drohte, erklärte Smith, seine Gruppe habe sich in dem wilden Bergland verirrt. Der Gouverneur glaubte das nicht, vermutlich hatte er für sein Mißtrauen gute Gründe. Smith und seine Leute sollten unverzüglich das Land verlassen. Scheinbar beugten sich diese der Anweisung. Aber Jedediah Smith führte seine Gefährten nicht heimwärts nach Osten, sondern durchs Hinterland von Kalifornien nach Norden hinauf ins Valley San Joaquin, wo sie mit großem Erfolg ihre Biberfallen aufstellten. So weit von jedem spanischen Vorposten entfernt lag die Gegend, daß die Anwesenheit der Fremden weder bemerkt noch gemeldet wurde. Nachdem die Smith-Gruppe ihre Pelzbeute jenseits der Rockys an wandernde Händler verkauft hatte, begaben sich die Yanquis wieder nach Kalifornien, um, wie sie selber sagten, »das Land zwischen der Sierra Nevada und dem Pazifischen Ozean zu prüfen«. Davon erfuhr man auch in Washington, wenn nicht gar das ganze Unternehmen von dort gesteuert wurde. Bei der Rückkehr ins verbotene Land geriet die heimliche

Expedition in einen Hinterhalt der Indianer, wobei 10 Amerikaner ihr Leben verloren. Daraufhin begaben sich die Fremden abermals nach Norden. Als der Rest wieder die Gastfreundschaft einer Mission, und zwar der Mission von San José, in Anspruch nahm, waren anscheinend die Mönche gewarnt. Die Yanquis wurden festgenommen und nach Monterey gebracht, der damaligen Hauptstadt des Landes. Dort saßen Smith und seine Kumpane im Gefängnis, bis amerikanische Schiffskapitäne eine Kaution von 30000 Dollar aufbrachten. Woher in Wirklichkeit die Gelder kamen, läßt sich nur vermuten. Den Entlassenen wurde erlaubt, mit hundert Pferden samt ihren Pelzen und Handelswaren an der Küste entlang nach Oregon zu reisen, wo sich die spanischen Gebietsansprüche in herrenloser Wildnis verloren.

Was Jedediah Smith sodann in den USA zu berichten wußte, kam ungefähr auf dasselbe heraus, was zur gleichen Zeit der amerikanische Seemann und Schriftsteller Henry Richard Dana in der Presse verlauten ließ:

»Welch wunderbares Land könnte Kalifornien in den Händen energischer, unternehmungslustiger Leute werden!«

Während Dana mehrmals auf dem weiten Seeweg ums Kap Hoorn in Kalifornien gewesen war, hatte Jedediah Smith nicht nur zwei, sondern sogar drei Landwege ins vielgelobte Kalifornien gefunden. Wer nur einige Vorsicht walten ließ, brauchte die praktisch machtlosen Behörden nicht zu fürchten. Hinzu kam der eben erfolgte Machtwechsel in Mexiko, wo man die Spanier vertrieben hatte. Alles in allem eine besonders günstige Situation für Fremde, dort ihre Süppchen zu kochen.

Ich will mir die Schilderung der weiteren, mehr oder minder gleichverlaufenden Vorstöße der Amerikaner ersparen. Es kam unter vielen anderen auch die Gruppe des Joseph Walker, der beim Übersteigen der Rocky Mountains das herrlich wilde und schöne Yosemite-Tal entdeckte, heute einer der sehenswertesten Nationalparks in den USA. Es kamen Gangster, Pferdediebe und Brandstifter, bemerkenswerte Typen ganz eigener Art: »Holzbein Smith«, »Weißbart Williams«, »Rotfinger Lee« und »Sylvester Patty«. Es kamen kühne Männer, echte und ehrliche Pfadfinder, dazu gerissene Händler, Betrüger und Spieler einerseits, fleißige Fallensteller andererseits, ebenso Leute, die man in ihrer Heimat steckbrieflich suchte. Sicher waren unter den Yanquis auch Männer, die insgeheim für bestimmte Stellen sogenannte Lageberichte verfaßten. Diese wurden geschickt in die Zeitungen lanciert, in Reiseschilderungen wie auch in Romane.

»Das fabelhaft fruchtbare Land mit seinen grenzenlosen Möglichkeiten künftigen Wohlstandes«, so hieß es beispielsweise, »dieses vielversprechende Land ist nur hauchdünn besiedelt, nur ein paar hundert feudale Familien teilen sich den Reichtum der riesigen Rinderherden. Die Behörden sind schwach, willenlos und streiten sich untereinander. Die allgemein schlechte, unfähige Verwaltung muß demnächst zerfallen. Die mexikanische Herrschaft ist militärisch so gut wie wehrlos, die gesamte Flotte entlang der kalifornischen Küste besteht nur aus einem alten Segler, der nicht mehr gegen den Wind aufkreuzen kann. Die Kanonen der sieben Presidios sind veraltet, verrostet und taugen gar nichts mehr. Von den spanisch-mexikanischen Kaufleuten ist nur zu sagen, daß sie in Faulheit ihr sorgloses Leben genießen und gegenüber Fremden sehr freundlich sind!«

Schon öfter, zum erstenmal 1835, hatten Emissäre der USA in Mexiko angefragt, ob man Kalifornien nicht kaufen könne. Dabei war von vier Millionen Dollar die Rede. Aber nichts zu machen, die Mexikaner hatten höflich abgelehnt. Also mußte man andere Mittel und Wege finden. War doch in den USA die Ansicht verbreitet, daß »nur der Pazifische Ozean den Vormarsch der Yankees aufhalten könne«*.

Die Amerikaner damaliger Zeit waren von der »Manifest Destiny« ihrer noch jungen Nation überzeugt. Den Sinngehalt dieses Begriffes zu übersetzen ist nicht einfach. Ich möchte sagen, daß »offenbare Vorbestimmung« am besten der Bedeutung entspricht. Gemeint war die gottgewollte Ausdehnung der – anfangs nur an der Ostküste klebenden – Vereinigten Staaten durch den ganzen Kontinent bis an die Westküste. Als »offenbar« zeigte sich diese Vorbestimmung, weil das rasch wachsende, durch massenhafte Einwanderung aus Europa gestärkte amerikanische Volk die Energie, den Landhunger, die Menschenzahl und auch die militärische Macht besaßen, um menschenleere Räume zu füllen. Wo nach freier Schätzung bis zu 50 Millionen wilder Büffel weideten, konnten ebenso viele Rinder fett werden und die künftige Bevölkerung des Kontinents ernähren. Wo das wilde Gras meterhoch wuchs, ließ sich Getreide für Millionen anbauen. Diesen und anderen Überlegungen ähnlicher Art war kaum zu widersprechen. Die Rücksicht auf ältere Rechte weniger Leute mußte in Anbetracht solcher Zukunftsvision verstummen. Was bedeutete herumziehenden Indianern Land, die gar nicht verstanden, es zu nutzen, wenn weiße Landwirte imstande waren, es in eine Kornkammer zu verwandeln. Mit welchem Recht beanspruchte das ewig von Aufständen zerrissene Mexiko die riesigen Regionen von Neu-Mexiko, Texas, Arizona, Utah, Nevada, Colorado und Kalifornien, ohne sie zu

* So in einem Brief des Großkaufmanns Hinckle an seinen Geschäftspartner Abel Steam, 18. November 1843, Huntigdon Library, Los Angeles.

erschließen, zu besiedeln und wirklich zu beherrschen? Deswegen kamen die nach Westen und Südwesten drängenden Yanquis gar nicht auf den Gedanken, daß sie von den Spaniern und Mexikanern in Kalifornien als Landräuber, Rechtsbrecher und üble Aggressoren betrachtet wurden. Sie wollten doch nur in Empfang nehmen, was ihnen die »offenbare Vorbestimmung« zugeteilt hatte.

Der Anfang wurde mit Texas gemacht, jener riesigen Provinz der Republik Mexiko, die schon 300 Jahre zuvor spanische Expeditionen erkundet, spanische Priester missioniert und spanische Gouverneure mit leichter, man kann sagen mit nachlässiger Hand regiert hatten. Dorthin begaben sich als Siedler, Fallensteller und Viehzüchter in weniger als 15 Jahren mehr als 30000 Amerikaner, die erst von der spanischen, dann von der mexikanischen Regierung genügend Land und auch Erlaubnis zum ständigen Verbleiben erhielten. Als sie um 1835 die ursprünglich vierfache Zahl der schon lange ansässigen spanisch-mexikanischen Bevölkerung erreicht hatten, entfachten die Yanquis eine Revolte, die, von herbeiströmenden Freiwilligen aus den USA unterstützt, mit der gewaltsamen Loslösung von Mexiko endete. Zunächst erklärten die Landnehmer Texas für einen selbständigen Staat, baten jedoch bald um die Aufnahme in die Vereinigten Staaten von Amerika*.

Als nächstes Opfer der »Manifest Destiny« war Kalifornien an der Reihe. Es begann mit einem angeblichen Irrtum des Captain T. C. Jones, der sich als Kommandant eines amerikanischen Kriegsschiffes gegen Ende Oktober 1842 in der Bucht von San Francisco befand. Dort erhielt Captain Jones, wie er später sagte, die Nachricht vom Ausbruch eines Krieges zwischen den USA und Mexiko. Er verlangte sofort die Übergabe des Presidios sowie das Einholen der mexikanischen Flagge. Darauf besetzten seine Truppen die Stadt und hißten über den Häuptern der Bevölkerung das Sternenbanner. Vermutlich wollte man erproben, wie sich die Leute im Falle einer amerikanischen Annexion verhielten. Schon zwei Tage später bekannte nämlich der Kapitän, das Opfer einer Falschmeldung gewesen zu sein. Er holte die Stars and Stripes vom fremden Flaggenmast und bat höflich um Entschuldigung wegen des Versehens. Als er danach beim mexikanischen Generalgouverneur Miqueltoreno in Los Angeles eintraf, war dieser noch viel höflicher und veranstaltete für die Amerikaner einen rauschenden Ball. In Washington wußte man nun jedenfalls, daß bei etwaiger Besetzung in Kalifornien kein Widerstand zu befürchten war.

* Ein ganz ähnliches Verfahren wurde 1893 bis 1898 angewendet, um Hawaii, bis dahin noch freies polynesisches Königreich, in ein Territorium der USA zu verwandeln.

Das berichtete auch der amerikanische Konsul Thomas Larvin, der mit großem Geschick seine Anweisungen befolgte, unter den Dons für eine Lostrennung des Landes von Mexiko zu werben. Wie er den Feudalherren und ihrem Anhang sagte, sollte Kalifornien ein selbständiger Staat werden. Ein wesentlicher Teil der illegal eingewanderten, doch entgegenkommend geduldeten Yanquis sind lebhaft am Komplott beteiligt, werden jedoch im Frühjahr 1846 durch das eigenmächtige Handeln des Abenteurers John Charles Fremont überrascht. Diese zweifelhafte, im Charakter labile, äußerst selbstbewußte und gewiß hochbegabte Persönlichkeit erscheint von Osten her mit einer Bande wilder Burschen im Sacramento-Tal. Unter dem Vorwand, amerikanische Interessen zu vertreten, fordert er die mexikanischen Behörden des Landes durch freches, sogar bedrohliches Verhalten heraus. Dabei kann Fremont nicht verhindern, daß seine undisziplinierten Leute die Ranchos berauben, sogar regelrecht ausplündern. Eine undurchsichtige Sache ist die ganze Geschichte, zumal später bekannt wird, daß Fremont durch den amerikanischen Marineoffizier A. H. Gillespie »vertrauliche Mitteilungen« aus Washington erhielt. Vieles spricht dafür, daß Fremont im Auftrag offizieller Stellen gehandelt hat, als er Aufstände unzufriedener Kalifornier organisierte, denn er und seine Bande wurden drei Jahre danach in die US-Armee übernommen.

Dem Treiben solch gesetzloser Horden standen die mexikanische Verwaltung und das jämmerlich bewaffnete Militär machtlos gegenüber. Die Dons fühlten sich noch immer als Spanier, teilweise auch die hohen Beamten, die Offiziere und besonders die von der mexikanischen Regierung so schlecht behandelte Geistlichkeit. Fremont wußte es und handelte dementsprechend. Er nahm ohne weiteres den mexikanischen General Mario Vallejo gefangen, okkupierte das ehemalige russische Fort Ross, das nun dem von Schweizer Eltern stammenden Johann August Sutter gehörte, und proklamierte am 15. Juni 1846 in Sonoma die »Freie Republik Kalifornien«. Zwar wimmelt die Gründungsurkunde von Rechtschreibfehlern, aber sehr attraktiv war die neue Fahne Kaliforniens. Sie zeigt auf weißem Grund einen schwarzen Bären, der hoffnungsvoll zu einem roten Stern emporschaut (der haargenau dem viel später entstandenen Sowjetstern entspricht). Noch heute führt der US-Staat Kalifornien die gleiche Fahne. Sogar auf den Nummernschildern aller Fahrzeuge sieht man den »Stern von Kalifornien«, dort allerdings in schwarzer Farbe.

Erst schien alles ruhig zu verlaufen, aber das Rauben, Schänden und Plündern ging den an friedliche Zustände gewohnten Kalifornien doch auf die Nerven.

Wider Erwarten kam es zum Gefecht mit mexikanischen Truppen, auch einige tapfere Dons verteidigten ihre überfallenen Ranchos. Es gab Tote auf beiden Seiten, auch Unbeteiligte kamen ums Leben. Es wäre noch lange so weitergegangen, hätte nicht der amerikanische Commodore John D. Sloat aus eigenem Entschluß mit Seesoldaten die kalifornische Hauptstadt Monterey am 7. Juli 1846 zur Übergabe aufgefordert, die Mexikaner entwaffnet, das Sternenbanner aufgezogen und bei dieser Gelegenheit ganz Kalifornien für die USA annektiert.

So hatte die »Freie Republik Kalifornien« nur 21 Tage existiert!

Als Commodore Sloat diesen Schritt unternahm, wußte er noch nicht, daß inzwischen der schon lange erwartete, dann aber nur kurze Krieg zwischen den USA und Mexiko begonnen hatte. Eine regelrechte Kriegserklärung von seiten der USA war ihm vorausgegangen, und das gab nachträglich dem gewaltsamen Vorgehen des Commodore den Anschein rechtmäßiger Kriegsführung. Das besiegte Mexiko mußte im sogenannten Frieden von Hidalgo Guadelupe, am 14. September 1848, endgültig auf Texas, dazu noch auf Neu-Mexiko, Colorado, Utah, Nevada, Arizona und auf das schon besetzte Kalifornien verzichten. Es war alles zusammen fast die Hälfte des bisherigen Staatsgebietes der Republik, um die sich die USA vergrößerten. Das Land war allerdings nur sehr dünn besiedelt, ja großenteils handelte es sich um noch kaum erschlossene Gebiete.

Ausdrücklich wurden im Friedensvertrag alle bisherigen Besitzrechte an Grund, Boden, Ranchos, Rinderherden und sonstigem Eigentum garantiert.

Bald waren in ganz Kalifornien alle größeren Ortschaften, das heißt solche mit 100 Einwohnern und mehr, auch die ehemals spanischen und mexikanischen Presidios, von den Amerikanern besetzt. Auf den Frieden von Hidalgo Guadelupe hatte man in Kalifornien nicht gewartet.

Erst nach vollzogener Okkupation kam es völlig überraschend zum Widerstand der Kalifornier. Grund dafür war das arrogante Verhalten der neuen Landesherren, ebenso ihr beharrliches Einmischen in ganz und gar private Verhältnisse. Angeführt von den Obristen José Castrom, José Flores und Andres Pico, die sich bereits auf ihre Ranchos zurückgezogen hatten, aber plötzlich wieder auftauchten, gelang den empörten Patrioten ein nie für möglich gehaltener Erfolg. Sie verjagten die Amerikaner aus Los Angeles, befreiten auch andere Ortschaften von der fremden Herrschaft. Mit Hilfe einer alten Kanone, die von Ochsen geschleppt wurde, gewannen die Kalifornier sogar in offener Feldschlacht ein paar Treffen und schlugen zu ihrem eigenen Erstaunen die weit besser gerüsteten Gegner in die Flucht. Doch bald schon rückten frische amerikanische Truppen heran, und rasch waren die Kampfverbände der Kalifornier von der Bildfläche verschwunden.

Nun war es soweit, das vielversprechende Land gehörte den Amerikanern, und nichts konnte eine massenweise Zuwanderung behindern. Schon im ersten Jahr strömten Neusiedler in Scharen herbei. Ihre meilenlangen Trecks aus dem Osten waren 100 bis 200 Tage unterwegs. Keine Mühe und Gefahr schienen zu groß, alle Härte ertrugen die Leute in der Hoffnung auf die unbegrenzten Möglichkeiten, die das gelobte Land Kalifornien zu bieten hatte. Wie stets unter ähnlichen Umständen kam eine sehr gemischte Gesellschaft. Ehrliche und arbeitsame Leute, Gauner, Taschendiebe und Falschspieler. Brave Handwerker und hungrige Emigranten aus Europa, vorwiegend aus dem notleidenden Irland. Desertierte Soldaten, entlaufene Seeleute und gerissene Betrüger. Daneben und dazwischen brave Handwerker, zu harter Arbeit entschlossene Bauernsöhne. Ehepaare mit und ohne Kinder, tüchtige Hausfrauen und ein beachtlicher Schwarm von Huren.

Der neuen amerikanischen Verwaltung und den vorläufig weiter funktionierenden mexikanischen Behörden wuchs die hereinströmende Menge bald über den Kopf. Nicht im geringsten war man auf einen so radikalen Wechsel der Verhältnisse vorbereitet. Schon bald ergab sich großes Durcheinander. Ordnung und Recht konnten sich nicht mehr durchsetzen. Verbrecher hatten nur wenig zu befürchten, raubend und plündernd durchzogen Banditen das Land. In Los Angeles, um nur ein Beispiel zu nennen, wurden bei einer damaligen Bevölkerungszahl von weniger als 500 im ersten Jahr unter amerikanischer Flagge 39 Menschen ermordet. Keiner der Schuldigen kam vor Gericht, es hätte auch niemand gewagt, als Zeuge gegen sie aufzutreten.

Aber das war noch nichts im Vergleich zu dem, was bald danach folgte. Der zündende Funke kam – aus dem sandigen Bett eines Baches – zufällig beim Bau einer Sägemühle auf dem fast 3000 Quadratkilometer großen Besitz des allbekannten Johann August Sutter, der schon 1838 ins Land gekommen war und den mexikanischen Bürgerbrief erworben hatte. Dort wurde von zwei Zimmerleuten am späten Nachmittag des 24. Januar 1848 eine Handvoll hellgelb glitzernde Körnchen gefunden. Die Männer brachten das blinkende Geriesel zu ihrem Chef, der genügend chemische Kenntnisse besaß, um die Körnchen als Gold zu erkennen.

Als kluger Mann sah Sutter voraus, daß Goldfunde auf seinem Besitz kein Glück, sondern bei den verworrenen Zuständen sicheres Unheil bedeuten mußten. Er beschwor die beiden Männer, ihre Entdeckung geheimzuhalten, und versprach für ihr Schweigen fürstliche Belohnung. Es gibt Berichte, die behaupten, daß Sutter schon vorher über reiche Goldvorkommen im Sacramento Valley

Bescheid wußte. Er hatte aber die daraus mögliche Gefahr für sich erkannt und die damaligen Mitwisser zu ständigem Schweigen verpflichten können. Jetzt aber gelang es ihm nicht. Die Nachricht von dem Goldfund sickerte durch, wurde erst skeptisch aufgenommen, dann aber durch weitere Entdeckungen in der gleichen Gegend zu hellen Flammen entfacht. Bald war es wie ein Dammbruch, die dahinter aufgestauten Massen ergossen sich wie Sturmfluten ins fast menschenleere Sacramento-Tal. Neue, noch reichere Goldfunde wurden gemacht, sowohl in der Nähe wie in anderen Regionen. So erlebte Kalifornien in den Jahren 1848 bis 1852 den größten Goldrausch der Weltgeschichte. Die Einwanderung jener Jahre wird auf eine Viertelmillion Menschen geschätzt. Sie kamen über Land, sie segelten ums Kap Hoorn, eilten auch direkt aus Europa, aus China herbei und kamen mit Wagenkolonnen ohne Ende aus dem Osten der Vereinigten Staaten. San Francisco wurde binnen weniger Jahre ein Massenzeltlager, eine wilde Holzhaussiedlung und alsdann eine Stadt von 50000 Einwohnern. Das war die hundertfache Einwohnerzahl als zum Ende der spanisch-mexikanischen Epoche.

Sutters Latifundien, seine Festung und auch das von ihm den Russen abgekaufte Fort Ross, seine Wohnhäuser und Werkstätten gingen in der menschlichen Sturmflut zugrunde. Beim Versuch, sich zu verteidigen, verlor Sutter zwei Söhne. Seine Leute liefen zu den Goldfeldern davon, sein Vieh wurde geschlachtet, seine Ernte geplündert und seine Pferde gestohlen. Aus dem »Kaiser von Kalifornien«, wie man ihn genannt hatte, wurde ein armer, verbitterter Mann.

Zwar kamen nur wenige der Goldsucher wirklich auf ihre Kosten und wurden reich, vor allem die ersten an den richtigen Plätzen. So ergab schon das 1848 gefundene Gold einen Wert von 10 Millionen damaliger Dollar. Über 80 Millionen Dollar waren es im vierten Jahr und bis zum Ende der großen Ausbeute wurden es mehr als 300 Millionen. Das dürfte der heutigen Kaufkraft von ungefähr 3 Milliarden Dollar entsprechen.

Den meisten Dons war es gelungen, ihre Vaqueros und Peones auf den Ranchos zu halten. Für amerikanische Kaufleute und Kapitäne unbegreiflich, denen so gut wie alle Arbeitskräfte davongelaufen waren, aber es herrschten eben auf den Ranchos ganz andere Verhältnisse. Schon seit Generationen waren die Leute dort beschäftigt und stets vor Not bewahrt geblieben. Sie wollten ihre gesicherte Existenz, so einfach sie auch sein mochte, nicht mit dem ungewissen Schicksal von Goldsuchern vertauschen. Die vielen Zuwanderer, vor allem die hungrigen Goldsucher, verlangten nach Lebensmitteln, ohne selber irgendwelche Nahrungsmittel zu produzieren. So stiegen die Preise für Schlachtvieh auf die zehnfache Summe. Das haltbare, wenn auch steinharte Dörrfleisch war gerade das richtige für Goldsuchercamps, überhaupt konnte man gar nicht genug Nahrungsmittel heranschaffen. Die Dons scheffelten Gold, ohne selbst die Goldfelder zu besuchen. Es war im wahrsten Sinne des Wortes die goldene Zeit der Dons. Dennoch lagen die »letzten Tage der Dons« nicht mehr weit entfernt.

Zu viele Leute erkannten, welch grenzenlosen Reichtum man beim Betrieb eines Ranchos erwerben konnte. Zwar hatte die Regierung der Vereinigten Staaten im Vertrag von Hidalgo Guadelupe die Besitzrechte, den Grundbesitz aus der spanischen und mexikanischen Zeit in eindeutiger Weise garantiert. Persönlich hatte der amerikanische Präsident die Urkunde unterzeichnet. Nun jedoch hieß es, die Dons sollten erst einmal nachweisen, daß sie seinerzeit ihre Latifundien auch in rechtsgültiger Form erhalten hatten. Ein Schriftstück mit Siegel und Signatur des spanischen Königs mußte beigebracht werden. Notfalls genügte auch eine vom spanischen Vizekönig oder vom Präsidenten der Republik Mexiko verbriefte Urkunde. Wie man sich denken kann und die amerikanischen Behörden sehr wohl wußten, waren sehr oft solche Dokumente gar nicht mehr vorhanden. Die Grenzen hatte man damals nur in großen Zügen festgelegt und sich nach Todesfällen mit einem mündlichen Testament begnügt. Es war ja allgemein bekannt, was jemandem gehörte und wer am Ende sein Erbe sein sollte! Nun aber boten diese patriarchalischen Verhältnisse den Nutznießern der neuen Zeit zahlreiche Möglichkeiten, um die Dons zu enteignen. Wer den verlangten Nachweis nicht erbringen konnte, verlor den gesamten Besitz, was gleichbedeutend war mit der Vertreibung von Haus und Hof. Mehr als die Hälfte aller Ranchos wurde versteigert, wobei oft Korruption die entscheidende Rolle spielte.

Nur zwei Jahre ließ man den Dons, um ihre Rechte nachzuweisen. Dafür mußten viele der bisherigen Feudalherren nach Mexiko, ja bis nach Madrid reisen, wo sie dann in alten Archiven nach vergilbten Dokumenten forschten. Im übrigen kostete der Rechtsstreit, besonders die Vertretung durch amerikanische Anwälte, sehr viel Geld. Wer die Vorauszahlung an die habgierigen Juristen nicht auftreiben konnte, hatte gleich verloren. Einem Teil der Dons, die keine Kosten und weiten Schiffsreisen gescheut hatten, gelang es am Ende, ihre Ranchos zu behalten. Zwar ist die Zahl ihrer Nachkommen unter mehr als 20 Millionen der heutigen Kalifornier nur winzig klein, aber wenn sie nicht später ihren Landbesitz verkauft haben, gebieten die letzten alteingesessenen Rancheros noch über Felder, Wälder und Weideflächen riesigen Ausmaßes. Für diese wenigen Glücklichen sind die Tage der Dons noch nicht vorüber.

Mit 4600 Jahren noch lebendig

Die Wälder haben es mir angetan, wie sovielen anderen Menschen auch. Besonders die Urwälder. Je wilder und weiter, desto besser gefällt es mir dort. Tannen, Fichten, Lärchen und sonstige Koniferen sollen es sein. Espen, Eschen, Birken und andere Laubhölzer habe ich am liebsten im gemischten Wald. Tropendschungel, Mangrovensümpfe und Lianengewächse liegen mir weniger. Es hat möglicherweise damit zu tun, daß ich aus den Vogesen komme, die Jugendjahre im Schwarzwald verbrachte und schon ziemlich lange einen abseits gelegenen alpenländischen Bauernhof auf waldumsäumter Wiese als vertraute Zuflucht genießen darf. Wenn wir zu Weihnachten draußen eine lebende Tanne mit windbeständigen Kerzen schmücken, tragen alle stillen Gäste ringsum ihre festlichen Gewänder aus Schnee. Das wirkt im unsteten Kerzenlicht, als wären diese Nadelbäume in schimmernd weißes, mit vieltausend Brillanten besetztes Silberlamé gekleidet. Die Palmen am Südseestrand und Gewächse im Tropendschungel können das nicht.

Die Wälder in Amerika wären nicht echt amerikanisch, hätten sie keine Rekorde aufzuweisen, doch ihre Bestleistungen haben sie auf drei ganz verschiedene Weisen erreicht. Die höchsten, die umfangreichsten und allerältesten Bäume findet man in den USA, genauer gesagt, es gedeihen alle drei Superlative in Kalifornien.

Weil Freund Spotty als Professor im offiziellen Ruhestand emsiger war als je zuvor und anderweitige Verabredungen getroffen hatte, war ich ganz auf die eigene Gesellschaft angewiesen. Sie hat immerhin den Vorteil, daß man ohne Rücksicht auf Interessen, Gewohnheiten und die Geschmacksrichtung des Begleiters alles und jedes nach eigenem Ermessen bestimmen kann. Natürlich fehlt die Ansprache und die beiderseitige Anregung.

Von unserem Camper, dem ich als einzig Gutes nachsagen kann, daß er lief und lief und lief, hatte ich genug. Auch Spotty empfand keinen Trennungsschmerz, als wir das Vehikel beim Verleiher ablieferten und er wieder seinen altersgrauen VW besteigen konnte.

Die große Anzahl der übers ganze Land verteilten Motels von der mittelguten über die sehr gute bis zur erstklassigen Qualität macht ein bewohnbares Auto entbehrlich. Wirklich, man braucht es nicht, und wer allein oder zu zweien reist, spart kaum bei Benutzung eines Reisemobils. Sofern man nicht gerade die Zeit der großen Ferien in den USA und Kanada für seine Rundreise wählt, finden sich allenthalben bequeme, auch sonst recht angenehm frei zur Verfügung stehende Nachtquartiere. Angesichts der hurtig steigenden Preise bei uns sowie des relativ billigen Dollars auf der anderen Seite (wenn das Verhältnis so bleibt wie bisher) sind die amerikanischen Hotels und Motels billiger beim Vergleich des Gebotenen, jedenfalls preiswerter als bei uns daheim. Die Handbücher des AAA, Triple-A genannt, enthalten nicht nur für jede Gegend eine geprüfte Auswahl zu empfehlender Motels mit detaillierter Erklärung, wie man hinkommt und was den Gast erwartet, sondern es sind darin auch die Kosten, gestaffelt nach der Bettenzahl pro Zimmer, genauestens genannt. Sofern das Handbuch aus dem laufenden Halbjahr stammt, gelten diese als verbindlich. Sollten die Moteliers mehr verlangen, zahlt Triple-A gegen Vorlage der Rechnung den Differenzbetrag. Aber dazu läßt es so leicht kein Manager kommen, liefe der doch Gefahr, in der nächsten Ausgabe des Handbuchs nicht mehr genannt zu werden.

Wer alleine fährt und nicht zu rasen braucht, kann sich bei Auswahl des Leihwagens gut und gerne mit dem Käfer aus Wolfsburg begnügen. Aber es war gerade keiner zu bekommen. So muß ich mit einem Ford Pinto vorliebnehmen. Einem Zweisitzer von grasgrüner Farbe mit niederem Dach und flottem Motor, aber dennoch zur bescheidenen Klasse gehörend. Die knappen Kindersitze können aufnehmen, was sich in den engen Kofferraum nicht hineinstopfen läßt. Dazu gehörten vor allem ein schottisch gemusterter Schlafsack, der Picknickkoffer mit Campinggeschirr sowie ein Miniklapptisch mit Sessel. Ich will ja für den eventuellen Notfall unabhängig sein. Deshalb borge ich mir von Spotty auch ein kleines Zelt mit notwendigstem Zubehör.

Um den brausenden Verkehrsfluten der morgendlichen Stoßzeiten zu entgehen, bepacke ich den Wagen schon abends, mache mir vor Anbruch des Tages selber ein Frühstück und bin kurz nach fünf auf dem San Diego Freeway. Nicht nur, daß er Los Angeles fast gradlinig durchquert, führt dieser Freeway großenteils über die Stadt hinweg. Zuvor habe ich mir einen Zettel mit den Namen und Nummern der für mich wichtigen Orte und Straßen ans Amaturenbrett geklebt. So ist es mir möglich, den Wagen zeitig genug fürs Erreichen der nächsten Hochstraße auf die rechte, nur den Abzweigern erlaubte Fahrbahn zu bringen. Weil nur eine knappe Stunde vergeht, bis die letzten Ausläufer der immensen Stadtgebiete hinter mir liegen, bin ich nun geneigt, den Angelenos zu glauben, daß sie von allen amerikanischen, asiatischen und europäischen Metropolen das rascheste Verkehrsnetz für Selbstfahrer besitzen. Allerdings muß der Selbstfahrer seine Strecke auch im dichtesten Verkehrsbetrieb ganz genau kennen.

So rolle ich nach Nordwesten, immer auf dem Highway Nr. 5. Es herrscht reger, aber nicht übermäßiger Verkehr. Die Landschaft besteht aus einer Folge flacher Hügel, alles grün bewachsen, doch ohne Waldbestand. Erst Weiden mit Vieh, dann endlos erscheinende Getreidefelder. An südlich abfallenden Hängen hat man kilometerbreite Weinberge angelegt. Was bei uns in Parzellen, Felder, Äcker oder Gärten geteilt ist, hat hier die Ausdehnung von Latifundien. Als das Gelände flacher wird, ist die gerade, asphaltgraue Straße auf beiden Seiten von Orangenplantagen eingefaßt. Zwischen den schnurgerade ausgerichteten Reihen kann ich beim Anhalten und Hineinschauen kein Ende absehen. Oft biegen sich die Zweige unterm Gewicht der goldgelben Früchte, oft liegen diese verstreut am Boden. Dann wieder nur schneeweiß blühende, wunderbar duftende Orangenbäume. Die Jahreszeit ist, wie es scheint, ebenso passend für Blüte wie für Reife und Ernte. Hin und wieder eine Verkaufsbude, wo Schilder besagen, daß man für 12 Cent ein Pfund Orangen abgibt. Das sind zur Zeit knapp 30 deutsche Pfennige. Bei der Abnahme eines großen Korbes ermäßigt sich der Pfundpreis auf 20 Pfennig!

Fast eine halbe Stunde schnurrt der Pinto durch Olivenwälder. Eine so gleichmäßig angelegte Plantage der kernigen Ölfrüchte habe ich selbst in Spanien, Portugal und Nordafrika nirgendwo gesehen.

Die meisten amerikanischen Autobahnen, gleich ob kreuzungsfreie Freeways oder Highways, kennen keine Tankstelle an der Strecke. Will der Reisende tanken oder seinen Hunger stillen, muß er bei der nächsten Ausfahrt von der Fernstraße herunter. Später führt eine Auffahrt wieder hinauf. An der Autobahn sind schon lange vorher die Tankstellen angezeigt. Ich komme rascher voran, als vorher meine Berechnung ergeben hat. Zwar sind 60 miles per hour (knapp hundert Stundenkilometer) die zugelassene Höchstgeschwindigkeit. Aber weil man sie ständig einhalten kann, sind 300 Kilometer ungefähr gleichbedeutend mit 3 Stunden Fahrzeit. Von dem Freeway 5 bin ich planmäßig in den Stateway

99 gelangt, der fast genau nach Norden führt. Bakersfield bleibt zurück, Delano bedeutet nicht mehr als ein Name, Tulane wird kaum beachtet. Dagegen muß ich bei Visalia rechtwinklig auf Nummer 198 einschwenken. Sie führt nach etwa 16 Meilen genau nach Osten, wird aber bald zu einer kurvenreichen Landstraße, die sich nach hier geltender Nomenklatur nur noch »Paved Road« nennen darf. Mir soll es recht sein, denn schon werfen große Ereignisse ihre Schatten voraus – in Gestalt von Schildern die verheißungsvoll den Sequoia National Park ankündigen.

Während der hundert Kilometer bis zu seinem Beginn erlebe ich jedes in Kalifornien nur mögliche Wetter. Nie hätte ich für möglich gehalten, daß sich Kontraste so rasch und radikal ablösen. Eben im Nebel, gleich danach Sonnenschein. Nun drohendes Halbdunkel und prasselnde Hagelkörner, plötzlich aber öffnet sich hellblauer Himmel. Lange dauert es jedoch nicht, denn aus geballten Wolkendecken strömt Regen aufs Land. Lächelndes Sonnenlicht und schon wieder Nebel. Tanzende Schneeflocken im sausenden Wind . . . und gleich wieder glänzender Sonnenschein . . .

Nur wenig Verkehr ist auf der schmalen Straße, die sich beharrlich in die Vorberge der Sierra Nevada hinaufwindet. Rauher wird die Landschaft und romantischer. Viehweiden, Felder, Äcker und Wiesen bleiben zurück. Erst vereinzelte Gruppen von Fichten, Tannen und Kiefern, dann lückenlose Wälder, wie sie die Natur geschaffen und der Mensch noch nicht verändert hat. Dann ist es soweit, ich fahre durchs offene Doppeltor des Sequoia Park. Touristen mit fremdem Paß zahlen hier nicht, dagegen Amerikaner 3 Dollar pro Kopf. Wirklich eine Werbung für den Fremdenverkehr, die sich sehen lassen kann. Auch sonst kann ich zufrieden sein, für die 215 Meilen (knapp 350 Kilometer) vom Hyatt Hotel in Los Angeles bis an den Sequoia Park haben mein Pinto und ich nur 3 Stunden 30 Minuten gebraucht. Kaum ist zu glauben, wie rasch man in den USA, ebenso auch in Kanada, weite Entfernungen hinter sich bringt.

Wie mir jetzt erst recht zu Bewußtsein kommt, bin ich während der letzten Fahrtminuten in die Schneeregionen der Sierra gelangt. Eben noch die goldgelben Orangen, der rotblühende Rhododendron, das silbergraue Grün der Olivenwälder, bin ich nun zwischen zwei, auch drei Meter hohen Schneemauern auf dem Weg zu den gigantischen Sequoias. Es ist zu befürchten, daß ich gar nicht bis zu den Generalsbäumen durchkomme, jenen gewaltigsten Exemplaren ihrer Art, deren Anblick kein Besucher missen möchte. Zwar gibt es ein paar hundert anderer Riesenbäume, die ihrerseits auch bis in die Nähe des Weltrekords reichen, aber die Generale »Sherman«, »Grant« und »Lee« sind eben doch ein wenig umfangreicher als jeder andere Sequioa sempervirens. Zum Glück haben fleißige, etwa 1000 PS entwickelnde Schneepflüge die Straße freigemacht. Stellenweise fahre ich vorsichtig durch Schluchten von Schneewänden, die zu beiden Seiten sechs bis sieben Meter hoch sind. Soweit die Straßenführung freien Blick gestattet, sehe ich ringsum in halbdunkle, geheimnisvolle Wildnis verschneiten Waldes. Es gibt darin kein Unterholz, nur kerzengerade emporstrebende Koniferen. Zu dieser Gattung gehört unter anderen mit dem Attribut »gigantea« jene Familie der Zypressen, genauer gesagt der Taxo diaceae, deren beide weltberühmten Arten die Sequoia gigantea und andererseits die Sequoia sempervirens sind. Diesen, den »Immergrünen«, ist dem Sequoia National Park gewidmet. Die Sequoia sempervirens oder noch besser als Redwoods bekannten Superbäume sind in den nebelfeuchten Bergen des nördlichen Teils der kalifornischen Küste zu Hause.

Droben auf den Wipfeln des Waldes konnte sich der sonnenbestrahlte Schnee nicht halten. Er ist geschmolzen und verschwunden. So darf nun das von immergrünen Zweigen gefilterte Sonnenlicht bis zum Schneeboden durchdringen. Die körnige Substanz glitzert nur stellenweise. Sonst ist alles mit abgefallenen Nadeln bedeckt, die im Schatten und Halbdunkel wie eine graugrüne Wolldecke wirken. Manche der Stämme sind von unten bis zu den Ästen hinauf ganz und gar mit fingerlangen dunkelgrauen Flechten behangen, die sich bei jedem Luftzug leicht bewegen. Mir scheint alles wie das Bühnenbild zu einer romantischen Oper, Waldgeister müssen bald erscheinen. Vorstellbar sind Fabelwesen wie das Einhorn mit der Krone, der Braunbär mit dem heiligen Korbinian auf seinem Rücken, möglich auch der Hubertushirsch mit dem strahlenden Kreuz im gewaltigen Geweih.

Hinter mir hupt ein allzu hastiger Wagen. Ich muß weiterfahren, weil die enge Straße nur für eine Fahrzeugbreite ausreicht. Aber sonst gibt es zur gegenwärtigen Jahreszeit nur wenige Besucher im Park. Es wurden von nahezu achtzig Straßenmeilen (130 Kilometern) nur dreißig (50 Kilometer) geräumt. Gar nicht zu begehen, es sei denn mit Langlaufskiern und schwerem Rucksack fürs Wintercamping, sind die 500 Meilen (800 Kilometer) markierter Wanderwege. Die Besteigung des Mount Whitney, mit 15 000 Fuß (4420 Metern) höchster Berg in den USA (Alaska ausgenommen), wird erst wieder im Juni möglich sein. Von Wild ist nahe einer befahrenen Straße in den Wintermonaten nichts zu sehen. Im Sommer jedoch, vor allem in Begleitung eines fahrtenkundigen Rangers, kann der Besucher Schwarzbären und Waschbären, Maultierhirsche, Murmeltiere, sogenannte Bobcats und Graufüchse bei fast jeder Wanderung erblicken.

Mit Glück und Ausdauer ist sogar die Begegnung mit Bighornschafen, Vielfraßen, Fischottern und vielleicht dem Puma nicht ausgeschlossen. Was für ein Tier ein Puma sein soll, wissen manche Amerikaner nicht zu sagen. Sie kennen den Puma weit besser unter dem Namen Mountainlion, was Berglöwe bedeutet, oder sie sagen ebenso einfach wie falsch Löwe.

Wer gern in den Sattel steigt und einen harten Ritt auf schmalem Bergpfad nicht scheut, wer gar zu der noch größeren Anstrengung bereit ist, seine komplette Campingausrüstung mitzuschleppen, genießt bei tagelanger, vielleicht wochenlanger Trennung von allen Annehmlichkeiten der Zivilisation noch eine echte Wildnis. Innerhalb der Grenzen des 590 Quadratmeilen großen Sequoia National Park und dazu noch 2,2 Millionen Acres (8900 Quadratkilometer) großen Sequoia State Forest blieb die Natur erhalten und bleibt geschützt. An den insgesamt 1600 Kilometer Wanderwegen in beiden zusammenhängenden Regionen gibt es keine bewirtschaftete Hütte, erst recht keinen Parkplatz für Autos oder ähnliches. Die großen Höhenunterschiede, die relativ warmen Winde des Pazifik von der einen und die vorwiegend rauhen Winde von der anderen Seite haben ganz und gar verschiedene Klimazonen geschaffen. So kann der Botaniker ungefähr 1200 Arten von Bäumen, Büschen, Gräsern, Kräutern, Flechten und Moosen unterscheiden. Dem kenntnisreichen Freund der gefiederten Welt bietet der Nationalpark nicht weniger als 167 Vogelarten.

Indianische Felsbilder und der Rest eines Kultplatzes, an dem sich einst der Powisha-Stamm versammelt hat, findet der Fußwanderer beim Hospital Rock. Sehenswert auch eine Marmorhöhle neun Meilen vom Giant Forest und die sagenhaft schön gelegenen Doppelseen auf 3300 Meter Höhe oberhalb von Lodgepole. Aber mir bleibt alles das durch Schneemassen verschlossen. Selbst Skiläufer dürfen sich um diese Zeit nur auf wenigen Pfaden bewegen.

Dafür kann ich »General Sherman« schon nach 10 Minuten Fußmarsch auf gebahntem Weg von der Fahrstraße aus erreichen. Schade nur, daß dieses Weltwunder eines Baumes, dieses Kolossalgebilde der Natur, nicht für sich allein steht. Der große General wird nämlich von einer heranwachsenden Familie ähnlicher Riesen umgeben. Aus größerem Abstand betrachtet, übt die Gruppe keine besondere Wirkung aus. Es fehlen die Vergleiche mit dem Maßstab normaler Wälder. Die größte Tanne im Schwarzwald wäre ein Zwerg in dieser Gesellschaft. Aber sie ist nicht da, und alle Bäume hier sind aus dem gleichen Gigantengeschlecht. Deshalb sind keine imponierenden Aufnahmen möglich. Gewiß verschwindet ein Menschlein am Fuß der Riesen, wenn man den gesamten Baum fotografiert, und ein abgestelltes Auto sieht wie Kinderspielzeug aus. Was Bilder nicht zeigen und auch der Anblick der Natur nicht gleich vermittelt, müssen Ziffern und Zahlen beweisen. Erst dann beginnt das große Staunen.

Auch der zweite wie der dritte Riese nach dem allerbedeutendsten tragen die Namen großer Generale aus dem amerikanischen Bürgerkrieg. Wäre jemals ähnliche Namensgebung bei uns geschehen, welch ein Beweis für die Verderbnis militaristischer Gesinnung. Die zweiten und dritten heißen »Grant« und »Lee«. Der Namensvetter des letzteren war Heerführer der besiegten Südstaaten, weshalb sein Baum gerechterweise nur die dritte Größenordnung einnimmt.

Die paar Menschen daneben sind wie aufrechtgehende Ameisen. Die Borke erscheint gut einen halben Meter tief, wenn man in die Kerben faßt. Beim Blick in die Höhe wird der Betrachter vom Schwindel bedroht, beim Umwandern des Stammes macht er sich müde.

»General Sherman« erreicht die nahezu fabelhafte Höhe von 83 Metern sowie 31 Meter Umfang beim Durchmesser von 10 Metern. Noch 30 Meter über dem Boden hat der Baum einen Durchmesser von 5,6 Metern. Auch »Shermans« Äste sind von großartigem Ausmaß. Einer, der 40 Meter über dem Boden beginnt, ist 2 Meter stark. Das wäre bei uns wohl der dickste Baumstamm in weiter, in sehr weiter Umgebung, hier aber ist es nur ein Ast am uralten Baum. Das Gesamtgewicht des schwersten Waldkönigs auf der Welt wird auf 6900 Tonnen geschätzt. Bemerkenswert noch der »Jahrhundertstumpf«, das eindrucksvolle Überbleibsel jenes Weltrekordbaumes, den man 1895 aus Anlaß der Weltausstellung in Chicago gefällt hat, um davon die Baumscheiben dem Publikum vorzuweisen. Damals war das eine überwältigende Sensation, weil kaum jemand glauben wollte, daß derartige Riesenbäume existieren.

Alle drei Baumriesen waren schon hohe Herren, als der kluge Odysseus das Trojanische Pferd erfand, als Salomon den Besuch der Königin von Saba erhielt und Rom noch ein dürftiges Dorf am Tiber war.

Beträgt auch das Alter solch wunderbaren Gestalten zwischen 3000 und 3500 Jahren, sind diese Denkmäler aus ferner Vorzeit noch immer fähig, sich fortzupflanzen. Doch werde ich am Ende dieser Rundreise erleben, daß es Bäume gibt, die allen Ernstes noch älter sind, sogar bedeutend älter. Die Rekordleistungen der Generale sind nicht so sehr Jahre, nicht einmal ihre Höhe, sondern ganz einfach ihre Dicke. Volumen und Gewicht der Gewaltigen wird von keinem anderen Lebewesen der Welt übertroffen.

Die großen Sequoia stehen dicht zusammen, in sogenannten Groves. Jeder will zum Nachteil der anderen mehr Sonnenlicht auf ihrem Wipfel, auch mehr Feuchtigkeit und Nährstoffe aus dem Boden. Das verlangsamt ihr Wachstum, verlängert andererseits ihr Leben. Eigentlich kann der Tod des Baumriesen nur durch Blitzschlag, Windwurf oder Menschenhand verursacht werden. Erstaunlicherweise kennen die gigantischen Sequoia keine lebensvernichtende Krankheit, auch keine Termiten und Parasiten, die sie bei längerer Dauer des Befalles zerstören. Die bis 50 Zentimeter starke Rinde schützt die vollerwachsenen Bäume wie ein undurchdringlicher Panzer. Dem verdanken sie auch, daß ihnen Waldbrände nicht ernsthaft schaden. Die feuerbeständige Rinde widersteht den züngelnden Flammen solange, bis der allgemeine Brand vorbeigeprasselt ist. Jüngere Bäume mit weniger starker Rinde fallen ihm zum Opfer, jedoch die Alten bleiben stehen.

Wie Dendrologen erklären, kann es durchaus nicht schaden, wenn geringere Bäume von Feuer, starkem Sturm oder Menschenhand vernichtet werden. Damit haben künftige Riesen mehr Platz gewonnen und werden rascher emporwachsen. Jedoch würde ein totales Abholzen der Umgebung die freistehenden Giganten der Gefahr von Blitz, Stürmen und dem übermäßigen Druck des Windes zusetzen.

Erst relativ spät, im Jahre 1835, haben weiße Männer die schwersten Bäume der Welt gesehen. Es war ein Zug – schon zuvor erwähnter – amerikanischer Abenteurer unter Führung des Joseph Reddeford Walker, die nach Überquerung der Rocky Mountains mit ungläubigem Staunen diesen Wald durchzogen. In weiten Kreisen bekannt wurden die Riesenbäume durch Walkers Berichte, die fünf Jahre später erschienen. Noch bevor die Holzfäller finanzstarker Companies viel Schaden anrichten konnten, wurde durch Beschluß des Kongresses in Washington schon im Jahr 1864 ein Teil, sodann 1890 der Rest des heutigen Nationalparks unter Schutz gestellt. Ein halbes Jahrhundert später kam noch der anschließende Kings Canyon National Park hinzu. Weil auch im riesigen Sequoia State Forest die Erhaltung des Bestandes der wirtschaftlichen Nutzung vorangeht, sind heutigentags so gut wie alle Wälder, in denen Sequoiadendron gigantea gen Himmel wachsen, vor dem blindwütigen Kreischen der Motorsägen gesichert.

Trotzdem braucht man die wachsamen Rangers. Kaum kann ich glauben, was ich ganz zufällig an einem Giganten nahe dem »General Sherman« selber sehen muß. Wie bei vielen der großen Sequoias öffnet sich auch im Fuß dieses lebenden Kirchturms eine Höhle, groß genug für zwei bis drei Menschen, um darin zu schlafen. Hier hat nun jemand, wohl der Winterkälte wegen, ein Feuer in dem Baum entfacht. Drinnen gab es aber keine halbmeterdicke Rinde, um das Holz vor dem Anbrennen zu schützen. Aus irgendeinem Grunde wurde aber der grobfahrlässige Brandstifter gestört, und zum Glück erlosch sein Feuer, bevor es schlimmen Schaden anrichten konnte. Aber es hängt noch Rauch in der Luft, und als ich meine Hand in die Holzkrümel schiebe, scheint mir noch ein wenig Wärme erhalten. War es nur Dummheit oder vielleicht gar üble Absicht, ein dreitausendjähriges Wunderwerk der Natur zu vernichten? Man will nicht glauben, daß es solche Leute gibt, aber es gibt sie doch!

Im Kawea Camp, als das einzige im Park während des ganzen Jahres geöffnet, in unmittelbarer Nähe des größten Generalbaumes, verbringe ich den Abend mit ein paar anderen Gästen vor dem riesigen Kamin aus Granit, wo das Feuer alter Sequoia-Äste glühend knistert. Danach eine erholsame Nacht in holzgetäfelter Kammer, bei offenem Fenster und sternklarem Himmel.

Meinen Wagen habe ich, abgeschlossen natürlich, in eine der Lücken zwischen die Schneemauern gestellt. Wo in der Sommerzeit mehr als 200 Wagen stehen, mögen es jetzt keine zwanzig sein. Als ich gegen neun Uhr morgens mit meinem Übernachtungskoffer und der Fototasche zum grasgrünen Ford Pinto gehe, stockt kurz vor dem Wagen nicht nur mein Schritt, sondern auch der Atem. Ich vermag meinen Augen nicht zu trauen ... und starre und starre und starre durch die glasklare Scheibe auf den Rücksitz des Pinto. Größer werden meine Augen, immer größer. Aber das ändert nichts an der Tatsache, an der ganz unmöglichen Tatsache, daß dort auf meinem schottisch gemusterten, nur lässig gefalteten Schlafsack wirklich und wahrhaftig ein Baby liegt.

Ein lebendiges Baby in süßem Schlummer. Es trägt ein samtrosa Häubchen ums rosige Gesicht, ist sonst in wärmende Wolle gepackt, hat winzige Fäustlinge an den Händchen sowie einen Schnuller an seidener Schlaufe. Seit gewiß erst wenigen Monaten befindet sich der schlafende Engel auf Erden.

Aber wie kommt der niedliche Säugling in meinen Wagen, der verschlossen war! Welch entmenschte Rabenmutter hat sich auf solche Weise ihres armen Kindes entledigt? Wieso wurde gerade mir, einem fest verheirateten Mann in soliden Jahren, solch unschuldiges Wesen in den Wagen gelegt? Sind das Baby wie auch ich die unschuldigen Opfer einer Verwechslung? Hatte etwa die ledige Kindesmutter in meiner Person aufgrund eines groben Irrtums den treulosen Geliebten, den flüchtigen Vater zu erkennen geglaubt? Fragen über Fragen, die in blitzschneller Folge auf mich einstürmen. Aber wichtiger noch ist zu überlegen, was in dieser Lage zu machen ist.

Das arme Wurm herausnehmen, in den kalten Schnee legen und davonfahren? Das wäre eine Aussetzung von Hilflosen und, davon abgesehen, eine strafbare Handlung. Das arme Kind dem Kältetod überantworten – schon der

Gedanke erschüttert mein Gewissen. Die Polizei verständigen, einen Ranger oder sonst irgendwelche Behörde? Man hätte mich bestimmt unter dem Verdacht der Alimentenflucht festgehalten, vielleicht auch wegen offenbarer Geistesverwirrung. Mitnehmen kann ich es auch nicht, wohin denn und mit welchem Recht? Selbst für den unwahrscheinlichen Fall, daß ich den Cherubim nach München bringe, wo alle Freunde von meiner vorjährigen Reise nach Amerika wissen, würde wohl keiner der Freunde die wahre Geschichte vom Findelkind glauben. Weil das Kleine ganz reizend aussieht, ist eine gewisse Ähnlichkeit zwischen uns nicht ganz von der Hand zu weisen!

Da werde ich recht ruppig von einer rundlichen Frau beiseite geschoben. Ihr folgt ein Mann, dessen grimmiger Ausdruck auf gereizte Stimmung schließen läßt; er schleppt Koffer, Taschen und Gummistiefel. Die in Pelz gepackte Frau entnimmt ihrer Handtasche einen Schlüssel, öffnet mit ihm das Wagenschloß, reißt die Tür auf, schiebt sich auf den Beifahrersitz und läßt wortlos den Mann hinters Steuer rücken. Dem Kind wird nur flüchtige Beachtung geschenkt.

»Gehen Sie doch aus dem Weg«, schnauzt die Frau in meine Richtung, »was stehen Sie denn so blöd herum?«

Schon schnurrt der Anlasser und läuft der Motor. Bevor ich irgend etwas tun kann, rollt mein Wagen davon.

Meiner war es jedoch nicht, wie sich in den nächsten Minuten herausstellt. Ganz einfach ist oft die Lösung anscheinend unlösbarer Rätsel. Nicht in diese Lücke zwischen grauweißen Hügeln habe ich meinen Pinto gestellt, sondern in jene links davon. Fast alle Wagen der in den USA weitverbreiteten Pinto-Fords haben die gleiche grasgrüne Farbe. Wenn mich dabei noch der Schlafsack im Schottenmuster zum Narren hielt, worin das niedliche Baby in unschuldigem Schlummer lag, so muß man wissen, daß ebenso gemusterte Schlafsäcke zu vielen Tausenden in jedem Geschäft der Sportbranche zu haben sind. So ist die Kombination von beidem, dem gleichartigen Schlafsack im gleichartigen Wagen, keine allzu große Seltenheit. Erleichtert schreite ich dem Wagen zu, der wirklich meiner ist.

Viel ist noch geschehen in den folgenden drei Tagen, aber echte Sensationen waren nicht darunter. Lassen Sie mich statt dessen gleich dem zweiten der kalifornischen Waldwunder entgegenfahren.

Haben wir gerade eben die Sequoiadendron gigantea besucht, so schenken wir nun unser Interesse den Sequoia sempervirens. Zu ihrer Art zählen die höchsten Bäume der Welt.

Die amerikanische Umgangssprache nennt Sequoia sempervirens ganz einfach Redwoods. Das roströtliche Holz, in Streifen gemustert und jahrzehntelang seine schöne Farbe bewahrend, duldet keinen Termitenfraß. Auch wegen der Härte wird das Holz der Redwood hochgeschätzt. Tischler, Schreiner und Zimmerleute arbeiten gern damit. Überhaupt erfreut sich Redwood der größten Beliebtheit. Es gibt noch heute an der nordkalifornischen Küste alte Leute, die wahrheitsgemäß sagen können, sie seien ganz und gar in Redwood aufgewachsen. Das Elternhaus ein Redwood-Haus, darin alle Schränke, Stühle, Tische, Betten, Bänke, Truhen aus dem gleichen Material. Aus Redwood natürlich die Wiege fürs Kind, desgleichen sein Spielzeug und die Holzpantinen, später das Schulhaus, die Schulbänke, der Leiterwagen und der Pferdekarren. Der Kahn auf dem See, der Kaufladen im Ort, die Kirche und die Kneipe, alles aus Redwood. Am Ende der Sarg und das Kreuz auf dem Grabhügel aus Redwood.

Entdeckt wurden die Sequoia sempervirens von dem spanischen Tausendmeilenmarschierer Don Gaspar de Portola im Jahre 1770. Leider lagen die Wälder des schon früh in seinem Wert erkannten Holzes an den seewärts geneigten Abhängen der Sierra Nevada, weil ihr Wachstum allein dort die klimatisch günstigsten Verhältnisse findet. So gab es, selbst für die nur mit der Axt arbeitenden Holzfäller vor hundert und auch zweihundert Jahren nichts Einfacheres, als die starken Stämme am Berghang zu schlagen. Fast von selbst rutschten sie hinab zur Küste, wo es dann relativ leicht war, sie auf Schiffe zu verladen. Die Arbeitskräfte kamen mit dem gleichen Schiff und wurden an Bord versorgt. Die Folge war ein furchtbarer, die wunderbaren Wälder verheerender Raubbau an scheinbar unerschöpflichen Beständen.

So kam es, daß von ungefähr 1,5 Millionen Acres (607 Quadratkilometern) Redwood-Wälder schon zwei Drittel vernichtet waren, und zwar ohne den Versuch einer Wiederaufforstung, als nach Beginn dieses Jahrhunderts endlich genügend protestierende Stimmen laut wurden und verlangten, den Rest des Bestandes zu bewahren. Vor allem hat sich die »Liga zur Rettung der Redwoods« unschätzbare Verdienste erworben. So war es möglich, ungefähr 250000 Acres (100 Quadratkilometer) in Naturschutzgebiete vor menschlichen Eingriffen zu schützen. Davon befinden sich 80000 Acres (33,5 qkm) noch im natürlichen Zustand, das heißt, auch vor dem Erlaß der Schutzbestimmung wurden sie niemals von Axt oder Säge berührt.

Allerdings, und das ist sehr zu bedauern, bilden die naturgeschützten Zonen keine geschlossene Nationalparks wie die Bestände der Sequoiadendron gigantea, sondern verteilen sich als große, kleine oder klitzekleine Reservate über 480 Kilometer entlang der Küstenstraße Nr. 1. Den Anfang macht der Muir Park gleich nördlich von San Francisco. Immerhin ist es für Wanderer möglich, mehrere Tage, sogar mehrere Wochen auf immer wieder anderen Wegen in den Redwood-Reservaten zu verbringen. Dies zum Beispiel im Redwood National Park zwischen Orion und Crescent City, wo schon bald der Staat Oregon beginnt.

Es ist schon am späten Nachmittag, als ich nach unvergleichlich schöner Fahrt, von morgens bis abends den Pazifischen Ozean zu meiner linken Seite, den hübschen kleinen Ferienort Fort Bragg erreiche. Langsam rollt mein Wagen an jedem Hotel und Motel vorbei. Doch bei allem strahlt mir das gefürchtete Leuchtschild »NO VACANCIES« entgegen. Kein Wunder, denn heute ist Karfreitag. Da sind natürlich mehr als hunderttausend Stadtbewohner in die Berge oder an die See gefahren.

Aber wer sich von negativen Schildern abschrecken läßt, kommt nie zu einer brauchbaren Bleibe. Also hinein ins Office des erstklassigen Ocean Motel. Bei der Empfangsdame mittleren Alters bringe ich mein oft bewährtes Sprüchlein an. So weit bin ich von Bavaria bis Fort Bragg gekommen, um die Redwoods zu sehen und mit dem Skunk Train zu fahren, aber kein Nachtquartier ist zu finden und noch weniger ein Ticket für den Stinktierzug!

Die Chefin des Empfangs bedauert, bedauert sogar sehr und überlegt lächelnd, was möglicherweise doch zu machen sei. Greift schließlich zum Hörer, wählt nacheinander verschiedene Nummern, wobei sie jeweils sagt, hier sei ein »charming young gentleman« – so fern von zu Hause, daß man ihm unbedingt helfen müsse. Allein die Bezeichnung »charmanter junger Mann« läßt mein Herz um einige Oktaven höher schlagen, steht mir doch bald die Ankunft des ersten Enkels bevor. Und siehe da, schon hat mir die herzensgute Frau ein seewärts gelegenes Apartment im South Surf Motel beschafft.

»Und jetzt zum Skunk Train«, sagt sie anschließend, »der ist zwar seit Wochen ausverkauft, aber, na ja, versuchen werd ich's mal.«

Auch das geht in Ordnung – morgen verkehrt diese ganz besondere Bahn zum erstenmal in diesem Jahr wieder. Schon der Name des Transportmittels bedarf der Erklärung, »Skunk« heißt das Stinktier, und das war schon vor hundert Jahren die wenig schmeichelhafte, wenn auch zutreffende Bezeichnung des Zuges. Er wurde damals mit ungereinigtem Petroleum betrieben, einer äußerst übelriechenden Substanz. Weshalb die Leute sagten, daß man den Zug riechen könne, lange bevor seine Geräusche zu vernehmen sind. Heute verbrennt die altertümliche Lokomotive geruchlosen Dieselkraftstoff, aber »Stinktierzug« heißt das Bähnchen noch immer.

Es ist eine Privatbahn, ursprünglich für den Transport von Redwood-Stämmen gebaut, die noch nach wie vor im weitläufigen Wald der Mendocino Mountains geschlagen werden. Alles gehört der Company, die sich jedoch verpflichten mußte, beim Fällen der Redwoods ein streng kontrolliertes Auswahlsystem zu beachten und für die Aufforstung der Kahlschläge zu sorgen. Auf dem Schienenweg im Wald rollen heutigentags auch modernste Transportzüge. Der »Skunk Train« ist nur für Touristen gedacht und sicher die beste Möglichkeit, den riesigen Redwood Forest zu sehen.

Vor dem Zug eine hundertjährige Lokomotive, wobei man allerdings nicht weiß, was an diesem schnaufenden, pfeifenden, qualmenden Dampfroß wirklich original ist. Sicher wurde im Laufe so langer Zeit sehr vieles nachgebaut, wenn nicht überhaupt die ganze Lok. Die Wagen des Skunk Train dürften meines Erachtens nicht ganz so alt sein wie angegeben, aber aus den Jahren vor dem Ersten Weltkrieg stammen sie bestimmt. Schaffner, Kondukteur und Lokomotivführer stecken in den Uniformen von Bahnbeamten aus Präsident Lincolns Zeit, haben sich auch ihre Backenbärte dementsprechend wachsen lassen.

Mit dem Klang ihrer Glocke warnt die Lokomotive, daß sich nunmehr der »Skunk« in Bewegung setze. Er pufft sich bimmelnd durch die Straßen und erschreckt Passanten wie Passagiere durch ohrenzerreißendes Pfeifen, beschleunigt sein Tempo allmählich – bis auf gute 30 Stundenkilometer und rumpelt sodann in den größten Redwood Forest auf Erden.

Zuckelnd folgt das Züglein auf relativ schmalen Gleisen all den vielen, sich wiederholenden Windungen des Noyo River. Der hat eine dunkelgrüne, dann wieder eine hellgraue Farbe, je nachdem ob Schatten oder Sonnenschein aufs langsam strömende Wasser fällt. Manchmal geht's durch dichten Urwald, dann vorbei an niederen Büschen und freien Lichtungen. Hier und dort steht eine Gruppe himmelstürmender Riesen-Redwoods, gelegentlich sieht man auch eine wiederaufgeforstete Fläche. Anderenorts Kahlschläge, die man keineswegs gerne sieht. Aber die Erhaltung des Waldes, seine planmäßige Wiederherstellung steht außer Frage. Weiter ist positiv zu bewerten, daß man, abgesehen von drei Bahnstationen mit Ferienhäusern, in dem gesamten großen Waldgebiet keine menschliche Siedlung duldet, keine motorisierten Touristen einläßt und die wenigen Wanderwege unter Kontrolle hält. Rauchen ist streng verboten, auch in unserem Zug. Ein junger Mann, der trotzdem eine rußgeschwärzte Pfeife qualmt, wird vom Kondukteur so stimmgewaltig angebrüllt, daß man es durch alle vier Wagen hört.

Jeder Platz ist besetzt, jeder Passagier filmt oder fotografiert. Ein herrlich buntes, bewegtes Bild, wie der Zug am schimmernden Fluß eine enge Kurve befährt, wobei die messingblitzende, rotlackierte Lokomotive grauschwarze Rauchwolken verpufft und dabei mit den ersten Wagen ins Blickfeld dampft. Ich bin sicher, daß man den wirkungsvollen Rauch eigens für die Fotografen aufsteigen läßt. Auf der Station »Waldmitte« halten wir lange. So können die Fahrgäste zum Creek hinuntersteigen, auf der anderen Seite in den dämmrigen Wald hineingehen, auch zum Führerstand der Lokomotive hinaufklettern.

Als wir jenseits des Waldes in Whittles ankommen, ergibt sich die Gelegenheit für ein gutes Mittagessen. Dann läutet der Skunk Train zur Rückfahrt. Wer vordem seinen Platz auf der linken Seite hatte, findet ihn auf der rechten wieder. Jedenfalls genießt man auf der Rückfahrt ein ganz anderes Panorama als auf der Hinfahrt. Erst am Nachmittag bummelt und bimmelt der alte Zug wieder durch die Hauptstraße zum Bahnhof des Fort Bragg.

Von der Mendocino-Küste wäre noch viel zu sagen. Sie ist wie ein prächtig blühender botanischer Garten, ungefähr zwanzig Kilometer lang. Die Berghänge sind von flammend gelbem Ginster bedeckt, der Duft von Salbei, Wacholder und Eukalyptusblättern hängt in der Luft. In den Ohren tönt das Brausen der Brandung, das Kreischen der Seevögel, das Gemurmel herabfließender Bäche. Nur sehr wenige Orte gibt es an der wildromantischen Felsenküste. Nirgendwo ist die Gegend von Bruchbuden, Autowracks und Abfällen der Zivilisation verschandelt.

Bei Rockport verläßt der Redwood Highway die Staatsstraße Nr. 1 und trifft sich bei Legget mit der geraden, breiteren und belebteren Nr. 101. Die Ufer des Pazifischen Ozeans bleiben damit zurück, doch sind wir nie sehr weit davon entfernt.

Es folgen nun, links und rechts der Straße, die »Groves« der Sequoia sempervirens. Es sind kleine, von der Redwood-Liga oder von naturverbundenen Privatleuten angekaufte Grundstücke mit Riesenbäumen, die man dem Schutz staatlicher Stellen anvertraut hat. Manche der Groves umfassen nicht mehr als zehn bis zwölf himmelhochragende Sequoia sempervirens, andere schon hundert Hektar und mehr. Wirklich eine schöne Verwendung von zu viel verdientem oder durch Erbschaft erworbenem Geld, wenn man davon ganz bestimmten Riesenbäumen ein vielleicht noch tausendjähriges Leben erhält. Als echte Stiftung darf man die Kosten von der Steuer absetzen.

Es sind aber nicht alle Erben oder Eigentümer von Redwood Groves so reinen Herzens wie die eben genannten Stifter. Wer will, kann damit auch gute Geschäfte machen. Sicher haben auch Sie schon Fotos oder Filme von Riesen-

bäumen gesehen, in die man einen Tunnel geschlagen hat. Touristen können
mit dem Wagen, sogar mit Straßenkreuzern durchfahren. Das ist nicht etwa immer derselbe Baum, nur von verschiedenen Seiten aufgenommen, leider gibt es
20 oder 30 solcher, aus primitiver Gewinnsucht schwerverletzten Riesen.
Erstaunlich ist jedoch, daß die Bäume an den klaffenden Wunden nicht gestorben sind. Mehr als die Hälfte, vielleicht zwei Drittel des Volumens, hat man aus
dem Fuß der Sequoia entfernt, aber dennoch trägt der geschundene Baum grüne
Nadeln, schiebt alljährlich seine Zweige ein wenig weiter hinaus und wächst
einen halben Meter höher. Wahrlich ein Beweis für die Lebenskraft und
Gesundheit der Sempervirens. Heute sind solche Eingriffe, wenn nicht überhaupt verboten, so doch kaum mehr möglich, weil die Redwood-Liga dafür
sorgt, daß sich die gesamte kalifornische Presse über den Baumfrevel empört.
Wo aber solche Durchfahrten bestehen, kassieren die Besitzer dafür mindestens
einen, meistens aber zwei Dollar. Während der großen Ferien, wo der Besucher-
strom von morgens bis abends keine Ruhe kennt, klingeln natürlich die Kassen.
Da gibt es einen Baum, in dessen Fuß vor bald hundert Jahren ein Trapper ganz
gemütlich gewohnt hat. Angeblich war in dem Baumstamm schon eine Höhlung
vorhanden, wie man sie bei alten Bäumen öfters findet. Diese hat sich der Mann
noch weiter ausgehauen, auch Fenster und Tür hineingeschnitten. Der kreisrunde Raum, heute ein Andenkenladen, hat ca. 20 Quadratmeter Wohnfläche.
Bevor die mehr als 100 Meter hohen Wolkenkratzer in New York, Chicago und
Cincinnati entstanden, konnte der Fallensteller wahrheitsgetreu behaupten, daß
er ganz allein das »höchste Haus« in Nordamerika, ja eigentlich der ganzen Welt
bewohne.

Ein anderer Mann, Holzfäller von Beruf, hat sich seine recht komfortable
Fünfzimmerwohnung in einen gestürzten Baumriesen gesägt. Da er keine
Rücksicht auf dessen Lebensfähigkeit mehr zu nehmen brauchte, ist dieser
Sequoia fast vollkommen ausgehöhlt. Die Wohnung hat Küche, Bad, Ölheizung
und Gaslicht, und wer einen Dollar bezahlt, kann sich die Räumlichkeiten anse-
hen.

Die Avenue of Giants, die Allee der Giganten, führt abseits der Hauptstraße
fast 20 Kilometer durch ein Reservat der Riesen-Redwoods. So dicht stehen die
Bäume, ragen so hoch und vereinen droben ihre Wipfel zu einer so lückenlos
geschlossenen Decke, daß unter ihnen ewiges Halbdunkel herrscht. Ich lasse den
Wagen stehen und wandere ein paar Stunden zu Fuß durch den Wald. Dabei
überkommt mich das Gefühl, kleiner und immer kleiner zu werden. Ist man
doch an ganz andere Größenverhältnisse gewöhnt. Während man bei uns 30

Meter hohe Tannen als Wunderwerke der Schöpfung bestaunt, sind das hier nur halberwachsene Kinder. Alles in dem Redwood-Wald ist verdreifacht, wenn nicht vervierfacht in seinen Ausmaßen. Das wirkt auf normale Menschen ungefähr so, als hätte sie eine böse Hexe in kaum ellenlange Zwerge verwandelt.

Noch bei der Gigantenallee beginnt der Rockefeller Grove, seinerzeit von dem milliardenschweren Rockefeller für 2 Millionen – noch wertvolle – Dollar angekauft und gestiftet. Es geschah vor allem zum Schutz des damals höchsten Baumes aller Kontinente, heute unter dem Namen »Founders Tree« bekannt. Bis zu 109 Meter ragt sein Wipfel in den Himmel hinauf. Aber heute gilt er nicht mehr als König der Könige, denn erst vor wenigen Jahren wurden drei andere Sequoia sempervirens entdeckt, die sogar den Founders Tree übertreffen.

Wirklich, es lohnt sich, am Cuneo Creek entlangzufahren und dem Albee Creek zu folgen. Alles gehört zum Rockefeller-Forst, der ganz und gar natürlich blieb, von nichts gestört und ohne ein ständig bewohntes Haus.

Der klare Fluß mit verschiedenfarbenem Gestein, das tiefgrüne Halbdunkel im vollkommen schweigenden Wald kerzengerade gewachsener Riesen und der herbe, würzige, erdfeuchte Duft – es ist schon ein wunderbares Erlebnis. Man sieht nun, weshalb die Redwoods in dichten Gruppen beisammen stehen, die sich gegenseitig das Licht, den Raum und wohl auch die Nahrung wegnehmen. Dies weit mehr noch, als es schon bei den Sequoiadendron gigantea zu bemerken war. Die Fortpflanzung geschieht weniger durch Verstreuung der Samen als aus Ablegern. Diese können aus gestürzten Stämmen, aus halbvermoderten Stümpfen, ebenso aus dem Wurzelwerk noch lebender und stehender Bäumen erwachsen. Wird ein junger Sequoia sempervirens nicht von anderen behindert, kann sein rasches Wachstum bis 3 Meter pro Jahr erreichen. Je höher der Baum emporwächst, entsprechend höher beginnen seine Äste. Die unteren fallen ab, wenn sich darüber neue bilden. Schließlich gibt es unterhalb von 30 Metern, bei den Riesen sogar unter 45 Metern überhaupt keinen Ast mehr. Wie eine Säule steigt der glatte, gerade Stamm hinauf, und wirklich könnte man glauben, die großen Redwoods wären allesamt Säulen einer gotischen Kathedrale, die erst hochdroben ihre Äste, ihre Arme, zum Tragen des Daches ausbreiten.

Nach dem Rockefeller Forest und der Giganten-Avenue und nach anderen Redwood Groves, die alle zum »Humboldt National Park« gehören, so genannt zu Ehren des großen deutschen Naturforschers, befindet man sich bei nördlichem Kurs auf der letzten Etappe zum sehr langen, aber relativ schmalen »Redwood National Park«.

Hier nun, bald nachdem man die südliche Eingangspforte hinter der kleinen

Stadt Orich passiert hat, knapp acht Meilen seitwärts des Highway 101, befindet sich am Redwood Creek das längste und höchste Lebewesen der Welt, Libby Tree genannt. Im vorigen Jahr wurde seine Höhe mit 112,10 Metern bestimmt. Doch könnte der Baum, weil er genug Sonnenlicht erhält, inzwischen ein bis zwei Meter gewachsen sein. Der Umfang ist nicht so gewaltig, wie man das bei den Riesen der Sequoiadendron gigantea gewohnt ist. Nicht mehr als »nur« 13,45 Meter Umfang kann der Libby Tree vorweisen, dies ungefähr in Kopfhöhe eines stehenden Menschen. Auch sein Alter läßt sich mit den berühmten Veteranen des Sequoia National Park nicht vergleichen. Die Schätzungen erreichen »nur« 2000 bis allenfalls 2300 Jahre. Aber ich meine, dem kurzlebigen Homo sapiens kann auch das imponieren. Der Baum lebte schon zur Christi Geburt, während der gallischen Kriege des Julius Cäsar und vielleicht schon, als die Griechen in der Seeschlacht von Salamis über die Perser siegten.

Als ich vor sieben Jahren zum ersten Male dort war, kurz nach der Entdeckung des Libby Tree durch Dr. Paul Zahl, einem Naturforscher der National Geographic Society, war das »längste Lebewesen« inmitten der vielen anderen Redwoods kaum zu erkennen. Weil der Rekordbaum etwas tiefer als seine Nachbarn beginnt, ragte er nicht über sie empor. Sicher war dies auch der Grund, weshalb man ihn erst so spät als den höchsten, den allerhöchsten Baum erkannte.

Nun aber hat man seine Nachbarn geopfert, das Unterholz beseitigt sowie eine Stelle für das freie Betrachten des Naturwunders geschaffen. Fotos und Filmstreifen, die Betrachter daheim vor Staunen wortlos lassen, sind trotzdem nicht möglich. Weil auch hier Größenvergleiche fehlen, erscheint sogar der Libby Tree nicht viel anders als etwa bei uns eine Kiefer oder Tanne am Waldrand, die besondere Größe erreicht hat.

Es ist ein weiter Weg von den Redwood-Reservaten im nördlichen Kalifornien bis in den äußersten Osten des Staates. Eine Strecke von fast 2500 Kilometern. So groß sind eben die Entfernungen in den USA, sogar in ein und demselben Staat. Nahe bei Oregon bin ich gewesen, muß aber nun hinunter bis dicht an die Grenze von Nevada. Doch ich darf nach dem stärksten und nach dem höchsten Baum der Welt keinesfalls die allerältesten Lebewesen auf unserer Erde versäumen.

Diese im wahrsten Sinne des Wortes prähistorischen Pflanzen blieben nur an einer Stelle des Globus erhalten, wo sie nun den vollen Schutz von Menschenhand genießen. Das ist, zur Schulmann Grove gehörend, der bezeichnenderweise »Methusala« genannte Baumbestand bei Westgard Pass in der White Mountains Region des fast 2 Millionen Acres (810 qkm) umfassenden Inyo

National Forest. Wem diese Angaben noch nicht genügen, der suche auf einer guten Kalifornienkarte den Stateway 395 soweit wie möglich im Osten des Staates. Bei der Ortschaft Big Pine am Osthang der Sierra Nevada gelegen, trennt sich die Landstraße 168 vom genannten Stateway in der Richtung Nevada. Zur Rechten biegt nach einer Weile der Touristenfahrweg zu den Blanco Mountains ab, und wenn ein begabter Kartenleser diesem kurvenreichen Sträßlein etwa sieben Meilen weit gefolgt ist, hat er »Methusala«, die Heimat der unvorstellbar alten Bristlecone Pines, erreicht.

Mein Pinto kommt weiter als gedacht, jedoch nicht hoch genug. So spät im Mai liegt in dem einsamen Gebirge, auf dem Grenzrücken zwischen Kalifornien und Nevada, der Schnee noch meterhoch. Gewiß, ein starker Bulldozer hat die Straße, anscheinend nur eine Straße dritter Ordnung, auf etwas mehr als Wagenbreite geräumt. Ich rolle ziemlich lange durch Schneeschluchten, die mir keinen Blick ins Gelände erlauben. Die eisgrauen Wände sind höher, manchmal sogar doppelt so hoch wie das Dach meines grasgrünen Vehikels. Und da reden die Leute vom sonnigen, sogar vom ewig sonnigen Kalifornien! Wer das behauptet, kennt sie nicht, die White Mountains. Bis zum Juni sind die »Weißen Berge« mit Schnee bedeckt und schon wieder gegen Ende September.

Irgendwann hat es schon getaut, aber über Nacht ist das Schmelzwasser wieder gefroren, meine Reifen rutschen auf spiegelblanken Eispfützen. Doch jedesmal, wenn ich fürchte, daß die Räder hoffnungslos durchdrehen, schlingert mein geplagter Pinto gerade noch auf einen Flecken mit griffigem Boden. Also wieder ein Stück vorwärts mit frischem Schwung. Das erinnert mich lebhaft an die Fahrt mit Spotty im Camper hinauf zur Mesa Verde.

Sollte es Wegweiser geben, auch Schilder mit Höhenangaben und Entfernungen, so stecken sie tief im Schnee. Länger als drei bis vier Monate im Jahr kann der Methusala Park mit seinen superalten Borstenzapfenkiefern nicht zugänglich sein, jedenfalls nicht für motorisierte Besucher, und wer in den USA wäre nicht motorisiert? In der Tat, es ist erstaunlich, wie wenige Amerikaner jemals von den Bristlecone Pines gehört haben, erst recht habe ich keinen fremden Touristen getroffen, der davon etwas wußte. Fast alle Naturfreunde glauben, die Sequoiadendron seien die ältesten Bäume, deshalb auch die ältesten Lebewesen der Welt. Nun ja, begreiflich ist das schon, weil ihre Größe, ihre Masse und auch ihre Höhe jeden Betrachter überwältigen, ihm fürs erste den Atem rauben. Dagegen sieht ein Exemplar der Pinus aristata, wie mir schon Fotos verraten haben, recht gewöhnlich aus, abgesehen von der Struppigkeit und den Astverdrehungen. Es hat ja auch ziemlich lange gedauert, bis endlich ein paar forschungsfreudige Dendrologen begriffen, daß sich in manchen der steinharten Stämme mehrere tausend Jahresringe verbergen.

Wieder komme ich ganz schön ins Rutschen. Aber gefährlich kann es gerade hier nicht sein, weil beiderseits die Schneemauern als Schutzwall dienen. Irrtum und Verirren sind ausgeschlossen. Wo man in dieser menschenleeren Gegend, in dem sonst tiefverschneiten Gebirge, eine Straße geräumt hat, muß ein Ziel, ein Endpunkt vorhanden sein, zu dem sie führt. Ganz bestimmt ein Umkehr-platz, denn bisher war es ganz unmöglich zu wenden. Diesen Trost im Herzen versuche ich noch ein Stück und immer noch ein Stück bergauf zu gewinnen. Jetzt im zweiten Gang, dann rutschen ohne Gang, zurück auf den ersten Gang und neuen Anlauf geholt.

Dann plötzlich ist es wie im Theater, wenn sich nach endlos langer Ouvertüre der Vorhang öffnet. Gelegentlich kommt es dabei vor, daß ein kunstverständiges Publikum mit begeistertem Klatschen das herrlich gelungene Bühnenbild be-grüßt, in dem sich noch keiner der Schauspieler oder Sänger befindet. Hätte ich nicht das flatternde Steuer festhalten müssen, wäre ich allen Ernstes in Versu-chung geraten, auch meinerseits dem Bild lauten Beifall zu spenden.

Die Schneeschlucht ist mit einem Mal zu Ende. Statt dessen ein halbrunder, ziemlich großer freier Platz. Rechts an seinem Rand, das Bild nicht mehr stö-rend, parken ein großer Schneeräumer und zwei graue Jeeps. Dahinter ein sanft ansteigender Hang, von der goldenen Mittagssonne bestrahlt. Ein dunkelfarbe-nes Blockhaus schmiegt sich ans aufsteigende Gelände. Wirklich wäre es falsch, von diesem Gebilde aus starken Rundstämmen zu sagen, daß es steht, ja nicht einmal, daß es liegt. Es ist dem Hügel so vollendet harmonisch angepaßt, als sei es im Laufe langer Zeit aus dem Boden gewachsen. Schöner noch, daß es be-wohnt ist, denn aus dem gemauerten Schornstein kräuselt grauweißer Rauch in den hellen Himmel.

Zwischen den Schneemauern fuhr ich meist im Schatten, doch hier draußen hat der Sonnenschein freies Feld. Rötliches Gestein, braunes Heidekraut und keimendes Grün sind befreit von ihrer weißen Decke. Aber Schneepolster wöl-ben sich noch unter den bizarr geformten Nadelbäumen. Kein gewöhnlicher Schnee ist das, sondern verschwenderisch angehäufte Kristalle von feinstem Feuer. Das glitzert, blitzt und schimmert in unbeschreiblicher Schönheit.

Ein Blick ohne Grenzen. Die Kulisse in durchsichtiger Ferne besteht aus eisge-panzerten Gipfeln, schneereichen Bergrücken und braunrot gefärbten, hell be-leuchteten Felsen. Mehr im Vordergrund eine Folge von nicht so steilen Hügeln, bedeckt mit locker verteiltem Nadelwald. Es sind ohne Zweifel die Bristlecone

Pines, darunter die ältesten aller lebenden Wesen auf dem Planeten. Sollte zutreffen, daß es außer unserer Erde keinen Himmelskörper mit organischem Leben gibt, dann sehe ich vor mir die ältesten Lebewesen des Universums.

»Mann, wo kommen Sie denn her«, ruft mir einer zu, »die Straße ist doch gesperrt!«

Er sieht ganz so aus, wie ein Bewohner dieser rauhromantischen Blockhütte aussehen sollte. Ein großer, hagerer, etwas nach vorne gebeugter älterer Mann mit breitkrempigem, olivgrünem Hut auf dem grausträhnigen Haar. Die Kleidung und das Wappen am linken Ärmel machen deutlich, daß der Alte zum Aufsichtspersonal gehört. Mit langen Schritten kommt er auf mich zu.

»Von 'ner gesperrten Straße hab' ich nichts gemerkt«, ist meine Erwiderung. »Wenn da ein Schild war, so drangen meine Augen nicht durch meterdicken Schnee.«

Worauf er meint, daß eigentlich der Fahrer vom Schneeräumer die Schilder ausgraben sollte. Aber das sei in diesem Winter ein Student, »faul wie 'n Stinktier und vergeßlich wie 'ne Flunder«. Wobei mir bis heute unbekannt blieb, wieso denn gerade die Flundern vergeßlich sind.

Jedenfalls bin ich entschuldigt, und der Mensch fragt, was ich von starkem, noch dampfendem Kaffee halte. In dem Blockhaus sieht es nicht so aus, wie man von draußen erwarten durfte. Kühlbox, Herd und Heizung mit Propangas betrieben. Zweckentsprechendes Mobiliar, mit Papieren bedeckter Schreibtisch, Sprechfunkgerät mit allerhand Schnüren, meteorologische und noch andere Apparate, deren Bestimmung mir unklar bleibt. Aber auch Jagdwaffen, Ferngläser und Spektive.

Larry Manning heißt der Mann, und eigentlich ist er schon pensioniert. Macht aber noch gelegentlich Winterdienst, weil er so gerne hier oben ist.

»Also dann, was führt Sie her, wenn man höflich fragen darf«, sagte er zu mir. – »Die Pinus aristata, auch Bristlecone Pine genannt und auf deutsch die Borstenzapfenkiefer, dem Vernehmen nach befinden sich hier im Methusala Park die an Jahren reichsten Exemplare des Erdkreises.«

Woran kein Zweifel bestehe, meint Manning und schlägt mit der flachen Hand fest auf den Tisch. Aber welch gottverdammten Unfug muß man in allerhand blödsinnigen Büchern immer wieder lesen. Ihm sollte nur mal so ein Reiseschriftsteller unter die Augen kommen, aus dem würde er Hackfleisch (Minced Meat) machen, das nicht mal mehr als Katzenfutter verwendbar sei. Was ich denn so täte, um mir meinen Lebensunterhalt zu verdienen, was hoffentlich auf ehrliche Weise geschehe?

»Ich war im Dienst des Staates«, gebe ich wahrheitsgemäß zur Antwort, »und so bekomme ich jetzt ein Ruhegehalt, ein bescheidenes.«

Das gefällt ihm, denn er ist selbst pensionierter Beamter, hat sich aber bestimmt nicht in relativ so jungen Jahren vom Staatsdienst getrennt.

»Gleich kommt der Billy zurück, der eben erwähnte sympathische Student. Er macht während der Winterferien den zweiten Mann hier oben. Bei Tag muß immer einer draußen sein und einer in der Bude, wegen der Apparate. Sonst wissen die Leute nicht, was für'n Wetter kommt, so ist das eingerichtet bei uns. Aber wir beide können schon gehen, zu den dreitausendjährigen Lebewesen, und zu den viertausendjährigen!«

Es ist gegen Mitte des Tages und im Glanz der strahlenden Sonne ziemlich warm bei dem windstillen Wetter. Der Ranger trägt nur sein olivgrünes Diensthemd zur Cordhose mit den hohen Schneestiefeln. Mir wird bald heiß im pelzgefütterten Anorak. So hänge ich das Ding einfach an den nächsten Ast, wir werden ja auf gleichem Wege zurückkommen. Die Sonnenbrille vor den Augen, den Jagdhut auf dem Kopf, Fernglas und Kamera umgehängt, folge ich dem mit weiten Schritten vorausgehenden Mann. Er schlenkert mit den Armen, wiegt die Schultern und pfeift zufrieden.

Alle guten Gründe hat er für seine gute Laune, und ich kann auch zufrieden sein. Die schwierige Fahrt ist geschafft, das Wetter hat sich fabelhaft entwickelt, und einen erstklassigen Begleiter habe ich auch zum heiß ersehnten, zum lange geplanten Besuch bei lebenden Zeugen einer so langen Zeit der Naturgeschichte.

Die Schneekristalle knirschen unter den Stiefeln, dürre Zweige zerknacken und Grasbüschel rauschen. Die Höhenluft macht sich in der Lunge bemerkbar, das Herz klopft lauter und der Atem geht schneller. Unbeschreiblich schön ist der frische herbe Duft. Als seltene Kostbarkeit sollte ihn genießen, wer sonst zum Leben im Tiefland, vielleicht gar in einer großen Stadt verdammt ist.

Der Frühling wird bald kommen und der kurze Sommer nicht lang mehr auf sich warten lassen. Wir sehen die ersten, noch zarten, frischen Halme, die aus dem feuchten Boden steigen, und kleine, noch schüchterne Knospen der Bristlecones.

Ein, zwei Schneehasen hoppeln vorüber. Von den Zweigen flattern Tannenhäher und Kernbeißer. Ich weiß nicht, ob sie auch hier das gleiche sind wie bei uns, aber sie sehen ganz danach aus. Hoch in der Luft ziehen zwei Greifvögel ihre Kreise. Ein herrlicher Anblick vor dem Hintergrund rötlicher Felsen und eisbekrönter Gipfel.

»Etwa dreitausend Jahre«, meint Manning und zeigt mit linker Hand auf eine Borstenzapfenkiefer, die wir eben erreichen.

An Höhe des Wuchses enttäuschend, ebenso was die Stärke ihres Stammes betrifft. Dabei kann, genau genommen, von einem Stamm nicht gesprochen werden, denn es sind mehrere, die sich umschlingen, wieder teilen, in verschiedene Richtungen zeigen und wieder zusammenfinden. An uralte Oliven wäre zu denken, wie man solche auf Samos, Ithaka und gelegentlich auf Kreta findet. Selbst ein Vergleich mit der Laokoon-Gruppe im vatikanischen Museum scheint nicht zu weit hergeholt. Aber vergessen muß man, gar nicht mehr denken an die himmelstürmenden Giganten der Sequoia sempervirens, an die schiffbauchdicken Ungetüme der Sequoiadendron in den tiefdunklen Wäldern, aus denen ich komme. Hier ist das vollkommen anders.

Die langen, dünnen, graugrünen Nadeln tragen jede an ihrer Spitze ein aufgetautes Eiskorn, also ein hellblinkendes Tröpfchen. Soweit die Zapfen im Herbst nicht ausgefallen sind, hängen sie tief herab, als seien sie doch recht müde geworden.

»Wissen Sie«, fragt der Ranger, »oder wissen Sie nicht, warum die Bristlecones so alt werden, ich meine hier im Inyo Forest und hier oben im Methusala Park?«

Ich wußte es, hörte aber gern am Orte selbst die Bestätigung.

»Beim rauhen Klima auf dieser Höhe, angesichts des langen Winters und seiner baldigen Wiederkehr beträgt die eigentliche Wachstumsperiode der Pinus aristata bestenfalls sechzig bis siebzig Tage im Jahr. Dann ruht wieder alles für neun bis zehn Monate. Hinzu kommt der böse, scharfe, oft kalte Wind sogar an scheinbar schönen Tagen im Sommer. Was soll da schon wachsen und sich entwickeln? Da gibt's kaum einen Baum oder Bäumchen, das nicht unzählige Male von einem Sturm verbogen, geknickt und zersplittert wurde. Nehmen Sie alles zusammen, dann ist zu begreifen, daß ein Lebensjahr für die Bristlecones so gut wie gar nichts bedeutet.«

Ich habe von Kennern erfahren, daß sich zu dieser Erklärung noch viel mehr sagen läßt und auch vieles dagegen. Aber über den großen Daumen gepeilt, scheint mir, was Manning gesagt hat, für Laien der Dendrologie die einfachste, am leichtesten verständliche und auch keineswegs falsche Erklärung zu sein.

Es ist heute nicht mehr notwendig, einen Baum erst zu fällen, um durch Zählung der Jahresringe sein Alter festzustellen. Eine Hohlnadel, nicht stärker als eine Stricknadel, wird ähnlich wie ein elektrischer Zahnbohrer eingeführt und entnimmt dem Baum bis zu dessen Mitte eine Strukturprobe, aus der sich bei mikroskopischer Untersuchung das sichere Lebensalter ergibt. Selbst habe ich nicht gesehen, wie das gemacht wird, aber Fachleute haben es mir erklärt, wobei ich hoffe, richtig verstanden zu haben.

»Nach diesem noch relativ jungen Exemplar«, sagt Manning, mich von der erst dreitausendjährigen Borstenzapfenkiefer fortziehend, »gelangen wir drüben zu einer Gesellschaft von Senioren, deren Alter sich auf viertausend Jahre zubewegt.«

Wenn man es recht bedenkt, standen diese Exemplare am gleichen Fleck, als die sagenhafte Kultur der Minoer auf Kreta ihre ersten Anfänge nahm. Sie schauten schon seit langem über die gleiche Gegend, bevor die Schiffe der Phönizier ins westliche Mittelmeer gelangten, und ehrwürdige Baumgreise waren sie schon, als in unserer Heimat wilde Menschen halbdunkle Höhlen bewohnten. Da lebten sie bereits, diese knorrigen, von Stürmen verdrehten und von Schneelasten krummgebogenen Bäume.

Einige kannte Larry Manning persönlich. Die hatten sogar bestimmte Namen, und er nannte mir das Alter der Hochbetagten. Sechs davon, wenn ich es recht behalten habe, kamen über 4000 Jahre hinaus, drei hatten zwei Jahrhunderte darüber erreicht und einer war bis auf 4300 Jahre gekommen. Entweder bilde ich es mir ein oder tatsächlich machte jeder von ihnen einen ehrwürdigen, sogar respektgebietenden Eindruck.

Dem Ranger muß ähnlich zumute sein, da er sich erst nach einer Schweigeminute von den Zeitgenossen der frühesten ägyptischen Pharaonen entfernt.

Es wird kein Wort gesprochen, während wir die nächsten hundert Meter über Schneeflecken und Steinsandboden weitergehen. Ein Hügel ist zu ersteigen, hinter dem sich eine noch großenteils mit Schneeresten gefüllte Mulde auftut. Sie ist breit, nicht sehr tief, aber ziemlich laut geht es darin zu. Ein sonst recht friedlicher Bach, wie Manning sagt, hat infolge der Schneeschmelze sehr stark an Gewalt und Volumen gewonnen. Das schäumt und brodelt und bricht sich am Gestein. Das bräunlich gefärbte Gewusel sprudelt munter über beide Ufer des Bachbetts. Die glucksenden Wellen spielen zwischen Wurzeln, und sie spülen faustgroße Steinbrocken mit sich fort.

»Hab ich's mir doch gedacht«, knurrt grimmig der Ranger, »daß wir über den Creek nicht rüberkommen. Tut mir leid, aber hexen hab ich noch nicht gelernt.«

Ich mache ein fragendes Gesicht, und er schüttelt den Kopf als Ausdruck seines offenbar echten Bedauerns.

»Dann werd ich also die Ehrwürdigsten der Uralten nicht sehen?«

»Sehen schon, zumal Sie ein Fernglas mitschleppen«, tröstet er. »Aber herankommen und vielleicht zur Begrüßung einen Ast drücken, das will Ihnen der
Bach nicht gönnen.«

Nach diesen Worten beginnt der vortreffliche Mann zu erklären, wohin ich
meinen Blick lenken solle.

In einem Gelände, das keinen besonderen Anhaltspunkt bietet, sondern überall von ungefähr gleicher Beschaffenheit ist, sind solche Ansagen gar nicht einfach. Es gibt einiges Hin und Her, mancherlei Hinweise und Gegenfragen, dann
habe ich die allein richtige Baumgruppe im Glas.

Zwischen rotbraunen Steinblöcken, mit schimmerndem Schnee dahinter, sich
keineswegs besonders auffällig von der Umgebung abhebend, erkenne ich eine
Art von Gebüsch, das sich nahe am Boden ausbreitet. Erst als ich das Gebilde
mehrere Minuten lang mit forschender Aufmerksamkeit betrachtet habe, wird
ein Durcheinander von Stämmen erkennbar, die alle aus gemeinsamer Wurzel
kommen. Halbwegs frei steht nur ein relativ kleiner Teil. Nur dieses Teilstück
kann ein Laie als Baum bezeichnen, als echtes Exemplar der Pinus aristata, englisch Bristlecone Pine genannt, auf deutsch Borstenzapfenkiefer.

Endlich und wahrhaftig sehe ich, was bisher nur wenige Menschen gesehen
haben, das älteste Lebewesen auf unserer Welt. Vielleicht ganz gut, daß mich
der wilde Bach und circa sechzig Schritt vom Rekordhalter an Jahresringen trennen. Der Abstand, die derzeitige Unerreichbarkeit erhöht die Würde des
Gewächses, bewirkt sogar eine gewisse Feierlichkeit.

Auch der an so hohes Alter gewohnte Ranger scheint davon gerührt. Seine
Stimme klingt gedämpft, als er sagt: »Viertausendsechshundertfünfundzwanzig
Jahre.«

Das sind, gemessen an menschlichen Zeitbegriffen, gut 150 Generationen.

Was haben unsere Vorväter getan, wie haben unsere Urmütter ausgesehen,
als dieser Baum schon quicklebendig war und noch jung für Zeitbegriffe der
Bristlecones? In welcher Höhle mögen jene Familien gehaust haben, von denen
wir Heutigen abstammen? Womöglich nagten sie an menschlichen Knochen und
bevorzugten als Trinkgefäße die Hirnschale erschlagener Feinde?

»Wollen wir gehen«, schlägt der Ranger vor, »ich hätte in der Hütte 'ne gute
Hasenkeule, von einem Schneehasen und sehr delikat, wenn man die richtigen
Kräuter dazutut.«

Die Gegend um Frisco

Mein Wagen rollt wieder auf der Nationalstraße 101. Ringsherum liebliche Landschaft, die an Vorgebirge der Alpen erinnert, etwa an deren Südhänge in Frankreich oder Italien. Es ist eine weitgehend kultivierte Gegend, wie geschaffen für fleißige Landwirte. Überall wohlgenährtes Milchvieh auf den Weiden, auch gepflegte Obstbäume und Blumengärten. Federvieh auf eingezäunten Wiesen, schnatternde Enten und Gänse an aufgestauten Teichen. Es gibt hier keine großen Ranchos, auch keine Farm auf Latifundien, wie man es sonst sehr oft in Kalifornien sieht, sondern nur bescheidene Besitze, die von der Familie selbst versorgt werden. Hier leben die Leute in Bauerngehöften ähnlich wie bei uns. Häufig begegnet man noch einem Baustil, wie vor der Jahrhundertwende in Mitteleuropa. Auch die weißen, rings um die öffentlichen Parks der kleinen Städte angesiedelten Villen erinnern an Europa, ans friedliche behagliche Europa vor den Weltkriegen. Man hat die blumenreichen Hausgärten, was sonst in Amerika selten ist, wie bei uns mit Hecken oder Holzlatten eingezäunt.

Weil ich rasch vorwärtsgekommen bin und Zeit gewonnen habe, erlaubt mir mein Terminplan, von der Hauptstraße abzuweichen, um Landstraßen und Nebenstraßen zu folgen, die sich nur als dünne Striche auf der Karte finden lassen. Es genügt mir, wenn sich die Schlangenlinie meiner Fahrt nur so ungefähr in Richtung auf San Francisco zu bewegt.

Wirklich, ein Fremder, fiele er hier vom Himmel, würde nicht so bald merken, daß er im westlichen Amerika gelandet ist. Die Ortsnamen verraten nichts davon. Statt dessen deuten sie auf verschiedene Länder im südlichen, mittleren und östlichen Europa: Sewastopol, Colpella, Rohnert, Angevin, Agua Caliente, Bucks, Beryessa, Biederstein usw. Damit ist bewiesen, daß seinerzeit geschlossene Gruppen hier eingewandert sind.

Asti, Aetna, Novati, Cotati, Mondari, Martini und ähnlich benannte Ortschaften können wohl nur von den Nachkommen italienischer Einwanderer bewohnt sein. Und es scheint, sie halten eine ganze Provinz besetzt. In den Ortschaften fast nur italienische Aufschriften, ebenso italienisch die Namen der Firmen. Weinberge an sonnenbeschienenen Hängen, hinter denen sich allmählich das Gebirge hebt, dessen schemenhaft am Horizont erscheinende Gipfel mit Schnee und Eis bedeckt sind. Im großen ganzen das gleiche Landschaftsbild wie in Piemont, wie im Tal von Aosta. Es sind, was ich gerne glauben möchte, die besten Weinbaugebiete Kaliforniens, wenn nicht überhaupt in Nordamerika. Angelegt wurden sie von Weinbauern aus Oberitalien und der italienischen Schweiz. Hier und dort, mehr verstreut als zusammenhängend, finden sich sorgfältig gepflegte Weinkulturen von ehemals deutschen, französischen und westschweizerischen Emigranten. Die meisten von ihnen kamen im letzten Drittel des vorigen Jahrhunderts, aber ihre Vorläufer und Bahnbrecher schon mit Johann August Sutter um das Jahr 1840.

Es ist eine zeitraubende, aber gerade deshalb genußvolle Fahrt über die schmalen, gewundenen Nebenstraßen. Meinen Abwegen habe ich eine besondere Überraschung zu verdanken. Am Wegrand entdecke ich ein bescheidenes Schild, das für anderthalb Dollar die Sensation eines echten Geysirs verspricht, der nach jeder halben Stunde fünf Minuten lang kochend heißes Wasser zwanzig Meter hoch schleudert. Mein Reiseführer, der sonst alles und jedes erwähnt, meldet von diesem Geysir gar nichts. Vermutlich ist das Ganze nur ein geschickter Schwindel. Aber es soll mir 1,50 Dollar wert sein, zu sehen, wie man so etwas vortäuscht. Auf miserablem Wege folge ich den Richtungspfeilen, zahle bei der Kasse einem alten Mann den verlangten Betrag, stelle meinen Wagen ab, gehe um ein halbverfallenes Farmhaus und stehe vor einem verschilften Teich.

»In zehn Minuten geht's los«, sagt mir der eben von seiner Kasse kommende Besitzer des Anwesens.

Es trifft noch eine sechsköpfige Familie ein, deren mongolische Gesichtszüge entweder auf japanische oder indianische Abstammung schließen lassen. Acht der zehn Minuten sind vergangen. Die blaßbraune Brühe des etwa zwölf Meter breiten Tümpels beginnt Blasen aufzuwerfen. Die Blasen blubbern, dann hört man sie grollen. Nun beginnt es aus dem Tümpel zu dampfen und schweflig zu stinken. Ohne Vorwarnung steigt die versprochene Fontäne aus kochendem Wasser und funkelnden Perlen in die Luft. Höher und noch höher sprüht der Strahl, bis zwanzig Meter und darüber erreicht sind. Der frische Luftzug weht glühend heiße Spritzer nach Westen, wobei sich der Strahl wie eine Fahne dreht.

Es zischt sehr laut, sprudelt mit großer Kraft und strahlt Wärme in die Gesichter der Zuschauer. Kein Zweifel scheint möglich, dieser Geysir ist echt. Er könnte gar nicht echter sein. Genug davon habe ich gesehen, gehört und gespürt, in Japan, Island und Neuseeland, ebenso im Yellowstone Park hier in Amerika. Merkwürdig aber ist und bleibt, daß von diesem, auf die Minute pünktlichen, sicher sehr eindrucksvollen und in der Ausflugsnähe von San Francisco befindlichen Geysir in den mir bekannten Reiseführern keine Rede ist. Also frage ich den Besitzer.

»Hat 'ner uralten Frau gehört, die von Fremden nie was wissen wollte«, erklärt mir der Mann. »Die Alte war komisch wie vorher die Eltern von ihr, so 'ne abergläubische Sorte waren sie alle. Hat was mit den Rothäuten zu tun, für die saßen gute, vielleicht auch böse Geister in der Kochkiste. Im vorigen Jahr ist die Alte gestorben, so um die neunzig muß sie gewesen sein. Von den Erben hab ich die Dampfspritze gekauft, für 150000 Dollar!«

Jetzt sucht er kapitalkräftige Partner, um mit ihnen gemeinsam an dem Geysir gut zu verdienen. Ein Motel mit kostenlos geheiztem Swimmingpool soll entstehen. Daneben eine Bar mit Beatschuppen, ein großer Parkplatz samt guter Zufahrt sind geplant und für den Geysir eine in allen Farben schillernde Bestrahlung, sobald die Sonne gesunken ist.

So wird Ihnen also, verehrte Leser, wenn Sie demnächst dorthin kommen, vieles geboten!

Noch eine halbe Stunde auf Nebenstraßen, wo das tägliche Leben ruhig verläuft, dann schwimmt mein bescheidener Wagen im gewaltigen, am Sonntagabend heimkehrenden Wochenendstrom auf San Francisco zu, nur noch eine Mücke im Millionenschwarm. Auf breitem Asphalt ein wogendes Meer aus blitzendem Blech, eingehüllt in die mitrollende Dunstwolke der Abgase. Nur mit Mühe gelingt mir das Manöver, von der 101 herunter auf die nach Osten führende 37 zu kommen. So kann ich der Millionenstadt entrinnen. Die Straße 37 umgeht die San-Francisco-Bucht entlang ihrem nördlichen Rand, und zwar viele Meilen weit auf einem Damm, der über Sumpfgebiete führt. Auf ihr erreiche ich die noch spanisch anmutende Villenstadt Vallejo. Ihr Baustil wie überhaupt die gesamte Athmosphäre des Städtchens täuschen nicht etwa früheres nur vor, wie das oft geschieht, wenn spanischer Stil verwendet wird. Alles ist hier echt wie der Geysir. Es gab Vallejo als großes Rancho schon zur Zeit der spanischen Herrschaft, dann als Ortschaft aufblühend während der mexikanischen Zeit. Für knapp zwei Jahre ist Vallejo sogar Hauptstadt Kaliforniens gewesen. Aber wer weiß das heute noch?

Ein wunderbares Motel nimmt mich auf. Von der Veranda ein herrlicher Blick, dazu der gewärmte Swimmingpool und ein geschmackvoll eingerichtetes Zimmer. Was mich nach Vallejo bringt, ist aber nicht der gute Ruf des Motels, sondern die Suche nach dem Grab des »Sterns von Kalifornien«. Wie ich es schließlich gefunden habe, auf dem verlassenen, verwilderten Friedhof, wird noch berichtet.

Die San-Mateo-Brücke, auf fast tausend Pfeilern zwanzig Kilometer weit durch die San-Francisco-Bucht gebaut, bringt mich folgenden Tages hinüber in die südlich gelegenen Vororte der Riesenstadt. Ich fahre auf Hochstraßen zurück ins Zentrum, um mir noch einiges anzuschauen. Sicher ist San Francisco schöner als Los Angeles, allein schon wegen der elegant geschwungenen Bucht und der nahegelegenen Berge. Auch im Stadtgebiet selbst erheben sich Höhen mit Weitblicken nach vier Seiten, die weit wunderbarer sind, als man es von irgendeinem Punkt in Los Angeles erleben kann. Wenn trotzdem die Bewohner von L.A. mit aggressiver Schärfe behaupten, daß ihnen die eigene Stadt mitsamt ihrer Umgebung zehnmal lieber ist als das angeblich hochgestochene »Frisco«, spricht daraus nur der reine Lokalpatriotismus. Fremde vergleichen die beiden Städte realistischer.

Wie es einem Skispringer zumute ist, der ganz oben auf der Schanze im Begriff ist, sich in die Tiefe abzustoßen, das können alle Autofahrer erfahren, die zum erstenmal ihr Fahrzeug durch San Francisco lenken. Da gibt es nämlich Straßen, die so steil und kerzengerade hoch hinaufführen, wie man das kaum für möglich hält. Nur mit viel Gas im ersten Gang schafft der Wagen die schwindelerregende Steigung. Wobei unsereins immer befürchten muß, daß er nach hinten umkippt. Schlimmer noch, viel schlimmer ist für den unerfahrenen Fremden das Abwärtsrollen auf einer dieser extrem steilen Straßen. Mir jedenfalls war, als sollte ich von einer Sprungschanze in den Abgrund rutschen.

Warum die Friscos statt ihrer gradlinigen Steilstraßen nicht menschenfreundliche Kurven hinauf wie hinunter gebaut haben, ist eine berechtigte Frage. Man möchte außerdem wissen, zumal es sich meist um Straßen in den älteren Stadtvierteln handelt, wie sie denn vor dem motorisierten Zeitalter all das schwere Baumaterial über die Steilstrecken hinaufgeschafft haben. Vermutlich mit dreißig Paar Ochsen vor jedem Karren. Im vorigen Jahrhundert waren Zugochsen wohlfeil und massenhaft zu haben.

Wissen muß der stadtfremde Fahrer, daß San Francisco vermutlich dieser tollen Straßen wegen seine ganz besondere Verkehrsregelung hat. Wenn die Straße bergabführt, müssen die Vorderräder eines jeden Wagens beim Halten schräg zur Kante gerichtet sein. Sinngemäß das Gegenteil ist polizeiliche Vorschrift, wenn die Straße nach oben steigt. Unnötig zu sagen, daß man bergab den Rückwärtsgang und bergauf den ersten Gang einzulegen hat. Alles aus berechtigter Sorge, der Wagen könnte sich steuerlos in Bewegung setzen. Die Folgen wären nicht auszudenken, weshalb die Kontrollen streng und die Strafen hoch sind.

Für alle Ängste auf den Steilstraßen und die nervenzerfetzende Straßensuche im lückenlosen Verkehr entschädigt die außerordentliche Schönheit des Golden Gate Park. Soweit man ihn durchfahren kann, ist ein maximales Tempo von 32 Stundenkilometern vorgeschrieben. Mit der Pflege dieses artenreichen, in allen Farben blühenden Parks müssen mehr als hundert erstklassige Gärtner beschäftigt sein. Keine andere Stadt der Welt hat ähnliches in solcher Ausdehnung, mit so vielen Pavillons, Palmenhäusern und Sportanlagen zu bieten. An Teichen und Bächen, bewaldeten Hügeln, schattigen Reitwegen und gepflegten Promenaden, an Schwimmbädern, Golflinks und Tennisplätzen für jedermann ist der Golden Gate Park von Frisco nicht zu übertreffen.

Auch hier war ich auf der Suche nach einem Zeugnis der Vergangenheit. Ging es in Vallejo um das Grab der Suora Maria Concepción Arguello, so hier um ein ganzes, noch gut erhaltenes, aufs Land gezogenes Schiff. Das war die »Gjöa«, ein polarmeertüchtiger Motorsegler von nur 42 Tonnen. Damit war es dem berühmten Roald Amundsen, dem späteren Entdecker des Südpols, in den Jahren 1902 bis 1905 gelungen, die vier Jahrhunderte hindurch vergeblich gesuchte Nordwestpassage zu entdecken, mit anderen Worten einen Seeweg vom Atlantik zum Pazifik um die nördliche Küste Amerikas herum.

Selber hatte ich die »Gjöa« nie gesehen, nun aber war die günstige Gelegenheit dazu gekommen. Amundsen hatte nämlich, als sein fabelhaftes Abenteuer glücklich zu Ende war, das nun weltberühmte Schiffchen den Bürgern von San Francisco geschenkt. Sie waren dankbar genug, dafür im Golden Gate Park eine besondere Halle zu bauen, wo die »Gjöa« nun schon seit 70 Jahren von einem staunenden Publikum besichtigt werden kann. Doch es schien davon niemand etwas zu wissen. Endlich kommt ein Polizist des Weges, der geneigt ist, meiner Frage sein aufmerksames Ohr zu schenken.

»Das Schiff von Amundsen ist leicht zu finden«, sagt er mit leichtem Tadel in der Stimme. »Da fahren Sie vom Hauptbahnhof in Oslo mit dem Bus hinaus nach Bygdö. Gleich neben der berühmten Fram von Nansen und dem Kon-Tiki-Floß von Heyerdahl hat man unlängst die Gjöa aufgestellt.«

---

* Näheres darüber in meinem Buch »Mein Leben für die weiße Wildnis«, Cotta Verlag, Stuttgart.

Auch in den USA kennen nur wenige Touristen das tief drunten in der Havasupai-Schlucht verborgene Paradies der »Grünwassermenschen«, einer recht ursprünglich gebliebenen Indianergemeinschaft von knapp 400 Menschen. Nur im Fußmarsch oder auf dem Pferde-rücken gelangt man hinunter, falls der Häuptling die Genehmigung zum Besuch erteilt. Wasserfälle und herrliche Badeteiche, Sinterterrassen, tiefgrüner Wald und rauschendes Wasser erfüllen das enge Tal.

*Oben: San Francisco an der schönen, weiten Bucht gleichen Namens hat viele
Gesichter, ist einerseits moderne Riesenstadt, aber auch unerschöpflich an Sehenswürdigkeiten.
Am alten Fischereihafen mehr als hundert Restaurants, die in jeder nur möglichen Zuberei-
tung frischgefangene Meerestiere bieten.*

Folgende Seite: Golden Gate Bridge bei San Francisco, die Brücke übers Goldene Tor, über die Einfahrt in die San-Francisco-Bucht hinweg. Seinerzeit war sie die längste und, vom Meeresspiegel gemessen, auch die höchste Straßenbrücke der Welt. Geblieben aber ist ihr der gewiß wohlverdiente Ruhm, die schönste aller Brückenbauten zu sein.

Des Rätsels Lösung ist einfach. Die Norweger hatten sich überlegt, daß Amundsens Schiff eigentlich besser nach Oslo paßte, und die Friscos waren zur Rückgabe bereit gewesen. Pech für mich, aber sicher das Beste für die »Gjöa«.

Gleich am Golden Gate Park, wo er am sandigen Strand des Stillen Ozeans sein Ende findet, führt der Highway Nr. 1 vorbei. Das ist jene unvergleichliche Küstenstraße, von der ich schon öfters zu schwärmen ausreichende Gründe hatte. Nun will ich auf der Nr. 1 mit ihren vielen tausend Kurven möglichst genußvoll in vier bis fünf Tagen nach Los Angeles zurückreisen.

Aus Platzmangel, auch weil die Geduld meiner sehr geschätzten Leser nicht endlos ist, muß ich meine Schilderung dieser faszinierenden Küstenfahrt auf nur wenige Höhepunkte beschränken. Auch ein dreibändiges Werk, allein diesen 800 Kilometern gewidmet, wäre nicht imstande, alles Erwähnenswerte zu bringen. Es gibt dort so viel, so unendlch viel zu sehen und zu erleben.

Rasch vorbei am Montana-Strand, wo man gerne einige Wochen verweilen würde. Sandige Küste, rollende Brandung und strahlende Sonne auf tiefblauem Meer. Es folgen der Moos-Strand bei El Granada und die San-Mateo-Bucht, dann geht's der Halbmond-Bucht und Kiesel-Bucht entlang nach Santa Cruz. Dort die herrlichen Begonia-Gärten und die aus geringen Überresten wieder aufgebaute Mission Santa Cruz. Weit besser im Originalzustand erhalten und deswegen so stimmungsvoll, bewundert man weiter südlich bei Monterey die schon 1770 gegründete Mission San Carlos Borromeo del Rio Carmelo, dort einfach Carmel genannt. Monterey selbst, einst Hauptstadt des spanischen Kaliforniens, lohnt in mancher Hinsicht einen langen Aufenthalt. Denn viel ist gut restauriert worden. Auch ich denke dabei an das früher weltbekannte, ebenso schöne wie traurige Lied: »It happened at Monterey, long, long ago.«

Eine Fülle von herrlichen Blicken auf ungemein schöne Landschaften gewinnt man auf der 17 Meilen (27 km) Fahrt durch die Pacific Ocean Grove südlich Monterey. Ein privates Naturschutzgebiet, bestehend aus Sandküste, Felsenstrand, Bergwald, Blumenpracht, Klippen und gepflegten Gärten mit Golfplätzen, Tierparks, Kolonien von Seelöwen, Kormoranen und anderem Getier. Ein Paradies am Pazifik, das etwa hundert Multimillionären gemeinsam gehört, die anderen Leuten, sofern sie bis zehn Dollar für Wagen und Familie bezahlen, die Durchfahrt auf einer Rundstrecke gestatten. Dabei sieht man in weiten Abständen auch die Bungalows, die Strandhäuser und palastartigen Villen der Eigentümer. Aber der Neid muß es ihnen lassen: ihre Anwesen haben sie geschmackvoll und behutsam in die Landschaft gebaut. Überall verhindern hohe Hecken den unbefugten Blick ins Privatleben der oberen Tausend.

Wer weiterrollt, aus dem Grove Park hinaus, entlang der steilen Küste am prachtblauen Pazifik, gelegentlich bei den Vistapoints anhält und die leichtbewegten Wellen mit dem Fernglas absucht, kann womöglich Seeotter entdecken, die schönsten Pelzträger unter allen Säugetieren des Meeres. Nachdem man schon gemeint hatte, sie seien restlos ausgerottet, tauchten vor etwas mehr als zwanzig Jahren ganz überraschend wieder einige der spielerisch veranlagten Tiere auf. Sofort unter strengsten Schutz gestellt und zu Lieblingen der Küstenbewohner geworden, haben sich die Seeotter gottlob inzwischen auf erfreuliche Weise vermehrt.

Ein Ferienhaus für 1000 Millionen Mark

Nun bin ich auf der »Big Sur« genannten Straßenstrecke. Das Wort bedeutet in englisch-spanischer Kombination einfach »großer Süden«. Hat man diese Straße irgendwann selbst befahren, bedeutet einem »Big Sur« sehr viel mehr. Auch ich kann jedem Reisefreund versichern, daß allein der Genuß von Big Sur genügt, um Zeit wie Geld für einen Ferienflug nach Kalifornien aufzubringen. Fast hundert Straßenkilometer ohne nennenswerte Ortschaften. Nur ein paar Tankstellen und Leuchttürme, wenige Fischerhütten und Ferienhäuser. Dazu ein paar kleine Künstlerkolonien, das ist alles, was man von Menschen und menschlichen Behausungen auf der ganzen langen Strecke sieht. Dafür Weitblicke bis hinauf zu den schneebedeckten Hängen der Sierra und großartige Tiefblicke die Steilküste hinunter. Auch hier der Duft von Anis, Salbei und Lupinen, die goldenen Fächer blühenden Ginsters und die feurigen Flammen wilden Mohns. Vom anrollenden Meer steigt salzige Feuchtigkeit auf und von den Santa-Lucia-Bergen weht kühlender Wind herab. Welch herrliches Land blieb hier erhalten, eine wunderbare Welt, so weit das Auge reicht. Nirgendwo haben Menschenhände, Gewinnsucht oder Geschmacklosigkeit die Landschaft vergewaltigt.

Einem Mann, wirklich nur einem einzigen Mann ist das zu verdanken. Alles weit und breit hat ihm gehört, ein Besitz von 80 Kilometern entlang der Küste und bis 30 Kilometer tief ins ansteigende Gebirge hinein. Es war insgesamt eine arrondierte Fläche von 116 000 Hektar, damals der größte private Grundbesitz in den Vereinigten Staaten von Amerika.

Die Landnahme begann schon früh, mit der 1797 gegründeten Mission San Miguel Arcangel. Binnen sechs Jahren hatten die Mönche 1100 Indianer getauft, angesiedelt und zur Arbeit eingeteilt. Für den Bau der großen Missionskirche holte man die tonnenschweren Stützbalken fast 70 Kilometer weit über wildes, wegloses Gelände.

Gewiß war das ein besonderer Ansporn für den späteren Bauherrn, solche Unternehmungen noch weit zu übertreffen. Zwölf und schließlich zwanzig Ranchos gehörten zur Mission der bienenfleißigen Franziskaner. Aber sehr breite und weite, nicht benutzte Flächen langen dazwischen. Vieh und Pferde, Maultiere, Schafe und Schweine vermehrten sich in Massen, Weinberge entstanden, Weizen, Hafer, Mais, Gerste und Gemüse wurden angebaut. Wie bei fast allen Missionen gab es Werkstätten verschiedenster Art, und Indianer waren dafür als Handwerker ausgebildet worden. Bei bescheidenen Ansprüchen war »Miguel Arcangel« autark, also nicht von Zufuhren abhängig.

Alles ging gut und hätte sich noch besser entwickelt, wäre nicht mit der mexikanischen Herrschaft die Säkularisation gekommen. Nach und nach wurden die franziskanischen Padres von den neuen Machthabern vertrieben und die Ranchos der Missionen an einflußreiche Familien spottbillig verkauft. Gute Freunde des berüchtigten Pio Pico erhielten reichen Besitz zum Geschenk, andere Gebiete wurden an schurkische Geschäftemacher verschleudert. Auf die eine oder sonstige Weise erwarb die schon lange in Kalifornien ansässige Familie Estrado 1842 die Santa Rosa Ranch aus dem verstaatlichten Missionsbesitz. Keine sechs Jahre später mußte der letzte Franziskaner San Miguel Arcangel verlassen.

Die kirchlichen Gebäude kehrten 1878 in die Hand ihrer alten Eigentümer zurück. Aber noch ein halbes Jahrhundert mußte vergehen, bis dem Orden eine Wiederherstellung möglich war. Heute ist dort ein Priesterseminar untergebracht. San Simeon, eine andere ehemalige Mission, sollte man nicht übersehen, auch wenn die meisten Touristen unwissend daran vorüberfahren. Wegen seiner Verträumtheit im halbverwilderten Garten am Meeresstrand und wegen seiner verfallenen Gebäude ist gerade San Simeon besonders reizvoll. Dort, an dem alten, kaum noch benutzten, weil durch eine geradere Straßenstrecke ersetzten Camino Real, liegt auch der sogenannte Sebastian Store. Er war schon 1851 ein Treffpunkt der Einwanderer, der Goldsucher, Trapper und Abenteurer aus dem Westen. Alles, was man brauchte, hatte »Sebastian« zu bieten, einen wohlversorgten Kaufladen, ein relativ ruhiges Restaurant, einen nicht so ruhigen Spielsalon, einen Barbetrieb mit Damen und frische Pferde für die Postkutsche. In der Goldrauschzeit spielte »Sebastian« eine wichtige Rolle, und als nunmehr solides Geschäft besteht der Store nach mehr als 125 Jahren noch heutigentags. Für die kurze Geschichte Kaliforniens ist das vergleichsweise so lange wie bei uns ein halbes Jahrtausend.

Aber das alles erklärt noch nicht, weshalb die gesamte Küstenregion von Point Sur im Norden bis nach Cambria im Süden und bis über den Naciamento River ins Land hinein von fast allen Schäden der Zivilisation verschont blieb. Tatsächlich ist das eine andere Story, meines Erachtens eine sehr interessante Story, und sie beginnt mit dem amerikanischen Senator George Hearst, der 1865 von den Estrados die 800 Hektar große Santa Rosa Ranch erwarb. Doch bald kam mehr hinzu, sehr viel mehr. Kein Wunder allerdings, wenn man weiß, daß schon 50 Dollar mehr als genug waren, um dafür 100 Hektar gutes Weideland zu erwerben*. Der Santa Rosa Ranch folgten die Piedro Blanca Ranch, alsdann San Simeon und immer noch andere Ranchos, Wälder, Weideflächen, Talgründe und Berghänge aus dem ehemaligen Besitz der Mission San Miguel Arcangel. Innerhalb von zehn Jahren hatte der Senator 10 000 Hektar zusammengebracht. Als später sein Sohn William Randolph die Landkäufe fortsetzte, war am Ende elfmal mehr daraus geworden.

Senator George Hearst, schlichter Sohn eines bescheidenen Farmers in Missouri, war nicht nur ein geschäftliches Genie, sondern auch ein Mann mit fast unheimlichen Fähigkeiten. Er vermochte ohne eingehende geologische Prüfung zu erkennen, welche Quantität und Qualität von Mineralien im Boden verborgen lagen. Sogar die Möglichkeiten des Abbaus, die Gestehungskosten und den Gewinn konnte George Hearst in so gut wie allen Fällen richtig vorhersagen. Abgesehen von seinen eigenen Unternehmungen war er Berater für Mammutfirmen in den USA, Kanada und Mexiko. Man sagt, daß er für eine Expertise, die ihn nur wenige Tage kostete, 50 000 damalige Dollar verlangte und auch bekam. Nach heutigem Geldwert sind das ungefähr eine Million Mark.

Die Frau des erstaunlichen Mannes von einfacher Bildung wie Herkunft war Phoebe Appleston, die Tochter einer für amerikanische Begriffe sehr kultivierten, vornehmen und relativ feinen Familie. Da sich Gegensätze anziehen oder ausgleichen, war es eine glückliche Ehe. Aber nur ein Kind wurde George und Phoebe Hearst beschert, der 1863 geborene William Randolph, dessen Name fünfzig Jahre später jedem Bürger der USA in gutem wie in schlechtem, wohl am häufigsten in widerspruchsvollem Sinne bekannt war.

Als Alleinerbe unschätzbar reicher Eltern maßlos verwöhnt, schon als zehnjähriger Bub ebenso großzügig Geschenke verteilend wie der freigebige Vater, gab es für William Randolph Hearst nur in seltenen Fällen unerfüllte Wünsche. Er reiste mit der gebildeten Mutter jedes Jahr nach Europa. Bald war William

---

* Das wären nach unseren Begriffen 100 Quadratmeter für knapp 20 Pfennig.

Randolph ebenso kunstbeflissen wie die Mama, trabte mit ihr durch alle berühmten Museen, Schlösser, Kirchen, Kathedralen des Abendlandes und lernte nebenbei fünf fremde Sprachen.

Die Mutter kaufte Kunst. Der Junge folgte ihrem Beispiel des Sammelns von Kunstwerken, für deren Aufstellung es daheim längst nicht genügend Platz gab. So blieb alles in versiegelten Kisten, die sich in den väterlichen Warenschuppen bis zur Decke stapelten. Aber das war für Mutter und Sohn durchaus kein Grund, ihre gemeinsam betriebene Sammelwut zu zügeln. Wurden doch die Dollars des genialen Senators immer mehr und hatten dazu im alten Europa den doppelten Wert als daheim. An den heute horrenden Preisen gemessen, waren noch bis zum Ersten Weltkrieg wirklich gute und zweifellos echte Kunstwerke sehr billig zu haben, oft nur für den hundertsten Teil ihres heutigen Preises. Keine Verordnung beschränkte ihre Ausfuhr, und niemanden störte es, wenn solche Werte auf Nimmerwiedersehen im fernen Kalifornien verschwanden.

Und so ging es weiter – zwanzig, dreißig, vierzig Jahre lang. Zunächst gemeinsam mit seiner unermüdlichen Mutter, nach deren Tode allein, sammelte William Randolph so ungefähr alles an einigermaßen alten Wertgegenständen, was zu bekommen war. Weil er nicht jede Auktion selbst besuchen konnte, erst recht keine Zeit dazu hatte, verarmten Aristokraten verlockende Angebote zu machen, reisten Agenten für ihn durch alle Länder Europas. Solange der Senator noch lebte, war er mit allem einverstanden, ohne viel von Kunst zu begreifen. Weil aber William an geschäftlichem Geschick seinem Vater nicht nachstand, konnte er seine Käufe schon bald aus eigener Tasche begleichen.

W. R. Hearst ging es nicht um Gegenstände aus nur einer Epoche oder eines bestimmten Stils, in größtem Ausmaß sammelte er einfach alles. Um nur wenige Beispiele zu nennen: Der unersättliche Mann erwarb neben vielem anderen 400 antike Vasen der Etrusker und Griechen, zehn bis zwanzig Dutzend mittelalterliche Silberhumpen, etwa 1000 päpstliche Münzen, ein Gebirge von persischen Teppichen, eine Vielzahl französischer, spanischer, flandrischer Gobelins und nicht weniger Tapisserien. Hinzu kamen antike Mosaiken, chinesisches Porzellan und kostbare Jadeschnitzereien. W. R. H. sammelte unverdrossen Skulpturen aus Marmor, Bronze, Silber, Elfenbein, Eichenholz und Lindenholz, und zwar aus allen Epochen, von Frühgriechisch bis zum späten Barock. Er ließ sich auch nicht das Granitbild der ägyptischen Todesgöttin Sehkmet aus dem 18. Jahrhundert vor der Zeitenwende entgehen. W. R. H. kaufte römische Sarkophage oder ließ sie kaufen. Ebenso Möbel vom späten 14. bis zum frühen 19. Jahrhundert. Unter seine Schätze gelangten, aufbewahrt in einem Hochgebirge fest verschlossener Kisten, Säulenkapitäle der Antike, der Renaissance und des Barock. Heiligenfiguren in Lebensgröße, zwei Meter hohe Silberleuchter und spanische Schmiedekunst fanden seinen Gefallen. Komplette Kirchenportale wurden von Fachleuten zerlegt, in Baumwolle verpackt und nach Kalifornien verschifft. Nicht weniger als 36 Marmorkamine aus englischen, schottischen und spanischen Schlössern schwammen über den breiten Ozean in die Neue Welt. William Randolph erwarb Dutzende der besten Werke von Andrea und Giovanni della Robbia, ebenso venezianische Leuchter und Kristallspiegel, einige davon aus dem ehemaligen Besitz der Dogen. Zu seiner unglaublich kostbaren Gemäldesammlung gehörten Werke von Rembrandt, Rubens, Reynolds, Hals, Goya und andere mehr.

Erst wenn man Hearsts Sammlungen gesehen hat, wird ungefähr klar, was alles auf Erden gesammelt wird. Tabatieren, Schatzkästlein und ritterliche Steigbügel, Silberplatten und vergoldetes Geschirr. Ebenso geschätzt sind uralte Folianten, seltene Erstausgaben und autographische Briefe berühmter Leute. Schmuckdosen nicht zu vergessen, Petitpoint-Sessel und -Sofas, reichgeschnitzte Saaldecken aus florentinischen Palästen, lange und schwere Eichentische aus den Refektorien alter Klöster, ebenso das spätgotische Chorgestühl einer abgerissenen Kirche. Hearst beschaffte sich Beichtstühle aus Belgien, Mosaikböden aus altrömischen Villen sowie das breite Bett des Kardinals Richelieu.

Niemand hat bis heute erfahren oder kann schätzen, was nur ungefähr Mutter und Sohn für alles bezahlt haben. Ebenso unmöglich ist es, den heutigen Wert dieser bedeutendsten Kunstsammlung eines Privatmannes zu ermessen, schon deshalb nicht, weil Gegenstände von wirklich hohem Kunstwert nur noch äußerst selten oder überhaupt nicht mehr auf dem Kunstmarkt erscheinen. Alle Kulturstaaten der Welt haben den Verkauf ihrer bodenständigen Kunst ins Ausland verboten. Was der Staat einmal hat, gibt er nicht wieder her, auch wenn viele der schönsten Dinge aus Platzmangel in tiefen Kellern der Museen verschwinden.

William Randolph war nicht nur der Sohn eines immens reichen Vaters, er selbst machte ebenfalls sehr viel Geld. Schon mit 23 Jahren erhielt er von seinem Vater den »San Francisco Examiner«, eine der führenden Tageszeitungen Kaliforniens, als Geburtstagsgeschenk. Gleich bewies sich der junge Mann als einer der fähigsten Manager seiner Zeit. Er verdreifachte die Auflage des Blattes und erwarb vom Gewinn noch sechs Blätter dazu. Binnen weniger Jahre besaß der junge Hearst 30 der größten amerikanischen Tageszeitungen. Damit nicht genug, hörten auf sein Kommando 15 einflußreiche Magazine sowie 8 Radiostationen. Weiterhin gelangte ein wesentlicher Teil der Hollywood-Filmproduktion in seine Hände. Weil damals gut zwei Drittel aller Kinos in 5 Kontinenten von Hollywood beliefert wurden, war Hearst durch direkte wie indirekte Einflußnahme auf die Massenmedien seiner Epoche – wie man später mit Recht gesagt hat – »der mächtigste Journalist, den bis dahin die Weltgeschichte gesehen hatte«.

Selbstverständlich war ein solcher Mann umstritten. William Randolph Hearst konnte in Amerika mittels der Millionenauflage seiner Blätter mehr politischen Einfluß ausüben als ein Dutzend Senatoren. Er brachte Gesetze zu Fall, stürzte Staatsgouverneure, leistete Präsidentschaftskandidaten wertvolle, vielleicht entscheidende Wahlhilfe und deckte Skandale auf, von denen ganz Amerika erschüttert wurde. Schon als junger Mann scheute er vor nichts zurück, wenn es seiner Ansicht nach um lebenswichtige Interessen der Vereinigten Staaten ging. Er forderte 1898 in seinen Blättern mit äußerst scharfen Artikeln den Krieg gegen Spanien sowie die Besetzung der Philippinen. Den Deutschen und dem Deutschen Reich seit früher Jugend zugetan, wollte Hearst mit all seinen Machtmitteln den Eintritt Amerikas in den Ersten Weltkrieg verhindern. Wenn ihm das auch nicht gelang, so erreichte er doch eine jahrelange Verzögerung.

Gleich nach dem Waffenstillstand 1918 propagierte Hearst einen relativ milden Frieden fürs geschlagene Deutsche Reich, ebenfalls ohne großen Erfolg. Doch er ließ nicht locker, durch sein Zutun besserte sich bald die anti-deutsche Stimmung in Amerika. Er war oft in Deutschland, besuchte auch den Reichspräsidenten von Hindenburg und soll mit Hitler gesprochen haben. Es war sein entscheidendes Unglück, der Beginn seines Verlustes an Prestige, Einfluß und finanzieller Einbußen, daß er zu lange auf seiner pro-deutschen Haltung beharrte. Bei Beginn des Zweiten Weltkrieges war sein Stern erloschen. Das übrige besorgte eine schwere, lange andauernde Krankheit, die am 14. August 1951 seinen Tod herbeiführte, im hohen Alter von 88 Jahren.

Aber ich greife vor. Blicken wir statt dessen zurück auf seine tausend und aber tausend Kisten, deren Zahl durch Neuerwerbungen noch immer vermehrt wurde. Für ihren edlen, alten und kostbaren Inhalt gab es noch immer keinen Raum zu einer würdigen Aufstellung.

Der Vater, im Gegensatz zu seinem Sohn, liebte Kunst und Luxus nicht. Auf seinem riesigen Landbesitz (sehr viel tiefer war es gelegen als das Riesenschloß seines Sohnes) begnügte sich der Senator schon seit Jahrzehnten mit einem recht bescheidenen, schon 1878 ganz aus Schnittholz gebauten, noch heute bestehenden Farmhaus. Im Hochsommer begab sich die Familie mit Hauslehrer, Dienern, Reitknechten, Kammerzofen, Küchenpersonal und einem Dutzend guter Freunde hinauf zu einem 600 Meter hoch gelegenen Bergrücken, wo mindestens zwanzig Zelte aufgeschlagen wurden. Eines war so groß wie ein Zirkuszelt. Darin traf sich die Familie mit ihren Gästen für die Mahlzeiten, auch für abendliche Unterhaltung. Das ganze war ein komfortables Campingdorf, denn es gab in den luftigen Behausungen bequeme Sofas, Sessel und Teppiche, ebenso Badewannen, tragbare Öfen mit Holzheizung und komplette Büchereien. Pferde standen immer zur Verfügung, vor allem William Randolph war ein passionierter Reiter. Aber er brauchte ein starkes Roß, wegen seiner Zweimeterlänge und des entsprechenden Körpergewichts. W. R. war überhaupt ein sportlicher Mann, ausdauernder Schwimmer, unermüdlicher Wanderer, erstklassiger Tennisspieler und ein Freund der Natur. Pflanzen hielt er für schutzbedürftige Lebewesen, die bei Beschädigung oder Zerstörung Schmerzen litten. Diese Einstellung William Randolphs, vergleichbar einem engagierten Naturschützer unserer Tage, hat gewiß entscheidend dazu beigetragen, daß die Santa Lucia Mountains bis zum heutigen Tage im alten, ursprünglichen Zustand erhalten blieben.

Der Vater starb unter Hinterlassung eines riesigen Vermögens, das die Millionen des geschäftstüchtigen Sohnes vorteilhaft vermehrte. Als 1919 auch die Mutter heimgegangen war, begann William Randolph Hearst mit dem Bau des größten Privathauses, das die Welt jemals gesehen hat. Es wird nach menschlichem Ermessen auch nie mehr möglich sein, daß irgendwo etwas Ähnliches entsteht. Die Zeiten sind vorbei, da ein noch so genialer, kaufmännisch begabter und von Glückszufällen beschenkter Geschäftsmann derart fantastische Summen anhäufen kann. Dafür sind die Steuern zu hoch und das soziale Gewissen zu aufgeweckt. Außerdem verhindern bestimmte Staatsgesetze die Zusammenballung einer so gewaltigen Macht, wie sie William Randolph Hearst in seinem Imperium und seiner Person vereint hat. Es könnte auch niemand mehr den Arbeitslohn, die Transportkosten, sodann die Aufwendungen für den Unterhalt eines Palastes dieser Mammutgröße bezahlen.

Der Sinn des gigantischen Bauplanes war vor allem die würdige Unterbringung der seit Jahrzehnten gesammelten Kunstschätze. Demgemäß wurden die Räume, die Hallen, die Terrassen und Treppenhäuser, die Alkoven, Garderoben und Portale ganz danach bemessen, was sie aufnehmen sollten. Die Größe des Gobelins entschied Höhe und Breite einer bestimmten Wand. Die Grotten des Gartens mußten sich den Skulpturen anpassen, die Hearst dort aufzustellen gedachte. So war es mit Teppichen und Tapisserien, mit den zahlreichen Kaminen, Kapitälen, Balustraden, mit antiken Sarkophagen, den zerbrechlichen Vasen, Leuchtern und Lüstern. Die kostbaren Gemälde der großen Meister mußten so placiert werden, daß sie Tageslicht auf wirkungsvollste Weise erhielten. Das wiederum bestimmte zuweilen die Höhe und Breite, aber auch die bestmögliche Anbringung der Fenster. Man sollte glauben, daß die Probleme sehr oft unlösbar erschienen. Aber W. R. Hearst machte es möglich. Geld löst viele Probleme.

Kein Normalverdiener, ja nicht einmal der reichste Mann in unserem Land käme auf den Gedanken, eine mehrhundertjährige Eiche zu verpflanzen, nur weil man ihren Standort dringend als Bauplatz benötigt. Im übrigen würde jeder botanische Fachmann eine derartige Transplantation für undurchführbar erklären. Hearst jedoch, der nicht dulden wollte, daß auch nur ein Baum seiner Bauwut zum Opfer fiel, hat es getan. Er ließ für den alten Baumriesen eine Zementwanne gießen und setzte gewaltige Kräne in Bewegung. Auf solche Art wurde die knorrige Alteiche, die mit Wanne und Wurzelwerk volle 800 Tonnen wog, anderswo eingepflanzt, und es geht ihr heute noch gut. Man sagt, daß sich die Kosten der Transplantation auf 100 000 Dollar beliefen. Bei der damaligen Kaufkraft des Dollars auf heutige D-Mark umgerechnet, wären das über eine Million Mark.

Was die Bauzeit betraf, gab sich William Randolph Hearst keinen Illusionen hin, sondern rechnete mit zwanzig Jahren. Tatsächlich hat man länger als drei Jahrzehnte für »San Simeon« gebraucht, und beim Tode des Bauherrn noch manches zu tun übriggelassen. Für die Vitalität von Hearst ist bezeichnend, daß er sein gewaltiges Werk in Angriff nahm, als er sich mit 56 Jahren bereits dem Alter näherte, wo sich andere Leistungsmenschen zur Ruhe setzen.

Sein Haus, so hatte W. R. H. bestimmt, sollte ein »lebendes Museum« werden, die Ferienwohnung einer Familie, die gerne Gäste um sich hat. Inmitten herrlicher Kunstwerke wollte es sich der Hausbesitzer recht gemütlich machen, Feste feiern und frohe Menschen um sich sehen. Er war ein harter, sehr rascher und intensiver Arbeiter hinter den Polstertüren seines Büros. Aber unter Gästen, die er ganz nach eigenem Gusto auswählte, war der autoritäre Mann ein Spaßvogel, dessen dröhnende Lachsalven die hohen Hallen von San Simeon bis zu den aus Spanien importierten Deckenbalken erzittern ließen.

Heute, bald sechzig Jahre nach dem Baubeginn, über ein Vierteljahrhundert nach dem Tod des Bauherrn, ist »San Simeon« ein Museum. Es ist je nach dem persönlichen Geschmack des Besuchers eines der schönsten, scheußlichsten, großartigsten und verrücktesten Bauwerke, die jemals errichtet wurden.

Hearst hat mit seiner Frau, seinen sechs Söhnen, seinen Freunden und wechselnden Freundinnen wirklich darin gelebt. Nach seiner Art hat er das Leben dort in vollen Zügen genossen, auch mit größtem Vergnügen weiter und weiter gebaut. Wären William Randolph drei Leben vergönnt gewesen, er hätte bis heute nicht aufgehört, neue Pläne für die Erweiterung seines lebenden Museums zu entwerfen.

Der 56jährige Bauherr beauftragte mit der Durchführung seiner Entwürfe eine 47jährige Dame namens Julia Morgan, die seinerzeit der erste weibliche Ingenieur in den USA gewesen ist und außerdem die erste Doktorandin der Ecole des Beaux Arts in Paris. Miss Julia hatte zuvor die bedeutenden Bauvorhaben einiger karitativer Stiftungen von Mrs. Phoebe Hearst geleitet, und sie war durch ihre fanatische Energie William Randolph Hearst aufgefallen. Vor allem hatte Miss Morgan gleich begriffen, daß sie lediglich für die Ausführung jener Pläne zuständig sein sollte, die zu entwerfen sich der Bauherr vorbehielt.

Für das größte Privathaus aller Zeiten wurde drunten an der Küste ein privater Hafen gebaut und hinauf zum Bauplatz eine 12 Kilometer lange, 12 Meter breite Asphaltstraße. Dabei beträgt die Steigung 650 Meter. Vor dem eigentlichen Baubeginn mußte erst eine Fläche von fast 50 Hektar planiert werden. Eine schwierige und natürlich sehr teure Arbeit, denn alles war steinige, dornige Felsenwildnis. Es klingt wie Wahnsinn, hatte aber Methode, wenn Hearst verlangte, daß hierbei keine Bäume und Sträucher sterben durften. All diese wertlosen Wildgewächse wurden verpflanzt. Gegenüber seinen Angestellten, Arbeitern und Mitarbeitern hat der Beherrscher eines wirtschaftlichen Imperiums weit weniger Rücksicht bewiesen als gegenüber dem Pflanzenwuchs auf seinen Bergen. Wo immer es W. R. H. möglich war, seine Konkurrenz auszustechen, war ihm jedes Mittel recht. Bis hart an die Grenze der Legalität, wie man sagt. Aber einen Baum sterben lassen, kam nicht in Frage!

Eine technische Meisterleistung sowohl des alles leitenden Bauherrn wie seines Arbeitsteams war die Bewältigung der Transporte, wobei zu bedenken ist, daß es vor einem halben Jahrhundert die Lastwagen, Tieflader, Bagger, Bulldozer, Schubraupen, Kräne usw. mit ihren heutigen Leistungen nicht gab. Ein damaliger Lkw, der vielleicht zwei Tonnen schleppte, vermochte mit seinen wenigen PS nur im 10-Kilometer-Tempo mühsam den Berg hinaufzurattern. Was heute ein moderner Lastenschlepper befördert, dafür brauchte Hearst zwanzig Fahrzeuge, die doppelte Zeit und das dreifache Personal.

Um so erstaunlicher bleibt es, daß der egozentrische Autokrat für die technische wie organisatorische Durchführung seines Projektes eine Frau gewählt hatte, und zwar eine sehr zart wirkende Frau. Unter Julia Morgans Leitung arbeiteten weitere zwölf Architekten, dazu 25 Techniker, Spezialisten und Kunsthandwerker, außerdem zwischen 100 bis 125 ständige Arbeiter. Das geschah ohne nennenswerte Pause 25 Jahre hindurch. Für einige der Beschäftigten war die Arbeit auch nach 30 Jahren noch nicht zu Ende. Dabei sind nicht mitberechnet all die vielen, nur für bestimmte Aufgaben hinzugezogenen Facharbeiter. Deren Zahl überstieg gelegentlich 200. So haben, um nur eines von vielen Beispielen zu nennen, 18 Mosaikleger aus Italien drei Jahre lang am Neptun Pool, dem Schwimmbad im Freien, und dem Hallenbad im Haus gearbeitet. Als sie fertig waren und Hearst das Ergebnis eingehend betrachtet hatte, schien ihm der Neptun Pool zu klein geraten. Er ließ die Leute wiederkommen und den Pool erweitern, aber das nicht nur einmal, sondern zweimal. Allerdings besaß er damit, ganz und gar aus Marmor gebaut, den schönsten, größten und teuersten Swimmingpool der Welt. Ein bis heute nicht übertroffener Superlativ! Die Ausmaße des geheizten Schwimmbades im Hause waren nicht minder imponierend, entsprechend kostbar war auch seine Ausstattung. Während man draußen im Quellwasser herumschwamm, wurde für den Room Pool über 12 Kilometer weit Meerwasser aus dem Pazifischen Ozean 650 Meter hoch gepumpt und droben in Riesenkesseln erwärmt. Kein römischer Kaiser hat solchen Luxus gekannt!

Dem Haupthaus, einer Kathedrale ähnlich und Casa Grande genannt, sowie den schloßartigen Gästehäusern sieht man nicht an, daß ihre großenteils aus Europa importierten Fassaden einen äußerst stabilen Unterbau aus Stahlbeton verbergen. Hearst wünschte es so. Weder Brand noch Erdbeben, noch Artilleriebeschuß sollten imstande sein, San Simeon vom Erdboden zu vertilgen. Sogar die Explosion von Atombomben könnten die Bauwerke nicht ganz zerstören. So werden also, was auch immer kommen mag, selbst nach schlimmsten Katastrophen gigantische Reste von San Simeon auch in der fernen Zukunft noch zu sehen sein. San Simeon könnte in ähnlicher Weise die Zeiten überdauern wie die Cheops-Pyramide am Nil.

Die Kosten stiegen, stiegen und stiegen immer höher. Aber Hearsts viele hundert Millionen machten es möglich. Ungefähr 36 000 Arbeitnehmer verdienten mit ihrer unterbezahlten Tätigkeit für den großen Boß, was dieser an seinem fantastischen Bau verschwendete. Hearst hatte, was man in Italien die »malattia della pietra« nennt, die Krankheit des Steins. Ein anderer Mann wäre deswegen entmündigt worden, wohl jeder Psychiater hätte diese oder jene Art von Geisteskrankheit diagnostiziert. Aber William Randolph litt an nichts dergleichen, er hatte eben nur Freude am Bauen und konnte es bezahlen. Besaß schon sein Vater geniale Geistesgaben, war auch der Sohn ein Zauberkünstler bei Geldgeschäften. Er überstand alle Krisen, auch die niederschmetternde Finanzkatastrophe des »Schwarzen Freitags« und die Wirtschaftsmisere der folgenden Jahre. Das ist die Kehrseite der Medaille, wenn Hearst als Ausbeuter seiner Angestellten verflucht wird. Während fast 15 Millionen Amerikaner arbeitslos waren, bei damals absolut unzureichender Hilfe, zahlten die Hearst-Betriebe pünktlich die fälligen Löhne und stellten noch Leute ein.

Bei weitem war der Bau von San Simeon nicht alles, was auf diesen Bergen vor sich ging. Der dazugehörende Garten wurde ein Park, und aus dem Park wurde eine kunstvoll gestaltete Landschaft, die heute den Eindruck natürlicher Schöpfung macht. Dies Wunderwerk der Gartenkunst hat in fast dreißigjähriger Arbeit der Engländer Nigel Keep geschaffen, einer der von Hearst am meisten geschätzten Freunde. Auch Keep konnte unbeschränkt Geldmittel verwenden und verschwenden. Es grenzte auch hier schon fast an Wahnsinn, wenn Hearst befahl, daß während seines Aufenthalts in San Simeon die 25 Gärtner nur bei Nacht ihre Arbeit ausführen sollten, bei doppeltem Lohn, versteht sich. Der zartbesaitete Pflanzenfreund konnte nicht sehen und nicht hören, wenn Zweige, Hecken und Blumen geschnitten wurden. Deshalb schlief er hinter dunklen Vorhängen und geschlossenen Fenstern, um nicht das Flutlicht zu sehen und das Brechen von Ästen zu hören. Solange sich Hearst in San Simeon aufhielt, waren auch die Rasenmäher nur bei Nacht in Bewegung.

Hinzu kam noch ein Freiland-Zoo, auch dieser wurde binnen weniger Jahre zum Superlativ. Es war der an Tierarten reichste und Ausdehnung größte zoologische Garten auf Erden, nicht nur als Privatzoo, sondern überhaupt. Durch die Täler der San Lucia Range, über die saftigen Weiden und Höhen des Geländes zogen Zebras, Giraffen, Kamele, Elefanten, Rehe, Hirsche, Elche und amerikanische Wildbüffel sowie Antilopen fast jeder Art. Alles und jedes Getier, das sich in dem milden kalifornischen Klima wohl fühlte. Bejagt wurde nur das Raubwild, um größere Verluste unter dem anderen Wild zu vermeiden. Heute sind davon noch die Zebras übrig, einige Antilopenarten und einheimisches Wild.

Im übrigen, man vergißt es leicht, war San Simeon eine Ranch, ein landwirtschaftliches Unternehmen mit vielen, sehr vielen tausend Stück Vieh auf schier endlosen Weideflächen. Das eine, nämlich Hearsts »lebendes Museum«, und das andere, die riesige Rinderfarm, hatten nichts miteinander zu tun. Leiter der Viehwirtschaft von San Simeon war ebenfalls ein langjähriger persönlicher Freund der Hearst-Familie, nämlich Pancho Estrado, ein Enkel jenes Estrado, dem ein großer Teil der Latifundien zu eigen gewesen war, bevor der Senator mit seinen Landkäufen begann. Ihrerseits hatten, wie schon erwähnt, die Estrados den Besitz von der Mission San Miguel Arcangel übernommen. Also konnte William Randolph das Gefühl genießen, in gerader Linie die spanische Tradition aus den Tagen der Dons fortzusetzen.

Jeder heutige Besucher San Simeons möchte wissen, was insgesamt das fabelhafte Monstrum gekostet hat. Soweit die Ausgaben bekannt sind, ergibt die Gesamtsumme für den Bau allein »nur« etwa 70 Millionen Dollar. Allerdings zählen weder die Kunstschätze noch die Inneneinrichtung dazu, auch nicht der Grundwert und weiteres. Davon abgesehen ist zu bedenken, daß sich die gesamten Ausgaben über die Zeit von 1919 bis 1951 erstrecken. Also stammen sie aus Jahren mit ganz verschiedenem Preisniveau. Die Arbeitslöhne von 1920 können nicht mit denen von 1950 verglichen werden, ebensowenig die Kosten für Transporte, Material usw. Der Kaufwert des Dollars war in jenen Jahren doppelt bis dreifach so hoch wie heute, und der Wechselkurs zu unserer Währung lag stets um 4,20 Mark. Bankexperten und Baufachleute, die ich gebeten habe, mir für ein Bauvorhaben vergleichbarer Art ungefähre Kosten nach dem Stand von 1976 zu nennen, kamen zu dem Ergebnis: mindestens eine Milliarde D-Mark.

Tausend Millionen für ein Ferienhaus, es ist nicht zu fassen. Und das ohne die Einrichtung, ohne Küchen, Kühltruhen, Spülmaschinen und Waschautomaten, ohne Teppiche, Vorhänge, Möbel, Geschirr usw. usf. Allein bei der Vorstellung eines solchen Haushaltes muß jede Hausfrau ein Grausen überkommen.

Ich hatte beim Besuch des Bergpalastes die Gelegenheit, mit einer Angestellten der Hausverwaltung zu sprechen, die seinerzeit im Finanzbüro des gigantischen Hauses beschäftigt gewesen war.

»Sobald im April oder Mai für San Simeon wieder der große Rummel begann, wenn alle Fremdenzimmer belegt waren, wenn abends bis zu fünfzig Gäste an der Tafel saßen«, berichtet mir die freundliche Frau mit immer noch spürbarer Befriedigung, »ja, dann brauchten wir allein für den Haushalt ungefähr dreißig Kopf Personal. Hinzu kamen noch zehn bis zwölf Fahrer, fünfundzwanzig Gärtner und eine wechselnde Zahl von Handwerkern, deren Aufgabe das reibungslose Funktionieren der vielseitigen Technik war.«

Damit war aber die Versorgung San Simeons und seiner Gäste noch lange nicht perfekt. Nebenbei liefen noch der ganze Bürobetrieb mit sieben Sekretärinnen, die Telefonzentrale, der Funkraum und die Torkontrolle. Auch zwei Piloten für Hearsts Privatflugzeuge standen stets für unvorhergesehene Starts bereit. Natürlich war auch ein Arzt mit Krankenschwester vorhanden, ebenso mindestens ein Masseur, ein Damenfriseur und ein Arrangeur des Blumenschmucks im Hause.

»Von den Kameraleuten und Fotografen, von den Balljungen auf den Tennisplätzen und Caddies auf dem Golfplatz«, meinte die Dame, »will ich gar nicht reden. Jedenfalls hat der Unterhalt des vollbesetzten Hauses ... soweit die Rechnungen durch meine Buchhaltung gingen, pro Tag 15 000 Dollar gekostet.« Nach heutigem Geld sind das mindestens 150 000 DM!

Hearst besaß und bewohnte aber nicht nur San Simeon, sondern auch Santa Monica, in der Nähe von Los Angeles direkt am Strand gelegen. Dieses Anwesen bestand aus fünf palastartigen Villen, die zusammen über hundert Zimmer, 55 Bäder und 22 Garagen enthielten. Nicht weniger als 23 Bediente gehörten zum dortigen Personal. Außerdem gab es noch Stadtwohnungen in San Francisco, New York, Chicago und ... ich weiß nicht, wo sonst noch.

Zu Lebzeiten des Autokraten war der Besuch San Simeons »allen Unbefugten« streng verboten. Nur durch Fernrohre in Cambria an der Küste, deren Benützung man sich mit 5 Cents erkaufen konnte, war es möglich, einen fernen Blick auf Simeon zu werfen. Aber in seinem Letzten Willen hat der todkranke Hearst das riesenhafte Märchenschloß mit allen Kunstschätzen darin und davor der amerikanischen Nation vermacht. So gehört das seinerzeit verbotene Anwesen den amerikanischen Bürgern, und jeder kann es an sechs Tagen der Woche besichtigen. Mit dem eigenen Wagen rollt man nur bis zum meilenbreiten Parkplatz am Fuß der Anhöhe. Dort entscheiden wir uns für eine halbe oder ganze Tagestour. Wobei zu sagen ist, daß auch der volle Tag nicht reicht, um nur die Hälfte der Räume oder alle Winkel des weiten Parks zu sehen. Es wird bei den Hausführungen nur ein gewisser, wenn auch der sehenswerteste Teil dem Publikum gezeigt. Was besonders die Hausfrauen interessiert, nämlich die Anlage der Küchen, der Kühlkeller, Wäschekammern und Heizungsräume, alles, wohlgemerkt, nach modernstem Stand der Technik vor rund einem halben Jahrhundert, das bleibt dem Strom der Besucher verborgen.

Hat sich der Besucher für den vollen Tag entschieden, bezahlt er dafür inklusive der Anfahrt sechs Dollar (falls inzwischen die Preise nicht erhöht wurden) und besteigt den dafür bestimmten Bus. Es sind so viele Busse vorhanden, daß sie während der Hochsaison im Abstand von nur wenigen Minuten nach San Simeon hinauffahren. Nur aus Serpentinen besteht die Straße und führt durch ein landschaftlich selten schönes Gebiet. Zwar wurde es nicht von Hearst geschaffen, aber von ihm erhalten und für kommende Zeiten gesichert. Ganz ohne

Frage hätten sonst Bodenspekulanten, Baulöwen und wilde Siedler den einmalig schönen Küstenstrich aufs schlimmste zugerichtet.

Wir sehen vom Bus eine Herde galoppierender Zebras, dann zwei, sogar drei verschiedene Arten afrikanischer Antilopen. Wie schon gesagt, sind nur geringe Reste des einstigen Reichtums der Hearstschen Tiersammlung übriggeblieben. Es weiden jedoch an allen Wiesenhängen, drunten am Bach und droben auf den Höhen die Rinder und Schafe des heutigen Ranchbetriebes. Die Nachkommen William Randolph Hearsts sind noch Eigentümer von zumindest dem Viertel des ehemaligen Großbesitzes.

Das Schloßmuseum mit allen seinen Nebengebäuden sieht man vorerst nicht. Wie meistens am Morgen hängt eine Nebeldecke auf halber Höhe. Unser Bus fährt hinein, an den Fenstern rinnen Tropfen herab, und die Sicht reicht nicht zehn Meter weit.

Aber es dauert nicht lange, wir sind rasch wieder heraus. Da schimmert vor uns im hellen, goldenen Sonnenschein eine hohe Wand aus weißem Marmor. Die Fassade einer spanischen Kathedrale, ein dorischer Tempel mit Nymphen und Karyatiden, römischen Sarkophagen und korinthischen Säulen. Portale der Renaissance, des Barock und sogar im maurischen Stil. Der Bus steht still, entläßt die Passagiere und rollt hinab, neuen Nachschub zu holen.

Alles ist eingebettet in sattes Grün, alles umgeben von der Blütenpracht des subtropischen Gartens. Doch haben wir keine Zeit zu staunen. Die Führung der in geschlossener Formation von einer geschickten Regie vorwärtsgetriebenen Besucher beginnt sogleich. Schade nur, daß die Führer den Besuchern nur ziemlich dumme Erklärungen geben. Wir hören angelerntes Geleier von jungen Leuten, die zehnmal täglich, vielleicht auch zwanzigmal das gleiche sagen. Weil sie mangels Hirnmasse nicht imstande sind, die ganze Litanei für alle Räume zu lernen, wechseln die Führer von einem Gebäude zum anderen.

Es wäre ermüdend, für den Leser wie für mich, die gesamte Führung im Geist zu wiederholen. Staunend, bewundernd, bewegt und ohne Pause fotografierend, je nach persönlicher Einstellung auch spottend, hohnlächelnd, achselzuckend und kopfschüttelnd, bewegt sich die Touristenherde durchs Labyrinth der Räume, durch den wahrgewordenen Traum des William Randolph Hearst. Hier sind wir am unvorstellbar breiten und weiten Neptun Pool. Durchsichtig bis zum Grund das vollkommen reine Quellwasser. Am Boden das kunstvoll zusammengesetzte Mosaik der zweimal zurückgerufenen italienischen Spezialisten. Vor Neid wäre Nero quittengelb geworden, hätte er das gesehen. Die schneeweißen Marmorplatten der Treppen und Terrassen wurden aus Carrara hergeholt. Nicht weit davon das düstere Steinbild der altägyptischen Sekmeth. Antike Brunnen aus feingeformtem Alabaster, mit Muscheln ausgelegte Grotten, hochgeschwungene Kandelaber mit Bronzelampen. Hier drei Grazien, wenn nicht von Canova selbst, dann seinem Stil nachempfunden. Eine oder mehrere Sphinxe durfte nicht fehlen. Balkone von spanischen Landhäusern, handgeschmiedete Gitter des 16. Jahrhunderts, Steinbänke aus italienischen Parks sowie Reliefs aus dieser oder jener Zeit.

Einzeln für sich betrachtet, ist jedes Stück ein erlesenes Kunstwerk, ebenso ein jedes Portal und jede Türfassung. Herrlich ein bestimmter Teil der Fassade. Wie geschmackvoll und stilecht das Eckfenster im ersten Stock und die Säulen vor einem der Gästehäuser, wie edel ihre Linie und Proportion. Schön und bewundernswert im Detail, doch unvereinbar mit den Schöpfungen völlig verschiedener Epochen, die sich gleich daneben, dahinter oder darunter befinden. Dies Durcheinander der Stile stört sachverständige Betrachter. Hätte sich doch Hearst wenigstens so weit zum gleichen Stil entschlossen, daß man im selben Blickfeld nichts anderes sieht! Zwar kannte er Kunst und besaß den Sinn für echte Schönheit, für erlesene Arbeit. Aber er vermochte es nicht, aus einzelnen Werken das Gesamtwerk zu schaffen. Das hätte so etwas wie eigenes Kunstschaffen bedeutet, wozu er offenbar nicht imstande war.

Einmalig, ohne Beispiel und nie zu vergessen ist die Aussicht von San Simeon. Fast ist es nicht zu glauben, was dem Besucher von den vielen Terrassen, Balkonen, Fenstern und Gartenbänken aus geboten wird. Hat sich erst die Nebelschicht aufgelöst, reicht der Blick über bewaldete Hügel, hellgrüne Wiesen und Weiden, über Talsenken und perlende Bäche bis zum Strand hinab und weit hinaus über die grünblauen Wellen des Pazifischen Ozeans. Nach Osten hin erheben sich Berge, höher und höher steigend, je weiter weg, um so rauher und wilder. Den Horizont schließlich begrenzen die schneeschimmernden Höhen der Sierra Nevada. Schon Senator Hearst hatte vor mehr als hundert Jahren den unvergleichbaren Rundblick vom »Enchanted Hill« erkannt und deshalb hier die Zelte seines transportablen Sommersitzes aufstellen lassen.

Drinnen im Casa Grande, dem Hauptschloß, sowie in den Seitenpalästen herrscht nicht so ganz das Kunterbunt der Stile wie draußen. Die meisten Räume sind einheitlich gestaltet, wobei manches Mal echte Stücke der entsprechenden Zeit durch hervorragende Kopien ergänzt sind. Da hatte sich der Bauherr als notwendige Ergänzung ein Pendant oder mehrere gewünscht. Nur Kenner sind imstande, das eine vom anderen zu unterscheiden. Wenn Hearst für einen Raum sechs Renaissance-Stühle haben wollte, aber nur zwei von gleicher oder ähnlicher Art besaß, ließ er die fehlenden vier von erstklassigen Fachleuten nachmachen. Dasselbe geschah für ein zweites Bett nach Vorbild des echten, für Schnitzbalken an der Decke, Teile antiker Kamine usw. So kann der Besucher nur selten wissen, was alt und original ist oder von begabten Handwerkern nach dem echten Vorbild entsprechend imitiert wurde.

Im Speisesaal von Kathedralengröße, angefüllt mit Chorgestühl, kostbarem Silbergeschirr, seidenen Standarten und erstklassigen Teppichen, sieht man die lange Tafel fürs Dinner gedeckt, genau so wie es auf besonderen Wunsch des Hausherrn in den »Golden Days« von San Simeon üblich war. Und siehe da, es gibt reichlich Grund, zu staunen. So sind die Servietten auf dem Tisch des prunkliebenden Milliardärs nicht aus feinstem Damast, sondern einfach aus Papier. Nicht in wertvollen Gefäßen sind die Gewürze bereitgestellt, sondern in ganz gewöhnlichen Flaschen, Büchsen und Glasbehältern, wie man sie im Laden kauft. Das soll auf Tischmanieren im Zeltlager des Vaters zurückgehen, als man noch schlichte Sitten pflegte. Dazu paßt, wie berichtet wird, Hearsts betonte Ablehnung gesellschaftlicher Kleidung. Er hat einen Frack nur beim Empfang des amerikanischen Präsidenten getragen, nur wenn es gar nicht anders ging den schwarzen oder weißen Smoking, und er hat keinen Gehrock besessen. Der war aber damals für Herren in führender Stellung gewissermaßen der Tagesanzug.

So merkwürdig das bei seinem märchenhaften Reichtum klingt, gehörte Hearst eben doch nicht zur damaligen High Society. Keiner aus diesen Kreisen hätte einen solchen Stilbruch wie W. R. H. auf seinem Tisch geduldet. Die seinerzeit bis zum Exzeß exklusive »Erste Schicht« der Vereinigten Staaten, im »Social Register« namentlich aufgezählt, hat den vermutlich reichsten Mann des Kontinents nicht bei sich aufgenommen. Obwohl William Randolph über fast grenzenlosen Einfluß verfügte, wurde er von der Ersten Gesellschaft nicht akzeptiert. Er war den Altreichen zu extrovertiert und zu verschwenderisch. Außerdem lebte er öffentlich mit einer ständigen Begleiterin zusammen. Es war die damals weltberühmte, auch wirklich hochbegabte, geistreiche, witzige und spritzige Schauspielerin Marion Davies.

Als sie noch Starlet war, ein Girl der Ziegfeld-Follies, hatte Hearst bei einem zufälligen Besuch in den Aufnahmestudios ihre darstellerischen Fähigkeiten erkannt. Von ihm gefördert, war sie zum großen, ganz großen Star geworden. Dafür hat ihm Marion Davies mit Treue gedankt, auch in schlechten Tagen eisern zu ihm gehalten. Sie besaß im Umgang mit Menschen ein derartiges Geschick, man spricht auch von gutem Herzen, daß sie alle Gäste des Hauses entzückte. Am erstaunlichsten war es wohl, daß sie sogar die Sympathien von

Mrs. Millicent Hearst gewann, immerhin Mutter von sechs Söhnen William Randolphs, die meist von ihrem Mann getrennt lebte. Kam sie zu Besuch nach San Simeon, ließ sich die großzügige Frau nicht durch die Anwesenheit der offiziellen Geliebten ihres Gatten stören. Marion trat sogleich in den Hintergrund, während Mrs. Hearst die Rolle der Hausfrau übernahm. Alles schien in Ordnung zu sein, mindestens nach außen hin.

Man weiß nicht, ob sich Hearst davon betroffen fühlte, daß ihn die Very High Society ablehnte. Jedenfalls verhielt sich der Herr von San Simeon so, als wolle er seinerseits mit diesen Leuten nichts zu tun haben. William Randolph bevorzugte als Gäste, Freunde und Reisebegleiter in erster Linie die Schauspieler. Dabei mehr die Stars der Leinwand als solche der Bühne und Oper. Was heute ganz selbstverständlich ist, war damals ungewöhnlich, ja sogar unpassend. Schauspieler zählten nicht zur »guten« Gesellschaft, ganz gleich wie hoch ihr Einkommen war. Hearst aber holte alle in sein Haus, die erfolgreich waren. Da er einen wesentlichen Teil der amerikanischen Filmindustrie beherrschte und Hollywood damals den größten Teil aller Filme der Welt lieferte, folgten die größten Stars des Erdkreises mit Freude seinem Ruf nach San Simeon. Ebenso bereitwillig kamen bekannte Regisseure, Drehbuchschreiber, Schriftsteller, Bühnenbildner und Journalisten, die sich mit Film und Filmstars befaßten. Es war die Welt des William Randolph Hearst, aber für die damalige Zeit und ihre längst überholten Begriffe war es nicht gerade die vornehme Welt.

Weil fast alle diese Leute von seinem Wohlwollen abhingen, zumindest hofften, durch ihn ein paar Stufen höherzusteigen, war Hearst der Herrscher in seinem Bekanntenkreis. Selbst der Prinz von Wales, Bernard Shaw, der amerikanische Präsident Coolidge und andere Persönlichkeiten der großen Welt kamen nach San Simeon, weil sie von Hearst etwas wollten. Nur das war der Grund für ihr Erscheinen. Nichts anderes hatte im Jahre 1931 auch meinen Vater nach San Simeon geführt. Er brauchte für wichtige Belange des Deutschen Reiches eine Hilfestellung von Hearst bei Präsident Hoover im Weißen Haus.

Ein eigenartiges Gefühl, nach so langer Zeit durch die gleichen Räume, Hallen und Flure zu gehen, die unter vollkommen anderen Verhältnissen mein Vater erlebt hatte. Er war nicht einer von täglich vielen tausend Touristen, sondern persönlicher Gast des Hausherrn gewesen. Worum es ging, wird nur noch wenige meiner Leser interessieren. Um es kurz zu sagen, sollte auf Wunsch der finanzschwachen Reichsregierung auf möglichst diskrete Weise versucht werden, unsere damalige Schuldenlast bei den Amerikanern zu erleichtern. Diesem Zweck diente ein persönliches Schreiben des Reichspräsidenten von Hindenburg an Präsident Hoover. Bei dessen Übergabe sollte mein Vater noch im persönlichen Gespräch auf Hoover einwirken. War der Präsident für den deutschen Wunsch gewonnen, hatte man – in jenen Jahren – schon viel gewonnen. Der damalige Deutsche Generalkonsul in New York, Dr. Paul Schwarz, ein Freund meines Vaters, war über die Mission vertraulich informiert und riet dringend, vorher den Zeitungszaren W. R. Hearst zu besuchen. Seine freundliche Gesinnung den Deutschen gegenüber war bekannt, und dank seiner mächtigen Massenmedien besaß er großen Einfluß auf Präsident Hoover. Also konnte Hearst, wenn er wollte, so manches im Weißen Haus bewirken.

Dem Telefonat des Dr. Schwarz mit San Simeon folgte knapp eine Stunde später die telegrafische Einladung für beide Herren. Um findige Journalisten auf die falsche Fährte zu führen, besuchte mein Vater vorher noch Henry Ford in Detroit, den Dichter Upton Sinclair sowie den damals schon 88 Jahre alten John D. Rockefeller. Erst dann begaben sich die beiden Besucher auf dem Luftwege, in einer von Hearsts Privatmaschinen, nach San Simeon.

Das Tagebuch jener Reise meines Vaters blieb erhalten, wenn es auch mit keinem Wort den wirklichen Zweck erwähnt. Geschildert wird dagegen das pausenlos pulsierende Leben von Gästen und Gastgebern in San Simeon. Hearst wollte, so hat mein Vater notiert, daß bei ihm jeder so viel Spaß wie nur möglich hatte. Er selbst, der große Egozentriker, hat gewiß nicht wahrgenommen, daß die meisten seiner Gäste von so viel Betriebsamkeit gar nicht entzückt waren.

Frühmorgens wurden gesattelte Reitpferde herangebracht, ohne daß man sie bestellt hatte. Allerdings für meinen Vater eine unerwartete Freude, denn er war ein begeisterter Reiter. Der Hausherr hatte Fahrten in Kutschwagen, Tennismatches, Golfpartien und andere Freizeitgestaltungen arrangieren lassen, für die man sich ohne Wunsch oder Wollen eingeteilt sah. William Randolph erwartete seine Gäste je nach Lust und Laune im Swimmingpool draußen oder drinnen. Oft fand das Abendessen in historischen Kostümen statt, was jedoch meinem Vater erspart blieb. Hierfür hielt man in San Simeon eine sehr große, vielseitige Auswahl an Kostümen bereit. Sie stammten von historischen Filmen, die man in Hollywood abgedreht hatte.

Wie auch mein Vater schreibt, gehörten fast alle Gäste in San Simeon zur Welt des Films. Namen werden in den Notizen erwähnt, die damals jeder Erwachsene, vor allem die Frauen und Mädchen, kannten. Charlie Chaplin, Gloria Swanson, Harold Lloyd, Buster Keaton, die Brüder Barrymoore, Douglas Fairbanks, Mary Pickford und noch andere mehr. Nach dem Dinner wurden im Privatkino von San Simeon, einem rotgolden gehaltenen Saal mit viel Samt und

Seide, für etwa hundert Zuschauer Filme aus eigener wie fremder Produktion gezeigt. Am Schluß noch ein paar Streifen, die man am gleichen Tag vom geselligen Leben der Gäste gedreht hatte. Darüber viel Gelächter und anschließend klirrender Gläserklang.

Was Hearst persönlich betraf, so schreibt mein Vater nur, daß er sehr groß, sehr lebensfroh und alles beherrschend gewesen sei. Im übrigen erbrachten die drei Tage in San Simeon den gewünschten Erfolg. Jedenfalls so fand mein Vater im Weißen Haus das rechte Verständnis für die deutschen Wünsche.

Als unsere Führung durch die vielen Räume zu Ende ist, werden wir ins samtrote Kino geschoben und bekommen einen Film zu sehen, der in jenen alten Zeiten hier aufgenommen worden war. Es gibt davon eine umfangreiche Sammlung, wie man mir später sagt, alle unter dem Sammelnamen »The Golden Years of San Simeon«. Man könnte fast melancholisch werden, wenn man da auf der Leinwand die meist schon längst verschwundenen Gestalten dieser strahlend fröhlichen Welt wiedersieht, auch den immer breit lächelnden Hausherrn, der sichtbar seine Rolle des allbeherrschenden Hausherrn genießt.

Wie wunderbar jung, wie schlank und biegsam, wie bezaubernd hübsch, verspielt, verwöhnt und wie glückstrahlend auf der Höhe ihres Erfolges waren diese Lieblinge der Leinwand. Marion Davies, die heiter und lebhaft allen voranschwebt, Dolores del Rio, Greta Garbo, Clark Gable, John Gilbert, Gary Cooper und Rodolfo Valentino. Niemand kann heute mehr ihre grenzenlose Popularität rund um den Erdball erreichen. Der Gang ins Kino war seinerzeit das volkstümlichste, relativ billigste und am weitesten verbreitete Vergnügen der Massen. Als Radio und Fernsehen fehlten, als das Auto noch ein Luxus war, ging man sehr viel öfter ins Kino als heute. Viele tausend, wohl mehr als die Hälfte aller Lichtspieltheater sind seitdem in den Städten, den Kleinstädten und Dörfern verschwunden. Autoritäre Staaten lassen westliche, zumal amerikanische Filme nicht mehr über die Grenzen. Die USA, und dort natürlich Hollywood, waren das gelobte Land der Filmproduktion. Was dort am laufenden Band gedreht wurde, erschien auf der Leinwand in allen Ländern.

Im Kinosaal von San Simeon sehen wir die »Damaligen« ganz privat als die charmanten, quicklebendigen Gäste von William Randolph Hearst. Da sieht man sie wieder, die schönsten der Frauen . . . Loretta Young, Joan Crawford und Carole Lombard, Claudette Colbert und Norma Shearer, alle jugendfrisch und lebensfroh. John Gilbert, Ramon Novarra, Robert Montgomery und Bob Taylor, Bing Crosby sowie den verblüffend jungen David Niven. Da kommt Bill Haines ins Blickfeld, und Leslie Howard begrüßt den schmalen Buster Keaton. Wie charmant, galant und schlank sind die von Millionen Mädchen geliebten jungen Männer. Weiter sehen wir Joan Bennett, Mary Astor, Claire Windsor. Außerdem die beiden Kinderstars Shirley Temple und Jackie Coogan.

Nun erscheint vor den heutigen Besuchern von San Simeon auf der Leinwand der unvergeßliche Charlie Chaplin. Auch privat im Freundeskreis gibt sich der gefeierte Künstler als Spaßmacher unter lustigen Leuten.

Ich bleibe und schaue mir weitere Filme an. Die aufsichtführende Dame hat es mir gestattet, und während der kurzen Pausen reden wir ein paar Worte miteinander. Ganz andere Aufnahmen werden nun gezeigt, solche von prominenten Gästen, die wenig mit Hollywood zu tun haben. Man sieht Bernard Shaw, den geistreichen, witzigen und bissigen Dramatiker aus der ersten Hälfte unseres Jahrhunderts. Da strahlt der Ozeanflieger Charles Lindbergh ins breit lächelnde Gesicht des Hausherrn, und man sieht den so geheimnisvollen Howard Hughes. Man sieht Albert Einstein in seinen mittleren Jahren, Winston Churchill mit qualmender Havanna und noch blondem Haar, den damaligen Prinzen von Wales, als er Mrs. Simpson noch gar nicht kannte, und den amerikanischen Präsidenten Calvin Coolidge und noch viele andere, damals sehr bekannte Persönlichkeiten, deren Namen uns heute nichts mehr bedeuten.

Dann sind die »Golden Years« vorüber, die Leinwand im Kinosaal bedeckt wieder ein Vorhang. San Simeon scheint unverändert geblieben in all den Jahren. Dennoch ist jenes Leben, für das es einst gebaut wurde, längst erloschen.

Die aufsichtführende Dame bringt mich in ein nicht mehr benütztes Büro mit Schränken, die bis zur Decke reichen. Sie enthalten die Gästebücher San Simeons. »Sie können nach Belieben versuchen«, gestattet mir die freundliche Frau, »in einem der Bände den Namenszug Ihres Vaters zu finden.«

Wie lange sie denn schon im Hause sei, frage ich.

»Sie werden's nicht glauben«, sagt die schon Grauhaarige, »aber ich bin schon Ewigkeiten hier. Ich habe als Küchenmädel angefangen und bin langsam höher geklettert, ins Büro und die Hausverwaltung, naja, und da bin ich noch heute.«

Sie hat Hearst sehr gut gekannt, aus unmittelbarer Nähe, und ich frage, wie er denn zu den Angestellten war. Sie überlegt die Antwort ziemlich lange.

»Übers Essen konnte niemand klagen, auch nicht über den Lohn und die Unterbringung. Aber der Boß war, nun ja, er war immer so weit weg. Auch wenn er persönlich mit einem sprach, wußte man nie, was er in Wirklichkeit dachte. Ich meine, er war zum Herrscher geboren, nur in der falschen Zeit. Als einen Fürst im Mittelalter könnte ich mir den Boß gut vorstellen, aber es war eben doch nicht mehr die Zeit dafür. Dennoch, er strahlte eine Macht aus, die man fühlen konnte. Er gab nie Anweisungen, er ließ nur Wünsche erkennen, und schon lief alles wie geschmiert.«

Sie sagt noch anderes, erzählt auch Anekdoten, bis schließlich die Bemerkung fällt, daß William Randolph Hearst auch ein Vierteljahrhundert nach seinem Tod wie ehedem über San Simeon regiere.

»Wir alle hier in San Simeon, in der von ihm geschaffenen Welt, wir stehen noch heute unter seinem Einfluß. Auch viele der jungen Leute, die ihn gar nicht gekannt haben. Das ist wohl kaum zu erklären.«

Trotz der Milliarden-Dollar-Schenkung von San Simeon ans amerikanische Volk sind die Söhne des William Randolph Hearst noch immer so reich, wie keiner von uns jemals werden kann. Doch im Gegensatz zu ihrem vielbeneideten, auch vielgescholtenen Vater wünschen sie nicht ständig in aller Leute Munde zu sein. Wie es sich für Angehörige der echten High Society geziemt, vermeiden sie tunlichst, ins Gerede zu kommen, auch wenn das Gerede lobend und anerkennend wäre. Dabei steuern die Nachkommen des großen Hearst, vor allem sein ältester Sohn und »Chef des Hauses«, ganze Reihen von Unternehmen verschiedener Art. Sie treffen sich einmal jährlich – unter Ausschluß der Öffentlichkeit, versteht sich – zum Familientag im Schloß auf der Höhe*. Für diesen einen Tag, so war das ausgemacht, gehört San Simeon wieder der Familie. Aber nichts von dem, was dort besprochen, geboten und gefeiert wird, dringt hinaus in die neugierige Welt. Man bleibt unter sich, läßt keinen Journalisten in die Nähe und möchte nicht genannt werden.

Da kommt eines schönen Nachts die Cobra Bande, auch Symbionese Liberation Army genannt, bricht durch die Türe ins private Apartment der kaum zwanzigjährigen Patricia Hearst (Tochter des ältesten Hearst-Sohnes) und entführt die Erbin eines Riesenvermögens an unbekannten Ort.

Das beschert der Familie Hearst balkendicke Schlagzeilen in der Presse in allen Ländern der weiten Welt. Seit den Tagen des schon fast legendären William Randolph haben die Hearsts dergleichen nicht mehr erlebt. Was hätte William Randolph Hearst getan, wäre das noch zu seinen Lebzeiten geschehen?

»Keinen Cent gezahlt und sich bestimmt nicht erpressen lassen«, schrieb einer, der ihn noch gut gekannt hat. »San Simeon wäre William Randolph bei weitem wichtiger gewesen als eine Enkelin auf Abwegen.«

---

* Gerade in dieses Gästehaus wurde Mitte Februar 1976 eine Brandbombe geschleudert, die an dort befindlichen Kunstwerken einen Schaden im Wert von mehreren Millionen anrichtete. Es handelte sich um unersetzliche Werte, die der Allgemeinheit gehört haben.

Die schönste Küstenstraße der Neuen Welt

Der stockende, nur ruckweise sich bewegende Verkehr in den Hauptstraßen San Franciscos liegt hinter mir. Die Sinne gespannt, beide Hände am Steuer und mit klopfendem Herzen fahre ich einem schon lange erwarteten, oft gewünschten Erlebnis entgegen. In einen breiten Strom von Fahrzeugen muß ich meinen Sprinter einschleusen. Die Geschwindigkeit ist auf 80 Stundenkilometer beschränkt, so rollen alle Wagen im gleichen Tempo. Drei Fahrbahnen auf der einen, und drei auf der anderen Seite. Die vielgerühmte Fisherman's Wharf, der Hafen für zumindest dreihundert Fischerboote, und mehr als hundert Fischrestaurants an der Wasserfront bleiben zurück. Auch das Gelände des Presidio, wo einst die Bronzekanonen der Spanier darüber wachten, daß kein Schiff mit schlechten Absichten in die herrlich schöne Bucht segelte, all das liegt schon hinter mir. Es ist soweit, schon hebt sich die zwanzig Meter breite Asphaltbahn, um den endlosen Bandwurm der Busse, der Lkw und Pkw auf die Golden-Gate-Brücke zu leiten.

Bis 1964 war sie die längste freitragende Brücke der Welt, dann wurde ihre Spannweite von der Verrazano-Brücke zwischen Staten Island und Brooklyn in New York übertroffen. Aber geblieben ist Golden Gate der Ruf und Ruhm, die schönste Brücke der Welt zu sein. Dies verdankt das Bauwerk nicht nur seiner Eleganz und dem kühnen Schwung, sondern mehr noch der harmonischen Einfügung in die unvergleichlich schöne Landschaft, zu der seit mehr als 40 Jahren die Brücke gehört.

Golden Gate, das »Goldene Tor«, sagt schon einiges. Es ist das Tor zwischen zwei Halbinseln, der Wasserweg in die sehr weite, allenthalben von hügeligem Gelände oder Bergketten eingefaßte Bucht. Ehedem war alles von grünen Wäldern bedeckt, jetzt liegen rund um die Bucht von Frisco, hoch an den Hängen hinaufsteigend, die in Grün gebetteten Villenvororte, die Wochenendsiedlungen, die Parkanlagen und Erholungsgebiete der fast fünf Millionen Menschen, die sich in der Metropole sowie in den vielen kleinen und großen Ortschaften um die »Perle des Pazifik« herum niedergelassen haben.

Nun bin ich auf der Brücke, muß sehr auf gleichmäßiges Tempo achten, denn neben mir und vor mir fließt der niemals endende Strom des Verkehrs. Nur selten gelingt mir ein Blick auf samtblaues Wasser tief drunten oder hinauf ins dunkelrot gestrichene Stahlgebilde der Brücke, auf himmelhohe Pfeiler, gewaltige Drahtseile, Streben, Stangen, Schrauben und querlaufende Verbindungen. Drei Jahre lang hat man die Pläne entworfen, vier Jahre an der Brücke gebaut und dafür ca. 70 Millionen guter alter Dollars verbraucht. Endlich wurde 1937 die Fahrt übers Goldene Tor freigegeben. Die Spannweite der Brücke beträgt 1281 Meter, und 67 Meter über der Fluthöhe schwebt die Stahlstraße. Die Pfeiler, an denen die so weitgespannte Brücke aufgehängt ist, ragen 228 Meter aus dem Wasser. Nur so war es möglich, auch den größten Tankern und sonstigen Riesen des Ozeans freie Fahrt unter der Brücke zu gestatten. Reger Schiffsverkehr herrscht im Goldenen Tor, fast immer begegnen sich zur gleichen Zeit mehrere Schiffe unter der Brücke. San Francisco ist der meistbesuchte Handelshafen nicht nur an der Westküste Nordamerikas, sondern an der Westküste des gesamten Kontinents.

Während der Fahrt fehlt die Zeit, zu bewundern, aber gleich nach Verlassen der Brücke, auf der Marine Peninsula, öffnet sich zur Rechten ein großzügig angelegter Vistapoint. Hier kann ich den Wagen abstellen, aussteigen und in Ruhe das Bauwerk, den Meeresarm, die Stadt und die Bucht von San Francisco überschauen. Eine vollendet gelungene Komposition von Natur und Menschenwerk. Drüben die in Wolkenschatten liegende, vom Ufer an den Hängen aufsteigende Skyline der City. So weit das Auge reicht, umgeben aufgelockerte Vorstädte, Villenviertel und Wohngegenden die endlos erscheinende Bucht. Nach Süden hin tiefblaues Wasser mit hellblau schimmernden Sonnenflecken, im Norden eine heranziehende Wolkenwand. Einige Inseln verstreut in der Bucht, nach allen Richtungen strebende Schiffe und braunrote Klippen an den Ufern des Goldenen Tores. Die sich darüber spannende Brücke, lang und hoch, ist wie ein kraftvoll zupackender Arm, der alles um die Bucht, in der Bucht und auch beide Halbinseln zusammenfaßt.

Mit meinem flotten Pinto aus dem Hause Ford suche ich nicht den Highway Nr. 101, obwohl es der bequemste, schnellste und am besten ausgebaute Weg nach Norden ist, sondern im Labyrinth eines Verkehrkreisels die Abzweigung zur Staatsstraße Nr. 1. Sie wird von Kennern wegen ihrer landschaftlichen Reize viel gerühmt, verläuft jedoch meist in Kurven und ist deshalb ein arger Zeitfresser.

Meine Wahl des Weges unmittelbar an der Küste habe ich sodann für ungefähr eine Stunde sehr bedauert. Keine Schlange kann sich mehr winden und wenden als diese Straße. In Spitzkehren an steilen, sehr steilen Hängen hinauf, vorsichtig um zahllose unübersichtliche Kurven, dann wieder tief hinunter. Alles in einer Weise, steigend, fallend und sich drehend, wie man es bei Pässen in unseren Gebirgen nur selten oder gar nicht bewältigen muß. Die Straße für amerikanische Begriffe erstaunlich eng und ohne sichernde Mauern oder Leitplanken am Rand der Abgründe. Im Hinblick auf den Gegenverkehr erscheint mir allergrößte Vorsicht geboten. So komme ich nie über 25 Stundenkilometer hinaus, habe auch selten mehr als 100 Meter gerade Straße vor mir. Auf den Anblick der Küstenlandschaft muß ich verzichten, denn nie dürfen die Augen von der Straße abweichen.

Nach dem Herabkurven in eine schmale, tiefe, düstere Schlucht und dem waghalsigen Hinaufwinden zur folgenden Höhe gelange ich unerwartet zu einem Vistapoint. Welche Erleichterung, die Füße von Gas und Bremse nehmen zu können und die Hände vom schweißnassen Steuer. Mit steifen Knien steige ich aus und gehe, noch schwankend von den vielen Windungen, langsam zu einer Sitzbank und schaue.

Da muß wohl jedem für starke Eindrücke empfänglichen Menschen sekundenlang der Atem ausbleiben. So überwältigend ist der Rundblick, daß man einige Zeit braucht, um die wunderbar verwirrende Vielfalt der steilen Gestade richtig zu erfassen.

Der Vistapoint liegt auf einer flachen, weit vorspringenden Felsnase ungefähr 300 Meter über der anrollenden Brandung. Der mit Gras, Kräutern, Ginster und blühenden Wiesenblumen bedeckte Hang senkt sich fast vertikal zum felsigen Ufer. Drunten bei den Klippen und Riffen brüllt die Brandung. Wolken aus weißer Gischt, hochgeschleuderte Wasserfetzen bieten ein schäumendes Schauspiel.

Das Meer tiefblau, der helle Himmel wolkenlos, grau bis grün die Flanke des Berges. Wo Felsen hervorschauen, sind die Farben in höheren Lagen rostbraun, dagegen schwarzbraun unterhalb des Vistapoint. Damit nicht genug, erheben sich draußen noch Dutzende von steilwandigen Inseln aus dem bewegten, ewig atmenden Meer. Vogelschwärme steigen von ihnen auf, zerzauste Fichten sind zu erkennen, und zerschundenes Treibholz steckt in den Felsspalten. Welche

Gefahr für die Segelschiffe müssen diese klippenreichen Inseln gewesen sein, bei Stürmen mit prasselndem Regen, bei haushohen Wellen, bei tiefdunkler Nacht, bei wallendem Nebel.

Jetzt aber scheint die Sonne, Schmetterlinge schweben im lauen Wind, und ich atme mit vollen Lungen belebenden Duft. Ein Hauch von Eukalyptus ist darin, von Ginsterblüten, Salbei und Sommerblumen. Natürlich ist auch der Geschmack von salziger Seeluft dabei, ebenso von wildwachsenden Gewürzen und harziger Hauch von Fichtenholz.

Von nun an bleiben beide Fenster offen, ich schaue gar nicht mehr zum Meilenzähler, sondern habe viel zu verschenken . . . nämlich Zeit an mich selbst.

Ich lasse mir keinen Vistapoint an der Straße entgehen. An jedem steige ich für ein paar Minuten aus dem Wagen. Hundert Diafarbfilme würde ich wohl verbrauchen, wäre mein Vorrat groß genug. Immer wieder andere Bilder, keines an dieser zauberhaften Küste gleicht dem vorigen. Hier unten eine halbrunde Bucht mit rosarotem Badestrand, dort ein senkrecht eingeschnittener Fjord mit tobendem Wildwasser. Brandungswellen klatschen gegen den Fels, greifen bis zum Rand hinauf und werden beim Hinabfallen vom nächstanrollenden Wellenberg empfangen. Es gurgelt, brodelt und schäumt in engen Buchten. Das eine Mal steht mein Wagen nur knapp über dem weißblaugrünen Meerwasser, das andere Mal liegt vor dem Vistapoint ein weiter, breiter, mit Muscheln besäter Strand. Dann wieder parkt mein Pinto in luftiger Höhe, neben einem murmelnden Quellbach. Ich sehe schmale Fußpfade, die zu einsamen Blockhütten und weißgestrichenen Steinhäusern führen. Dann wieder ein verlassenes Holzhaus mit geschlossenen Läden im Schatten eines verwilderten Wäldchens von Ponderosa-Fichten. In mehreren vor Sturm geschützten Buchten stehen auf Pfählen altertümlich erscheinende Fischerhütten. Boote daneben, Netze aufgehängt und Gerüste zum Trocknen der Fische. Aber Ortschaften sehe ich während der ersten Stunde meiner Fahrt so gut wie gar nicht, nur zwei oder drei Tankstellen und ein heruntergekommenes Motel.

Ich rolle durch Eukalyptuswälder und Weihnachtsbaumplantagen, folge der Straße auf ihrem schmalen Band hinauf und herunter an den steinigen Strand. Wiesenland mit weidendem Vieh, bald auch eine Ranch, deren Werbeschild besagt, daß man zahlende Gäste aufnimmt, denen ein Swimmingpool, Fischfang und Ausritte übers Hochland geboten werden. Dann Chapparal mit Dornbüschen und graugelbem Gras. Nicht viel später ein goldbrauner Badestrand mit verschlossener Hütte. Weiter oben grasen viele Schafe ohne Hirt oder Hund.

Redwood-Bäume im folgenden Tal, dicht danach zwei frischgetünchte Farmen. Danach für zehn oder zwölf Kilometer wieder vollkommene Einsamkeit.

Der Duft, der würzige, nur schwer zu beschreibende Duft, ist überall. Er weht bei den Vistapoints, zieht durch den Wagen, bleibt in den Kleidern.

Eine halbe Stunde nördlich der Bodega Bay wieder eine traumhaft schöne Meeresbucht. Das tiefblaue Becken ist eingefaßt von rötlich braunen Felsen, die zwanzig bis dreißig Meter senkrecht hochsteigen. Droben wölbt sich eine Halbinsel, die großenteils von dichtem, dunklem Wald bedeckt ist mit einer großen, grünen, fast kreisrunden, dem Meer zu geöffneten Lichtung darin. In deren Mitte eine Festung aus grauen, kantigen, wahrscheinlich tonnenschweren Holzstämmen.

Diese in vielfacher Hinsicht bemerkenswerte Stelle der kalifornischen Küste ist untrennbar verbunden mit seltsamen, bisweilen kaum glaublichen Ereignissen der Landesgeschichte. Bedeutende Männer grundverschiedener Nationalität haben hier gelebt. Es waren Russen und Spanier, Indianer, Aleuten und Polynesier. Später auch Schweizer, Deutsche und Amerikaner. An dieser herrlich geschwungenen Bucht im sonnigen, duftenden, blumenreichen Kalifornien, so wenig wahrscheinlich es klingt, lag der fernste, der allerfernste Außenposten des russischen Zarenreiches!

Wie war das möglich, wie ist es dazu gekommen? Was haben die Russen vor mehr als anderthalb Jahrhunderten in Kalifornien gemacht?

Der Stern von Kalifornien

»Fort Ross Historical Monument« liest man auf der Tafel aus schwerem, dunkelgebeiztem Holz. Das Ding hängt an Eisenketten von einem mannsdicken Querbalken und soll echtes Alter vortäuschen, auch was die Sehenswürdigkeit selbst betrifft. Aber teilweise nur blieb die Festung aus dem Beginn des vorigen Jahrhunderts im Original erhalten. Einer der beiden klobigen Wachtürme, das Kommandantenhaus und etwa die Hälfte der imponierenden Palisaden sind seinerzeit von den Russen errichtet worden. Alles übrige ist Nachahmung aus neuerer Zeit, so getreu und sorgfältig man auch versucht hat, die ursprüngliche Anlage wiederherzustellen. Das wuchtige, zweckmäßige und seine Umgebung beherrschende Festungswerk wirkt sehr eindrucksvoll auf den Besucher. Es kann auch die Phantasie beflügeln, vorausgesetzt, daß der Besucher historische Kenntnisse besitzt und womöglich von der bittersüßen Liebesgeschichte weiß, die untrennbar mit dem Entstehen des russischen Fort Ross im damals spanischen Kalifornien verbunden ist.

Die Amerikaner selbst haben mit den Vorgängen, die sich seinerzeit hier abgespielt haben, nichts zu tun. Russen und Spanier, Deutsche, Italiener und Aleuten, schließlich auch ein berühmter Schweizer sind an den Geschehnissen beteiligt, viele haben dabei auch ihr Leben verloren. Das war alles noch vor dem Auftauchen der ersten von Osten her einwandernden Yankees. Dies mag erklären, weshalb sich nur ein geringer Teil der hier vorbeirollenden amerikanischen Touristen die knappe Stunde Zeit nimmt, um Fort Ross zu besichtigen. Nur etwa ein Dutzend Wagen stehen auf dem Parkplatz, als ich dort meinen Pinto abstelle.

Vom Parkplatz geht man noch eine Viertelstunde durch düsteren Wald, danach durch ein tiefgrünes Rhododendrongehölz, bis überraschend die große graue Festung auftaucht. Nichts davon hat nur geringste Ähnlichkeit mit einer spanischen Mission oder einem Presidio der ungefähr gleichen Entstehungszeit. Im übrigen paßt das schmucklose, dafür machtvoll wirkende Bauwerk ganz und gar nicht ins sonnige Kalifornien.

Die Anlage bildet ein unregelmäßiges Viereck aus etwa sieben Meter hohen Holzmauern. Von den beiden achteckigen Türmen, jeder meines Erachtens 12 Meter hoch, überschaut der eine die Hafenbucht mit Fahrweg zur Höhe hinauf, der andere das von Baumwuchs freigeschlagene Hinterland. Auf jedem Turm befinden sich zwei Kanonen, die entweder 12 Pfund schwere Eisenkugeln verschickten oder zerhacktes Blei von etwa gleichem Gewicht. Außerdem besaß Fort Ross vier Mörser der Sechspfundklasse. Für 1812 und die folgenden drei Jahrzehnte war das in dieser Weltgegend schon eine recht stattliche Artillerie. Weil es nur auf einem, dazu noch steilem Weg möglich war, die Versorgungsgüter von der Landestelle mit Ochsenkarren ins Fort hinaufzubringen, waren auch etwaige Angreifer darauf angewiesen. Nur von der Seeseite her hatte man einen feindlichen Überfall zu befürchten. Doch konnten die Kanonen der Festung jedes Schiff erreichen, das wagen sollte, ohne Erlaubnis des russischen Kommandanten in die Bucht einzulaufen. Von den primitiven, praktisch waffenlosen Indianern war nichts Böses zu erwarten. Zu den Spaniern und deren mexikanischen Nachfolgern bestanden die denkbar besten Beziehungen. Es störte weder die eine Seite, daß auf spanischem Boden eine russische Festung stand, noch fühlten sich die Russen unbehaglich, daß sie so weltenweit von den Grenzen des Zarenreiches entfernt im Kolonialgebiet einer anderen Macht auf isoliertem Posten standen.

Tritt der heutige Besucher durch eines der mächtigen Tore, von der Seeseite her oder von der Landseite, befindet er sich im weiten, grasbewachsenen Innenfeld der Palisadenwände. Am auffallendsten ist dort ein breites, niederes, einstöckiges Holzgebäude, aus schweren Stämmen zuammengefügt und leider in neuerer Zeit weiß getüncht. Es ist noch der ursprüngliche Bau und enthielt die Wohnung des Festungskommandanten sowie Schreibstuben, ein Handelskontor und zwei relativ komfortable Gastzimmer. Länger als zwanzig Jahre hat der Major Kuskow hier gewohnt und amtiert. Alle sonstigen Unterkünfte, Lagerschuppen, Werkstätten, Stallungen, Pulvermagazine und was sonst noch zu einer Festung damaliger Zeit gehörte, wurde von Erdbeben, von Bränden und vom Verfall einer langen, herrenlosen Zeit zerstört. Man sieht aber noch Mahlsteine der Mühle, riesige Eisenkessel der Küche und rostige Geräte der Schmiede. Die 1812 erbaute Kapelle, die erste russisch-orthodoxe Kirche in Kalifornien, wurde erst vor wenigen Jahren ein Raub der Flammen. Es sollen

Hippies gewesen sein, die unter Mißbrauch des ihnen gewährten Nachtasyls den Brand des alten Holzbaues verursacht haben, wohl eher durch sorglosen Umgang mit Feuer als absichtlich. Mit großer, wirklich dankenswerter Mühe hat die »Historical Society of California« versucht, teilweise unter Verwendung der angekohlten Balken, sonst mit eigens dafür importierten Balken alter abgerissener Häuser, das Russenkirchlein zu rekonstruieren.

Als ich über ausgetretene steile Holzstufen in einen der Türme gelangt war, fand ich das früher feuerspeiende Maul eines tonnenschweren Geschützes noch immer drohend nach draußen gerichtet. Durch die quadratische Schießscharte schauend, hatte ich gewiß das gleiche Bild vor Augen wie anderthalb Jahrhunderte früher der russische Wachtposten. Es fehlte nur eine breitgebaute Brigg, die mit gerefften Segeln nahe dem Ufer vor Anker lag, und braungebrannte Seeleute, die ihre schwerbeladenen Boote zwischen Verladepier und Schiff hin und her pullten. Knarrende Ochsenwagen, die die gelöschte Ladung durch den Hohlweg nach oben schafften, konnte sich meine Phantasie recht gut vorstellen. An dem langen Fahnenmast über der Einfahrt wehte im Wind das Fahnentuch mit dem gekrönten Doppeladler, mitten in Kalifornien!

In der Festung lebten unter Major Kuskows Kommando annähernd hundert Russen, dazu noch die ungefähr gleiche Zahl von Aleuten. Sie waren Eingeborene der Aleuten-Inselkette, die sich vom nordwestlichen Ende Alaskas bis fast in die Gewässer Ostsibiriens ausdehnt. Von dort hatten die Russen sie hergebracht, natürlich ohne viel zu fragen, ob es den aleutischen Fischern und Jägern recht sei.

Wozu man die Aleuten brauchte, war die Jagd auf Seeottern. Das seidenweiche, graubraune, äußerst haltbare Fell dieser meeresbewohnenden Säugetiere war in damaligen Zeiten noch kostbarer als Zobel, und besonders wurde es von den höchsten Herrschaften in China geschätzt. Dort bezahlte man solch edle Pelze mit Goldstaub im gleichen Gewicht. Aus diesem Grund hatte eine hemmungslose Jagd in den Buchten und Fjorden von Alaska die früher so zahlreichen Seeotter binnen knapp drei Jahrzehnten an den Rand der Ausrottung gebracht. Aber die gesamte Wirtschaft, überhaupt der Bestand von Russisch-Alaska beruhte auf dem lukrativen Geschäft mit Seeotter-Pelzen. Also mußte man den schönen Tieren immer weiter nach Süden folgen, wo ihre damalige Verbreitung bis in die Küstengewässer von Niederkalifornien reichte.

Die Russen jagten nicht selbst, sie überließen das lebensgefährliche Erbeuten der Seeotter gegen nur geringe Belohnung den Aleuten. Diese verstanden es mit großem Geschick, ihre federleichten Bidarkas durch die rollende Brandung zu paddeln, verstanden auch bei Nebel und Regenschauer die lebende Beute zu entdecken und lautlos so nahe an die Opfer heranzugleiten, daß man sie mit dünnen Lanzen harpunieren konnte. Bevor die Russen kamen, hatten die Aleuten als echte Naturmenschen sich damit begnügt, nur so viele oder so wenige Seeotter zu erjagen, als sie für ihre eigene Kleidung, Nahrung und sonstige Bedürfnisse selber brauchten. Erst unter strenger, fremder Herrschaft wurden die Aleuten teils mit Belohnung wie unter Bedrohung gezwungen, so zahlreiche der edlen Pelztiere einzubringen, wie es nur möglich war.

Mitsamt ihren Bidarkas, den flinken, mit Seehundhaut bezogenen Einmannbooten, wurden die bedauernswerten Aleuten auf russische, teilweise britische sowie amerikanische Segler verladen und in fernliegende Jagdgebiete entführt. Dort angekommen, brachten sie ihre Bidarkas zu Wasser, drangen tief in die fremden Gewässer ein, um erst nach Tagen oder auch Wochen wieder bei den vor Anker liegenden Schiffen aufzutauchen. Wer keine Beute mitbrachte, wurde streng bestraft, dagegen die erfolgreichen Jäger mit allen möglichen Tauschartikeln, natürlich auch mit Feuerwasser belohnt. Den Gewinn teilten sich der Kapitän des Schiffes und die »Russisch-Amerikanische Handels-Kompanie«.

Das Eindringen der Russen in Alaska, die Entstehung und Ausbreitung der »Kompanie« wäre nie und nimmer möglich gewesen ohne die beherrschende Figur jenes eisenharten Mannes, der unter tausend Gefahren wie schrecklichen Entbehrungen sein halbes Leben lang auf diesem schwierigsten Posten des Zarenreiches gestanden hat. Sein Name war Alexander Alexandrowitsch Baranow. Er brachte es schließlich zuwege, daß aus dem ursprünglichen Handelsunternehmen die fernste Provinz des Riesenreiches wurde, also Russisch-Amerika.

Eines der größten Probleme überhaupt, die Vorbedingung fürs Weiterbestehen von Russisch-Alaska, war schon in den ersten Jahren die Versorgung mit Lebensmitteln. In Alaska selbst hatte man nur Fische, Seehunde sowie Robben und gelegentlich das Wildbret jagdbarer Tiere. Aber dafür mußte man ins Hinterland eindringen, wo für jeden Jagdtrupp die Gefahr bestand, daß er von den wilden Kolosch-Indianern überfallen und vernichtet würde. Die Haltung von Rindern, Ziegen und Schafen, auch der Anbau von Getreide und Feldfrüchten war angesichts des harten Klimas und der langen Winter mit den damals bekannten Methoden nicht möglich. So mußte man das Notwendigste an Nahrung, vor allem Brotgetreide, auf jahrelangen Transporten durch die ganze Weite Sibiriens und über das sturmgepeitschte Ochotskische Meer heranschaffen. Der Seeweg von russischen Häfen in der Ostsee um das Kap der Guten

Hoffnung herum bis wieder hinauf nach Alaska nahm mindestens ein halbes Jahr in Anspruch und war vom relativ guten Wetter ebenso abhängig wie von der günstigen Jahreszeit. Blieben die Transporte aus, was leider sehr häufig vorkam, waren der Gouverneur und seine darbenden Russen dem Hungertod nahe. Nur von Fisch und trangetränktem Robbenfleisch zu leben, ist für Menschen kaum möglich. Sie erkranken an Skorbut und gehen zugrunde.

Aber vergessen Sie, verehrter Leser, für einige Minuten die Meeresbucht beim Fort Ross und die Sorgen des kaiserlichen Gouverneurs in Russisch-Alaska. Denken Sie statt dessen zurück an die großen Ereignisse in Europa während der ersten Jahre nach 1800. Es war die Zeit der Napoleonischen Kriege. Alle Großmächte in Europa und viele kleine Staaten kämpften um ihre Existenz oder waren schon von Napoleons Armeen besetzt. Auch der russische Zar hatte anderes zu tun, als durch das endlose, straßenlose Sibirien oder gar auf dem Seeweg um die Welt das ferne Alaska zu versorgen. Ebensowenig konnte es durch Handelsflotten anderer Nationen geschehen, wurde doch jedes einigermaßen seetüchtige Schiff für die Bekämpfung des Korsen gebraucht. Im übrigen war der Russisch-Amerikanischen Kompanie der Handel mit Nichtrussen, außer mit den Handelsleuten in Kanton, strengstens verboten. Wenn es trotzdem dazu kam, so nur in bitterster Not und bei der Gefahr, mit Leib, Leben oder Vermögen dafür einzustehen. Der rechtschaffene Baranow nahm mehrmals diese Gefahren auf sich. Er wurde hinterher nicht bestraft, sondern von Alexander I. mit dem Wladimir-Orden ausgezeichnet, sogar in den Rang eines Obersten erhoben.

Aus einfachsten Verhältnissen stammend, hatte es Alexander Baranow nach einer Kette dramatischer Abenteuer fertiggebracht, das herrenlose, den Europäern praktisch noch unbekannte Alaska fürs russiche Reich zu sichern. Als völlig verschuldeter Pelzjäger, von sibirischen Eingeborenen restlos ausgeraubt, hatte Baranow als Angestellter der erst vor kurzem gegründeten Pelzhandelsgesellschaft begonnen, die damals nur einen winzigen Stützpunkt in Alaska besaß, und zwar auf der Insel Kodiak. Seine Verdienste und Leistungen waren aber von solcher Art, daß die Nachricht davon bis nach St. Petersburg an den Zarenhof gelangte. So wurden im Laufe der Zeit Alexander Baranow Ehren zuteil, auch Beförderungen wie damals kaum einem anderen Russen von so »niedriger« Herkunft. Sicher gehört Baranow zu den großartigsten Gestalten, die es jemals im Nordwesten Amerikas gegeben hat*.

* Deswegen habe ich Baranow – und zwar mit steigender Freude an dieser Arbeit – ein Buch aus meiner Reihe »Abenteuer der Weltentdeckung« gewidmet. Erschienen beim Cotta Verlag Stuttgart. Darin finden Sie auch die detaillierte Schilderung der Jagd auf Seeotter. Außerdem enthält meine »Bezaubernde Wildnis« (gleichfalls bei Cotta erschienen) darüber noch mehr.

Gerade in einer der schlimmsten Hungerzeiten, da Alaska wieder seit Jahren ohne Versorgung aus dem Mutterland gewesen war, erschien an einem windigen Tage des Jahres 1806 ein Sendbote des Zaren mit zahlreichem Gefolge. Baranow wollte erst nicht glauben, was er mit eigenen Augen sah. Niemals zuvor, auch nicht danach, hat Alaska eine solche oder ähnliche Erscheinung erlebt.

Der da kam, war Nicolai Rezanow, dem Aussehen nach ein schlanker, hochgewachsener und hellblonder Nordländer mit scharf blickenden blauen Augen. Dem Vernehmen nach stammte er von Rurik ab, jenem Fürsten der Wikinger, der, sagenhaften Überlieferungen zufolge, vor ungefähr zwölfhundert Jahren die Keimzelle des russichen Reiches gegründet hatte. Er war so stolz auf seine Abstammung und bescheiden zugleich, daß Nicolai Rezanow, wie auch sein Vater und Großvater, es ablehnte, irgendeinen Adelstitel zu führen. Hinter Nicolai Rezanow lag eine glänzende, durch echte Verdienste geschaffene Laufbahn. Mit 14 Jahren Kadett, war er schon mit 23 Jahren Hauptmann der Garde und Adjutant des Fürsten Potemkin, der, wie man weiß, als Geliebter der Zarin während einer Reihe von Jahren die Regierung in Händen hielt. Mit ihm begleitete Rezanow die Kaiserin Katharina auf ihrer berühmten Reise zur Krim. Die Zarin reiste in einem von 20 Pferden gezogenen Wohnschlitten mit Salon, Boudoir und Schlafzimmer. Rezanow, der als unbestechlich galt und schon dadurch eine bemerkenswerte Ausnahme im Gefolge der Zarin war, beherrschte Deutsch, Englisch, Französisch und auch Spanisch. Er hatte die 15jährige Tochter des Grigori Shelikoff geheiratet, jenes überaus reichen, aber keineswegs vornehmen Handelsherrn, der vor kurzem die Russisch-Amerikanische Kompanie gegründet hatte. Damit wurde auch Rezanow Teilhaber des Unternehmens. Als nach dem Tod der Zarin Katharina und Ermordung des Zaren Paul dessen Sohn Alexander den Thron bestieg, gehörte Rezanow schon seit längerem zum Freundeskreis des neuen Herrschers, der sogleich mit dringend notwendigen Reformen begann. Rezanow wurde Kammerherr, sogar Oberkammerherr, was die Bedeutung ganz besonderen Vertrauens hatte. Doch verbrachte er nicht alle jene Jahre in der Umgebung des Kaisers. Als Schwiegersohn und Vertreter Grigori Shelikoffs reiste und ritt Rezanow viele tausend Kilometer durch Sibirien, um die Niederlassungen des weitgespannten Unternehmens zu kontrollieren. Er gelangte bis zum Handelsposten Maimatschin an der chinesischen Grenze, auch nach Ochotsk im äußersten Osten Sibiriens. Man hielt damals kaum für möglich, derart weite Entfernungen in so verblüffend kurzer Zeit zu bewältigen. Als er von einer dieser Reisen zurückkehrte, war seine junge Frau nicht mehr am Leben, hatte ihm jedoch einen Sohn hinterlassen.

Der Verlust Ana Shelikowas soll der Anlaß gewesen sein, daß Rezanow den Zaren ersuchte, ihn als Sonderbotschafter nach Japan, anschließend auch nach Alaska zu schicken. Zwei neue, für damalige Zeit recht große, in England gebaute Kriegsschiffe wurden ihm zur Verfügung gestellt. Es waren die »Newa« unter Kapitän Lisianski und die »Nadeshda« unter dem Kommando des später weltberühmten Seefahrers Krusenstern, einem Deutsch-Balten.

Zur Verabschiedung der beiden Schiffe, am 9. März 1803, kam die kaiserliche Familie an Bord, und alle Kanonen der Festung Schlüsselburg feuerten Salut, als die »Newa« und »Nadeshda« den Hafen von St. Petersburg (heute Leningrad) verließen. Zu den Begleitern des Oberkammerherrn Rezanow gehörten der deutsche Naturforscher Dr. Heinrich von Langsdorf aus Göttingen*.

Als die beiden Schiffe nach endlos langer Reise in Japan eintrafen, damals und noch bis 1857 ein für Fremde gesperrtes Land, mußte Rezanow seine erste, aber auch schwerste diplomatische Niederlage erleben. Obwohl er fünf Monate lang mit sehr höflichen, aber in keinem Punkt nachgebenden Würdenträgern des geheimnisvollen Reiches der Aufgehenden Sonne verhandelt hatte, wurde ihm die baldige Abreise nahegelegt. Dabei hatte er, wohl auch der Zar in St. Petersburg, ziemlich sicher mit dem Abschluß eines russisch-japanischen Handelsvertrags gerechnet. Die »Newa« und »Nadeshda« segelten nach Petropawlowsk, dem russischen Hafen und Stützpunkt der Russisch-Amerikanischen Kompanie auf der noch zu Sibirien gehörenden Halbinsel Kamtschatka. Rezanow wollte nicht warten, bis seine Schiffe aufs neue ausgerüstet waren, sondern kaufte von dem amerikanischen Kapitän de Wolf für 67 000 spanische Piaster den Dreimastschoner »Maria«. Mit diesem Schiff, dem erst sechs Wochen später die »Newa« folgte, erreichte Nicolai Rezanow die Siedlung Sitka, die winzige Hauptstadt von Russisch-Alaska, am 26. August 1805.

Alexander Baranow, seine Russen sowie die bei Sitka lebenden Aleuten und Indianer konnten sich nur allmählich von ihrem maßlosen Staunen erholen, als an jenem Sommertag der kaiserliche Kammerherr und sein Gefolge in glänzenden Uniformen, von Orden und Sternen übersät, die winklige, ganz aus Holz gebaute Siedlung betraten.

---

* Er sprach Portugiesisch, aber zu Anfang kein Wort Russisch. Später unterhielt er sich mit den spanischen Priestern auf Latein. Langsdorf ist auf dem Landwege durch Sibirien zurückgereist, unternahm noch Expeditionen durch Brasilien, lebte dann als Universitätsprofessor bis zu seinem Tode 1851 in Freiburg. Noch ein deutscher Naturforscher namens Tigelius, über den ich keine näheren Angaben finden konnte, machte die Weltreise mit. Dazu der deutsch-baltische Major von Fredirici, ein Dr. Berlinken und der Hofrat von Forse. Ferner ein Schweizer namens Horner aus Zürich und als persönlicher Koch der ebenfalls aus Deutschland stammende Johann Neuland. Außerdem hatte man sechs Japaner an Bord, die als Schiffbrüchige über Sibirien ins westliche Rußland gelangt waren. Sie wollte man bei den zu erwartenden Verhandlungen in Japan als Dolmetscher benutzen.

Soweit schön und gut, aber leider war man an Bord der »Maria« mit dem Proviant am Ende. In Sitka herrschte Hunger, viele der Russen waren an Skorbut erkrankt und so weit geschwächt, daß Dr. von Langsdorf in seinen »Beobachtungen auf einer Reise um die Welt« vermerkt, er habe etwa ein Drittel für halbtot erklären müssen. Wenn sie nicht in den nächsten Wochen kräftigende Nahrung erhielten, wären sie alle verloren. Die Kolosch-Indianer, seit langem unversöhnliche Feinde der Russen, lauerten in den Wäldern auf die weiter fortschreitende Erschöpfung ihrer Gegner. Lange würde es gewiß nicht mehr dauern, bis sie fast ohne eigene Verluste Sitka überfallen und verbrennen konnten.

Rezanow sah die Bedrängnis seiner Landsleute und glaubte Baranows düsterer Versicherung, daß die Kolonie ohne ausreichenden Nachschub den kommenden Winter nicht überstehen werde.

Handelsware hatte Alexander Baranow im Überfluß, nämlich eine enorme Menge von Seeotter-Pelzen, deren Verkauf in China mangels seetüchtiger Schiffe unmöglich gewesen war. Rezanow, der Freund und Vertraute des allmächtigen Zaren, glaubte sich unter so zwingenden Umständen nicht mehr ans Verbot des Handels mit fremden Nationen gebunden. Mit einigen tausend Pelzen an Bord segelte er kurz entschlossen, der noch weitgehend unbekannten Küste folgend, nach Süden zu den spanischen Vorposten in Kalifornien. So schlecht stand es mit der Verpflegung in Alaska, daß es nicht einmal möglich gewesen war, die Besatzung des Schiffes zu versorgen. Vier Mann von dreißig starben während der Reise, und 15 andere waren kaum noch bewegungsfähig, als der Dreimastschoner in die Bucht von San Francisco einlief.

Seit fast dreißig Jahren gab es dort eine spanische Niederlassung, Yerba Buena genannt. Ein Vorposten nur, mit dem üblichen Presidio und der Mission, vorläufig die letzte Etappe des Camino Real. Aber was später daraus wurde, war keine geringere Stadt als San Francisco. Wo heute fast fünf Millionen leben, waren damals kaum 200 Spanier ansässig, etwa zur Hälfte Soldaten, Offiziere und Beamte, die übrigen Missionare, Händler, Handwerker und in der weiteren Umgebung ein gutes Dutzend stolzer Dons mit schier grenzenlosem Landbesitz. Gouverneur war der liebenswürdige und lebhafte, bisweilen auch gestrenge Don Antonio Arguello. Über ihm schwebte noch der in Monterey, Kaliforniens damaliger Hauptstadt, residierende Generalgouverneur José Joaquin Arillaga*.

---

* Dessen Vorgesetzter war der spanische Vizekönig in Mexiko City. Während der Stadt dieser Name geblieben ist, wurde das Land Mexiko damals »Neu-Spanien« genannt. Sicherlich war es für moderne Begriffe nichts anderes als eine Kolonie und wurde als solche behandelt, aber den damaligen Spaniern galten ihre unermeßlich weiten Besitzungen in Übersee als Provinzen des Mutterlandes.

Nur äußerst selten, nur alle paar Jahre segelte ein fremdes Fahrzeug in die Bucht von San Francisco. Ein Schiff unter russischer Flagge hatte man in ganz Kalifornien noch nie gesehen. Als der Kammerherr Seiner Kaiserlichen Majestät des Zaren Alexander I. in goldbetreßter Uniform und seine fast ebenso prächtig herausgeputzten Begleiter den Strand betraten, hatten Spanier wie Indianer fürs erste die Sprache verloren. Manche der Missionare glaubten, sie hätten Sendboten des Himmels, möglicherweise aber das Gegenteil, nämlich gleisnerische Verführer des Teufels vor Augen.

Was jedoch die praktische Seite des Unternehmens betraf, nämlich die so dringende Beschaffung von Lebensmitteln, erlebte Nicolai Rezanow die bitterste Enttäuschung. Ebenso wie für die Russen in Alaska bestand für die spanischen Kalifornier ein strenges Verbot des Handels mit Ausländern. Anders als für Rezanow, der in einer Lage schlimmster Not zum Tauschhandel seiner Pelze gegen haltbare Nahrungsmittel gezwungen war, konnten die Spanier sehr gut ohne Geschäfte mit ihm oder sonst einem Fremden auskommen. Die Dons besaßen, wie schon geschildert, einen Überfluß an Nahrungsmitteln und waren in der Lage, selber herzustellen, was sie fürs tägliche Dasein brauchten. Pelze brauchte man in dem milden Klima nicht, das wäre für sie nur eine Handelsware zum Weiterverkauf gewesen. So hatte Rezanow keine Trümpfe in der Hand, während die Spanier mehr als genug von dem besaßen, was allein das Leben seiner Russen retten konnte.

Davon abgesehen, ließ es Don Antonio Arguello nicht an der allbekannten spanischen Gastfreundschaft fehlen. Auch sorgte christliche Nächstenliebe der Missionare für die Pflege und Erholung der halbverhungerten, skorbutkranken Besatzung. Aber weitere Zugeständnisse waren nicht zu erhalten. Auch wenn die von Rezanow reich beschenkten Missionare dafür eintraten, das Russenschiff kostenfrei mit lebensrettenden Vorräten zu beladen, was man gewiß nicht als Handel bezeichnen konnte, war Don Antonio strikt dagegen. Außerdem erreichte ihn durch einen Boten, der total erschöpft vom Pferde fiel, die Order des Generalgouverneurs, keinesfalls nachzugeben. Wenn man bedenkt, daß sich die Rinderherden der Ranchos und Missionen so schnell vermehrten, daß man oft gezwungen war, viele hundert, ja tausend Stück abzuschießen, weil sonst das Weideland nicht ausreichte, war es gewiß sehr hartherzig, den russischen Besuchern eine Ladung Dörrfleisch für ihre hungernden Landsleute abzuschlagen. Vielleicht hat bei der Absage auch mitgespielt, daß man diesem Fremden unter so fremder Flagge nicht traute und ihm womöglich ganz andere Absichten unterstellte.

Nach menschlichem Ermessen blieb dem zu Tode betrübten Kammerherrn nichts anderes übrig, als ohne Nahrung die Rückfahrt in die langsam, aber sicher verhungernde Russenkolonie anzutreten.

Anders kam es jedoch, vollkommen anders. Genau das Gegenteil geschah. Mit Getreide bis zum Bersten beladen, mit dem Rauchfleisch von etwa dreihundert Rindern, mit prallen Säcken voller Rosinen und vielen Fässern kalifornischem Rotwein konnte Rezanows Dreimastschoner ein paar Wochen später absegeln. Dazu hatte er noch vom Gouverneur und Generalgouverneur die Genehmigung zur Anlage einer ausgedehnten landwirtschaftlichen Siedlung in Kalifornien erhalten. Weideflächen für Viehzucht sollten dazu gehören, fruchtbares Land zum Anbau von Getreide und Feldfrüchten, auch passendes Gelände für den Weinbau. Irgendwo nördlich von Yerba Buena, vielleicht nahe der Bodega-Bucht, konnten sich die Russen nach eigenem Ermessen das bestmögliche Gebiet dafür wählen. Auch gegen eine von Russen besetzte Festung zum Schutze der Anlage vor Seeräubern hatten die spanischen Herren nichts einzuwenden. Damit war die Versorgungsbasis für Russisch-Alaska geschaffen, zumindest in Aussicht genommen. Ganz und gar in eigener Regie konnte man sie bauen, betreiben und notfalls verteidigen.

Die Liebe eines jungen Mädchens hatte es möglich gemacht.

Concepción Arguello, eine Tochter des mit Kindern reich gesegneten Gouverneurs, zählte bei der Begegnung mit dem Mann ihres Lebens gerade erst sechzehn Jahre. Doch wie alle Berichte besagen, war sie ein Wunder der Intelligenz, des Eifers, sich fortzubilden, so schwierig das im letzten Außenposten des spanischen Reiches auch sein mochte. Concepción besaß die denkbar besten Umgangsformen, und gerade hier, wo man praktisch unter sich lebte, war das besonders auffallend. Wie Dr. Heinrich von Langsdorf, der die Liebesgeschichte von Anfang bis Ende miterlebte, 30 Jahre später in seinem Buch von dieser Reise geschrieben hat, war Concepción auch äußerlich eine »atemberaubende Erscheinung«. Der sonst nüchterne Gelehrte schreibt, sie habe die längsten Wimpern der Welt gehabt, tiefdunkle Augen bei heller Haut und tausendfältigen Charme. Ihre Haltung war selbstbewußt, ihr Geist lebhaft, liebenswürdig und auch lustig. Sie wirkte völlig erwachsen, ja man konnte glauben, daß sie eine jahrzehntelange Ausbildung in den besten Instituten Spaniens hinter sich hatte. Langsdorf meinte, die Natur habe sie »für die Geschichte geschaffen«. Auf geradezu wunderbare Weise hatte es die Vorsehung eingerichtet, daß Concepción Arguello ausgerechnet an einem der entlegensten Punkte der Welt genau jenem Manne begegnet ist, der in vollkommenster Weise ihrer Begabung, ihrem Bildungseifer, aber auch ihrem Ehrgeiz entsprach. Allerdings übersieht der nach langen Jahren immer noch von dem Mädchen so begeisterte Gelehrte, daß zwischen Nicolai und Concepción ein Altersunterschied von sechsundzwanzig Jahren bestand. Die Mutter des jungen Mädchens, übrigens noch Mutter von elf anderen Kindern, entstammte der edlen, in Spanien hochangesehenen Familie Moriaga, was die sorgfältige Erziehung Concepcións erklären mag. Sie wurde schon in jüngsten Jahren allgemein »Doña Concepción« genannt, obwohl man diesen Ehrentitel sonst nur würdigen Damen reifen Alters zubilligt. Damit nicht genug, war das außergewöhnliche Mädchen schon als Fünfzehnjährige landauf, landab als der »Stern von Kalifornien« bekannt.

Wie gesagt, war Rezanow über vierzig und verwitwet, aber nach allen Schilderungen wirkte er viel jünger und sah glänzend aus. Ein kluger und geistreicher Mann, der es verstand, auf stets interessante Art in fünf Sprachen zu plaudern. Weil natürlich Doña Concepción nie zuvor einen Mann aus der großen, glanzvollen Welt gesehen hatte, erst recht keinen Herrn vom Hofe, mußte Nicolai Rezanow dem jungen Ding wie ein Märchenprinz erscheinen.

Unsterblich verliebte sich Concepción in den vornehmen Russen, obwohl doch beide durch unüberschreitbare Schranken getrennt waren, so auch durch verschiedene Religionen. Rezanow seinerseits war Feuer und Flamme für den Stern von Kalifornien. Des Mädchens einziger Gedanke war es, alles, auch das scheinbar Unmögliche, für den Vielgeliebten zu tun. Wenn sie das Wunder fertigbrachte, seine verhungernden Landsleute in Alaska zu retten, hatte sie mehr als jeder andere Mensch für ihn getan. Doña Concepción verstand es, was bei jungen Mädchen nicht selten ist, den Vater um ihre feingliedrigen Finger zu wickeln. Mit welchen Argumenten sie seine Widerstände gegen das verbotene Russengeschäft überwand, ist nicht überliefert. Jedenfalls erhielt Rezanow, teilweise gegen seine Pelze und teilweise gegen spätere Verrechnung, so viele Lebensmittel, daß sein Schiff die Menge kaum fassen konnte.

Als der Generalgouverneur aus Monterey erschien, begleitet von seiner gesamten Kavallerie auf zwölf raschen Pferden, war er genauso machtlos wie Concepcións eigener Vater gegen die schlaue List und weichen Worte der Zauberin. Er gab nach, bestätigte alles und versprach noch mehr. Welche Ausreden die Herren später gebrauchten, um den spanischen Vizekönig in Mexiko zu beruhigen sowie allen etwaigen Vorwürfen aus Spanien selbst zu entgehen, auch das läßt sich heute nicht mehr feststellen. Wahrscheinlich haben beide Herren auch diese Ausreden von dem erfindungsreichen Mädchen übernommen.

Rezanow war, wie man wohl verstehen kann, ebenso glücklich wie überrascht von dem fabelhaften Ergebnis seiner Mission, die er kurz vorher noch als gescheitert hatte betrachten müssen. Vom Charme, von der Klugheit und den schimmernden Augen bezaubert, war der Sendbote des Zaren fest entschlossen, den bildschönen »Stern« zu heiraten. Als in der Missionskirche San Francisco de Asis, heute als Mission Dolores bekannt, das Verlöbnis von Nicolai Rezanow und Concepción Arguello feierlich gesegnet wurde, schloß sich daran ein tagelang dauerndes Fest, von dem noch Jahrzehnte später versichert wurde, es sei das glanzvollste Ereignis seit Bestehen der Niederlassung Yerba Buena gewesen. Wie man im Reisebericht Dr. Heinrich von Langsdorfs lesen kann, bogen sich die langen Tische unter dem Gewicht der Speisen und des schweren Silbergeschirrs, das die Gattin des Gouverneurs mit in die Ehe gebracht hatte. Die spanischen Herren in Samt und Seide, die russischen Offiziere in goldgestickten Uniformen und ihre deutschen Begleiter im Frack mit auf Hochglanz polierten Orden. Auch die Damen in den schönsten Gewändern und Spitzenmantillas, die sie am Ende der spanischen Welt hatten auftreiben können.

Indianische Musikanten spielten auf. Man tanzte den Borrego, die Pavanne und die Jota. Wie man der Schilderung entnehmen kann, hat sich auch Heinrich von Langsdorf gut amüsiert.

Die am Fest beteiligten Herren glaubten und hofften, daß man am gleichen Tage eine noch weit wichtigere Freundschaft zwischen Russen und Kaliforniern begründet habe. Sie sprachen darüber mit ständig steigendem Interesse. In Mexiko hatten erste Aufstände gegen die spanische Herrschaft begonnen, dagegen war und blieb man königstreu in Kalifornien. Der Gedanke, womöglich Untertanen einer Rebellenregierung der Republik Mexiko zu werden, erschien den Beamten, Offizieren, den stolzen Dons und auch den Missionaren unerträglich. Aber viel zu weit war das spanische Mutterland, um die loyale Kolonie Kalifornien gegen das Eindringen mexikanischer Freischärler zu schützen. Mußte man doch von Spanien aus entweder ums gefürchtete Kap Hoorn oder ums nicht minder stürmische Kap der Guten Hoffnung nach Kalifornien segeln. Der zeitsparende Überlandweg durch Mexiko war ja dann nicht mehr zu benützen. Aber vielleicht konnte der Zar den Schutz Kaliforniens übernehmen und sich darüber mit dem spanischen König verständigen? Man dachte sehr weit und dachte an Stützpunkte in Hawaii, an Handelsverbindungen mit Manila, Kanton und Kalkutta. Ein phantastischer Plan reifte heran, nämlich die Schaffung eines russisch-spanischen Kolonialreichs im Pazifik. Es kam zu vielen geheimen Besprechungen, über die keine Niederschrift erhalten blieb und, wohl aus Gründen der Geheimhaltung, auch nicht angefertigt wurde.

Was im Rückblick nach 175 Jahren als hemmungslos utopisch, sogar größenwahnsinnig erscheint, hat unter den damaligen Verhältnissen gewiß ganz anders ausgesehen. Versetzt man sich in jene Zeit, ihre Machtverhältnisse und Transportprobleme, wird man erkennen, daß die Realisierung solcher Pläne nicht ganz und gar unmöglich war. Aber vorerst hing alles von Rezanow ab. Nur er konnte dafür die weltweite Maschinerie in Gang setzen, nur er die eilbedürftigen diplomatischen Schritte auf allerhöchster Ebene unternehmen. Voraussetzung waren erst einmal die Zustimmung des Zaren und des spanischen Königs. Außerdem mußte Rezanow den Dispens des Papstes für seine Eheschließung mit Concepción Arguello einholen. Gehörte er doch zur russisch-orthodoxen Kirche und sie zur römisch-katholischen. Um die ganze Welt mußte Rezanow jagen, um bei Kaiser, König und Papst die Zustimmung für seine politischen wie privaten Pläne zu gewinnen. Er zweifelte nicht am Gelingen, weil er mit der vollen Unterstützung des Zaren rechnen konnte. In spätestens drei Jahren wollte er zurück sein.

Nach tränenreichem Abschied zwischen den Liebenden segelte Rezanow mit seiner Begleitung am 14. Mai 1806 davon und erreichte Sitka vier Wochen später. Dank der weiblichen Zauberkünste des Sterns von Kalifornien war es in Alaska mit der schlimmsten Not vorbei. Aber noch mehr, viel mehr hatten die Verlobten erreicht, die Zusage Arillagas wie Arguellos, eine russische Niederlassung nördlich der Bodega Bay zu dulden. Doch sieben Jahre mußten noch vergehen, bis Fort Ross mit allem, was dazu gehörte, vollendet war und die Landwirtschaft zur Versorgung von Russisch-Amerika wesentlich beitragen konnte.

Doña Concepción Arguello hatte aus Sitka die letzten Grüße ihres Geliebten und Verlobten erhalten. Dann hörte sie nichts mehr von ihm – und die Zeit verging.

Drei Jahre, vier Jahre und fünf Jahre, aber von Nicolai Rezanow kam keine Kunde nach Kalifornien.

In Europa siegte Napoleon an allen Fronten, vertrieb den spanischen König und setzte statt dessen seinen Bruder Josef Bonaparte auf den Thron in Madrid. Damit waren die spanischen Kolonien in Übersee sich selbst überlassen. Zwar regierte namens des rechtmäßigen Königs noch ein Vizekönig in Mexiko, aber seine Stellung war nur noch Formsache. Die allgemeine Stimmung im Land neigte zur Lösung von Spanien. Nur eben nicht in Kalifornien, wo man sich keinen Vorteil davon, sondern nur Nachteile versprach. Jene großartigen Pläne, die Rezanow mit Arillaga und Arguello geschmiedet hatte, wären für Kalifornien die Rettung gewesen. Aber indessen war Napoleon mit seiner »Grande Armee« ins Reich des Zaren eingefallen. Dort ging es auf Leben und Tod. Vermutlich war Rezanow an den Kämpfen beteiligt, und seine Rückkehr deshalb unmöglich. Auch Alexander Baranow, russischer Gouverneur von Alaska, hatte seit Jahren keine Verbindung mehr zum Mutterland.

Die Zeit floß weiter, Napoleon war längst geschlagen und nach St. Helena verbannt. Frieden herrschte in Europa, und der Verkehr über Land und See war wiederaufgenommen. Kuriere eilten in 100 Tagen von St. Petersburg durch Sibirien nach Petropawlowsk, nach sechs bis acht Wochen gelangte ihre Post nach Alaska. Nach wieder einem Monat erhielt auch Fort Ross im weltfernen Kalifornien die für dort bestimmten Sendungen. Aber nichts, gar nichts erfuhr Doña Concepción von ihrem Verlobten.

Im Fort Ross wußte man schließlich, was aus dem eleganten, genialen, stürmischen Rezanow geworden war. Sein Aufenthalt in Sitka, nach Rückkehr aus der San-Francisco-Bucht, hatte nur sechs Tage gedauert. Von seinen politischen Plänen beherrscht, auch von seinem Bestreben, so rasch wie möglich rings um die Welt wieder in die Arme der bezaubernden Concepción zu eilen, hatte der kaiserliche Kammerherr schon Ende Juni Alaska verlassen und bald danach Petropawlowsk erreicht. Ohne sich wenige Tage des Ausruhens zu gönnen, hatte Nicolai Rezanow seinen wilden Ritt durch die ganze Weite Sibiriens begonnen. Er wechselte das Pferd alle paar Stunden, wozu ihn sein hoher Rang bei sämtlichen Stationen der kaiserlichen Post berechtigte. Nirgendwo einen Tag Aufenthalt, sondern weiter, schnell weiter bei jedem Wind und Wetter. Da riß in der Nähe von Krasnojarsk der Sattelgurt, beim Sturz auf steinigen Boden brach sich Rezanow das Genick.

Warum die Nachricht von seinem Tode erst Jahrzehnte später zu Doña Concepción gelangte, wissen wir nicht. Vielleicht war es mißverstandene Rücksicht, vielleicht ging Baranows Brief auf dem unsicheren Weg verloren.

Indessen hatte nach langdauernden, grausam und gnadenlos geführten Kämpfen die Rebellion in Mexiko gesiegt. Die Loslösung von Spanien und Errichtung einer unabhängigen Republik war zur Tatsache geworden. Vorübergehend machte sich zwar der General Iturbide zum Kaiser von Mexiko, aber bald schon wurde dieser schwankende Thron gestürzt. Es ging drunter und drüber in Mexiko, Revolten und Revolutionen wechselten rasch. Aber vorläufig wurde Kalifornien von den Machtkämpfen in Mexiko kaum oder gar nicht berührt.

Wie leicht es war, in dem von spanischen Truppen verlassenen, von der Republik Mexiko kaum beachteten Land zu rauben und zu plündern, bewies unter

anderem der französische Pirat und politische Abenteurer Hippolyte de Bauchard. Mit seinem unter argentinischer Flagge segelnden Schiff beraubte er
Ranchos und Siedlungen der Missionen. Erst 1825, vier Jahre nach Ausrufung
der freien Republik, entsandte Mexiko in der Person des Obersten José Echanderia einen Gouverneur nach Monterey. Als erstes ließ er die Kalifornier wissen,
daß der mexikanische Kongreß beschlossen habe, alle Missionen zu enteignen.
Die Zeit wäre nun gekommen, den gesamten Besitz des Franziskanerordens, nur
die Kirchen selbst ausgenommen, den Eingeborenen in eigener Verantwortung
zu überlassen. Typisch für eine Verordnung völlig unwissender, irregeleiteter
Menschenfreunde vom grünen Tisch! Weil bei Durchführung einer solchen
Order den Missionsindianern die Auflösung ihrer bisherigen, so mühsam geschaffenen Existenzgrundlage drohte, geschah während ziemlich langer Zeit gar
nichts. Weiter verfügte der mexikanische Gouverneur, daß alle in Spanien geborenen Kalifornier aus dem Land zu verschwinden hätten, ihren Besitz sollten sie
natürlich auch verlieren. Der Hintergrund dafür war die schon 300 Jahre alte
Rivalität zwischen den »Hidalgos«, den geborenen Spaniern, auf der einen und
den »Kreolen« auf der anderen Seite, worunter man die in Mexiko geborenen
Nachkommen der Spanier verstand, einschließlich der spanisch-indianischen
Mischlinge. Damit traf man auch die Padres und Fratres der Missionen, da sie
allesamt aus Spanien gekommen waren, die meisten von der Insel Mallorca.
Aber ebensowenig wie die Säkularisation der Missionen wurde die Vertreibung
der Spanier ernst genommen. Von solchen Verlautbarungen ließen sich die
Kalifornier keineswegs stören.

Weil die von Gouverneur Echanderia mitgebrachten Soldaten keine Löhnung
erhielten, sich daher selbst um ihre Verpflegung bemühen mußten, kam es zu
einer Revolte. Sie wurde von Joaquin Sales angeführt, einem mehrfach vorbe-
straften Verbrecher. Zwischen seiner meuternden Truppe und treugebliebenen
Truppen des Gouverneurs kam es zur Entscheidungsschlacht von Santa Barbara.
Wie ein zeitgenössischer Bericht das Ereignis schildert, »tobte die Schlacht mit
steigender Heftigkeit vom frühen Morgen bis zum Verbrauch der letzten
Patrone. Verluste, auch Verwundete, waren glücklicherweise nicht zu beklagen.
Nur ein Pferd kam durch eine verirrte Kanonenkugel ums Leben.«

So waren die Verhältnisse und gingen so weiter. In nur fünfzehn Jahren kamen und gingen neun Gouverneure. Einer von ihnen, der General Miquel-
torena, enthüllte nach seiner Ankunft in Monterey, daß er im Grunde seines
Herzens noch immer dem spanischen König treu ergeben sei. Dies und anderes,
auch der wachsende Reichtum bei den großen Rancheros, die traditionelle

Anhänglichkeit der Missionen zur spanischen Krone und die flagrante Verletzungen aller Anweisungen aus Mexiko führten zu einem pausenlosen Kleinkrieg zwischen dem Süden und dem Norden Kaliforniens, zwischen den Lokalgrößen in San Diego, Los Angeles, Monterey, Santa Barbara und Yerba Buena, später San Francisco genannt. Dabei lebten im ganzen Land noch keine 10 000 Menschen von einigermaßen weißer Hautfarbe.

Die Kalifornier gewöhnten sich an die verworrenen Zustände, wurden davon auch keineswegs in ihrem privaten, geschäftlichen und gesellschaftlichen Leben behindert. Man sagte damals, Kalifornien habe häufigere und bessere Verbindungen zu China als zu Mexiko. Während es den Siedlern, den Kaufleuten und erst recht den Rancheros von Jahr zu Jahr besser ging, zumal die Ausfuhr von Rinderhäuten nach den USA immer höhere Gewinne abwarf, neigte sich die »goldene Zeit der Missionen« ihrem Ende zu. Schuld daran war nicht so sehr die von Mexiko längst befohlene Auflösung als der raffgierige Landhunger korrupter Kalifornier in einflußreicher Stellung. Wenn es auch hieß, aller Besitz der Missionen sollte den Indios übergeben werden, gelangten trotzdem das weite, fruchtbare Land, die Rinderherden und Obstplantagen, Vorräte, Werkstätten und Gebäude in ganz andere Hände, wobei die mächtigsten Männer der Gegend zunächst einmal für sich selber sorgten.

So begann um 1835 die Aufteilung der Missionen, was alles in allem zehn volle Jahre in Anspruch nahm. Nicht weniger als 31 000 Indianer verloren mit der gewohnten und geregelten Existenz auch ihre angelernten Fähigkeiten. Ohne die feste Ordnung, in die man sie hineingeführt und gezwungen hatte, fielen die Missionsindianer zurück in die Primitivität. Sie verliefen sich im Lande, verwilderten, verdarben als Handlanger, starben an eingeschleppten Krankheiten oder vermischten sich mit den eingewanderten Mexikanern und Mestizen. Wie man bei der letzten Erhebung im Jahre 1961 feststellen mußte, gab es nur noch 15 000 kalifornische Indianer in Kalifornien, und ich glaube kaum, daß es seitdem mehr geworden sind. Eine äußerst negative Entwicklung, die in krassem Gegensatz steht zu der relativ raschen Vermehrung der amerikanischen Ureinwohner in fast allen sonstigen Gebieten der USA und Kanada. Aber wie man annehmen muß, war die Zeit der rückständigsten Volksgruppe unter allen indianischen Rassen ohnehin abgelaufen. Auch unter normalen Umständen, ohne das Erscheinen der Weißen in ihrem Land, so ist anzunehmen, hätten sich die Urkalifornier im Existenzkampf gegenüber den höher entwickelten Völkerschaften kaum halten können.

Zu den Nutznießern der Enteignung gehörte auch Santiago Arguello, ein

Bruder des »Sterns von Kalifornien«. Er war mexikanischer Kommandant von San Diego geworden und ließ sich wegen seiner »Verdienste um die Republik Mexiko« 202 Quadratkilometer, 20000 Schafe und 10000 Stück Vieh von der aufgelösten Mission San Diego de Alcala überschreiben. Der ebenso berühmte wie berüchtigte Pio Pico, letzter mexikanischer Kommandant von Los Angeles, nahm sich auf ähnliche Weise 364 Quadratkilometer von San Gabriel Arcangel, während sein Bruder Andres Pico den immer noch stattlichen Rest bekam. Der General Mariano Vallejo, Beherrscher der Gegend um die Bucht von San Francisco, ging noch gründlicher vor. Er übernahm nicht nur den gesamten Grund, das Vieh und die bewegliche Habe der Mission San Rafael, sondern ließ dort auch die Weinreben, sogar die Obstbäume ausgraben, um sie auf seiner bisherigen Besitzung wieder einzupflanzen.

Nur die Mission von Santa Barbara entging der Auflösung, da sie der Sitz des kalifornischen Bischofs wurde, der seinerseits mit dem Kommandanten der Gegend befreundet war. Es gelang den beiden Männern, die Mission bis zum Beginn der amerikanischen Okkupation zu erhalten, von der Kirchengut nicht mehr enteignet wurde. So haben hier die Leitung sowie der Besitz des Franziskanerordens vom Tage der Gründung im Jahre 1784 bis heute ohne Unterbrechung fortgedauert.

Die als letzte ins Leben gerufene Mission war 1823 San Francisco Salano gewesen, bei Sonoma im Norden der Bucht von San Francisco und nur eine Tagesreise von der Bodega Bay und dem Fort Ross entfernt. Bald ergab sich aus der Nachbarschaft mit den Russen ein recht gutes Verhältnis, trotz der verschiedenen Konfession. Zu dem regen Tauschhandel gehörten von russischer Seite auch Kirchenglocken. Diese wurden schon seit Ende des 18. Jahrhunderts in Kodiak, später in Sitka gegossen. Der Klang war so schön, daß Alexander Baranow die alaskanischen Glocken als begehrte Handelsware bis nach Mexiko verkaufen konnte, wenn sich dafür eine Transportgelegenheit finden ließ. Noch heute hängen in den von Spaniern gebauten Kirchen russische Glocken aus Alaska. Nur wenige Amerikaner wissen davon, auch fremde Touristen können am Klang der Glocken unmöglich erkennen, welch eine romantische, heute kaum mehr glaubliche Zeit der Geschichte diese Glocken miterlebt und oftmals eingeläutet haben.

Weil nun der Außenhandel frei war, ebenso für die Russen in Alaska wie für die Kalifornier mit Alaska, entfiel die Notwendigkeit fürs Fortbestehen der russischen Festung, zumal die letzten Seeotter aus der Umgebung verschwunden waren. Eines Tages, im Jahre 1843, verkauften die Russen ihre Festung mit allem

Zubehör, den Rinderherden und der Landwirtschaft an Johann August Sutter, genannt der »Kaiser von Kalifornien«, geboren im badischen Kandern, doch von Schweizer Eltern stammend. Mit dem Zusammenbruch all seiner Unternehmen infolge der amerikanischen Besitzergreifung und des kalifornischen Goldrausches, verlor Sutter auch Fort Ross, das hernach für fast hundert Jahre herrenlos blieb.

Was den unglücklichen »Stern von Kalifornien« betrifft, so mußte Doña Concepción im Lauf der Zeit alle Hoffnungen aufgeben, Nicolai Rezanow jemals wiederzusehen. Der strahlende Kammerherr des russischen Zaren, seine leidenschaftlichen Liebesworte und glühenden Umarmungen waren nur ein Traum gewesen! Von seinem fabelhaften Plan eines spanisch-russischen Kolonialreiches hatte nur die russische Festung auf kalifornischem Boden wirkliche, aber nicht dauerhafte Gestalt gewonnen. Dennoch blieb Concepción Arguello, entsprechend den engstirnigen Auffassungen ihrer Zeit, an Rezanow gebunden. Vor dem Altar, vor hundert Zeugen und vor einem Priester der Heiligen Kirche war das Verlöbnis gesegnet worden, ein Eheversprechen also, mit der Ehe selbst vergleichbar. Nur der Tod konnte es auflösen. Wann und bei welcher Gelegenheit schließlich Doña Concepción die Wahrheit erfuhr, darüber gehen die Meinungen auseinander.

Alexander McKenzie, heute Konservator und Verwalter der restaurierten russischen Festung, schien es offenbar zu gefallen, als ich fragte, ob er ein Nachkomme jenes Alexander McKenzie sei, der als erster weißer Mann die ganze Breite Nordamerikas durchquert hatte. Er war es nicht, aber wir kamen dadurch ins Gespräch, wobei sich zeigte, daß er reges Interesse für die Geschichte seines Landes besaß. Desgleichen und noch mehr seine intelligente, hübsch anzusehende Nichte, die ernsthafte historische Studien betrieb. So saßen wir am kühlen Abend beisammen, nachdem man die Tore hinter dem letzten Touristen geschlossen hatte. Die anregende Unterhaltung verlief in einem Rahmen und Raum, der auf idealste Weise zu unserem Thema paßte, nämlich im einstigen Wohnhaus des Majors Kuskow, wobei es dem altrussischen Kachelofen schließlich gelang, die Bude zu wärmen.

»Man liest bei Bankroft, bei Chevigny, bei Cleyland und überhaupt bei jedem Autor, der sich mit dem Schicksal des kalifornischen Sterns beschäftigt hat, eine andere Schilderung ihres späteren Lebens«, sagte ich. »Auch gehen die Zeitangaben, sogar die Namen ihrer männlichen Verwandten durcheinander. Ihr Vater wird mit den Söhnen verwechselt, und wann sie ins Kloster der Dominikanerinnen eintrat, scheint ebenso ungewiß wie das Jahr ihres Todes.«

302

Daraufhin kam es zwischen Onkel und Nichte zum Austausch widerspre-
chender Meinungen. Wir stellten sie alle zur Diskussion, verglichen die Beweise,
die Quellen und ihre Glaubwürdigkeit.

Wenn ich mir nach dem Anhören und Überdenken aller vorhandenen Versio-
nen selber ein Urteil erlauben darf, lebte Doña Concepción, die sich mehr und
mehr aus dem geselligen Leben zurückzog, noch bis zum Tode des Vaters bei
ihrer Familie in Yerba Buena, verließ aber die Bucht von San Francisco, als ihr
Bruder José das Amt seines Vaters in mexikanischen Diensten weiterführte.
Danach lebte der allmählich verblassende Stern bei Verwandten in Santa Barbara
und betreute in der dortigen Mission jene Einrichtung, die man heute Kinder-
garten nennt. Eines Tages, so wird gesagt, erschien als Gast am Tisch ihrer Verwandten Alexander Simpson, allgemein berühmter Präsident der Hudson Bay
Company, die bekanntlich den Pelzhandel und überhaupt den gesamten damaligen Handel in Kanada beherrschte. Ohne zu ahnen, wer sich unter den Anwe-
senden befand, kam Simpson auf die schon lange zurückliegende Verlobung
Nicolai Rezanows mit Concepción Arguello zu sprechen. Dabei erwähnte er auch
das Ende Rezanows, den tödlichen Sturz vom galoppierenden Pferd. Für Doña
Concepción, die keine Miene verzog, war es immerhin der Beweis, daß sie der
Verlobte nicht schmählich verlassen hatte, sondern im Gegenteil seinen Weg um
die Welt und zurück in ihre Arme so rasch wie nur möglich hatte zurücklegen
wollen. Am Ende erkundigte sich der Besucher, was denn eigentlich aus dem
»Stern von Kalifornien« geworden sei. Jeder am Tisch wußte es, doch alle
schwiegen erschrocken und wagten nicht, Doña Concepción anzusehen. Sie aber
sagte in die Stille hinein:

»Mit Rezanow ist auch das Mädchen gestorben.«

Doña Concepción ging ins Kloster der Dominikanerinnen bei Vallejo in der
San Francisco Bucht. Man sagt, sie sei die erste Nonne des Ordens gewesen, die
in Kalifornien geboren war. Unter ihrem geistlichen Namen Suora Maria übernahm der einstige Stern von Kalifornien die Aufgabe einer Lehrerin für Englisch
und Französisch. Nach einer langen, ganz außergewöhnlich langen Zeit segens-
reichen Wirkens ist sie in ihrem Kloster gestorben.

Das Familiengrab der Arguellos habe ich gefunden, was keinen besonderen
Spürsinn erforderte. Es liegt auf dem kleinen, von einer hohen Mauer umgebe-
nen Friedhof der einstigen Mission San Francisco de Asis, heute Dolores genannt, inmitten der modernen Millionenstadt San Francisco. Leider wurden die
Grabsteine aus spanischer Zeit von der »Historical Society« nicht nur erneuert,
was notwendig war, sondern mit englischer statt spanischer Inschrift versehen.

Sehr lange, eigentlich mit nur wenig Hoffnung habe ich nach dem Grab der Suora Maria Concepción Arguello gesucht. Santa Ana de Benica, seinerzeit Kloster der Dominikanerinnen, besteht nicht mehr. Weder in der heutigen Villenstadt Vallejo noch in dem viel kleineren Benica konnte mir irgend jemand darüber Auskunft geben, wo früher das Kloster gewesen war. Schließlich kam ich beim Polizeichef von Benica an den richtigen Mann.

Das Kloster sei verschwunden, aber der Friedhof bestehe noch. Er wäre allerdings verwahrlost und seine Tore geschlossen. Am besten wäre es, über die Mauer zu klettern. Das habe ich getan und entdeckte nach wenigen Minuten zwei bis drei Dutzend Reihen vollkommen gleicher Grabstätten. Eine davon, und zwar das einzige Grab mit frischen Blumen davor, trug den Namen »Sister Maria Concepción Arguello«.

Was mich störte, war auch hier die englische Sprache für längst verstorbene spanische Nonnen. Es mußte »Suora« heißen und nicht »Sister«. Alle Grabsteine waren vollkommen gleich, das heißt zur gleichen Zeit von der »Historical Society« neu aufgestellt.

Was mich vor allem störte, war das Todesjahr 1851, meines Erachtens eine viel zu frühe, höchstwahrscheinlich falsche Angabe. Alle sonstigen Berichte, verschieden, wie sie auch sein mögen, stimmen darin überein, daß Concepción Arguello sehr alt, ganz ungewöhnlich alt geworden ist.

Als ich die Geschichte des schönen, doch so unglücklichen Sterns zum erstenmal hörte, war es gerade Concepcións unwahrscheinlich lange Lebenszeit, die so beachtlich gewesen war. Denn ich kannte jemanden, der sie noch gekannt hatte.

Während meiner Studienzeit in Cambridge wohnte neben mir im altehrwürdigen Trinity-College ein netter, lebhafter Mensch aus San Francisco, den wir gemeinhin »Don Juan« nannten, obwohl er nicht so hieß und im damals puritanisch geführten Trinity auch keine Gelegenheit hatte, sich als »Don Juan« aufzuführen. Wir zogen ihn mitunter auf, weil er immer wieder stark betonte, daß er bestimmt kein amerikanischer Kalifornier sei, sondern ein altspanischer Don. Nachweislich der noch erhaltenen Gästeliste, so »Don Juans« Behauptungen, hatten seine Vorfahren an der Verlobungsfeier der Concepción Arguello mit dem russischen Kammerherrn Nicolai Rezanow teilgenommen, und zwar im Jahre 1806. Neugierig gemacht, wünschten wir Näheres zu wissen, und Don Juan zögerte nicht, uns die tragische Geschichte des kalifornischen Sterns zu erzählen. Wobei er mit der kaum zu glaubenden Beweisführung schloß, daß eine Schwester seiner Großmutter (sofern ich den Verwandtschaftsgrad richtig behalten habe) die »Suora Maria d'Arguello« noch persönlich erlebt habe. Wie konnte das sein?

Wenig später kam die hochbetagte Dame nach Cambridge, um bei dem in geldlichen Angelegenheiten etwas leichtsinnigen Großneffen nach dem Rechten zu sehen. Zur Auflockerung der etwas angespannten Atmosphäre gab Don Juan für die vermutlich vermögende Erbtante eine Steh-Cocktail-Party in seinen engen Räumen. Gleich schleppte er mich zum Ehrengast und verriet der ziemlich streng dreinblickenden Dame, daß ich nicht an ihre persönliche Bekanntschaft mit der einstigen Verlobten des Kammerherrn Nicolai Rezanow glauben wollte.

»Aber doch, es stimmt, Sie ungläubiger Mensch«, bekam ich zu hören. »Meine Eltern hielten es für segensreich, mich schon sehr früh den frommen

Schwestern des Klosters der Dominikanerinnen in Benica zu überlassen, die einzige damals noch mögliche Art einer gut spanischen Erziehung. Mit etwa acht Jahren kam ich dorthin, ich bewege mich heute unaufhaltsam den Achtzig entgegen. Also rechnen Sie zurück, junger Freund, sofern Ihnen das nicht zu schwer fällt. Wenn Suora Maria die Neunzig erreicht hat, woran kaum zu zweifeln ist, so kann nicht nur sein, daß ich noch zur gleichen Zeit mit dieser berühmten Frau in Benica gewesen bin, es muß so sein.«

»Wie war sie damals, wenn ich fragen darf?«

»Eine winzig kleine, zierliche, in sich zusammengeschrumpfte Person war sie, unendliche Güte ausstrahlend, aber ohne Zähne im Mund, nur langsam und tiefgebückt gehend.«

Also keine Spur mehr von dem, was Doña Concepción Arguello einst gewesen war, der strahlende *Stern von Kalifornien.*

Literaturnachweis

Bahti, Tom: »Southwestern Indian Ceremonials«, Flagstaff, Arizona 1973

Bristow, Gwen: »Kalifornische Sinfonie«, München 1970

Brown, Dee: »Begrabt mein Herz an der Biegung des Flusses«, Hamburg 1972

Chevigny, Hector: »Lost Empire«, Portland, Oregon 1958

Cleland, Robert G.: »From Wilderness to Empire«, New York 1970

Crocker, H. S.: »Redwood Empire«, San Francisco o.J.; »American Indian«, Albuquerque 1949

Degler, Car. N.: »Out of Our Past«, New York 1962

Greenwood, Marianne: »Mein Indianischer Sommer«, München 1975

Hasell, S.: »Know the Navajo«, Colorado 1949; »American Indian«, Albuquerque 1962

Johann, A. E.: »Der große Traum Amerika«, Hamburg 1965

Leadabrand, Russ: »A guidebook to the Mojave Desert of California«, Los Angeles 1966

Marcus, Rebecca B.: »The Cliff Dwellers«, New York 1968

McDermott, J. F.: »The Art of Seth Eastman«, Washington 1960; »Navajo Wildlands«, San Francisco 1972; »American Indian Chiefs«, Albuquerque 1951

Murray, Ken: »The Golden Days of San Simeon«, New York 1971

Savelle, Max: »Die Vereinigten Staaten von Amerika«, New York 1957

Teale, Edwin Way: »Im Herbst durch Amerika«, Würzburg 1958

Wampler, Josef: »Havasu Canyon«, Berkeley, California 1959; »London Bridge«, London, 1971; »Redwood Empire«, Visitors Guide, San Francisco 1973

Wright, Ralph B.: »Californias Missions«, Covina California 1972

Yandell, Michael D.: »National Parkways«, Caspar, Wyoming 1972; »American Indian Pueblo«, Albuquerque 1952; »Mission San Gabriel«, San Gabriel, California 1971

Register

OREGON

125° 120°

Upper Klamath Lake

Goose Lake

Crescent City
REDWOOD NATIONALPARK

LAVA BEDS NAT. MON.

G

Rocky Point

Klamath

Pit

WISKEY TOWN
SHASTA N. R. A.

Humboldt

Humboldt Bay

Eureka

Trinity

Redding

LASSEN VOLCANIC NAT. PARK

Pyramid Lake Indian Reserv.

40°

Black Rock Mt.

C

B

Leggett

Sacramento

Chico

Feather

Pyramid Lake

PAZIFISCHER

Fort Bragg

Clear Lake
Williams

Sacramento Valley

Yuba City

Lake Tahoe

Walker River Indian Reserv.

S

N

E

Camino

Fort Ross

Cotati
Sonoma

Walker Lake

Bodega Bay
Bodega Bay

Novato

Sacramento

POINT REYES NAT. SEASHORE

Vallejo

R

I

MUIR WOODS NAT. MONUMENT

OZEAN

San Francisco

Stockton

YOSEMITE NAT. PARK

White Mts.

Big Pine

A

San Mateo

San Joaquin Valley

El Granada
Santa Clara

Merced

Inyo Mts.

Half Moon Bay
(Halbmond-Bay)

San Jose

D

San Pablo Bay

Santa Cruz
Pacific Grove

San Juan Bautista

San Joaquin

KINGS CANYON NAT. PARK

Death Valley

San Rafael

Monterey

O

Fresno

L

Carmel

Mt. Carmel

SEQUOIA NAT. PARK

Black-Rock-Paß

DEATH VALLEY NAT. MON.

Richmond

Point Sur

Santa Lucia Range

I

Berkeley

San Simeon

Cambria

Thule River Ind. Res.

Delano

F

Golden Gate

35°

San Luis Obispo

Bakersfield

Oakland

San Luis Bay

San Francisco

Santa Maria

San Rafael Mts.

Los Angeles Aqueduct

MOJAVE DES

R

South San Francisco

0   10 km

Santa Barbara

San Gabriel Mts.

N

Hollywood
Beverly Hills
Santa Monica
Culver City
Marineland

Glendale
Pasadena
Glendara

Tw
(Neunundzw

Los Angeles

I

Long Beach

Anaheim
Santa Ana

Idyllw

Laguna Beach
San Juan Capistrano

Pal.

Channel Islands

La Jolla
San Diego

Tijuana

Grand Canyon Nationalpark

Kaibab Lodge

MARBLE CANYON NAT. MON.

Colorado

Colorado

Kaibab-Hochebene

Shinumo Amphitheater

Point Imperial

Painted Desert

Supai

Point Sublime

Walhalla Plateau

Juno-Tempel
Jupiter-T.

Little Colorado

Havasu Creek

Bright Angel Point

Cape Royal

Venus-T.
Apollo-T.
Comanche Point

Wainpai Point

Brahma-T.

Vishna-T.

Grand Canyon

Yavapai Point

Coconino

Tusayan Ruin

Tusayan

Coconino Plateau

0   10 km

0   100   200   300